北京市教委"北京地区高校科技发展报告"项目资助
北京知识管理研究基地项目

金融学科核心课程系列教材

国 际 金 融

（第二版）

王立荣　谢　群　李玉曼　编著

经济科学出版社

图书在版编目（CIP）数据

国际金融／王立荣等编著 . —北京：经济科学出版社，
2016.8
ISBN 978 - 7 - 5141 - 7208 - 9

Ⅰ. ①国‥ Ⅱ. ①王‥ Ⅲ. ①国际金融 Ⅳ. ①F831

中国版本图书馆 CIP 数据核字（2016）第 206622 号

责任编辑：刘　莎　卢元孝
责任校对：杨　海
责任印制：邱　天

国 际 金 融

（第二版）

王立荣　谢群　李玉曼　编著

经济科学出版社出版、发行　新华书店经销

社址：北京市海淀区阜成路甲 28 号　邮编：100142

总编部电话：010 - 88191217　发行部电话：010 - 88191522

网址：www. esp. com. cn

电子邮件：esp@ esp. com. cn

天猫网店：经济科学出版社旗舰店

网址：http: //jjkxcbs. tmall. com

北京万友印刷有限公司印装

710×1000　16 开　23 印张　420000 字

2016 年 9 月第 2 版　2016 年 9 月第 2 次印刷

ISBN 978 - 7 - 5141 - 7208 - 9　定价：39.00 元

（图书出现印装问题，本社负责调换。电话：010 - 88191502）

（版权所有　侵权必究　举报电话：010 - 88191586

电子邮箱：dbts@ esp. com. cn）

编委会名单

丛书主编：葛新权

副 主 编：徐文彬

编　　委：（按姓氏笔画排序）

王立荣　王建梅　王　斌　孙　静
刘亚娟　李玉曼　李宏伟　陈雪红
侯风萍　徐文彬　徐弥榆　徐　颖
葛新权　谢　群　彭娟娟

总　　序

　　随着经济一体化与金融全球化的发展，我国金融改革从 2007 年以来呈现出快速发展的势头，步伐不断加快。因此，现有的金融类教材大都一定程度地存在着金融理论知识滞后于金融改革现实的问题，迫切需要更新，添加近三年金融改革的最新内容。因而，北京信息科技大学经管学院财务投资系教师经过三年多的打磨与研究，着手编写了这套金融学科核心课程系列教材。系列教材共包含《金融学》、《国际金融》、《商业银行经营学》、《证券投资学》、《保险学》、《财政与金融学》、《中央银行学》、《金融工程学》等 8 本。

　　本系列教材严格按照教育部关于普通高等院校金融学科教学基本要求编写，以培养应用型经济与金融人才为原则，以在保证基础理论知识系统性的基础上进一步提升系列教材的实用性和针对性为宗旨。本系列教材具有三方面的特色：

　　第一，优化金融学科核心课程结构，减少教材之间的重复。本教材力求改变现有教材涉猎内容过多的现状，减少相近教材内容上的交叉和重复。如，《金融学》中，不再涉及国际金融中的汇率和国际收支方面内容，不再讲授证券投资学中的资产定价内容，不再涉猎金融工程学中金融创新的内容，不再介绍发展经济学中金融深化和金融抑制等内容。在有限的学时内，使教学内容更加突出和明确，从而优化了课程结构，提升了教学的针对性，使教材更具实用性。

　　第二，为了培养应用型经济、金融人才，添加了金融改革实践的最新内容，其中，重点添加了近三年我国金融改革实践的新内容，同时添加了国际金融业监督管理机构对银行业、证券业、保险业监管的最新要求，并且结合国际、国内金融改革的实践，添加了相应的金融案例分析。

第三，力求使理论基础知识与金融实践相结合。主要表现在三个方面：一是将金融学科专业基础知识的传授与金融从业人员资格考试及金融机构招聘等各类考试的介绍进行适当的结合。即在每一章节相应的知识点处添加了银行从业人员资格考试、证券基金从业人员资格考试、期货人员资格考试内容。添加了经济师考试的两门课程——"经济基础知识"和"金融专业知识与实务"的相关内容。二是本学科教学改革的成果与教学内容相结合。三是面对面单纯讲授与金融模拟交易实训及上机实验活动相结合。

教材的最终成果可能会与编写宗旨存在差距，而且也可能存在不足甚至舛误。因此，我们以真诚的心，接受各位专家、学者、同行及使用者的批评与指教，以便我们今后不断完善和改进这一系列教材。

感谢编写委员会全体教师的辛勤劳动，并将此系列教材真诚地献给使用它们的学生们！

北京信息科技大学经管学院

葛新权

2010 年 7 月

再版前言

国际金融以国际货币金融关系作为主要研究对象，是一门涉及面广、综合性强的学科，而且发展变化迅速。20世纪90年代以来爆发的墨西哥金融危机、亚洲金融危机、阿根廷金融危机、美国金融危机、迪拜以及欧洲等国的国际债务危机，揭示出国际金融关系的复杂与多变。现实中不断涌现出的新问题和新动向，给国际金融学赋予了新的内容。

国际金融市场上的风云变幻和我国涉外金融活动的蓬勃发展，要求我们提高国际金融学教学与研究水平，培养出熟悉国际金融理论与实务的专门人才。在时代的呼唤之下，出于对事业的热忱，北京信息科技大学经济管理学院财务与投资系的几位教师，根据长期从事国际金融教学的经验，充分汲取已经面世的各种国际金融教材的成果，并结合国际金融领域的最新变化和进展情况，编写了本书。

本书全面、系统地介绍了国际金融的基本理论与实务。在内容安排上，注重对基本概念、基本原理和基础知识的理解和把握，以及对国际金融理论和实践在当代最新发展情况的介绍和分析，同时结合中国的对外货币金融问题做了进一步的分析和说明。在写作风格上注意启发性，每章附有形式多样的思考题和练习题，而且在部分章节设计了许多内容丰富、富有启示性的补充阅读资料，努力反映当前金融活动的新变化、新特点及相关理论的前沿成果。总之，本书坚持理论联系实际，实用性强，有助于拓展读者的视野和提高读者分析问题的能力。

本书第一版于2010年9月面世，至今已有6年，书中部分资料和数据已显陈旧。为了更好地反映当今国际金融领域的新情况，给读者提供最新的学习资料，我们对全书进行了修订。具体修订情况如下：第一章，根据《国际收支与国际投资头寸手册》第6版，对国际收支平衡表的内容进行了修订，对我国国际收支平衡表的数据进行了更新。第二章，在汇率部分，加入了汇率指数的内容，将汇率制度的内容挪至第三章。第三章，将同属外汇管理范畴的汇率制度纳入其中，介绍了我国汇率制度的最新发展和其他外汇管理方面的新进展，删减了一些过时的练习题。第四章，更新数据，加入了人民币纳入SDR的阅读资料。第五章、第六章和第七章主要是对前一版本的个别谬误进行了修正，比如，第六章中的货币互换和利率互换概念的修订、第五章和第七章习题及答案的更正等；第八章更新了一些阅读资料。第九章删除了我国利用外资的内容，更新了我国外债的数据。第十章加入了关于新成立的亚洲基础设施投资银行的内容。各章修订分工如下：第一至四章，王立荣；第五至七章，谢群；第八至十章，李玉曼。最后由王立荣统稿定稿。

本教材适用于金融学、管理学、国际经济与贸易等经济管理类专业本科学生，以及金融从业人员在职培训和广大金融爱好者阅读和学习。

由于国际金融涉及面广，并且发展迅速，资料收集难以齐全，加上编者水平有限，书中难免有错漏之处，恳请广大读者和同行批评指正。

在本书构思与写作过程中，借鉴和吸收了很多国内外专家学者的研究成果，采纳了参与本书第一版编写的陈雪红老师和侯风萍老师提供的宝贵建议。在本书出版过程中，得到了北京信息科技大学经济管理学院各位领导和出版社的大力支持。对此一并感谢。

编　者
2016 年 7 月

目　　录

第一章 国际收支

一国的国际收支状况决定着该国在国际金融领域中的实力与地位，国际收支是分析一国对外金融关系和国内经济状况的重要工具与依据。本章将主要介绍国际收支的概念，国际收支平衡表及其构成、编制方法，国际收支失衡的原因，调节国际收支的政策和方法；讨论我国国际收支的特点、现状以及我国国际收支平衡表的编制。

通过本章的学习，要掌握国际收支的含义及国际收支平衡表的主要内容，熟悉国际收支平衡表的编制原理和记账规则，了解国际收支失衡的原因与危害、调节方法以及我国的国际收支情况。

第一节 国际收支

一、国际收支的概念

国际收支（international balance of payments）的概念随着世界各国交往的发展而发展，其内涵也随着世界各国交往的扩大而不断丰富。

国际收支的概念分狭义与广义两种，在第二次世界大战以前，国际收支的概念都是狭义的，第二次世界大战后的国际收支概念都是广义的。

国际收支概念最早出现于 17 世纪初期。根据当时的国际经济情况，重商主义学派认为经常维持出口超过进口是国家致富的永恒原则，贸易顺差可以聚集金银。他们把国际收支简单解释为一个国家的对外贸易差额（balance of trade）。这反映了资本主义形成时期商品交易在国际经济往来中占统治地位的状况。在这以后很长一段时期内，这种概念一直通行，现在仍然是分析一国外汇和外汇市场情况的重要手段。

在两次世界大战之间，各国通行的国际收支概念是指当年结清的外汇收支。

这反映了当时黄金已退出流通领域，被纸币流通所代替，外汇已是国际贸易、国际结算和国际投资的主要手段。

第二次世界大战之后，国际收支概念又有了新的发展。由于国与国之间的政治、经济和文化等方面往来更加多样化，狭义的国际收支已不再适用。为了满足实际需要，世界各国开始普遍采用广义的国际收支概念。所谓广义的国际收支概念，通常是指一个国家在一定时期内（通常为 1 年）的全部对外经济交易的系统记录。这一概念不仅包括了引起债权债务关系的交易，也包括无须偿还的、不发生债权债务关系的经济活动；既包括涉及外汇收付的交易，也包括不涉及实际外汇收付的交易。

国际货币基金组织成立以后，按照基金组织的章程规定，各会员国均需按期向基金组织报送本国的国际收支资料。为此，基金组织依据广义的国际收支概念，对国际收支下了定义。基金组织在 2008 年出版的《国际收支和国际投资头寸手册》第 6 版中对国际收支所下的定义是：国际收支是某个时期内居民与非居民之间的交易汇总统计表。目前，世界各国都按照这一定义的内容统计本国的国际收支。

要全面准确地掌握广义的国际收支的概念及国际货币基金组织对国际收支的定义，需要把握以下几点：

第一，国际收支是一个流量概念，它与一定的报告期相对应。流量反映经济价值的创造、转换、交换、转移或灭失，包括一个机构单位资产和负债的数量、组成或价值的变化。

第二，国际收支所反映的内容是以货币记录的经济交易。交易是两个机构单位之间通过共同协议或法律实施产生的、涉及价值交换或转移的相互行为。交易根据所涉经济价值的性质进行分类，即货物或服务、初次收入、二次收入、资本转移、非生产非金融资产、金融资产或负债。

第三，国际收支记录的经济交易必须是本国居民与非居民之间发生的经济交易，居民与非居民的划分是以居住地为标准进行的。居民是指在本地居住 1 年以上的政府、个人、企业和事业单位，否则即为非居民（注：一个国家的外交使节、驻外军事人员，尽管在另一个国家居住 1 年以上，但仍是派出国的居民，而是居住国的非居民；一个企业的国外子公司是其所在国的居民，而是其母公司所在国的非居民；国际性机构如世界银行国际货币基金组织等是任何国家的非居民）。

小思考 1.1

一国和他国发生的补偿贸易、易货贸易等国际经济往来不涉及外汇收支，是否应记录在该国的国际收支平衡表中？

答：国际收支不以收支为基础，而以交易为基础，既包括有外汇收支的经济交易，也包括没有外汇收支的经济交易。所以，一国与他国发生的补偿贸易、易货贸易、记账贸易等，都应计入该国的国际收支平衡表中。

二、国际收支的重要性

国际收支的含义从早期的对外贸易差额发展到把全部国际经济交易都包括在内，充分说明国际收支的重要性与日俱增。

从重商主义时代使用国际收支概念初始，一些西方国家是依据国际收支来制定贸易政策，因此比较重视国际收支。后来古典学派强调在金本位制度下黄金的流入和流出对国际收支起着自动调节作用。而且这一时期盛行自由贸易，一些西方国家通过掠夺殖民地及附属国的经济使其国际收支处于顺差（实际上是贸易顺差），因而对国际收支问题不予重视。第一次世界大战后，国际收支问题开始引起人们的注意。这主要是因为，大规模短期资金流动与巨额战争赔款转移，破坏了各国国际收支的平衡。此外，1929～1933 年世界经济危机爆发后，迫使各国相继放弃金本位制度，各国为了维护本国利益，纷纷实行贸易管制、差别汇率、竞争性贬值等措施，这些措施虽然暂时使国际收支达到平衡，但严重妨碍了国际贸易的发展，延缓了各国经济恢复，这相当于以牺牲国内经济发展为代价来取得国际收支平衡。

第二次世界大战以后，各国更加重视国际收支问题。由于国际经济的发展，国际收支的内容包罗更广，不仅有清算支付协定下的易货贸易，还有补偿贸易、政府援助、赠与等，国际资本流动方式日益增多，规模日益增大，储备资产的形式日趋多样化。同时，国际经济合作也开始迅速发展，使各国之间的经济关系日益密切，而各国的国内经济与国际经济更是休戚相关。20世纪 60 年代后，美元与英镑不断发生危机，国际投机性短期资金流动频繁，再加上 70 年代的石油危机，导致西方国家不断出现国际支付危机。因此，研究国际收支可以掌握国内外经济联系的情况及其相互影响，国际收支已成为分析一国经济的一个重要工具。毫无疑问，随着国际经济不断发展，国际收支的重要性必将日益增大。

第二节　国际收支平衡表

国际收支平衡表（balance of payments statement），也称国际收支差额表，它是系统记录一国在一定时期内所有国际经济活动收入与支出的统计报表。一国与别国发生的一切经济活动，不论是否涉及外汇收支都必须记入该国的国际收支平衡表中，各国编制国际收支平衡表的主要目的是为了全面了解本国的涉外经济关系，并以此进行经济分析、制定合理的对外经济政策。

一、国际收支平衡表的编制原则

（1）国际收支平衡表是按照有借必有贷、借贷必相等的复式簿记原理来编制的。即每一笔交易都会产生金额相等的借方和贷方两笔记录。贷方记录本国的商品劳务出口收入，对外资产的减少和对外负债的增加，以正值表示；而借方记录本国商品劳务进口支出、对外资产的增加和对外负债的减少，以负值表示。

（2）经济交易发生的时间或记录的日期的确定。与经济交易有关的日期很多，为了统一各国的记录口径，基金组织建议采用权责发生制原则。即国际收支平衡表中记录各种经济交易的日期应该以所有权变更日期为准。具体说，国际收支平衡表中记录的各种经济交易应包括：①在编表时期全部结清的部分；②在这一时期已经到期必须结清的部分（不管事实上是否结清）；③在这一时期已经发生（指所有权已变更），但需要跨期结算部分。

（3）进出口作价原则。按照国际惯例，一笔进出口交易，出口国以离岸价格来计算，而进口国以到岸价格来计算。为了统一估价进口和出口，基金组织建议进出口均采用离岸价格来计算，保险费和运输费列入劳务收入。

二、国际收支平衡表的主要内容

国际收支平衡表所包含的内容十分繁杂，各国又大都根据各自不同需要和具体情况来编制，因此，各国国际收支平衡表的内容、详简也有很大差异，但其主要项目还是基本一致的。根据《国际收支和国际投资头寸手册》第6版，国际收支平衡表包括经常账户、资本账户和金融账户和净误差与遗漏。国际货币基金组织规定的标准账户见表1.1。

表1.1　　　　　　　　　国际收支标准账户　　　　　单位：万美元

国际收支	贷方	借方	差额
经常账户			
货物和服务	540	499	41
货物	462	392	70
服务	78	107	−29
初次收入	50	40	10
雇员报酬	6	2	
利息	13	21	
公司的已分配收益	17	17	
再投资收益	14	0	
租金	0	0	
二次收入	17	55	−38
对所得、财富等征收的经常性税收	1	0	
非寿险净保费	2	11	
非寿险索赔	12	3	
经常性国际转移	1	31	
其他经常转移	1	10	
养老金权益变化调整			
经常账户差额			13
资本账户			
非生产非金融资产的取得/处置	0	0	
资本转移	1	4	
资本账户差额			−3
净贷出（＋）/净借入（−）（来自经常账户和资本账户）			10
金融账户（按职能类别）	金融资产净获得	负债净产生	差额
直接投资	8	11	
证券投资	18	14	
金融衍生产品（储备除外）和雇员认股权	3	0	
其他投资	20	22	
储备资产	8		
资产/负债变化总额	57	47	
净贷出（＋）/净借入（−）（来自金融账户）			10
误差与遗漏净额			0

（一）经常账户（current account）

经常账户是本国与外国交往中经常发生的国际收支账户，它反映了一国与他国之间真实资源的转移状况，在整个国际收支中占有主要地位，往往会影响和制约国际收支的其他账户。它包括货物、服务、初次收入和二次收入四个子账户。

1. 货物账户（goods account）

该账户贷方记录货物出口，借方记录货物进口。货物包括一般商品、转手买卖货物及非货币黄金。一般商品是指居民向非居民出口或从非居民那里进口的可移动货物；转手买卖指某经济体居民从非居民处购买货物，随后便向另一非居民转售同一货物，而货物未经过该经济体。非货币黄金包括不作为一国货币当局储备资产的所有黄金的进出口。非货币黄金可以为金条（即货币金条的形式为铸币、金锭或金块，纯度为至少995‰，包括已分配黄金账户持有的此类黄金）、金粉和其他未加工或半加工形式的黄金。含有黄金的珠宝、手表等计入一般商品，而不是非货币黄金。

在国际收支平衡表中，货物收支统计数据的来源及商品价格计算的方式在各国不尽相同。按国际货币基金组织规定，货物进出口统计一律以海关统计为准，商品价格一律按离岸价格（free on board，FOB）计算。但实际上有许多国家对出口商品按离岸价格计算，而对进口商品则按到岸价格（cost insurance and freight，CIF）计算。这两种不同的价格条件，在计算进出口总值时，会产生一定的差额。例如，进口商品以 CIF 计价，其中运费和保险费属于劳务方面的支出，这样就会产生重复入账的项目，结果影响了国际收支平衡表的精确性。

2. 服务账户（service account）

该账户贷方记录提供的服务，借方记录接受的服务。服务账户是指一个国家对外提供服务或接受服务所发生的收支。由于服务不像货物那样能够看得见、摸得着，所以服务账户又称为无形收支账户（invisible trade account），它包括下列具体项目：

（1）加工服务，又称"对他人拥有的实物投入的制造服务"。包括由不拥有相关货物的企业承担的加工、装配、贴标签和包装等服务。常见的加工活动包括炼油、天然气液化、服装和电子装配、安装（不包括建筑预制件安装，计入建设）、贴标签和包装（不包括用于运输的包装，计入运输服务）。该制造服务由不拥有货物的实体进行，且所有者需向该实体支付一定的费用。在这些情况下，货物的所有权未发生变更，所以在加工者与所有者之间不记录一般商品交易。

（2）维护和修理服务。包括居民为非居民（反之亦然）所拥有的货物提供的维护和维修工作。维修可以在维修者的地点或其他地方实施。船舶、飞机和其他运输设备的维护和维修计入本项。运输设备的清洁计入运输服务。建设工程维护和维修不包括在内，而是计入建设。计算机的维护和维修计入计算机服务。

（3）运输。运输是将人和物体从一地点运送至另一地点的过程，包括相关辅助和附属服务，以及邮政和邮递服务。

（4）旅行。旅行贷方包括非居民在访问某经济体期间从该经济体处购买自用或馈赠的货物和服务。旅行借方包括居民在访问其他经济体期间从这些经济体购买自用或馈赠的货物和服务。货物和服务可以由相关人或由另一方代他们购买，例如，商务旅行可以由雇主支付或报销，学生的学费和生活费可以由政府支付，或者医疗费用可以由政府或保险公司支付或报销。由生产者免费提供的货物和服务也计入该项，例如，大学提供的学费和膳食费用。

（5）建设。包括以建筑物、工程性土地改良和其他此类工程建设（例如道路、桥梁和水坝等）为形式的固定资产的建立、翻修、维修或扩建。相关安装和装配工程也包括在内。还包括场地准备、一般建筑以及油漆、测量和爆破等特殊服务。建设项目的管理也计入建筑。

（6）保险和养老金服务。包括提供人寿保险和年金、非人寿保险、再保险、货运险、养老金、标准化担保服务，以及保险、养老金计划和标准化担保计划的辅助服务。

（7）金融服务。是指除保险和养老基金服务之外的金融中介和辅助服务。包括通常由银行和其他金融公司提供的服务，例如存款吸纳和贷款、信用证、信用卡服务、与金融租赁相关的佣金和费用、保理、承销、支付清算等。还包括金融咨询服务、金融资产或金条托管、金融资产管理、监控服务、流动资金提供服务、非保险类的风险承担服务、合并与收购服务、信用评级服务、证券交易服务和信托服务。

（8）知识产权使用费。包括专利权、商标权、版权、包含商业秘密的工业流程和设计、特许权的使用费以及复制、传播（或两者兼有）原作或原型中的知识产权（如书本和手稿、计算机软件、电影作品和音频录音的版权）和相关权利（如现场直播和电视转播、线缆传播或卫星广播的权利）时所涉及的许可费。

（9）电信、计算机和信息服务。电信服务包括通过电话、电传、电报、无线广播和电视线缆传输、无线广播和电视卫星、电子邮件、传真等广播或传送音频、图像、数据或其他信息，其中包括商业网络服务、电话会议和辅助服务。计算机服务包括硬件和软件相关服务和数据处理服务。信息服务包括通讯社服务（如向媒体提供新闻、照片和特写）、数据库服务（即数据库构思、数据存储以及通过在线和磁性、光学或印刷介质分发数据和数据库）以及网页搜索门户。

（10）其他商业服务。包括研究和开发服务、专业和管理咨询服务、技术服务、贸易相关服务和其他商业服务。

（11）个人、文化和娱乐服务。包括视听和相关服务和其他个人、文化和娱乐服务。视听和相关服务包括与电影制作（胶片、录像带、磁盘上的电影或电子传输的电影等）、无线广播和电视节目制作（现场直播或磁带播放），以及音乐录音等相关的服务和费用。其他个人、文化和娱乐服务包括医疗卫生服务、教育服务和其他服务。

（12）其他政府服务。包括由飞地，如使馆、军事基地和国际组织，或向飞地提供的服务；外交官、领馆工作人员和在海外的军事人员及其家属从东道国经济体购买的服务；由政府或向政府提供的未计入其他服务类别的服务。

目前，劳务收支的重要性日趋突出，不少国家的劳务收支在该国的国际收支中占有举足轻重的地位，有的甚至还超出了有形贸易收支。

3. 初次收入账户（primary income account）

初次收入账户显示的是居民与非居民机构单位之间的初次收入流量。初次收入反映的是机构单位因其对生产过程所做的贡献或向其他机构单位提供金融资产和出租自然资源而获得的回报。分为两类：

（1）与生产过程相关的收入。雇员报酬是向生产过程投入劳务的收入。对产品和生产的税收和补贴也是有关生产的收入。

（2）与金融资产和其他非生产资产所有权相关的收入。财产收入是提供金融资产和出租自然资源所得的回报。投资收益是提供金融资产所得的回报，包括股息和准公司收益提取、再投资收益和利息。但是，对金融衍生产品和雇员认股权的所有权不产生投资收益。

4. 二次收入账户（secondary income account）

二次收入账户表示居民与非居民之间的经常转移。经常转移包括个人转移、对所得、财富等征收的经常性税收、社保缴款、社会福利、非寿险净保费、非寿险索赔、经常性国际合作和其他经常转移。各种不同类型的经常转移计入本账户，表明其在经济体间收入分配过程中的作用。转移可以为现金或实物，经常转移属于单方面转移的一类。单方面转移账户是指单方面、无对等的交易，即在国际间移动后并不产生归还或偿还问题的一些项目。贷方记录本国从外国取得的单方转移收入，借方记录本国向外国的单方面转移支出。单方面转移包括经常转移和资本转移，其中经常转移放在经常账户里，资本转移放在资本与金融账户的资本账户中。经常转移包括所有非资本转移的转移账户，即包括排除下面三项的所有转移：

（1）非金融资产（非存货，即固定资产、贵重物品或非生产资产）所有权的转移；但是，直接投资者向其直接投资企业提供资本设备不属于资本转移，而是直接投资股权交易。

（2）债权人不获得相应价值回报而减免的债务。

（3）同固定资产收买/放弃相联系的或以其为条件的现金转移（例如投资捐赠）。

（二）资本账户（capital account）

资本账户指居民与非居民之间的资本转移，以及居民与非居民之间非生产、非金融资产的取得和处置。贷方记录本国居民获得非居民提供的资本转移，以及处置非生产、非金融资产获得的收入，借方记录本国居民向非居民提供的资本转移，以及取得非生产、非金融资产支出的金额。资本转移的内容在前面已作介绍。非生产、非金融资产包括自然资源，契约、租约和许可，营销资产（和商誉）。自然资源包括土地、矿产权、林业权、水资源、渔业权、大气空间和电磁光谱。契约、租约和许可包括确认为经济资产的契约、租约和许可。这些资产为社会和其法律体系所创建，有时称为无形资产。营销资产包括品牌、报刊名称、商标、标志和域名等。

小思考 1.2

无形资产在经常账户中的服务账户下和资本账户中有什么不同？

答：经常账户中的服务账户下记录的无形资产，是无形资产的运用所引起的收支；而在资本账户下记录的无形资产，是有无形资产所有权买卖所引起的收支。

（三）金融账户（financial account）

金融账户指发生在居民与非居民之间、涉及金融资产与负债的各类交易。当期对外金融资产净增加记录为负值，净减少记录为正值；当期对外负债净增加记录为正值，净减少记录为负值。根据投资类型或功能分类，金融账户包括直接投资、证券投资、金融衍生工具、其他投资和储备资产。与经常账户不同，金融账户并不按借贷方总额来记录，而是按净额来记入相应的借方和贷方。金融账户的净额记录指特定资产或负债的所有借方分录与同类型资产或负债的所有贷方分录轧差后得到的汇总数据。但是，金融资产的变化不应与负债的变化相轧差取净值。比如，股权类证券投资的获得应与该类股权的出售相轧差取净值；新发行的债券与已发行债券的赎回相轧差取净值；但是债券资产的获得不应与债券负债的发生相轧差取净值。

1. 直接投资（direct investment）

直接投资是跨境投资的一种，特点是，一经济体的居民对另一经济体的居民企业实施了管理上的控制或重要影响。控制或影响可以直接实现，即通过拥有股权，获得对一个企业的表决权；也可间接实现，即通过在另一个对该企业具有表决权的企业中拥有表决权。因此，实现控制或影响的两种方式是：（1）直接的直接投资关系，是指直接投资者直接拥有股权，并且这种股权使其在直接投资企业中享有10%或以上的表决权。如果直接投资者在直接投资企业中拥有50%以上的表决权，则认为存在控制。如果直接投资者在直接投资企业中拥有10% ~ 50%的表决权，则认为存在重要影响。（2）间接的直接投资关系，是指在一个直接投资企业中拥有表决权，而该直接投资企业又在另外一个（或一些）企业中拥有表决权，即一个实体能够通过直接投资关系链施加间接控制或影响。

2. 证券投资（portfolio investment）

证券投资指没有被列入直接投资或储备资产的、有关债务或股本证券的跨境交易和头寸。相关投资工具可划分为股权和债券。股权包括股权和投资基金份额，记录在证券投资项下的股权和投资基金份额均应可流通（可交易）。股权通常以股份、股票、参股、存托凭证或类似单据作为凭证。投资基金份额指投资者持有的共同基金等集合投资产品的份额。债券指可流通的债务工具，是证明其持有人（债权人）有权在未来某个（些）时点向其发行人（债务人）收回本金或收取利息的凭证，包括可转让存单、商业票据、公司债券、有资产担保的证券、货币市场工具以及通常在金融市场上交易的类似工具。证券投资包括但不限于在有组织市场或其他金融市场上交易的证券，也可发生在公开程度较低和监管更放松的市场中，例如在对冲基金、私募股权基金和风险资本中获得的股份就属于这种情况。但是，在这些基金中持有的股份如果达到10%的阈值，那么将列入直接投资；如果不属于证券形式，并且不在直接投资或储备资产范畴，那么将列入其他投资中的其他股权。

3. 金融衍生产品和雇员认股权

金融衍生产品包括期权合约、期货合约和掉期合约等。雇员认股权作为一种报酬形式，是向公司雇员提供的一种购买公司股权的期权。

4. 其他投资（other investment）

这是一个剩余账户，是指除直接投资、证券投资、金融衍生工具和储备资产外，居民与非居民之间的其他金融交易。包括其他股权、货币和存款、贷款、保险和养老金、贸易信贷和其他。其他股权指不以证券投资形式（上市和非上市股

金融学科核心课程系列教材

份）存在的、未包括在直接投资项下的股权，通常包括在准公司或非公司制企业中的、表决权小于10%的股权（如分支机构、信托、有限责任和其他合伙企业，以及房地产和其他自然资源中的所有权名义单位）、在国际组织中的股份等。货币包括由中央银行或政府发行或授权的，有固定面值的纸币或硬币。存款是指对中央银行、中央银行以外的存款性公司以及某些情况下其他机构单位的、由存单表示的所有债权。贷款指通过债权人直接借给债务人资金而形成的金融资产，其合约不可转让。贷款包括普通贷款、贸易融资、透支、金融租赁、证券回购和黄金掉期等。保险和养老金，又称保险、养老金和标准化担保计划，主要包括非人寿保险技术准备金、人寿保险和年金权益、养老金权益以及启动标准化担保的准备金。贸易信贷，又称贸易信贷和预付款，是因款项支付与货物所有权转移或服务提供非同步进行而与直接对手方形成的金融债权债务。如相关债权债务不是发生在货物或服务的直接交易双方，即不是基于商业信用，而是通过第三方或银行信用形式发生，则不纳入本项统计，而纳入贷款或其他项目统计。其他（资产/负债）指除直接投资、证券投资、金融衍生工具、储备资产、其他股权、货币和存款、贷款、保险准备金、贸易信贷、特别提款权负债外的对非居民的其他金融债权或债务。

5. 储备资产（reserve assets）

储备资产是由货币当局控制，并随时可供货币当局用来满足国际收支资金需求，用以干预汇兑市场影响货币汇率，以及用于其他相关目的（例如，维护人们对货币和经济的信心，作为向外国借款基础）的对外资产。它包括用作货币的黄金、外汇、分配的特别提款权和在国际货币基金组织的储备头寸等四个子账户。储备资产账户是一个记录储备变化，而不是流量状况的账户。每年年底，把一个国家金融当局所持有的储备资产与上年年底相比，而后把净差额记入储备资产账户之中。另外，在处理这个账户的符号时，我们会遇到最大的概念上的困难，因为出于平衡整个账户的需要，人为地把储备资产的增加用负号表示，把储备资产的减少用正号表示，恰恰与一般意义上正负号的含义相反。

（四）净误差与遗漏（net errors and omissions）

净误差与遗漏是一个人为设计的平衡账户，尽管它在某些国家不是最后一个账户，但却是作为余项在最后才计算的。经常账户和资本与金融账户之和，如果两者没有误差与遗漏，借贷双方应该相等，但这种情形是不太可能的。因为，每个国家的国际收支平衡表的统计数据总会出现一些遗漏：（1）资料来源不一。一国在编制国际收支平衡表时所汇集和应用的原始资料来自许多渠道，如海关统计、银行报告、企业报表等。（2）资料不全。某些数字如商品走私、资金外逃、私自携带现钞出入境等这些也属于国际收支范畴，难以掌握。例如，一个美国人从墨西哥以现金购买了价值1万美元的大麻（在途中却未能通过海关官员的检查），结果这1万美元落到了墨西哥的银行系统中，并被按惯例计入储备变动账户，但是这笔交易的另外一面却中断了。政府当局怀疑这些货是大麻，但在没有可靠的证据下，它不能记录这笔交易。（3）资料本身错漏。有关单位提供的统计数字也不是百分之百的准确无误，有的仅仅是估算数字。

因此，一般而言，一国经常账户加上资本与金融账户之后，借方与贷方间会有"缺口"，此时，国际收支平衡表上"净误差与遗漏"账户的数字，就是该"缺口"数目，方向（正负号）相反。

【阅读资料1.1】

净误差与遗漏数字的计算

净误差与遗漏账户的数字是总差额（经常账户和不包括储备资产的资本与金融账户所形成的差额）与官方储备实际收付数字之差。若总差额是顺差，则会引起官方储备的增加（以负号记）。当两者余额为正时，在净误差与遗漏账户下的借方列入此余额；当两者余额为负时，在净误差与遗漏账户下的贷方列入此余额。若总差额是逆差，则会引起官方储备减少（以正号记）。同时，当两者余额为正时，在净误差与遗漏账户下的借方列入此余额；当两者余额为负时，在净误差与遗漏账户下的贷方列入此余额。

资料来源：梁峰：《国际金融》，经济科学出版社2002年版。

小思考1.3

什么是国际投资头寸表？

答：根据国际货币基金组织出版的《国际收支和国际投资头寸手册》（第6版）所制定的标准，国际投资头寸表是反映特定时点上一个国家或地区对世界其他国家或地区金融资产和负债存量的统计报表，它与反映交易流量的国际收支平衡表一起，构成该国家或地区完整的国际账户体系。国际投资头寸的变动是由特定时期内交易、价格变化、汇率变化和其他调整引起的。国际投资头寸表在计价、记账单位和折算等核算原则上均与国际收支平衡表保持一致。

中国国际投资头寸表是反映特定时点上我国（不含中国香港、澳门和台湾，下同）对世界其他国家或地区金融资产和负债存量的统计报表。根据国际货币基金组织的标准，国际投资头寸表的项目按资产和负债设置。资产细分为我国对外直接投资、证券投资、金融衍生工具、其他投资和储备资产五部分；负债细分为外国来华直接投资、证券投资、金融衍生工具和其他投资四部分。净头寸是指对外资产减去对外负债。

为了便于理解，下面以美国为例，举例说明国际收支平衡表的记账方法。

【例1】英国商人从美国购买价值50万美元的汽车50辆，付款方式是从英国银行提出美元存款支付货款。这笔交易包含两项内容：一是美国商品出口，应记录在贷方的贸易账户中。二是英国商人的美元存款减少，也就是美国私人对外短期负债减少，应记入借方的金融账户的其他投资账户中。如表1.2（以下交易记录均同）所示。

表1.2 　　　　　　　　　　国际收支记账方法　　　　　　　　　单位：万美元

借方（－）		贷方（＋）	
A. 贸易账户			
2. 进口	－100	1. 出口	＋50
B. 服务账户			
		3. 旅游	＋40
C. 初次收入账户			
4. 投资利润汇出	－200		
D. 二次收入账户			
5. 政府捐赠	－80		
E. 证券投资账户			
6. 债券投资	－300	7. 发行债券	＋500
F. 其他投资账户			
1. 私人对外短期负债	－50	2. 私人对外短期负债	＋100
3. 私人对外短期资产	－40	4. 私人对外短期负债	＋200
7. 私人对外短期负债	－500	6. 私人对外短期资产	＋300
G. 储备资产账户			
		5. 官方储备	＋80

【例2】美国公司向中国购买100万美元的纺织品，用纽约银行的美元支票付款。这次经济交易是反映美国从外国获得商品，应该记入借方的贸易账户下，同时中国在纽约银行的美元存款增加，也意味着美国私人对外短期负债增加，应记录在贷方账户之金融账户的其他投资账户中。

【例3】德国人在美国旅游，支付了40万美元的费用，旅游者所需的美元是在美国银行用欧元兑换的。这项国际交易所涉及的内容有两项：其一，美国为外国居民提供了服务，为服务输出，应在贷方服务账户记录；其二，美国银行在法兰克福的欧元存款增加，即美国私人对外短期资产增加，应在借方的金融账户的其他投资账户中记录。

【例4】在美国直接投资的日商将 200 万美元的投资利润汇回日本。这笔交易所涉及的内容是：其一，这是在美国的直接投资收入，应在借方的初次收入账户中记录；其二，这笔汇款假定是通过美国银行和日本银行之间的信用进行的，由日本银行代美国银行支付，所以这是美国私人对外短期债务的增加，应在贷方的金融账户的其他投资账户中记录。

【例5】美国政府向墨西哥提供了 80 万美元的援助。这笔交易所涉及的两方面内容是：其一，美国政府的对外单方面转移，应在借方的二次收入账户下记录；其二，美国官方对外资产减少，应在贷方的储备资产账户下记录。

【例6】美国公民购买加拿大某公司发行的加元债券，折合美元价值为 300 万元。这笔交易所涉及的两项内容是：其一，美国的资本输出，即国外长期资产增加，应在借方的证券投资账户下记录；其二，是美国公民支取加拿大银行的加元存款购买债券，因此是美国私人对外短期资产减少，应在贷方的金融账户的其他投资账户中记录。

【例7】法国公民购买 500 万美元为期 10 年的美国公司债券。这笔交易也涉及两项内容：其一是美国的长期资本流入，应在贷方的证券投资账户下记录；其二是法国公民提取在美国银行的美元存款购买债券，是美国私人对外负债减少，应在借方的金融账户的其他投资账户中记录。

根据复式簿记原理编制的国际收支平衡表，原则上表中所有账户的借方总额与贷方总额总是相等的，其差额为零。但每一具体账户的收入支出却是不相等的，收支相抵后会出现一定的差额，这就需要调节。

三、国际收支平衡表的分析

(一) 分析国际收支平衡表的意义

首先，从分析本国的国际收支平衡表来看，其意义在于：①能及时正确地反映本国的国际收支情况，找出顺差和逆差的原因，采取正确的调节对策；②通过掌握本国的外汇资金来源和运用，尤其是官方储备的变动情况，可编制切合实际的外汇预算；③能使本国全面了解其国际经济地位，从而能制定出与本国国力相称的对外经济政策。

其次，从分析他国的国际收支平衡表来看，其意义在于：①可以掌握编表国家的国际收支顺差、逆差及储备资产收支情况，从而预测该国货币汇率的将来走向；②可以预测国际资本流动的趋向，通常是顺差国家的资金向逆差国转移；③可以预测国际利率的变动趋势，作为制定外贸政策、货币政策和对外金融政策依据；④分析经济大国的国际收支情况，可以基本掌握国际经济的发展趋势。

总之，国际收支平衡表是一种非常特殊的账户，通过对它的分析，可以了解一国国际经济交往的概况。因此，国际收支平衡表是各国政府重要的政策分析工具和制定政策的基础。

（二）分析国际收支平衡表的方法

1. 静态分析

静态分析是对某国在一定时期的国际收支平衡表进行逐项细致的分析。平衡表作为一种经济分析工具，列示的只是一些简单的账户和数字，但是每个具体账户都有其独特的内容，反映各种不同的对外经济活动。具体说来，静态分析应从四个方面着手：第一，应先分析各个账户，以了解哪个账户存在什么问题。比如分析长期资本账户中直接投资和政府贷款的比重，由此了解该国对外资本输出和引进外资的一般情况。第二，分析各个账户的局部差额，比如分析货物贸易账户中出口结构和进口结构的变化情况，以了解贸易差额产生的原因。第三，分析局部差额平衡，比如分析货物贸易差额与服务差额、初次收入差额、二次收入差额是否相抵等。第四，分析国际收支总差额，一般要分析国际收支总差额数、产生的原因、官方储备增减情况等。

2. 动态分析或纵向分析

动态分析是对某国相互衔接的不同时期的国际收支平衡表进行分析。一般来说，一个时期国际收支的状况与上一时期和下一时期的国际收支都有着密切联系，因此，分析国际收支平衡表也应将不同时期的情况联系起来，以掌握其长期变化，否则很容易得出片面结论。这是因为一国国际收支暂时性顺差或逆差与持续性顺差或逆差其含义是完全不同的。动态分析实际上也是对一国国际收支不同时期的情况进行的纵向的比较分析。

3. 横向比较分析

横向比较分析是以不同国家相同时期的国际收支平衡表进行分析比较，以了解该国的经济地位和实力，了解各国对外经济发展情况，更好地把握世界经济的发展趋势。采取这一分析方法要充分利用联合国或国际货币基金组织的资料。

4. 结合实际进行分析

分析一国的国际收支平衡表必须紧密结合国际收支发生期及其前后的国内外政治经济实际或背景，尤其是一些主要工业国的宏观经济政策、货币汇率变动、外汇管制程度以及国际资本流动、国际市场动态等。只有对国内外的客观背景情况进行全面考察和分析，了解各因素对国际收支可能产生的影响，才能使分析得出的结论具有客观性和科学性。

（三）国际收支平衡表的几个差额

分析国际收支平衡表必须首先了解国际收支平衡表的结构，即弄清国际收支平衡表的账户构成及其相互关系。如前所述，国际收支平衡表是由经常账户、资本与金融账户和净误差与遗漏账户所构成，每一项目下又分为若干小项目。国际收支平衡表的每个账户都有借方、贷方和差额三栏数字，分别反映一定时期内各项对外经济活动的发生额。由于国际收支平衡表是采用复式簿记法入账，因此，借贷双方总额总是相等的，但其中的某些账户可能出现盈余或赤字，需由其他账户的赤字或盈余来抵销，这就形成了不同的账户差额。按照习惯和国际货币基金组织的做法，账户差额主要有以下四种：

1. 贸易收支差额

贸易收支差额是指一国的进出口收支差额。尽管贸易账户仅仅是国际收支的一个组成部分，不能代表国际收支的整体，但是，对于某些国家来说，贸易收支在全部国际收支中所占比重相当大，以至于经常性地把贸易收支作为国际收支的近似代表。此外，贸易收支在国际收支中还有它的特殊重要性。货物的进出口情况综合反映了一国的产业结构、产品质量和劳动生产率状况，反映了该国产业在国际的竞争能力。因此，即使对于发达国家这样资本与金融账户比重相当大的国家，仍然非常重视贸易收支的差额。

2. 经常账户差额

经常账户包括贸易收支、服务收支、初次收入和二次收入，前两项构成经常账户收支的主体。虽然经常账户的收支也不能代表全部国际收支，但它综合反映了一个国家的进出口状况（包括服务贸易），而被各国广为使用，并被当作制定国际收支政策和产业政策的重要依据。同时，国际经济协调组织也经常采用这一指标对成员国经济进行衡量，例如国际货币基金组织就特别重视各国经常项目的收支状况。

3. 资本和金融账户差额

资本和金融账户差额反映资本账户和金融账户下直接投资、证券投资、金融衍生工具和其他投资账户的差额，它记录了世界其他国家对本国的投资净额或贷款/借款净额。

资本和金融账户具有两个方面的分析作用：首先，通过资本和金融账户规模

金融学科核心课程系列教材

可以看出一个国家资本市场的开放程度和金融市场的发达程度，一般而言，资本市场越开放，金融市场越发达，资本与金融账户的流量总额就越大。其次，资本与金融账户和经常账户之间具有融资关系，所以，资本与金融账户的余额可以折射出一国经常账户的状况。根据复式簿记法原则，在国际收支中一笔贸易流量通常对应一笔金融流量，可以说，经常账户中实际资源的流动与资本和金融账户中资产所有权的流动是一个活动的两个方面。因此，如果不考虑净误差与遗漏，经常账户的余额与资本和金融账户的余额必然数量相等，符号相反。也就是说，经常账户的余额与资本和金融账户的余额之和等于零。

4. 综合账户差额或总差额

综合账户差额是指经常账户加上资本账户和金融账户中的直接投资、证券投资、金融衍生工具和其他投资后的余额，也就是将国际收支账户中官方储备剔除后的余额（在净误差与遗漏账户为零时）。由于综合账户差额必然导致官方储备的反方向变动，所以，可用它来衡量国际收支对一国储备带来的压力。

当一国实行固定汇率制时，综合账户差额的分析意义更为重要。因为，国际收支的各种行为将导致外国货币与本国货币在外汇市场上的供求变动，影响到两个币种比价的稳定性。为了保持外汇市场汇率的稳定，政府必须利用官方储备介入市场以实现供求平衡。所以，综合账户差额在政府有义务维护固定汇率制时是极其重要的。而在浮动汇率制度下，政府原则上可以不动用官方储备而听任汇率变动，或是动用官方储备调节市场的任务有所弹性，相应地，这一差额的分析意义略有弱化。

第二节 国际收支的调节

一、国际收支不平衡的含义

在国际收支平衡表中，经常账户、资本与金融账户、净误差与遗漏账户的借贷双方在账面上总是平衡的，这种平衡是会计意义上的概念。但是，本章所讲的"平衡"与"不平衡"并非会计意义上的，而是指实际经济意义上的。国际经济交易反映到国际收支平衡表上有若干账户，各个账户都有各自的特点，按其交易的性质可分为自主性交易（autonomous transactions）和补偿性交易（compensatory transactions）。所谓自主性交易，是指个人或企业为某种自主性目的（比如追逐利润、追求市场、旅游、汇款赡养亲友等）而进行的交易，由于其自主性质，必然经常地出现差额；补偿性交易是为了弥补自主性交易差额或缺口而进行的各种交易活动，如分期付款、商业信用、动用官方储备等等。有了这样的区别后，我们就能较准确地判断国际收支是平衡还是不平衡。如果基于自主性交易就能维持的平衡，则该国的国际收支是平衡的，如果自主性交易收支不能相抵，必须用补偿性交易来轧平，这样达到的平衡是形式上的平衡，被动的平衡，其实质就是国际收支的不平衡。

这种识别国际收支不平衡的方法，从理论上看是很有道理的，但在概念上很难准确区别自主性交易与补偿性交易，在统计上也很难加以区别。因为一笔交易从不同的角度看可以是不同的归类。例如，一国货币当局以提高利率来吸引外资，就投资者而言属自主性交易，就货币当局而言却属调节性交易，若投资者系该国居民，则同一笔交易既可归入自主性账户，也可列入调节性账户。因此，按交易动机识别国际收支的平衡与不平衡仅仅提供了一种思维方式，迄今为止，还无法将这一思维付诸实践。

按照人们的传统习惯和国际货币基金组织的做法，国际收支平衡是指国际收支平衡表中综合账户的平衡。综合账户差额为正表示国际收支存在盈余，称为顺差，综合账户差额为负表示国际收支出现了赤字，称为逆差。储备账户是弥补国际收支赤字或反映国际收支盈余的账户，也就是说，国际收支的逆差表现为储备资产的减少，国际收支的顺差表现为储备资产的增加，一般来说，国际收支平衡表中综合账户会出现差额或缺口，这时就出现了国际收支的不平衡。

二、国际收支不平衡对经济的影响

国际收支是一国对外经济关系的综合反映，随着各国经济日趋国际化，对外经济与对内经济关系日益密切，相应地，国际收支不平衡对一国经济的影响范围越来越广，程度也越来越深。

持续的、大规模的国际收支逆差对一国经济的影响表现为以下几个方面：

（1）不利于对外经济交往。存在国际收支持续逆差的国家会增加对外汇的需求，而外汇的供给不足，从而促使外汇汇率上升，本币贬值，本币的国际地位降低，可能导致短期资本外逃，从而对本国的对外经济交往带来不利影响。

（2）如果一国长期处于逆差状态，不仅会严重消耗一国的储备资产，影响其金融实力，而且还会使该国的偿债能力降低，如果陷入债务困境不能自拔，这又会进一步影响本国的经济和金融实力，并失去在国际的信誉。如20世纪80年代初期爆发的国际债务危机在很大程度上就是因为债务国出现长期国际收支逆差，不具备足够的偿债能力所致。

持续的、大规模的国际收支顺差也会对一国经济带来不利的影响，具体表现在：

（1）持续性顺差会使一国所持有的外国货币资金增加，或者在国际金融市场上发生抢购本国货币的情况，这就必然产生对本国货币需求量的增加，由于市场法则的作用，本国货币对外国货币的汇价就会上涨，不利于本国商品的出口，对本国经济的增长产生不良影响。

（2）持续性顺差会导致一国通货膨胀压力加大。因为如果国际贸易出现顺差，那么就意味着国内大量商品被用于出口，可能导致国内市场商品供应短缺，带来通货膨胀的压力。另外，出口公司将会出售大量外汇兑换本币收购出口产品从而增加了国内市场货币投放量，带来通货膨胀压力。如果资本项目出现顺差，大量的资本流入，该国政府就必须投放本国货币来购买这些外汇，从而也会增加该国的货币流通量，带来通货膨胀压力。

（3）一国国际收支持续顺差容易引起国际摩擦，而不利于国际经济关系的发展，因为一国国际收支出现顺差也就意味着世界其他一些国家因其顺差而国际收支出现逆差，从而影响这些国家的经济发展，他们要求顺差国调整国内政策，以减少顺差，这必然导致国际摩擦。

可见，一国国际收支持续不平衡时，无论是顺差还是逆差，都会给该国经济带来危害，政府必须采取适当的调节，以使该国的国内经济和国际经济得到健康的发展。

三、国际收支不平衡的评价

评价一个国家的国际收支不平衡必须采取客观的、辩证的态度，具体要注意以下几点：

（1）国际收支平衡是各国追求的目标，不平衡从理论上讲对一国经济是不利的，但是国际收支平衡是相对的，不平衡才是绝对的，换句话说，各国出现国际收支不平衡是一种正常现象，长期处于平衡状态是不可能的。

（2）相比较而言，在各国政策制定者的心目中，出现顺差要比出现逆差好，以至于有些人认为逆差才算国际收支不平衡，顺差不算不平衡，这是因为顺差不会对国内经济立即带来不良影响，顺差的调节要比逆差的调节容易得多，而且在目前的国际金融环境下始终存在着国际收支调节的不对称，即国际组织（如国际货币基金组织）一直把国际不平衡的主要责任推到逆差国，因此为调节各国的国际收支，国际组织常常要求逆差国采取各种各样的紧缩性经济政策，即便是牺牲该逆差国经济增长也在所不惜。但是，正如前面所分析的，一国如果长期保持巨额的国际收支顺差对本国经济发展也不利，比如日本目前正在"享受"长期高额顺差的苦果：日元升值，国内企业纷纷亏损、倒闭，国内生产空洞化，失业问题日趋严重，经济增长停滞不前，等等。另外，世界各国都是顺差是不可能的，总有一部分国家出现顺差，另一部分国家出现逆差，这也就是说某些国家出现逆差是不可避免的。

（3）相比较追求国际收支量上的平衡而言，各国政府更重视追求国际收支结构上的平衡。换句话说，国际收支结构的好坏对一国经济的影响要比国际收支量上是否平衡的影响更大。这里的国际收支结构是指国际收支各账户差额的结构，最主要的是经常账户差额与资本与金融账户差额（不包括储备资产）的结构。一般有四种情况：①经常账户和资本与金融账户都出现顺差，这时不仅国际收支量上出现顺差，而且结构也较好，因而一般认为是最好的一种情况。②经常账户与资本及金融账户都出现逆差，这是最坏的一种情况。③经常账户出现顺差，资本与金融账户出现逆差，此时不管最后国际收支是顺差还是逆差，都不失为一种好的国际收支状况，因为它结构较好：经常账户出现顺差表明该国商品、劳务的国际竞争能力很强，出口多于进口，国家外汇储备增加；资本与金融账户出现逆差，反映一国资本的国际竞争力能力很强，对外投资大于资本流入。④经常账户出现逆差，资本与金融账户出现顺差，此时即使最后国际收支能够达到平衡或顺差，都不是一种好的状态，因为这种国际收支结构不好。

（4）对于某些国家来说，在特殊时期，上述第四种情况的国际收支状况可能是一种政策性的选择，即为了达到一定的政策目标，政府采取的一种策略。比如，发展中国家在经济起飞时期，由于经济基础较薄弱，商品、劳务的国际竞争力较差，经常账户出现赤字，但该国政府为了能在较短的时间里改变这种状况，采取各种优惠政策吸引外资，从而出现了经常账户逆差、资本与金融账户顺差的状况，其目的是为了在较短的时间里达到经常账户顺差、资本与金融账户逆差的国际收支结构。

综上所述，对一国国际收支的不平衡必须采取具体的、全面的、辩证的分析方法，同时我们也可明确各国采取各种措施来调节国际收支不平衡，其目标是指改变一国过长时间、过大规模的逆差或顺差状况，而不是彻底消除不平衡，因为这是不现实的。

四、国际收支失衡的原因

引起国际收支失衡的原因很多，不同国家或同一个国家在不同时期发生失衡的原因都可能不相同。归纳起来，主要有以下几类。

1. 季节性和偶然性的失衡

由于生产、消费有季节性变化，一个国家的进出口也会随之而变化。季节性变化对进出口的影响并不一样，因而造成季节性的国际收支失衡。例如，在那些以农产品为主要出口商品的发展中国家，国际收支失衡就是常常表现为季节性失衡。因为，这些国家的农业部门要根据季节的需要来进口化肥、机械设备和燃料等，或者在收获之前，这些国家必须进口食物以满足消费的需要，其贸易的季节性变化十分明显。

无规律的短期灾变也会引起国际收支的失衡，这称为偶然性失衡。例如，洪水、地震这样的自然灾害造成谷物歉收而减少了谷物出口。这种偶然性失衡对国际收支的影响是一次性的，且引起的失衡是暂时性的。

2. 周期性失衡（cyclical disequilibrium）

由周期性因素所造成的失衡称为周期性失衡，这是由于国际各国经济周期所处的阶段不同所造成的。本国经济处于繁荣阶段，贸易伙伴国的经济处于衰退阶段，这样本国对外国产品的需求就较外国对本国产品的需求旺盛，因此造成本国贸易收支赤字。第二次世界大战后西方主要国家的经济周期都具有同步性，这一类型的失衡在工业国家有所减轻。工业国家的经济周期的影响主要发生在发展中国家的国际收支上。当他们处于衰退阶段，对发展中国家的出口产品的需求就会减弱，造成这些国家出口下降。

3. 结构性失衡（structural disequilibrium）

当国际分工格局或国际需求结构等国际经济结构发生变化时，一国的产业结构及相应的生产要素配置不能完全适应这种变化，从而造成的国际收支不平衡，称为结构性失衡，世界各国由于自然资源和其他生产要素禀赋的差异而形成了一定的国际分工格局。这种国际分工格局随要素禀赋和其他的变化将会发生变化，任何国家都不能永远保持既定的比较利益。如果一个国家的产业结构不能随国际分工格局的变化按比较利益原则而得到及时调整，便会出现结构性国际收支失衡（实为贸易收支失衡）。此外，国际贸易中需求结构的变化也是时常会发生的。消费者嗜好的改变，代替天然原料的合成材料的发明，出口市场收入的变化，产品来源及价格变化等也会使国际需求结构发生变化。一国的产业结构如不能很好地适应这种变化而得到及时调整，也会出现结构性失衡。

4. 货币性失衡（monetary disequilibrium）

由一国的价格水平、成本、汇率、利率等货币性因素变动所造成的国际收支失衡，称货币性失衡。如果一国货币数量发行过多，该国的成本与物价普遍上升，由此必然导致出口减少，进口增加；另外，本国利息率也会下降，造成资本流出增加，流入减少，使国际收支出现赤字，货币性失衡不仅与经常账户收支有关，也与资本账户收支有关。

5. 不稳定的投机和资本外逃造成的失衡

在短期资本流动中，不稳定的投机与资本外逃是造成国际收支失衡的另一个原因，它们还会激化已存在的失衡。投机性资本流动是指利用利率差别和预期的汇率变动来谋利的资本流动。它主要取决于两个因素，即各国货币之间的力量对比，也就是汇价的对比，以及各国相对的利率水平。投机可能是稳定的，也可能是不稳定的。稳定性投机与市场力量相反，当某种货币的需求下降，投机者就买进该货币，从而有助于稳定汇率。而不稳定的投机会使汇率累进恶化，投机造成贬值，贬值又进一步刺激了投机，从而使外汇市场变得混乱。资本外逃与投机偏好不同，它不是希望获利，而是害怕损失。当一国家面临货币贬值、外汇管制、政治动荡或战争的前景时，在这个国家拥有资产的居民和非居民就要把其资金转移到他们认为稳定的国家，造成该国资产的大量外流，不稳定的投机和资本外逃具有突发性、数量大的特点，在国际资本流动迅速的今天，往往成为一国国际收支失衡的一个重要原因。

国际收支作为国民经济的重要变量，与国民经济其他变量密切相关，它的失衡对国民经济必然发生十分重要的影响。主要表现在：①经常账户失衡将对国民收入产生扩张或收缩的乘数效应，从而影响国内经济的均衡；②资本与金融账户失衡，必然引起国内金融市场资金流量的变化，金融市场的利率、证券价格等因此将受到影响并进一步影响到国内各个经济领域的发展；③经常账户和资本与金融账户若出现不平衡可以通过增减国际储备来加以平衡。然而国际储备的增减直接影响一国货币供应量（在各国有义务维持汇率稳定时），由此对国民经济起扩张或紧缩的作用。而且一国国际储备毕竟是有限的，难以平衡长期存在的国际收支失衡。

五、国际收支的调节方法

国际收支不平衡不仅涉及对外支付方面的问题，也涉及一国的国内经济活动，所以解决国际收支不平衡是一国政府进行宏观经济调控的一个重要方面，必须引起足够的重视。一国的国际收支如果发生暂时性的不平衡，即短期、由非确定或偶然因素引起的不平衡，那么这种不平衡一般程度较轻，持续时间不长，带有可逆性，即不需要采取政策调节不久便可得到纠正。但是，如果一国的国际收支不平衡属于持续性不平衡，即由于一些根深蒂固的原因造成的，如前面列举的几个方面，那么这种不平衡没有可逆性，必须采取相应的对策加以调节，否则将很难得到纠正。客观地说，一国国际收支出现持续性的顺差或逆差，都对本国经济发展不利。因此，政府必须对这种持续性顺差或逆差进行调节。国际收支调节是指消除一国国际收支出现的失衡的过程。国际收支的调节方法可分为"自动调节机制"和"政策引导机制"（也称"相机抉择机制"）两类。

（一）国际收支的自动调节机制

1. 国际金本位制度下国际收支的自动调节机制

在金本位制下的国际收支的自动调节机制就是大卫·休谟所揭示的价格—铸币流动机制。其基本内容是：在金本位制度下，一国国际收支出现赤字，就意味着本国黄金的净输出，由于黄金外流，国内黄金存量下降，货币供给就会减少，从而引起国内物价水平下跌。物价水平下跌后，本国的商品在国外市场上的竞争能力就会提高，外国商品在本国市场的竞争能力就会下降，于是出口增加，进口减少，使国际收支赤字减少或消除。同样，国际收支盈余也是不能持久的，因为顺差会造成黄金的净流入，这又会趋于扩大国内的货币供给，造成物价水平上涨，物价上涨不利于出口有利于进口，从而使盈余趋于减少乃至消失。

2. 纸币本位的固定汇率制度下国际收支的自动调节机制

在纸币流通制度下，如果实行固定汇率制，该国当局有义务通过外汇储备变动干预外汇市场来维持汇率不变。在这种制度下，一国国际收支出现不平衡时，仍有自动调节机制发生作用，不过自动调节的过程要复杂一些。国际收支的自动调节主要表现在：国际收支失衡后，外汇储备的变化引起货币供应量的变化，进而影响国民收入、物价和利率变量，使国际收支趋于平衡。

（1）一国国际收支出现赤字时，为了维持固定汇率，该国货币当局就必须减少外汇储备，从而造成本国货币供应量的减少。货币供应量的减少首先会带来银根的紧张、利息率上升，利息率上升会导致本国资本外流的减少，外国资本流入的增加，结果使资本账户收支改善；反之国际收支盈余则会通过利息率下降导致本国资本流出的增加、外国资本流入的减少，使盈余减少或消失。这就是国际收支失衡的利率效应。

（2）一国国际收支出现逆差时，货币供给减少，国内的投资和消费也会随之减少，从而引起国民收入减少。而国民收入的减少又会导致进口减少，结果经常账户特别是贸易收支状况得以改善，进而减少国际收支逆差。反之，一国国际收支出现顺差，货币供给量增加，国内的投资和消费也会增加，从而引起国民收入的增加。国民收入的增加又会引起进口增加，结果使经济账户收支状况恶化。进而减少国际收支顺差。这就是国际收支自动调节的收入效应。

（3）一国国际收支出现逆差，随着货币供给量的减少，还会引起物价水平的下跌。国内物价水平下跌，可使出口增加，进口减少，从而使国际收支逆差减少，并逐步恢复到平衡状态。反之，一国国际收支出现顺差，随着货币供给量的增加，会引起物价水平的上升，进而会使出口减少，进口增加，从而使国际收支顺差减少。这就是国际收支自动调节的相对价格效应。

3. 纸币本位的浮动汇率制度下国际收支的自动调节机制

在浮动汇率制度下，一国当局不对外汇市场进行干预，即不通过储备增减来影响外汇供给或需求，而任凭市场的外汇供求来决定汇率的上升和下降。在这种制度下，如果一国国际收支赤字，外汇需求就会大于外汇供给，外汇的价格即汇率就会上升。反之，一国国际收支若出现盈余，外汇需求就会小于该国国际收支；若出现盈余，外汇需求就会小于外汇供给，外汇的价格就会下跌。通过汇率随外汇供求变动而变动，国际收支失衡就会在一定程度上得以消除。在浮动汇率制下，汇率变动对国际收支的调节作用是有局限性的。这是因为只有一国贸易弹性满足马歇尔—勒纳条件或（梅茨勒条件），国际收支的自动调节才可以通过汇率的变化来实现。而且，即使汇率变动能自动调节国际收支，由于汇率变动是通过物价这个传递机制来影响各种变量，其间存在一个"时滞"问题，即汇率变动对国际收支的影响是逆方向的，只有经过一段时期之后，才表现为正方向，这就是"J曲线效应"。另外，还有心理预期作用的影响，若汇率下降，人们预期汇率进一步下跌，于是就会发生资本外逃，出现资本账户逆差。此外，还有其他种种因素也使汇率调节国际收支的作用大大减弱。

（二）国际收支的政策引导机制

1. 外汇缓冲政策

所谓外汇缓冲政策，是一种运用官方储备的变动或临时向国外借入短期资金，来抵销外汇市场的超额供给或需求，以解决一次性、季节性或短期性的国际收支失衡的政策措施。由于这种政策措施是以外汇作为缓冲体，所以称它为外汇缓冲政策。通过这一政策来解决一次性或季节性的国际收支逆差，是一种既简便又有益的做法，它能够使本币汇率免受暂时性失衡所造成的无谓波动，有利于本国对外贸易和投资的顺利进行。然而，一国官方储备规模毕竟是有限的，因此不能完全依靠这种资金融通的办法来弥补那些巨额的、长期的国际收支逆差，否则将会导致外汇储备的枯竭或外债的大量累积，对于逆差问题的解决还是无济于事。

2. 财政货币政策

当一国出现国际收支失衡时，政府可以运用财政货币政策进行调节。利用财政政策调节国际收支，主要是通过增减财政开支和升降税率来实现的。具体说，当一国国际收支出现逆差时，政府可以削减财政支出或提高税率，使市场通货紧缩，迫使物价下降，从而在外汇汇率不变或尚未相应变动的情况下，有利于出口，不利于进口，逐步减少国际收支逆差。反之，当一国国际收支出现顺差时，政府则可增加财政支出或降低税率，以刺激投资和消费，促使物价上升，从而在外汇汇率不变或尚未相应变动的情况下，鼓励进口，抑制出口，逐步减少国际收支顺差。

利用货币政策调节国际收支，主要是通过升降中央银行法定准备金率、再贴现率或公开市场上买卖政府债券来实现的。具体说，当一国国际收支出现逆差时，可以提高法定准备金率和再贴现率，或在市场上卖出政府债券，以减少货币供给量，提高利息率。利息率的提高，一方面会吸引国外资本流入增加，本国资本流出的减少，改善本账户收支；另一方面会抑制国内投资和消费，进而抑制进口，增加出口，改善经常账户收支。当一国国际收支出现顺差时，可以降低法定准备金和再贴现率，或在公开市场上买进政府债券，增加货币供给量，降低利息率，以达到减少国际收支顺差的作用。

但是，这类政策的局限性在于，国际收支的改善是以牺牲国内经济为代价的，往往与国内经济目标发生冲突。例如，紧缩性政策在减少进口支出的同时，也抑制了本国居民对国内产品的需求，由此导致失业和生产能力过剩。特别是在本国经济业已不振，失业已经严重的情况下，国际收支逆差的出现，常常使当局的宏观经济政策陷入左右为难的泥潭。只有在国际收支逆差是因总需求大于充分就业条件下的总供给引起的情况下，采取紧缩性经济政策才不至于牺牲国内经济目标。因此，这类政策宜于用来纠正国际收支的周期性逆差。

3. 汇率政策

这里所谓汇率政策，不是指金融市场上一般性的汇率变动，而是指国家货币当局公开宣布的货币法定升值与贬值。各国并不经常以调整汇率的方式来平衡国际收支，而且实行货币升值与贬值在国际也有一定的限制，但一般认为在出现下述情况时可采用调整汇率的措施：当一国国际收支发生不平衡时，假定在汇率不变的情况下，要达到平衡就必须实施紧缩的财政货币政策，而这一政策实施的结果会造成国内失业增加致使国内经济失衡；如果要维持国内充分就业，就势必要实施扩张性的财政货币政策，这就会促使国际收支进一步恶化，使国内均衡与国际均衡产生尖锐的矛盾。

不过，调整汇率能否起到平衡国际收支的作用，还要看具体情况而论。以货币贬值而论，只有当一国具备下述条件时，才能起到改善国际收支的作用：第一，进出口需求弹性之和大于1；第二，本国现有的生产能力尚未得到充分利用；第三，贬值所带来的本国贸易品与非贸易品的较高相对价格之差可以维持较长一段时间。另外，实行货币贬值政策容易引起国内物价上涨，甚至陷入"贬值—通货膨胀—贬值"的恶性循环，这也是实行汇率调整政策时所要考虑的重要因素。

4. 直接管制

所谓直接管制，是指在一国的国际收支出现了结构性的不平衡的条件下，该国政府所采取的一种奖出限入的政策。在奖出方面，主要是提供出口信贷、出口信贷的国家担保和由政府给予直接补贴或间接补贴等。在限入方面，则主要是高筑关税壁垒（如提高进口关税或征收进口附加税等）和实行非关税壁垒（如加强进口管理，限制某些进口，实行进口配额制和进口许可制度等）。实行上述政策，可以减少外汇支出，对调节国际收支具有重要作用。

但是，采用这种政策来维持一国国际收支平衡，仅仅是变公开逆差为隐蔽逆差，一旦予以取消，除非经济结构得到改善，否则国际收支逆差仍然会重新出现。因此，许多国家采取直接管制措施时，大都配合以产业政策的实施。另外，直接管制还很容易引起伙伴国的报复，导致国与国之间的"贸易战"，使原先实行直接管制措施的国家前功尽弃。再者，实行直接管制还易于造成本国产品的效率低下，对外竞争力不振，并引起官僚作风和贿赂风气。所以在西方发达国家，对采用这项措施一直持比较慎重的态度。

5. 国际经济合作

上述调节国际收支的各种政策中，除直接管制易于引起贸易伙伴国的报复之外，其他政策措施也会不可避免地对别国产生不利影响。如果各国都采取以邻为壑的政策，其结果是整个国际经济秩序会遇到破坏。所以第二次世界大战后，各种国际经济组织纷纷成立，如关税与贸易总协定、国际货币基金组织等，通过这些组织来协调各国的经济政策，以达到平衡国际收支的目的。

金融学科核心课程系列教材

六、选择国际收支调节方式的一般原则

从前文可知，国际收支不平衡的调节方式很多，但是每一种调节方式都有自己的特点，对国际收支不平衡调节的侧重点也不同，因此在具体调节一国国际收支不平衡时选择适当调节措施是非常重要的，一般来说应遵循三个原则：

1. 按照国际收支不平衡产生的原因来选择调节方式

国际收支不平衡产生的原因是多方面的，根据其产生原因的不同选择适当的调节方式可以有的放矢、事半功倍。例如，一国国际收支不平衡是经济周期波动所致，说明这种不平衡是短期的，因而可以用本国的国际储备或通过从国外获得短期贷款来弥补，达到平衡的目的，但这种方式用于持续性巨额逆差的调整不能收到预期效果。如果国际收支不平衡是由于货币性因素引起的，则可采取汇率调整方法。如果国际收支不平衡是因为总需求大于总供给而出现的收入性不平衡时，则可实行调节国内支出的措施，如实行财政金融的紧缩性政策。如果发生结构性的不平衡，则可采取直接管制和经济结构调整方式来调节。

2. 选择国际收支调节方式应尽量不与国内经济发生冲突

国际收支是一国宏观经济的有机组成部分，调整国际收支势必对国内经济产生直接影响。一般来说，要达到内外均衡是很困难的，往往调节国际收支的措施对国内经济会产生不利影响，而谋求国内均衡的政策又会导致国际收支不平衡。因此，必须按其轻重缓急，在不同的时期和经济发展的不同阶段分别作出抉择。当然最一般的原则是尽量采用国内平衡与国际收支平衡相配合的政策。

3. 选择调节国际收支的方式应尽可能减少来自他国的阻力

在选择调节国际收支的方式时，各国都以自身的利益为出发点，各国利益的不同必然使调节国际收支的对策对不同国家产生不同的影响，有利于一国的调节国际收支的措施往往有害于其他国家，从而导致这些国家采取一些报复措施，其后果不仅影响了国际收支调节的效果，而且还不利于国际经济关系的发展，因此，在选择调节国际收支的方式时，应尽量避免损人过甚的措施，最大限度地降低来自他国的阻力。

第四节　国际收支理论

国际收支理论是研究关于国际收支不平衡的原因及调节方式的理论，它是国

际金融学的基本课题。早在 15、16 世纪，重商主义就着重研究贸易收支问题。19 世纪实行金本位制之后，大卫·休谟又提出金本位制下国际收支的自动调节理论。现代西方经济学家认为，汇率可以调节国际收支，但汇率变动的调节作用取决于其对收入、支出、国内价格与货币供给的影响，因此，他们对国际收支提出了几种理论。20 世纪 30 年代金本位制崩溃后，各国实行浮动汇率，于是国际收支弹性分析法和外贸乘数说应运而生。50 年代和 60 年代，随着凯恩斯主义的流行，国际收支吸收分析法风靡一时，在西方学术界占取了支配地位。60 年代初，由于国际经济趋向一体化，内部平衡与外部平衡的矛盾促成了蒙代尔的政策配合理论，并引起人们的关注。60 年代末和 70 年代初货币主义盛行一时，因而货币分析法广泛流传，有人称之为"国际货币经济学的重大突破"。80 年代初期，又出现了结构分析法和财政分析法。

一、弹性分析法（elasticity approach）

弹性分析法是以进出口商品供求的价格弹性为基本出发点，通过汇率水平的调整，使进出口商品供求价格产生变动，以此来影响出口总值和进口总额，从而调节国际收支的不平衡。该理论由英国经济学家琼·罗宾逊 1927 年提出，以新古典学派马歇尔（A. Marshall）的"非充分就业"条件下国内均衡中物价的供给弹性和需求弹性理论为基础，运用于外汇市场和国际收支调节。该理论认为，当一国出现持续性国际收支逆差时，可采用本币贬值的方法，改变进出口商品的相对价格以增加出口，抑制进口，使国际收支恢复平衡。

弹性分析法理论有几个假设前提：①假定没有资本转移，国际收支就是贸易收支，贸易收支起初是平衡的；②假定利率、国民收入等其他条件不变，只考虑汇率变化对进出口商品的影响；③贸易商品的供给具有完全的弹性。根据这些假设前提，弹性分析法认为，既然进出口商品的供给具有完全的弹性，那么贸易收支的变化就完全取决于对进出口商品需求的变化。即本币贬值后，出口实际增加和进口实际减少的程度，受出口需求弹性和进口需求弹性的制约。弹性大，即商品需求对价格的变化反应敏感，货币贬值能改善国际收支。弹性小，则货币贬值的作用有限。

实现弹性调节的条件是"马歇尔—勒纳条件"（Marshall-Lerner condition）。他们认为，在各国进出口商品供给弹性无限大的情况下，一国通过本币贬值能否改善国际收支，关键在于该国进出口需求弹性之和的绝对值能否大于 1。如果两者之和的绝对值大于 1（$|Ex + Em| > 1$），国际收支就得到改善；如果小于 1

（│Ex + Em│< 1），其国际收支非但得不到改善，反而会继续恶化；如果等于 1（│Ex + Em│= 1），则国际收支保持不变。

弹性分析法是建立在定量分析基础上，反映了国际市场一些实际情况，有一定的现实意义。但它也有很大的局限性。首先，它是一种局部的均衡分析，只考虑汇率变动对进出口贸易的影响，其他一切条件都是不变的。实际上，贬值的影响很广，因为进出口市场的变化会引起连锁反应，从而对整个经济产生影响。其次，它是一种静态分析。实际上，弹性调节的实现过程要受"J 形曲线效应"的限制。本币贬值虽会以外币表示的出口商品在国际市场上变得便宜而促使外国订货增加，使出口外汇收入增加，但贬值初期存在着时滞。即初期外汇收支会继续恶化，中期虽然效果较好，以本币表示的进口商品价格马上变得昂贵，对于原材料主要依赖进口的国家，意味着将开始新一轮的通货膨胀和本币贬值。最后，它假定贸易商品的供给有完全弹性。这一假定在两次大战期间有一定的道理，但从战后初期各国供应不足的情况来看，它不符合实际情况，从生产初级产品的各国情况来看，供给弹性也是有限的。总之，货币贬值在一定条件下可以改善贸易收支，但不能根本解决国际收支问题。

二、外贸乘数说（foreign trade multiplier theory）

外贸乘数说是由哈罗德（R. F. Harrod）和马克鲁普（Machlup）于 20 世纪 30 年代运用凯恩斯的"投资收入乘数"理论发展起来的。所谓"外贸乘数"是指新增国民收入和新增出口额的比率。他们推论：一国的国际收支和国民收入是相互联系和相互影响的，一国的出口具有和国内投资同样的效应，可以增加国民收入总量。而一国的进口具有和国内储蓄同样的效应，会减少国民收入总量。因此，在"非充分就业"和出口具有弹性的前提下，当一国由于商品、劳务出口顺差而从国外获得的外汇收入会使出口产业部门收入增加，从而引起他们对消费品需求的增加和消费品生产部门就业和收入的增加，并使进口增加，如此换算下去，当该国的出口增加而获得国际收支顺差时，其国内投资和消费品的增加会通过"外贸乘数"的作用使国民收入一轮又一轮地增加，所增加的国民收入又使该国进口扩大，从而部分地抵销掉国际收支顺差，这样国民收入的增加量将是出口增加量的若干倍。外贸乘数说有一定的说服力，即在出口扩大导致国际收支顺差时，如外贸乘数大，则实际进口倾向小，因而能较长时间地保持国际收支顺差。

三、吸收分析法（absorption approach）

吸收分析法主要由英国诺贝尔奖获得者詹姆斯·米德（James Meade）和德国的西德尼·亚历山大（Sidnen Alexander）提出。20世纪50年代初，英法等西欧国家都曾先后使本币贬值，但其国际收支并未有显著改善。对此，有的经济学家认为当时缺乏必要的出口弹性，而另一些经济学家认为弹性论者过分重视微观经济学的相对价格效果，忽视了宏观经济学的国民收入效果。随着第二次世界大战后弹性理论在实践中不断暴露出其缺陷，以及凯恩斯主义的流行，使"吸收分析法"应运而生。1954年上述两位经济学家以凯恩斯宏观国民收入方程式为基础，提出了该理论。凯恩斯国民收入的均衡公式是：国民总收入 Y 等于国民总支出 A。国民总支出 A 包括个人消费 C、私人投资 I 和政府支出 G。于是在封闭型经济中：$Y = A = C + I + G$。

在该理论中，亚历山大把国民总支出即国内资源的总消耗称为"吸收"，即通过商品和劳务市场转移到生产过程而消耗掉的资源。即，吸收 $A = C + I + G$。该理论注重贸易收支，认为国际收支差额 B 主要是贸易收支差额，$B = X - M$。这里，X 表示出口，M 表示进口。如果把对外贸易也包括在内，则国民收入的均衡公式扩大为 $Y = A + B = C + I + G + (X - M)$。而 $X - M = Y - (C + I + G)$，即国际收支 = 总收入 - 总支出。总支出即总吸收 A，国际收支差额 B 就是国民收入与国内吸收的差额。即 $B = Y - A$。

由于国际收支平衡意味着总收入等于总吸收，国际收支顺差意味着总收入大于总吸收，国际收支逆差表示总收入小于总吸收，所以调节国际收支的方式无非是增加收入或减少支出（吸收）两个途径。前一个途径是支出转换政策，即在总支出（吸收）不变的条件下，增加国民总收入，也就是利用等量的资源消耗（吸收）生产出更多的社会总产品。后一个途径是"吸收政策"，亦称支出减少政策，即在维持原有生产规模的条件下，减少资源的投入和消耗，即减少总支出。

总之，无论是支出（吸收）不变而增加总收入，还是减少资源投入，减少吸收消耗而维持原有的产量，都可改善国际收支。

吸收分析法比以前的各种国际收支调节理论进了一大步。主要表现在：第一，它将国际收支调节和国内宏观经济调节联系起来，建立在整体均衡的基础上，克服了弹性理论限于局部均衡分析的缺陷。如果一国的总需求超过总供给，即总吸收超过总收入，要同时达到内部平衡和外部均衡这两个目标，就必须同时

金融学科核心课程系列教材

运用转换政策和吸收政策这两个工具，即通过紧缩性货币政策和财政政策来减少对贸易商品的过度需求，调整国际收支逆差。第二，该理论还强调贸易乘数（新增国民收入与新增出口额之比）的作用，认为增加一个单位的出口可以使国民收入增加若干单位，或成倍增长。通过倍数作用，扩大出口可以增加国民收入，进而提高国内消费和国外进口，而由于进口增加量小于出口增加量，国际收支逆差将逐步减少。第三，该理论具有强烈的政策配合含义。它认为，贬值要通过货币政策和财政政策的配合来抑制国内需求，将资源从国内吸收中解放出来转向出口部门，才能有效地改善国际收支，保持内部和外部的均衡。

因为该理论是一种通过内部均衡以达到外部均衡的国际收支调节理论，所以其主要缺陷是在国际收支平衡表中只注意贸易收支而忽视国际资本流动；过分强调需求管理和限制国内吸收量从而影响国内经济增长。

四、政策配合理论（policy mix theory）

该理论由经济学家蒙代尔（R. A. Mundell）于 1962 年提出。政策配合是指一国政府将各种经济政策适当配合运用，以便同时实现内部平衡与外部平衡的双重目标。内部平衡（internal balance）所要达到的政策目标是维持物价稳定，实现充分就业和促进经济增长。外部平衡（external balance）所追求的目标是国际收支平衡。然而由于许多经济政策实施的效果是互相矛盾的，这就给货币政策的制定带来很大的困难。为了解决这个矛盾，政策配合理论应运而生。

该理论主张，以货币政策促进外部平衡，因为货币政策多半会对国际收支发生较大的影响。它倾向于扩大国内外的利率差距，从而引起大量的资本流动；以财政政策促进内部平衡，因为财政政策通常是对国内经济活动的作用大，而对国际收支的作用小。货币政策与财政政策的适当配合，就能调节内部和外部的共同平衡。两种政策的搭配主要有表 1.3 中的 4 种具体形式。

表 1.3　　　　　　　　货币政策与财政政策的搭配形式

序号	对内和对外经济情况	财政政策	货币政策
1	膨胀和顺差	紧缩性的	膨胀性的
2	膨胀和逆差	紧缩性的	紧缩性的
3	衰退和顺差	膨胀性的	膨胀性的
4	衰退和逆差	膨胀性的	紧缩性的

政策配合理论有一定的参考价值，但这种理想境界很难实现。第一，国内的

经济和国际经济活动是一个十分复杂而又有机联系的整体，由多种因素相互制约相互促进。第二，一国的经济手段是多种多样的，除了财政政策和货币政策外，还有贸易政策等，都要相互配合而不能各自为政。第三，政策作用的效果也是多方面的。例如，财政方面的投资政策对国际资本流动也有直接的影响，而货币方面的利率政策首先影响的是国内经济活动。

五、货币分析法（monetary approach）

该理论是随着货币主义的兴起而出现的，主要代表人物是蒙代尔（R. A. Mundell）和约翰逊（H. G. Johnson）。货币分析法的立足点是采用"一般均衡分析法"的方法，该方法也是其国际收支理论的核心。该理论认为，国际收支从根本上说是一种货币现象，一国的国际收支不平衡是由国内货币供给和货币需求失调引起的，同时国际收支不平衡也会直接引起国内货币供给量的变动。所以，货币分析法强调货币政策的运用。只要保证货币供给的增加与国民收入的实际增长相一致，就可保持国际收支的平衡和稳定。

由于货币分析法的理论依据是国际收支的整体平衡，因此，它不注重经常项目中贸易收支、劳务收支、转移收支或资本项目中某个具体项目的局部平衡，所强调的是国际收支平衡表中"结算项目"中的调节性项目，即所谓"线下项目"（below line）。线下项目可以显示出国际收支顺差或逆差对于国内货币的基数（即基础货币），由此可决定货币的供给。该理论还认为，一国货币供给是由中央银行的国内信用和外汇储备两个部分构成，而货币需求则是价格、收入和利率等有限变量的稳定函数。

该理论认为，国际收支不平衡的调节是一个自动恢复平衡的过程，强调国际收支对外汇储备的影响，国际收支差额意味着官方储备的增减，等于本国货币需求减本国所创造的货币。国际收支逆差（即国际储备减少）是由国内货币供给过多引起的；同样，国际收支顺差（国际储备增加）是由货币需求过度造成的。所以，国际收支是与货币供求相联系的一种货币现象，是一国货币供给的自动调节机制，而货币供给与需求之间的总额，反映在国际收支平衡表中的"官方储备净增减"的变动中。因为官方储备变动会影响国内外的货币供给，所以它只分析线下项目的交易，并将国际收支的货币调节放在首位。在固定汇率制度下，储备货币只要遵守货币主义者提出的"一价规则"（the law of one price），将货币供给的增加率稳定在国民收入的平均增长率的同一水平上，就能经常保持各国国际收支的稳定，不会发生储备变动。但是在固定汇率制度下，各国的价格和利率都是外在变量，不受本国货币供给的影响，当中央银行的国内信用部分扩大时，价格和利率都不会发生变化，唯一发生变化的是国内居民手中所持有的货币余额增加，为了消耗过剩的货币余额，他们就要增加对国外商品和证券的购买，直到手中的货币余额恢复到原来持有的水平为止。对国外商品和证券购买增加的直接后果是造成国际收支逆差。逆差引起的外汇储备外流部分恰好等于国内信用扩大部分，这样，国际收支就好像一个闸门，既能以逆差的形式放出国内过剩的货币供给，又能以顺差的形式注入国内所需求的外来货币。所以，只要国际收支逆差国政府耐心等待，在 1 ~ 10 年的时间内，其国际收支会自动恢复平衡。

该理论是吸收分析法的延伸，即从经常项目扩大到全部国际收支。其主要贡献在于强调国际收支顺差或逆差将会引起货币存量的变化，从而影响一国的经济活动。

该理论虽然是一种创新，但仍存在重大缺陷。首先，它颠倒了国际经济关系，认为调节性交易会影响自主性交易。其次，它假设商品价格对国际收支不起调节作用，这不符合事实。因为通过本币贬值来推动商品出口是经常运用的手段。此外，它认为市场上存在着全面的"商品套购"，使每件商品在各地的价格变化不大，从而存在"一价规则"，这也不符合事实。最后，在管理浮动汇率制度下谈国际收支的自我调节机制，只是一种幻想。

六、财政分析法（fiscal approach）

该理论产生于 20 世纪 80 年代初期，是英国经济学家在探讨英国第二次世界大战后以来的国际收支不平衡状况时提出的。他们认为，传统的国际收支理论不能解释英国的实际情况，英国国际收支不平衡的根源在于 80 年代以前的财政扩张政策。财政扩张政策、政府巨额的预算赤字必然产生国际收支的不平衡。所以只有控制预算赤字，才能恢复国际收支平衡。于是，财政分析法应运而生。

该理论主要把一国分为国营部门和私营部门，并分别分析各部门对一国综合国际收支产生的影响。认为私营部门的逆差是由个人自由决定而发生的，并非政府当局所关注的问题。而国营部门产生的逆差却是主要问题。政府当局的支付问题同财政与债务管理问题具有内在联系。与以往传统理论认为国际收支与预算赤字及政府债务是完全不同的两个独立问题的观点不同，该理论认为这两个问题完全是一个与国际收支密切相关的问题。要探讨国际收支问题就必须要重视国家财政预算和债务管理。

该理论的结构是根据资金流量等式：对外部门的金融资产净额＝国营部门的金融资产净额＋私营部门的金融资产净额。如果国营部门金融资产净额为正数，则一国经常项目为逆差，该逆差额如增加到无力承受的程度而不得不求助于政策纠正时，就出现问题。经常项目逆差可分为两部分，即国营部门逆差和私营部门逆差。

该理论认为，私营部门经常项目的逆差可以通过市场机制和预期的正确性得到自动的调整，政府无须干预。而国营部门经常项目逆差则是政府当局应予以关注的问题。国营部门的经常项目＝国营部门的财政赤字－国营部门对国内私营部门的债务（包括创造的货币）。按照这一等式，国营部门经常项目逆差相当于其金融债务的总增加额减去由国内储蓄所吸收的部分。所以，减少外部逆差可通过减少国营部门的财政赤字，或通过增加国内债务的办法来加以解决。因此，该理论认为，只有一国国营部门所形成的对外债务才会导致国际收支的不平衡。而解决不平衡的唯一途径就是采取适当的财政和债务管理政策。只有预算政策适当，才不会发生国际收支不平衡。

该理论无疑是 20 世纪 80 年代国际收支调节理论的又一创新，它把国际收支不平衡与政府的预算赤字密切联系在一起。它不仅对英国，而且对其他西方发达国家的状况也有一定说服力。此外，该理论也可用作解释发展中国家的债务问题并能影响其经济政策。

虽然财政分析法有其可取的一面和独到之处，但仍暴露出一些缺陷。如在私营部门财务赤字对国际收支的影响方面，它过分强调市场机制的自动调节作用，而否定政府干预的作用，这方面有些不妥。私营部门仍能间接融通国营部门的外部逆差。但在论述直接管制的问题时，以直接管制的强制性来否定外汇管制对政府外部债务的作用，则说服力不强。该理论只注重长期趋势分析，并基本否定吸收分析法和货币分析法。事实上，货币政策在短期内能够影响国际收支。利率政策对国际资本流动产生的影响也很大，这些因素有助于短期国际收支情况的变化。财政政策能影响到经济各方面，并且有时滞因素影响。由此可见，该理论也难以对国际收支做出完美的论断。

七、结构分析法（structural approach）

该理论的形成与发展经济学密切相关。英国的一些经济学家，如托尼·克列克（Tony Klick）和瑟沃尔（A. Thirwall）等是该理论的积极倡导者和支持者，他们于 20 世纪 80 年代初期提出结构分析法。

　　该理论认为，国际收支的不平衡并非一定完全是由国内货币市场失衡引起的。货币分析法以及以前的吸收分析法都从需求角度来提出国际收支调节政策，而忽视了经济增长供给方面对国际收支的影响。货币分析法主要是强调通过压缩国内名义货币供给量来减少实际需求。而吸收分析法则是强调通过紧缩性财政货币政策来减少国内投资和消费需求。结构分析法则认为，国际收支逆差，尤其是持续性国际收支逆差，既可能是长期性的过度需求引起的，也可能是长期性的供给不足引起的。而长期性供给不足的根源在于经济结构的问题。导致国际收支持续逆差或持续逆差趋势的结构问题主要表现在：第一，经济结构老化。由于科技、生产条件及国际市场的变化，使一国原来在国际市场上具有竞争力的商品失去竞争力。而国内因资源缺乏充足的流动性等因素，经济结构不能适应国际市场的变化，所以造成出口供给长期不足，进口替代的余地持续减少，导致国际收支持续逆差（或有逆差趋势）。第二，经济结构单一。这主要通过两方面经常导致国际收支的逆差：一是出口商品单一，其价格受国际市场价格波动的影响，因而国际收支不稳定。如果出口是多元化结构，一种出口商品的价格下降，会被另一种出口商品价格的上升所抵销，使国际收支保持稳定。而在出口单一的情况下，价格任何程度的下降，都会直接导致国际收支恶化。二是经济结构单一，经济发展将长期依赖进口，进口替代的选择余地极小。例如，一个只生产铜矿的国家，其经济发展所需要的采矿机械、电力设备、交通工具等，只能依靠进口。经济发展的速度和愿望越高，国际收支逆差或逆差倾向就越严重。第三，经济结构落后。从收入需求弹性来看，一方面，一国出口商品收入需求弹性（需求对于收入变化的反映）低，别国经济和收入的相对快速增长不能使该国出口相应增加；另一方面，进口商品收入需求弹性高，本国经济和收入的相对快速增长却会使进口相应增加。在这种情况下，只会发生国际收支逆差，不会发生国际收支顺差。从价格需求弹性来看，一方面，出口商品价格需求弹性高，本国出口商品价格的相对上升会导致出口数量相应减少；另一方面，进口商品价格需求弹性低，外国商品价格的相对上升不能使本国进口数量相应减少。在这种情况下，货币贬值不仅不能改善国际收支，反而会恶化国际收支。同时，由货币和价格因素导致的国际收支不平衡，也具有不对称性。

　　国际收支的结构性不平衡，是长期经济增长速度缓慢和经济发展阶段落后引起的，反过来又成为制约经济发展和经济结构转变的障碍，导致恶性循环。发展经济及改变经济结构需要有一定的投资和资本货物的进口，但国际收支的结构性不平衡和外汇短缺却制约着这种进口，使经济发展和结构转变变得十分困难。由于国际收支结构性不平衡的根本原因是经济结构的老化、单一和落后，以及长期缓慢的经济发展速度和经济发展阶段的落后，所以，支出增减型政策和支出转换型政策不能从根本上解决问题，甚至有时适得其反。

该理论认为，调节国际收支不平衡的政策重点应放在改善经济结构和加快经济发展方面，以此来增加出口商品和进口替代品的数量和品种供应。而改善经济结构及加快经济发展的主要措施是增加投资，改善资源的流动性，使劳动力和资金等生产要素能顺利地从传统行业转移到新兴行业。经济结构落后的国家要大力增加储蓄，而经济结构先进的国家和国际经济组织应加强对经济结构落后的国家的投资，经济结构落后的国家通过改善经济结构和发展经济，不仅有助于调节国际收支不平衡，也能扩大从经济结构先进的国家的进口，从而带动经济结构先进的国家的出口和就业。

结构分析法否定了传统的国际收支调节理论，尤其是否定了货币分析法，它自然会受到批评。批评者认为，结构性不平衡的原因与进出口商品的特点以及现实与愿望之间的差距有关。如果一国出口商品不能满足国际市场需求，那么其出口商品收入需求弹性就低。这种问题，与其说是缺乏价格竞争力，不如说是缺乏非价格因素的竞争力。例如，产品质量低劣，售后服务质量太差，产品包装和款式不能满足消费心理等。对于经济结构单一和落后引起的国际收支不平衡，该理论的批评者认为，所谓国际收支结构性不平衡，实际上是愿望与现实之间的不平衡。国际收支困难有两种不同的概念，即事先和事后的概念。事先概念指国际收支不平衡的压力，而不是指不平衡本身。只要财政与货币政策适当，就能避免不平衡本身的发生。此外，国际收支制约力到处存在，其存在对维持一国经济长期均衡的发展和国际货币金融秩序十分必要。批评者认为，该理论讲的实际上是经济发展问题，而不是国际收支问题。经济发展政策对国际收支不平衡的调节，常常是收效甚微或行之无效的。另外，要求以提供暂时性资金融通为主的国际货币基金组织，向经济结构落后的国家提供长期性国际收支贷款而同时又不施予必要的调节纪律和适当的财政货币政策，这就犹如把资金投入一个无底洞，既不利于有关国家经济的均衡发展，也违背了基金组织本身的性质和宪章，同时也是国际货币基金组织在客观上无力做到的。

以上介绍的几个国际收支理论各自出发点均不相同，因而其结论也不相同。所以，我们在运用上述各种理论方法分析具体问题时，要注意它们之间的异同，对正确的部分加以吸收，对不合理的成分予以摒弃。只有灵活地加以综合运用，才能使我们的决策和分析更切合实际。

金融学科核心课程系列教材

第五节 我国的国际收支

一、我国国际收支体系的建立与发展

改革开放前，我国只有外汇收支而无国际收支。那时，对外汇实行由国家集中管理、统一经营的方针，一切外汇买卖都通过国家指定的银行（中国银行）来进行。外汇收支实行"以收定支、收支平衡、略有节余"的平衡方针，外汇收支规模很小，也没有利用外资，基本无资本流动。加之我国没有参加任何国际金融组织，因此，在 1980 年以前我国未曾编制国际收支统计资料。1980 年国际货币基金组织和世界银行相继恢复了我国在该组织中的合法席位。作为该组织的成员国我们要定期向其提交有关资料，国际收支统计资料是其中一项。1980 年我国开始试编国际收支平衡表，1981 年制定了国际收支统计制度，1984 年，正式编制国际收支平衡表。1985 年 9 月由国家外汇管理局首次公布了我国 1982～1984 年的国际收支概览表。从 1987 年开始，我国每年定期公布上一年的国际收支状况。1996 年，根据国际货币基金组织《国际收支手册》（第 5 版）规定的统计概念、原则和方法，建立了国际收支统计申报体系（ITRS），并编制了国际收支平衡表。自 2001 年起，每半年向社会公布国际收支平衡表。

2002 年，加入数据公布通用系统（GDDS）。数据公布通用系统（GDDS）是国际货币基金组织制定的两套数据公布规范之一，主要推广对象是发展中国家。同时，国际货币基金组织针对已经或寻求进入国际资本市场、统计基础较好的国家，制定了另一套规范，即数据公布特殊标准（SDDS）。

为便于社会各界了解国际收支全貌，解读国际收支数据，分析国际收支运行状况，从 2005 年起向社会公布《中国国际收支报告》，以后每半年发布一次。首次发布的 2005 年上半年《中国国际收支报告》，介绍了 2005 年上半年我国国际收支变化的主要特点，分析了国际国内经济形势与国际收支的相互影响，对当前国际收支运行的总体情况和存在问题进行了评价，对国际收支趋势和下一阶段政策取向进行了预测。

2015 年，开始按照《国际收支和国际投资头寸手册》（第 6 版）（BMP6）要求编制和发布国际收支平衡表和国际投资头寸表，并追溯调整时间序列数据。采纳 IMF 数据公布特殊标准（SDDS），并按照 SDDS 数据覆盖范围、频率和时效要求发布有关数据，向 IMF 提供数据发布日程预告及英文版诠释文件。

二、我国国际收支平衡表分析

国家外汇管理局每半年编制的《中国国际收支报告》会根据当期的国际收支平衡表对国际收支状况进行分析,这里以 2015 年国际收支平衡表(见表 1.4)分析为例。

表 1.4 　　　　　　　　2015 年中国国际收支平衡表 　　　　　　　单位:亿美元

项　目	行次	2015 年
1. 经常账户	1	3 306
贷方	2	26 930
借方	3	-23 624
1. A　货物和服务	4	3 846
贷方	5	24 293
借方	6	-20 447
1. A. a　货物	7	5 670
贷方	8	21 428
借方	9	-15 758
1. A. b　服务	10	-1 824
贷方	11	2 865
借方	12	-4 689
1. A. b. 1　加工服务	13	203
贷方	14	204
借方	15	-2
1. A. b. 2　维护和维修服务	16	23
贷方	17	36
借方	18	-13
1. A. b. 3　运输	19	-370
贷方	20	386
借方	21	-756
1. A. b. 4　旅行	22	-1 781
贷方	23	1 141
借方	24	-2 922
1. A. b. 5　建设	25	65

续表

项　目	行次	2015 年
贷方	26	167
借方	27	−102
1.A.b.6　保险和养老金服务	28	−44
贷方	29	50
借方	30	−93
1.A.b.7　金融服务	31	−3
贷方	32	23
借方	33	−26
1.A.b.8　知识产权使用费	34	−209
贷方	35	11
借方	36	−220
1.A.b.9　电信、计算机和信息服务	37	131
贷方	38	245
借方	39	−114
1.A.b.10　其他商业服务	40	189
贷方	41	584
借方	42	−395
1.A.b.11　个人、文化和娱乐服务	43	−12
贷方	44	7
借方	45	−19
1.A.b.12　别处未提及的政府服务	46	−15
贷方	47	11
借方	48	−26
1.B　初次收入	49	−454
贷方	50	2 278
借方	51	−2 732
1.B.1　雇员报酬	52	274
贷方	53	331
借方	54	−57
1.B.2　投资收益	55	−734
贷方	56	1 939
借方	57	−2 673

续表

项　目	行次	2015 年
1．B．3　其他初次收入	58	7
贷方	59	8
借方	60	− 2
1．C　二次收入	61	− 87
贷方	62	359
借方	63	− 446
2．资本和金融账户	64	− 1 424
2.1　资本账户	65	3
贷方	66	5
借方	67	− 2
2.2　金融账户	68	− 1 427
资产	69	− 491
负债	70	− 936
2.2.1　非储备性质的金融账户	71	− 4 856
资产	72	− 3 920
负债	73	− 936
2.2.1.1　直接投资	74	621
2.2.1.1.1　直接投资资产	75	− 1 878
2.2.1.1.1.1　股权	76	− 1 452
2.2.1.1.1.2　关联企业债务	77	− 426
2.2.1.1.2　直接投资负债	78	2 499
2.2.1.1.2.1　股权	79	2 196
2.2.1.1.2.2　关联企业债务	80	302
2.2.1.2　证券投资	81	− 665
2.2.1.2.1　资产	82	− 732
2.2.1.2.1.1　股权	83	− 397
2.2.1.2.1.2　债券	84	− 335
2.2.1.2.2　负债	85	67
2.2.1.2.2.1　股权	86	150
2.2.1.2.2.2　债券	87	− 82
2.2.1.3　金融衍生工具	88	− 21

金融学科核心课程系列教材

续表

项　目	行次	2015 年
2.2.1.3.1　资产	89	−34
2.2.1.3.2　负债	90	13
2.2.1.4　其他投资	91	−4 791
2.2.1.4.1　资产	92	−1 276
2.2.1.4.1.1　其他股权	93	0
2.2.1.4.1.2　货币和存款	94	−1 001
2.2.1.4.1.3　贷款	95	−475
2.2.1.4.1.4　保险和养老金	96	−32
2.2.1.4.1.5　贸易信贷	97	−460
2.2.1.4.1.6　其他应收款	98	692
2.2.1.4.2　负债	99	−3 515
2.2.1.4.2.1　其他股权	100	0
2.2.1.4.2.2　货币和存款	101	−1 226
2.2.1.4.2.3　贷款	102	−1 667
2.2.1.4.2.4　保险和养老金	103	24
2.2.1.4.2.5　贸易信贷	104	−623
2.2.1.4.2.6　其他应付款	105	−24
2.2.1.4.2.7　特别提款权	106	0
2.2.2　储备资产	107	3 429
2.2.2.1　货币黄金	108	0
2.2.2.2　特别提款权	109	−3
2.2.2.3　在国际货币基金组织的储备头寸	110	9
2.2.2.4　外汇储备	111	3 423
2.2.2.5　其他储备资产	112	0
3. 净误差与遗漏	113	−1 882

注:
1. 本表根据《国际收支和国际投资头寸手册》(第 6 版)编制。
2. "贷方"按正值列示,"借方"按负值列示,差额等于"贷方"加上"借方"。本表除标注"贷方"和"借方"的项目外,其他项目均指差额。
3. 本表计数采用四舍五入原则。
资料来源:国家外汇管理局网站。

　　2015 年国际收支总体状况是,经常账户顺差 3 306 亿美元,较上年增长 19%;资本和金融账户(不含储备资产)逆差 4 853 亿美元,2014 年为逆差 514

亿美元（见表1.5）。

表1.5　　　　　**2010～2015年我国国际收支顺差结构**　　　　单位：亿美元，%

项　目	2010年	2011年	2012年	2013年	2014年	2015年
国际收支总差额	5 247	4 016	1 836	4 943	2 260	−1 547
经常账户差额	2 378	1 361	2 154	1 482	2 774	3 306
占国际收支总差额比重	45	34	117	30	123	−214
与GDP之比	3.9	1.8	2.5	1.6	2.7	3.0
资本和金融账户差额	2 869	2 655	−318	3 461	−514	−4 853
占国际收支总差额比重	55	66	−17	70	−23	314
与GDP之比	4.7	3.5	−0.4	3.6	−0.5	−4.5

资料来源：国家外汇管理局国际收支分析小组：《2015年中国国际收支报告》。

各分项具体情况如下：

（1）货物贸易顺差增长较快。按国际收支统计口径，2015年，我国货物贸易出口21 428亿美元，进口15 758亿美元，分别较上年下降5%和13%；顺差5 670亿美元，增长30%。

（2）服务贸易逆差继续扩大。2015年，服务贸易收入2 865亿美元，较上年增长2%；支出4 689亿美元，增长4%；逆差1 824亿美元，扩大6%，其中运输项目逆差收窄36%，旅行项目逆差延续扩大态势，增长38%。

（3）初次收入转为逆差。2015年，初次收入项下收入2 278亿美元，较上年下降5%；支出2 732亿美元，增长21%；逆差454亿美元，2014年为顺差133亿美元。其中，雇员报酬顺差274亿美元，增长6%。投资收益逆差734亿美元，扩大4.9倍，其中，我国对外投资的收益为1 939亿美元，微降7%；外国来华投资利润利息、股息红利等支出2 673亿美元，扩大20%。

（4）二次收入呈现逆差。2015年，二次收入项下收入359亿美元，较上年下降13%；支出446亿美元，增长12%；逆差87亿美元，2014年为顺差14亿美元。

（5）直接投资继续表现为顺差。按国际收支统计口径，2015年，直接投资顺差621亿美元，较上年下降57%。其中，直接投资资产净增加1 878亿美元，较上年多增53%，是直接投资顺差下降的主因；直接投资负债净增加2 499亿美元，较上年少增7%。

（6）证券投资转为逆差。2015年，证券投资为逆差665亿美元，2014年为顺差824亿美元。其中，我国对外证券投资净流出732亿美元，较上年增长5.8倍；境外对我国证券投资净流入67亿美元，下降93%。

金融学科核心课程系列教材

（7）其他投资逆差大幅扩大。2015 年，其他投资为逆差 4 791 亿美元，较上年扩大 72%。其中，我国对外的贷款、贸易信贷和资金存放等资产净增加 1 276 亿美元，下降 61%；境外对我国的贷款、贸易信贷和资金存放等负债净减少 3 515 亿美元，2014 年为净增加 502 亿美元。

（8）储备资产有所下降。2015 年，我国储备资产（剔除汇率、价格等非交易价值变动影响，）减少 3 429 亿美元。其中，外汇储备资产减少 3 423 亿美元，2014 年为增加 1 188 亿美元。截至 2015 年年末，我国外汇储备余额 33 304 亿美元，较上年年末下降 5 127 亿美元。

三、我国国际收支差额状况

我国国际收支平衡情况以 1994 年和 2012 年为界大体可分为三个阶段。第一阶段，从 1982 年到 1993 年，国际收支经常账户差额、资本与金融账户差额和综合差额均呈顺差与逆差交替的状态，有的年份经常账户为顺差、资本与金融账户为逆差，有的年份经常账户为逆差、资本与金融账户为顺差，二者相加后得出的综合差额数值不大。第二阶段，从 1994 年到 2011 年，国际收支一直呈现经常账户差额和资本与金融账户差额双顺差的状态，而且顺差数额基本呈逐年加大的态势。第三阶段，即 2012 年至今，经常账户差额仍然呈现顺差状态，资本与金融账户则从 2012 年开始出现了逆差的情况，2015 年逆差数额达到了 4 853 亿美元这样的惊人数字。我国国际储备资产也随着国际收支差额的变化发生相应的变化，1994 年以前，国际储备资产变动不大，1994 年以后，则出现了快速的增长趋势，到 2006 年，我国国际储备资产数量达到了世界第一的位置，之后仍快速增长，直到 2015 年，储备资产数量出现了二十多年以来的首次负增长（见表 1.6）。

表 1.6   我国国际收支差额情况（1982～2015 年）   单位：亿美元

年份	经常账户差额	资本与金融账户差额	储备资产变动
1982	57	−17	−42
1983	42	−14	−27
1984	20	−38	5
1985	−114	85	54
1986	−70	65	17
1987	3	27	−17
1988	−38	53	−5

续表

年份	经常账户差额	资本与金融账户差额	储备资产变动
1989	−43	64	−22
1990	120	−28	−61
1991	133	46	−111
1992	64	−3	21
1993	−119	235	−18
1994	77	326	−305
1995	16	387	−225
1996	72	400	−317
1997	370	210	−357
1998	315	−63	−64
1999	211	52	−85
2000	204	19	−105
2001	174	348	−473
2002	354	323	−755
2003	431	549	−1 061
2004	689	1 082	−1 901
2005	1 324	953	−2 506
2006	2 318	493	−2 848
2007	3 532	942	−4 607
2008	4 206	401	−4 795
2009	2 433	1 985	−4 003
2010	2 378	2 869	−4 717
2011	1 361	2 655	−3 878
2012	2 154	−318	−966
2013	1 482	3 461	−4 314
2014	2 197	382	−1 178
2015	3 306	−4 853	3 429

资料来源：国家外汇管理局网站。

关 键 词 汇

国际收支   国际收支平衡表   经常账户   资本账户   金融账户   净误差与遗
漏   周期性失衡   结构性失衡   货币性失衡   综合账户差额

思 考 题

1. 国际收支平衡表主要有哪些内容?
2. 怎样正确理解国际收支的平衡与失衡?
3. 怎样分析国际收支平衡表?
4. 国际收支不平衡的原因何在?
5. 调节国际收支不平衡的各种方法是如何发挥作用的?

练 习 题

一、单项选择题

1. 国际收支系统记录的是一定时期内一国居民与非居民之间的 ( )。
    A. 贸易收支   B. 外汇收支   C. 国际交易   D. 经济交易
2. 如果实际资源从国内向国外净转移,则该国 ( )。
    A. 资本与金融账户顺差   B. 资本与金融账户逆差
    C. 经常账户顺差   D. 经常账户逆差
3. 国际收支平衡表的编制原理是 ( )。
    A. 增减记账法   B. 复式记账法
    C. 收付记账法   D. 单向记账法
4. 在国际收支统计中,货物进出口按照 ( ) 计算价值。
    A. 到岸价格
    B. 离岸价格
    C. 进口用到岸价格,出口用离岸价格
    D. 出口用到岸价格,进口用离岸价格
5. 国际收支平衡表中,最基本、最重要的账户是 ( )。
    A. 资本与金融账户   B. 经常账户
    C. 净误差与遗漏账户   D. 官方储备账户
6. 政府和居民的单方面转移记入国际收支平衡表的 ( )。
    A. 经常账户   B. 资本账户   C. 金融账户   D. 平衡账户
7. 支出减少政策的核心是 ( )。

A. 减少政府支出　　　　　　　B. 减少货币供给量

C. 提高利率　　　　　　　　　D. 减少国民收入

8. 游资应计入（　　　）。

A. 经常账户　　　B. 资本账户　　　C. 金融账户　　　D. 平衡账户

二、多项选择题

1. 根据国际收支记账方法，记入贷方账户的是（　　　）。

A. 货物和服务的出口　　　　　B. 对外提供的无偿援助

C. 金融资产的增加　　　　　　D. 收益收入

E. 金融负债的增加。

2. 经常账户包括的项目有（　　　）。

A. 商品　　　　　B. 服务　　　　C. 初次收入　　　D. 二次收入

E. 资本转移

3. 金融账户包括的项目有（　　　）。

A. 直接投资　　　B. 证券投资　　　C. 资本的转移　　　D. 储备资产

E. 非生产、非金融资产

4. 根据BPM6，国际收支平衡表的标准组成部分有（　　　）。

A. 经常账户　　　　　　　　　B. 金融账户

C. 净误差与遗漏　　　　　　　D. 储备资产

E. 资本账户

5. 根据BPM6，下列属于我国居民的是（　　　）。

A. 美国使馆的外交人员

B. 某一日资的外商独资企业

C. 在法国使馆工作的中国雇员

D. 在北京大学留学三年的英国留学生

E. 国家希望工程基金会

6. 国际收支出现顺差时应采取的调节政策有（　　　）。

A. 扩张性的财政政策　　　　　B. 紧缩性的货币政策

C. 鼓励出口的信用政策　　　　D. 降低关税

E. 增加非关税壁垒

三、判断题

1. 资本的流入是指本国对外资产的减少或本国对外负债的增加。　　（　　　）

2. 在国际收支平衡表中,贷方记录的是本国从外国取得收入的交易,借方记录的是本国向外国进行支付的交易。 ( )

3. 在国际收支平衡表中,货物、劳务的出口收入记入借方。 ( )

4. 在国际收支平衡表中,储备资产的减少记贷方,增加记借方。 ( )

5. 国际收支平衡表中若无净误差和遗漏账户,那么经常账户和资本与金融账户净差额应与官方储备账户净差额数字相等,方向相反。 ( )

6. 国际收支平衡表的经常账户和资本与金融账户都是按总额记录的。

( )

7. 股息、红利、利息等属于资本与金融账户。 ( )

8. 在国际收支平衡表中储备资产如为 -100 亿美元,则表示该国外汇储备减少了 100 亿美元。 ( )

金融学科核心课程系列教材

第二章 外汇与汇率

外汇与汇率是国际经济中的重要问题，是研究整个国际金融问题的基础与关键。本章主要介绍有关外汇和汇率的基本知识，分析探讨汇率的决定与变动等。

通过本章的学习，要掌握外汇及汇率的概念、汇率的标价方法、汇率的种类、汇率的决定基础和影响汇率变动的因素以及汇率变动的经济效应，了解各种汇率理论的主要内容。

第一节 外汇概述

一、外汇的概念

外汇（foreign exchange）是国际经济活动得以进行的基本手段，是国际金融最基本的概念之一，它具有动态和静态两种含义。

（一）动态的外汇

是指经过银行等金融机构把一国货币兑换成另一国货币，借以清偿国际债权债务关系的一种专门性经营活动。人们通常所说的"外汇业务"、"外汇工作"等都是就外汇的动态含义而言的。比如，我国某进出口公司从美国进口一批机器设备，双方约定用美元支付，而我方公司只有人民币存款，为了解决支付问题，该公司用人民币向中国银行购买相应金额的美元汇票，寄给美国出口商，美国出口商收到汇票后，即可向当地银行兑取美元。这样一个过程就是国际汇兑，也就是外汇最原始的概念。

（二）静态的外汇

随着世界经济的发展，国际经济活动日益活跃，国际汇兑业务也越来越广泛，慢慢地，"国际汇兑"由一个过程的概念演变为国际汇兑过程中国际支付手段这样一个静态概念，从而形成了目前外汇的一般静态定义。静态意义上的外汇又有广义与狭义之分。

1. 狭义的静态外汇

狭义的静态外汇是指以外币表示的，可用于国际之间结算的支付手段。按照这一定义，以外币表示的有价证券由于不能直接用于国际的支付，故不属于外汇；同样，外国钞票也不能直接算作外汇，外钞只有携带回发行国并贷记在银行账户上后，才能称作外汇。从这个意义上看，只有存放在国外银行的外币资金，以及将对银行存款的索取权具体化了的外币票据，才构成外汇。具体来看，外汇主要包括以外币表示的银行汇票、支票、银行存款等。其中，银行存款是狭义外汇的主体，这不仅是因为各种外币支付凭证都是对外币存款索取权具体化了的票据，而且还因为外汇交易主要是运用国外银行的外币存款来进行的。

狭义的静态外汇资产具备以下三个显著特征：

（1）外币表示的可用作对外支付的金融资产。外汇属金融资产，可表现为外币现金，或表现为外币支付凭证，或表现为外币有价证券。但是，任何以外币计值的实物资产和无形资产并不都构成外汇。外汇还必须能够用作对外支付，即它所代表的资金在转移时不应受到限制或阻碍。

（2）可偿性与普遍接受性。外汇必须是在国外能得到补偿的债权。只有这样，外汇才具有国际支付功能，空头支票和拒付的汇票不能用以国际支付，是因为不具有国外补偿的债权特性。只有在国际上能够用以国际支付，才具有普遍接受性。也只有普遍接受性，才能在国际上充任国际支付手段和用以国际结算，外汇的可偿性与普遍接受性互为因果。

（3）可兑换性。即能够自由地兑换成其他国家的货币或购买其他信用工具以进行多边支付。不具备兑换性的外汇支付手段，不能视为外汇。

2. 广义的静态外汇

就广义而言，外汇泛指一切能用于国际结算的资产。这一概念着眼于以不同形式出现的能用于国际结算的国际债权，而不管其使用外币表示还是使用本币表示，这是与狭义外汇的根本区别。国际货币基金组织对外汇的解释就是："外汇是货币行政当局（中央银行、货币管理机构、外汇平准基金组织及财政部）以银行存款、国库券、长短期政府债券等形式持有的在国际收支逆差时可以使用的债权。其中，包括由于中央银行间及政府间协议而发行的在市场上不流通的债券，而不问它是以债务国货币还是以债权国货币表示。"

以本币表示的债权要具备外汇职能必须满足以下条件：①必须经过中央银行

或具有政府官方职能的机构之间签订协议才能形成；②必须以偿付双边国际收支逆差为前提；③在市场上是不允许流通的。以本币表示的外汇资产，一般情况下不能转换为第三国货币，不具有自由兑换的性质；或者说，主要指记账外汇。

二、外汇的形态

外汇的形态是指外汇作为价值实体的存在形式，主要有下面几种。

1. 外币存款

外币存款是指以可兑换外国货币表示的银行各种存款，它是外汇价值的主要表现形式。一笔外币存款，对银行方面来说，对客户发生了债务；对存款者而言，对银行取得了一笔债权。

2. 外币支付凭证

外币支付凭证是指以可兑换货币表示的各种信用工具，国际上常用的外币支付凭证主要有：

（1）汇票（bill of exchange）。汇票是由发票人签发的，要求付款人按照约定的付款期限对指定人或持票人无条件支付一定金额的书面命令。汇票通常由债权人开立，如出口商、债权银行等。

（2）本票（promissory note）。本票是由发票人向收款人或持票人签发的保证在指定到期日无条件支付一定金额的书面承诺，这里发票人一般是债务人。

（3）支票（check）。支票是由发票人向收款人签发的委托银行见票后无条件支付一定金额的书面命令。从这个定义可看出支票与前述的汇票较相似，都是要求付款人付款而签发的书面命令，不过这两种票据还是有些区别：首先，发票人不同，汇票的发票人是债权人，而支票一般是债务人。其次，支票必须是以银行为付款人，而汇票的付款人可以是银行也可以是其他当事人。最后，支票要求付款人见票即付，因而支票仅仅起支付工具的作用，而汇票并不一定要求付款人见票即付，这样汇票就不仅具有支付工具的职能，还具有信贷工具的作用。比如，卖方开出 180 天付款的汇票，就等于给了对方六个月的短期融资。

（4）信用卡（credit card）。信用卡是信用机构对具有一定信用的顾客提供的一种赋予信用的卡片。目前国际上较流行的信用卡有美洲银行卡、万事达卡等。

3. 外币有价证券

外币有价证券是指以可汇兑外国货币表示的用以表明财产所有权或债权的凭证，其基本形式有外币股票、外币债券和外币可转让存款单等，其中，外币可转让存款单是指可在票据市场上流通转让的定期存款凭证。

金融学科核心课程系列教材

4. 外币现钞与其他外汇资金

外币现钞是指以可兑换货币表示的货币现钞。在国际经济交易中，以外币现钞作为支付手段通常是在非贸易交易中，包括美元、日元、英镑、欧元、瑞士法郎、港元等。

其他外汇资金包括在国外的各种投资及收益，各种外汇放款及利息收入，在国际货币基金组织的储备头寸、国际结算中发生的各种外汇应收款项、国际金融市场借款、国际金融组织借款等。

三、外汇的种类

外汇的种类可根据不同的标准来划分。

1. 外汇的来源和用途不同，有贸易外汇和非贸易外汇之分

贸易外汇是指来源于或用于国际商品买卖的外汇，以及与国际贸易有关的从属贸易外汇，如银行手续费、运费、保险费、装卸费、滞期费、速遣费、仓储费、佣金以及利息、广告费、推销费等。非贸易外汇是指进出口贸易以外所收支的各项外汇，包括范围很广，如劳务外汇、侨汇、旅游外汇、捐赠与援助外汇，以及属于资本流动性质的外汇。贸易外汇和非贸易外汇并不是截然分开的，在一定情况下两者会相互转化。非贸易外汇集中起来，可用于进出口贸易，变成贸易外汇。贸易外汇往往用于非贸易支出，如作为支付外籍职工工资、支付投资者的红利等，并被作为侨汇汇出国外，变成非贸易外汇。

2. 根据可否自由兑换，有自由外汇与记账外汇之分

自由外汇是指不需要货币发行国批准而可以自由兑换的外汇，或用于第三国支付的外汇。自由外汇也称现汇，我国进出口贸易绝大多数是使用自由外汇。记账外汇又叫协定外汇或双边外汇，是指不经货币发行国当局的批准，不能自由兑换成其他货币或对第三国进行支付的外汇。它是指签有双边协定的国家之间，或是签有多边清算协定的货币集团成员国之间由于进出口贸易引起的债权债务不用现汇逐笔结算，而是通过当事国中央银行账户相互冲销所使用的外汇。此种外汇只记在账户上，故称记账外汇。这类货币通常只是在双边或多边协定的基础上才有外汇的意义。在记账外汇的情况下，进出口要保持基本平衡。对于差额部分，要么转到下一年度的贸易账户去平衡，要么采用双方预先商定的自由外汇进行支付清偿。

3. 根据外汇买卖交割期限，有即期外汇与远期外汇之分

即期外汇是指在外汇买卖成交后两个工作日内交割完毕的外汇。远期外汇又称期汇，是指外汇买卖不需要即时交割而是签订买卖合同，预定将来某一时期进

行交割的外汇。期汇交割期一般为 1~6 个月，长的可达 1 年。外汇买卖中的交割（delivery），是指货币的实际支付或银行存款账户上金额的实际划转，即买卖双方履行交易契约进行钱货两清的行为。

四、外汇的作用

1. 充当支付手段，节约流通费用，方便国际结算

国际债权债务到期时，主要通过各种外汇凭证进行非现金结算。不论起因如何、金额大小、所有的国际债权债务都可通过银行国际业务，利用外汇凭证进行清算，从而完成国际结算。这种国际非现金结算方式，便利了国际上的货币收付，节约了流通费用，缩短了支付时间，加快了资金的周转，从而促进了国际贸易的发展。

2. 调剂国际资产余缺

由于世界经济发展的不平衡，各国所需的建设资金和余缺程度不同，这在客观上需要在世界范围内进行资金调剂。外汇作为一种国际支付手段，则可以发挥调剂资金余缺的功能。

3. 衡量一国的国际经济地位

一国外汇的多少，是衡量一国经济水平和国际经济地位的重要标志。一般来说，当一国外汇收入增加时，对增加外汇储备，提高本币对外币的价值，稳定汇率，增强国际经济地位有重要作用。相反，一国外汇收入持续减少，将使该国国际收支具有较大压力，本币对外币价值降低，本币对外汇率下降，表明该国的国际经济地位将会削弱。

第二节　汇率概述

一、汇率及其标价方法

（一）汇率定义

汇率（exchange rate），是指两种不同货币之间的比价或交换比率，也可以表述为用一国货币所表示的另一国货币的价格或汇价。在实际外汇买卖中，又称外汇行市。

（二）汇率的标价方法

确定两种不同货币之间的比价，先要确定用哪个国家的货币作为标准，由于确定的标准不同因而便产生了两种不同的外汇汇率标价方法。

1. 直接标价法（direct quotation）

又称应付标价法（giving quotation），是指以一定单位的外国货币为标准，折算为若干单位的本国货币。在直接标价法下，外国货币数额固定不变，汇率涨跌都以相对的本国货币数额的变化来表示。一定单位的外币折算的本国货币增多，说明外汇汇率上升，或本币汇率下降。反之，一定单位外币折算的本国货币减少，说明外汇汇率下跌，或本币汇率上升。除了英国和美国等个别国家之外，国际上绝大多数国家都采用直接标价法。美国长期以来也一直采用直接标价法，但在第二次世界大战后，随着美元在国际结算和国际储备中逐渐取得统治地位以及国际金融市场的高速发展，为了与国际外汇市场上对美元的标价一致，美国从 1978 年 9 月 1 日起，除了对英镑继续使用直接标价法，对其他货币一律改用间接标价法。我国的人民币汇率也采用直接标价法。直接标价法的形式如表 2.1 所示。

表2.1　　　　　　　　人民币（CNY）外汇牌价　　　　　单位：人民币元

货币名称	现汇买入价	现钞买入价	卖出价
百英镑（GBP）	938.21	909.21	947.63
百港币（HKD）	84.55	83.87	84.87
百美元（USD）	656.2	650.94	658.83
百瑞士法郎（CHF）	678.36	657.4	685.18
百新加坡元（SGD）	483.61	468.69	487.01
百瑞典克朗（SEK）	79.25	76.8	79.89
百丹麦克朗（DKK）	99.38	96.31	100.18
百挪威克朗（NOK）	79.71	77.25	80.35
百日元（JPY）	6.121	5.9319	6.1826
百加拿大元（CAD）	514.4	498.5	519.56
百澳大利亚元（AUD）	484.51	469.53	489.37
百欧元（EUR）	738.21	715.4	745.63
百澳门元（MOP）	82.11	79.35	82.42
百菲律宾比索（PHP）	14.22	13.78	14.34
百泰国铢（THB）	18.6	18.02	18.74

资料来源：中国银行网站。

2. 间接标价法（indirect quotation）

又称应收标价（receiving quotation）。是指以一定单位的本国货币（如一、百、万等）为标准，折算为一定数额的外国货币。间接标价法的特点正好同直接标价法相反，即本币金额不变，其折合成外币的数额则随着两种货币相对价值的变化而变动。如果一定数额的本币能兑换成更多的外币，说明本币汇率上升；反之，如果一定数额的本币兑换的外币数额减少，则说明本币汇率下跌。从历史上看，英镑曾一度是国际结算的主要货币，因此，伦敦外汇市场一直采用间接标价法。美国过去采用直接标价法，后来由于美元在国际贸易上作为计价标准的交易增多，纽约外汇市场从 1978 年 9 月 1 日起改为间接标价法（仅对英镑、澳大利亚元等汇率仍沿用直接标价法），以便与国际上美元交易的做法相一致。目前，欧元区、新西兰、加拿大、澳大利亚等国家或地区也使用间接标价法。间接标价法的具体形式见表 2.2。

表 2.2　　　　　　　2016 年 6 月 1～3 日美元汇率

（1 美元合外币）

货　币	6 月 1 日	6 月 2 日	6 月 3 日
澳大利亚元（合美元）	0.7242	0.7225	0.7339
欧元（合美元）	1.1165	1.1157	1.1330
英镑（合美元）	1.4395	1.4419	1.4521
日元	109.55	108.75	106.88
瑞士法郎	0.9892	0.9902	0.9781
新加坡元	1.3780	1.3747	1.3591
港币	7.7709	7.7706	7.7683
加拿大元	1.3089	1.3080	1.2947

资料来源：美联储网站。

直接标价法和间接标价法之间存在着一种倒数关系，即直接标价法的倒数就是间接标价法，反之亦然。例如，根据中国银行按直接标价法挂牌的 100 美元 = 656.20 元人民币，我们可很方便地推算出 1 元 = 100/656.20 美元 = 0.1524 美元，即 100 元人民币 = 15.24 美元。又如，根据伦敦外汇市场的行市 1 英镑 = 1.4395 美元，运用倒数关系即可将市场的间接标价法换成直接标价法，即 1 美元 = 1/1.4395 英镑 = 0.6947 英镑。因此，由于直接标价法下汇率涨跌的含义和间接标价法下汇率涨跌的含义正好相反，所以在引用某种货币的汇率和说明其汇率涨跌高低时，必须交代清楚，以免概念混淆。

3. 美元标价法

美元标价法是以一定单位的美元为标准来计算应兑换多少其他各国货币的汇率表示法。其特点是：美元的单位始终不变，汇率的变化通过其他国家货币量的变化来表现出来。这种标价方法主要是随着国际金融市场之间外汇交易量的猛增，为了便于国际进行交易，而在银行之间报价时通常采用的一种汇率表示方法。目前已普遍使用于世界各大国际金融中心，这种现象某种程度反映了在当前的国际经济中美元仍然是最重要的国际货币。美元标价法仅仅表现其他各国货币对美元的比价，非美元货币之间的汇率则通过各自对美元的汇率进行套算。美元标价法的基本形式见表2.2。

二、汇率的类别

外汇汇率种类繁多，这主要是由于对汇率的划分标准及分析角度不同所致。

（一）按照国际货币制度的演变来划分

（1）固定汇率（fixed rate）。是指一国货币对另一国货币的比较基本固定，汇率波动被限定在一定的幅度内。

（2）浮动汇率（floating rate）。是指一国货币对外国货币的汇率依据外汇市场的供求关系，任其自由涨落，各国政府原则上没有义务进行干预。浮动汇率根据浮动形式的不同，又可分为自由浮动、管理浮动和联合浮动三种。

（二）按照银行买卖外汇的角度划分

（1）买入汇率（buying rate），也称买入价（bid price），即银行向同业或客户买入外汇时所使用的汇率。采用直接标价法时，外币折合本币数较少的那个汇率是买入价；采用间接标价法时，外币折合本币数较多的那个汇率是买入价。

（2）卖出汇率（selling rate），也称卖出价（offer price or ask price），即银行向同业或客户卖出外汇时所使用的汇率。采用直接标价法时，外币折合本币数较多的那个汇率是卖出价；采用间接标价法时，外币折合本币数较少的那个汇率是卖出价。

买入、卖出都是从银行买卖外汇的立场来看，两者之间的差价，称作买卖差价（spread），一般为1‰~5‰（外汇市场越发达，这个差价就越小）。银行同业之间买卖外汇时使用的买入汇率和卖出汇率也称同业买卖汇率（inter-bank rate），实际上也就是外汇市场买卖价。银行与客户之间进行的零星外汇买卖交易使用的买入价和卖出价称为商人汇价，它与同业买卖汇率不同。在正常情况下，银行同业买卖汇率的差价比银行同一般客户的买卖差价小。

（3）中间汇率（middle rate），是买入价和卖出价的平均数。它不是在外汇买卖业务中使用的实际成交价，而是为了方便计算（如计算远期升、贴水率和套算汇率）或使报道更加简洁。各国政府规定和公布的官方汇率以及在经济理论中论述的汇率，一般也是中间汇率。

（4）现钞汇率（bank notes rate），一般国家都规定，不允许外国货币在本国流通，只有将外币兑换成本国货币，才能够购买本国的商品和劳务。因此产生了买卖外币现钞的兑换率。由于现钞（纸钞和铸币）不能生息，持有这种外币资产有机会成本；此外，外币现钞必须运送到其发行国才能流通以用作购买或支付手段，为此银行在将外币现钞收兑后，要耗费运输费和保险费。所以现钞的买入价一般低于现汇的买入价 2% ~ 3%，而外币现钞的卖出价，则与现汇的卖出价相同。

（三）按照制定汇率的不同方法划分

（1）基本汇率（basic rate）。外国货币的种类很多，但制定汇率时，必须选择某一国货币作为主要对象。充当这种货币的条件是：本国国际收支中使用最多的，外汇储备中比重最大的，同时又是可以自由兑换，国际上普遍或已接受的货币。这种货币称之为关键货币（key currency）。针对本国货币与这个货币的实际价值对比，制定出对它的汇率。这个汇率就是基本汇率。一般说来，各国都把美元当作制定汇率的主要货币，因此，常把对美元的汇率作为基本汇率。

（2）套算汇率（cross rate）。制定出基本汇率后，对其他国家货币的汇率，就可以通过这一基本汇率套算出来，所以称为套算汇率。为什么在制定汇率中要区分基本汇率与套算汇率呢？这是因为，国际上货币种类繁多，不可能针对每种货币的实际价值单独计算汇率，国际金融市场上某一国货币的汇率，受供求规律影响，一般来说是反映了其实际价值的，可以参照套算，以简化手续。

套算汇率的具体套算方法可分为三种情况，简述如下：

①两种汇率的中心货币相同时，采用交叉相除法。

【实例分析】即期汇率行市　USD 1 = HKD 7.7972/7.8012

USD 1 = JPY 109.51/109.91

港币对日元的套算买入价为：

HKD 1 = JPY 109.51/7.8012 = JPY 14.038

港币对日元的套算卖出价为：

HKD 1 = JPY 109.91/7.7972 = JPY 14.096

②两种汇率的中心货币不同时，采用同边相乘法。

【实例分析】即期汇率行市　USD 1 = HKD 7.7972/7.8012

GBP 1 = USD 1.7678/1.7724

英镑对港币的套算买入汇率为

GBP 1 = HKD 7.7972 × 1.7678 = HKD 13.784

英镑对港币的套算卖出汇率为

GBP 1 = HKD 7.8012 × 1.7724 = HKD 13.827

③按中间汇率求套算汇率。

【实例分析】某日电讯行市：GBP 1 = USD 1.7701

USD 1 = JPY 109.71

则英镑对日元的套算汇率为：GBP 1 = JPY 1.7701 × 109.71 = JPY 194.20

（四）按照银行外汇汇付方式划分

（1）电汇汇率（telegraphic transfer rate，T/T rate）。是指经营外汇业务的银行以电报方式买卖外汇时所用的汇率。银行卖出外汇后，立即用电报通知国外分支行或代理行将款项解付给收款人。由于电汇付款迅捷（一般不超过两个营业日），银行无法占用客户资金头寸，加之国际间电报费用较高，故电汇汇率一般较高。但电汇可加速国际资金周转，避免汇率波动风险，因此，在外汇交易中，大多使用电汇汇率作为基准汇率，其他汇率都以电汇汇率为基础而定。一般外汇市场上所公布的汇率，多为电汇汇率。

（2）信汇汇率（mail transfer，M/T rate）。是银行以信函方式买卖外汇时所使用的汇率。银行卖出外汇后，通过信函通知国外分支行或代理行将款项解付给收款人。由于这种付款方式所需的邮程较长，银行可以在一定时期内占用顾客资金，因此，需把邮程时间的利息在汇率内扣除。所以，信汇汇率比电汇汇率低。在外汇交易中，信汇量较少，主要用于香港和东南亚，其他地区很少采用。

（3）票汇汇率（demand draft rate，D/D rate）。是银行买卖外汇汇票、支票和其他票据时所使用的汇率。由于汇票从售出到付款有一短暂间隔，票汇汇率自然也比电汇汇率低一些。票汇汇率又可分为即期票汇汇率和远期票汇汇率，后者要比前者低，因为银行所占用顾客资金的时间要长一些。

（五）按照外汇买卖的交割期限来划分

（1）即期汇率（spot rate），也称现汇汇率。它是指买卖外汇双方当天成交或两个营业日以内进行交割的汇率。即期外汇表面上看来似乎是同时支付，没有风险，但由于各国清算制度技术上的原因，只能在 1 天后才知道是否已经支付。因此，也承担一种信用风险。此外由于亚、欧、美三大洲之间各有 6～8 小时时差，有时就遇到营业时间结束的问题。

（2）远期汇率（forward rate），又称期汇汇率。指在未来约定日期进行交割，而事先由买卖双方签订合同，达成协议的汇率。到了交割日期，由协议双方按预定的汇率、金额进行钱汇两清。远期外汇的交割期，常见的为 1 个月至 1 年，而少数几种主要西方国家的货币甚至有 1 年以上的远期。同单一的即期汇率不同，远期交易涉及各种交割期限，因此，在某一个特定时点上同时存在着数个远期汇率，如 30 天、90 天、180 天甚至 360 天的远期汇率。

银行一般都直接报出即期汇率，但对于远期汇率的报价，各国的做法则有所不同。远期汇率的报价有两种方式：

第一种方式为直接报价（outright rate）。即与现汇报价一样，直接将各种不同期限的期汇的买入价与卖出价表示出来。这种方法通常使用于银行对一般顾客的报价上。一般而言，期汇的买卖差价要大于现汇的买卖差价。以某日英镑兑美元的汇率为例，现汇汇率为 1 英镑 =2.4210～2.4220 美元，3 个月期汇汇率为 1 英镑 =2.4130～2.4150 美元。英镑的现汇买卖差价为 10 点，期汇的买卖差价则有 20 点之多。

第二种方式为掉期率（swap rate）或远期差价（forward margin）。即报出期汇汇率比现汇汇率高或低若干点来表示。期汇汇率与现汇汇率之间存在着差价，这种差价称为掉期率或远期差价。远期差价有升水和贴水两种。升水（at premium）表示期汇比现汇贵，贴水（at discount）表示期汇比现汇便宜。还有一种平价（at par），表示两者的汇率相同。采用报远期差价来代替直接报期汇汇率的主要好处在于，当现汇汇率变动时，远期差价常常保持不变，故以升水或贴水来报价，比改动期汇汇率省事。

由于汇率的标价方法不同，按远期差价计算远期汇率的方法也不同。下面按英国伦敦与瑞士苏黎世两地的标价方法说明升水与贴水。

【实例分析】伦敦外汇市场采用间接标价法以英镑与美元的即期汇率与 3 个月的远期汇率为例：即期汇率为 1.8870/1.8890 美元，3 个月远期差价为"升水 103/98"，则远期汇率为 1.8767/1.8792 美元（即期汇率减去升水）；3 个月远期

金融学科核心课程系列教材

差价如果为"贴水98/103",则远期汇率为1.8968/1.8993美元(即期汇率加上贴水)。总之,在间接标价法下,远期差价如为升水,则远期汇率为即期汇率减升水;如为贴水,则远期汇率为即期汇率加贴水。

【实例分析】苏黎世外汇市场采用直接标价法。以瑞士法郎对美元的即期与远期汇率为例:美元即期汇率为2.2690/2.2720瑞士法郎,3个月远期差价为"贴水128/118",则远期汇率为2.2562/2.2602瑞士法郎(即期汇率减去贴水);3个月远期差价如为"升水118/128",则远期汇率为2.2808/2.2848瑞士法郎(即期汇率加上升水)。总之,在直接标价法下,远期差价如为贴水,远期汇率为即期汇率减贴水;如果远期差价是升水,则远期汇率为即期汇率加升水。

从上述两例可以说明,虽然标价方法不同,具体计算恰好相反,但是,升水和贴水的概念却完全一致。于是,在根据即期汇率和远期差价计算远期汇率时,不论何种标价法,我们都可以归纳为:当远期点数按"小/大"排列时,远期汇率=即期汇率+远期差价;当远期点数按"大/小"排列时,远期汇率=即期汇率-远期差价。

(六) 按照对汇率管制的宽严程度划分

(1) 官方汇率(official rate)。即由国家行政机构(如财政部、中央银行或外汇管理局)公布的汇率,并规定一切外汇交易都按这个汇率为准。官方汇率就是实际汇率,没有外汇市场汇率。此外,由政府或中央银行正式宣布,其货币官方汇率的法定变化称为货币贬值(devaluation)或升值(revaluation)。我国在1994年之前实行的就是官方汇率,人民币汇率由国家外汇管理局统一制定公布,没有外汇市场汇率。

(2) 市场汇率(market rate)。即由市场的外汇供求关系决定的汇率,换言之,它是指在自由外汇市场上买卖外汇的实际汇率。由市场供求力量引起的货币汇率下跌称下浮(depreciation),汇率上升称上浮(appreciation)。

(七) 按照银行营业时间划分

(1) 开盘汇率,又叫开盘价(opening rate)。开盘价是外汇银行在一个营业日刚开始营业时,进行外汇买卖所使用的汇率。

(2) 收盘汇率,又称收盘价(closing rate)。是外汇银行在一个营业日结束时外汇交易所使用的汇率。

一个外汇市场的营业从开始到结束只有几个小时,但是在汇率急剧波动的情况下,开盘汇率和收盘汇率也会相差很大。此外,随着外汇交易设备的现代化,世界各金融中心外汇市场的联系更加密切，时差因素也把世界各地外汇市场连接起来。如伦敦外汇市场的营业时间为当地时间 9 点到 17 点，纽约市场的营业时间为格林尼治 14 点到 22 点，香港市场的收盘时间正值伦敦市场的开盘时间，在时差上正好填补了欧美伦敦开市前及纽约收市后的空当。这样，世界各大外汇市场互相影响，一个外汇市场的开盘汇率往往受到上一个时区外汇市场收盘汇率的影响，因而发生较大的变化。

（八）按照汇率是否统一划分

（1）单一汇率（uniform rate），是指一种货币（或一个国家）只有一种汇率，这种汇率通用于该国所有的国际经济交往中。

（2）复汇率（multiple rate），是指一种货币（或一个国家）有两种或两种以上汇率，不同的汇率用于不同的国际经贸活动。复汇率是外汇管制的一种产物，曾被许多国家采用，有关内容将在外汇管制的有关章节中阐述。双重汇率（dual rate）是指一国同时存在两种汇率，是复汇率的一种形式。

上述各种外汇汇率种类的划分，使我们了解到各种汇率之间存在的区别，但不能因此将各种汇率之间存在的相互联系割裂开来。实际上，各种汇率可以是重叠的。例如，某一个汇率可以既是买入汇率，又是即期汇率、电汇汇率、贸易汇率等等。所以，究竟采用哪种分类法，要看是站在什么角度来看待这项外汇交易。

三、汇率指数

在浮动汇率的制度下，如果要知道一种货币的汇率在一定期间的平均升降幅度，就必须计算出汇率指数（index of exchange rates）。

（一）双边汇率指数与多边汇率指数

1. 双边汇率指数

汇率是一国货币同其他货币相互兑换的比率，它本身就是双边的。因而选定一种汇率，确定基期，就可以比出某一时期的指数，即双边汇率指数。例如，英镑与美元的汇率，1992 年每英镑平均兑换 1.7212 美元，1995 年平均兑换 1.5420 美元。如果以 1992 年为基期，该年的双边汇率指数应为 100，则 1995 年英镑/美元的汇率指数为 $1.5420/1.7212 \times 100 = 89.6$，即英镑对美元的汇率平均下跌 10.4%；相应地，1995 年美元/英镑的汇率指数为 $1.7212/1.5420 \times 100 = 111.6$，即美元对英镑的汇率平均上升 11.6%。双边汇率指数是各种汇率指数的基础。

金融学科核心课程系列教材

2. 多边汇率指数

从双边汇率指数向前走一步，确定好统一的基期和计算口径，选择一种平均法，用两个以上的双边汇率指数计算出一个平均数，即是多边汇率指数，也就是有效汇率指数，简称有效汇率。例如，美元与英镑、日元、欧元、加拿大元四种货币的多边汇率指数的确定，假设以 2000 年为基期，以 2005 年为计算期，则先计算美元对各货币的双边汇率指数，然后选用简单算术平均法计算出这四个双边指数的平均数，这就是一种美元的多边汇率指数，它表明了美元对四种货币比价的平均变动情况。

在一个多边汇率指数中，对于各种货币不分轻重地平均是不恰当的。所以，有必要选择能区别轻重的"加权平均法"，加权法主要有以下几种。

（1）双边贸易加权法

是指以某一年度该国与各选定国之间双边进出口贸易额为权数根据的加权法。例如，选定 10 个国家，找出该国与这 10 国间的 10 个全年进出口贸易额数字；以该国对这 10 国的进出口贸易总额为 1，则可得出该国对这 10 国中各个国家的双边贸易占总贸易的比重，这 10 个小于 1 的分数即是权数；以各国的权数分别乘以相关的双边汇率指数，求得平均数，即得出该国双边贸易总额加权的有效汇率指数。

（2）世界范围贸易加权法

指以某一年度各选定国全部对外进出口贸易总额为权数根据的加权法。例如，选定 10 个主要贸易伙伴国家，以这 10 国在某一年度在世界范围的全部进出口贸易总额加起来作为 1，则每个国家的份额可以表示为小于 1 的一个分数，即权数；再以各国的权数分别乘以相关的双边汇率指数，求得平均数，即得该国世界范围贸易加权的有效汇率指数。

（3）多边汇率模式（multilateral exchange rate model，MERM）加权法

国际货币基金组织设计了一个包括 17 个国家的模型，称为多边汇率模型。这个模型考虑到各国间的双边贸易量和各自的世界范围贸易量，以及贸易在各国经济中的比重，贸易商品的品种构成和进出口商品的需求对价格的反应程度等多种因素。它通过几个商品供求的式子，来估计汇率变动对本国进出口和其差额以及其他 17 个国家的进出口和其差额有多大影响。从而得出计算多边汇率指数的权数。

双边贸易加权和世界范围贸易加权得出的汇率指数，仅仅表示汇率变动对贸易商品的价格及竞争地位可能产生的影响。而 MERM 加权得出的汇率指数则在一定程度上估计了汇率变动在两三年内对贸易差额的影响。因此，后一种指数的

下跌，在较大程度上预示该国贸易收支状况将会改善，汇率有可能回升。

（二）名义有效汇率指数与实际有效汇率指数

汇率变动会引起物价变动，而国内物价的变动，又反过来影响到汇率的变动。因此，有必要用某种物价指数来调整有效汇率指数。一般地，经过调整的称为实际有效汇率指数，未经过调整的为名义有效汇率指数。根据不同目的，可选用不同物价指数来调整汇率指数。比如，采用"国内生产总值的物价折算指数"，该物价指数基本上反映本国生产的最终产品卖给最终使用者的价格平均升降情况，能比较全面地反映该国货币在国内的购买力变动状况。假设2013年这种物价指数为100，2014年为110，则该国货币在国内的购买力降低了10%；同时，2013年该国有效汇率指数为100，2014年为90，则该国货币的汇率平均降低了10%。把该国货币的对内对外交换价值合起来看，则2014年的实际有效汇率指数为$110 \times 90 \div 100 = 99$，基本上没有变动。

（三）美元指数

美元指数是综合反映美元在国际外汇市场的汇率情况的指标，用来衡量美元对一揽子货币的汇率变化程度。它通过计算美元和对选定的一揽子货币的综合的变化率，来衡量美元的强弱程度，其中每个币种占美元指数的权重都不同：欧元57.6%，日元13.6%，英镑11.9%，加拿大元9.1%，瑞典克朗4.2%，瑞士法郎3.6%，通过美元指数走势的分析能间接反映美国的出口竞争能力和进口成本的变动情况。

美元指数上涨，说明美元与其他货币的比价上涨也就是说美元升值，国际上主要的商品都是以美元计价，那么所对应的商品价格应该下跌的。美元升值对本国的整个经济有好处，能提升本国货币的价值，增加购买力。但对一些行业也有冲击，比如说，出口行业，货币升值会提高出口商品的价格，因此对一些公司的出口商品有影响。若美指下跌，则相反。

美元指数出自纽约棉花交易所（NYCE）。纽约棉花交易所建立于1870年，初期由一群棉花商人及中介商组成，是纽约最古老的商品交易所，也是全球最重要的棉花期货与期权交易所。1985年，纽约棉花交易所成立了金融部门，正式进军全球金融商品市场，首先推出的便是美元指数期货。1986年，又推出了美元指数期货期权。尽管比外汇期货晚出现13年，但由于迎合了市场需要，获得了成功，并使美元指数成为市场人士十分关注的一个重要经济指标。1998年，纽约棉花交易所和咖啡、糖、可可交易所合并成立纽约期货交易所（The New

金融学科核心课程系列教材

York Board of Trade，NYBOT）。2006年9月，纽约期货交易所并入美国洲际交易所（Intercontinental Exchange，ICE），成为其下属的一个部门。美元指数期货在美国洲际交易所交易。该交易所负责发布美元指数及美指期货价格的实时数据。

（四）人民币汇率指数

中国外汇交易中心（CFETS）于2015年12月11日发布了CFETS人民币汇率指数。据中国外汇交易中心计算，2015年11月30日CFETS人民币汇率指数为102.93，较2014年底升值2.93%。CFETS人民币汇率指数参考CFETS货币篮子，具体包括中国外汇交易中心挂牌的各人民币对外汇交易币种，主要包括美元、日元、欧元等13种样本货币，样本货币权重采用考虑转口贸易因素的贸易权重法计算而得。

长期以来，市场观察人民币汇率的视角主要是看人民币对美元的双边汇率，由于汇率浮动旨在调节多个贸易伙伴的贸易和投资，因此仅观察人民币对美元双边汇率并不能全面反映贸易品的国际比价。也就是说，人民币汇率不应仅以美元为参考，也要参考一篮子货币。汇率指数作为一种加权平均汇率，主要用来综合计算一国货币对一篮子外国货币加权平均汇率的变动，能够更加全面地反映一国货币的价值变化。参考一篮子货币与参考单一货币相比，更能反映一国商品和服务的综合竞争力，也更能发挥汇率调节进出口、投资及国际收支的作用。中国外汇交易中心定期公布CFETS人民币汇率指数，对推动社会观察人民币汇率视角的转变具有重要意义，有助于引导市场改变过去主要关注人民币对美元双边汇率的习惯，逐渐把参考一篮子货币计算的有效汇率作为人民币汇率水平的主要参照系，有利于保持人民币汇率在合理均衡水平上的基本稳定。

为便于市场从不同角度观察人民币有效汇率的变化情况，中国外汇交易中心还于同日公布了参考BIS货币篮子、SDR货币篮子计算的人民币汇率指数。

第三节　汇率的决定与变动

一、汇率的决定基础

（一）金本位制度下汇率的决定基础

金本位制的典型形式是金币本位制。在金币本位制下，金币由一定重量和成色的黄金制造，每一金币单位所包含的一定重量与成色的黄金，叫作含金量。两个实行金币本位制的国家的货币单位的含金量之比，叫作铸币平价（mint par）或金平价，这种铸币平价就是决定各国货币兑换比率的基础和标准。例如，1925～1931年，英国立法规定1英镑所含纯金数量为7.32238克，美国立法规定1美元所含纯金数量为1.50463克，这样英镑与美元之间的汇率就是7.32238/1.50463，即1英镑＝4.8665美元。

铸币平价虽然是决定汇率的基础，但它并非外汇市场上外汇交易的实际汇率。事实上，实际汇率是以铸币平价为基础，随外汇市场供求关系变化而上下波动的，正如商品的价格以价值为基础并围绕着供求关系波动一样。至于一国的外汇市场供求关系又取决于该国国际收支状况。由于国际收支平衡的时候少，不平衡的时候多，经常处于波动之中，所以一国的汇率也经常处于波动之中。

但是，在金币本位制下，汇率的波动并不是漫无边际的，而是有一定限度的。这个限度就是所谓黄金输送点（gold points）。这是因为在金币本位制下，国际结算存在两种并行的方式：利用汇票等支付手段进行非现金结算或直接用黄金进行结算；当汇率变化对某国不利时，它就可以不利用汇票、转而采用输出输入黄金办理结算。例如，在第一次世界大战前，英国和美国之间运送黄金的各项费用约为黄金价值的0.5%～0.7%之间，以1英镑计算，运送黄金的各项费用约为0.03美元（按0.6%计算）。在这种情况下，假定美国对英国有国际收支逆差，英镑的需求增加，英镑汇率必然上涨。如果1英镑上涨超过了4.8965美元（铸币平价＋运费＝4.8665＋0.03＝4.8965美元）时，则美国负有英镑债务的进口商就不会购买英镑外汇，而宁愿在美国购买黄金运往英国。因为直接运送黄金偿还1英镑的债务，只需要4.8965美元。所以，引起美国黄金流出的汇率就是黄金输出点。反之，假定美国对英国的国际收支顺差，英镑的供给增加，英镑的汇率必然下跌。如果1英镑跌到4.8365美元（铸币平价－运费＝4.8665－0.03＝4.8365美元）以下时，则美国持有英镑债权的出口商就不会出售英镑外汇，而宁愿到英国用英镑购买黄金运回美国。因为用运送黄金的方法收回1英镑债权，可以得到4.8365美元。所以引起黄金流入的汇率是黄金输入点，汇率的波动不可能低于黄金输入点。

由此可见，在金币本位制下，汇率波动的幅度是相当有限的，它被严格控制在黄金输送点内。其中，黄金输出点由铸币平价加黄金运费构成，它是汇率波动的上限；黄金输入点由铸币平价减黄金运费构成，它是汇率波动的下限。而且，由于黄金运费占黄金价值的比重极小，所以金币本位制下汇率基本上是稳定的。

第一次世界大战后，许多国家通货膨胀严重，现钞的自由兑换和黄金的自由流动遭到破坏，于是传统的金币本位制陷入崩溃，各国货币分别实行两种变形的

金融学科核心课程系列教材

金本位制：金块本位制和金汇兑本位制。金块本位制和金汇兑本位制的共同特点是金币不再可以自由铸造，国内不流通金币而只流通银行券。两者的区别是：金块本位制规定，银行券在国内不兑换黄金，本国货币中同另一个实行金本位制国家的货币保持固定比价。所以，这两种金本位制都是没有金币流通的金本位制，因而两国货币汇率决定的基础不再是铸币平价，而是黄金平价——两国货币所代表的含金量，由于黄金的流通和兑换受到一定的限制，黄金输送点也难以再起作用，因而汇率缺乏稳定的基础。1929～1933 年资本主义世界经济危机爆发后，金本位制彻底崩溃，各国普遍实行不兑换的纸币制度。

（二）纸币流通制度下汇率的决定基础

众所周知，纸币本身没有内在价值，不是价值实体，它不能执行价值尺度、贮藏手段和世界货币的职能。纸币之所以能够流通，是因为政府用法令规定它作为金属货币的价值符号。两国货币的汇率是不同货币的价值对比，纸币既然是金属货币的价值符号，所以黄金平价就应当是纸币流通制度下汇率的决定基础。但是，由于纸币不能自由兑换黄金，所以实际上流通的是不兑现的纸币。在这种不兑现的纸币流通制度下，各国货币发行并不受黄金准备的限制，于是，通货膨胀不可避免。因为通货膨胀，纸币不断贬值，纸币的金平价就同它实际所代表的黄金量完全背离，所以，纸币流通制度下，各国货币间的汇率不再由黄金平价来决定，而是以其国内价值即各国货币的实际购买力来决定。然而，因为实践中各国货币的实际购买力难以进行准确比较，加之国内外许多因素都会通过外汇的供求来影响汇率的变动，所以，纸币流通制度下汇率的决定基础事实上难以定论。

二、影响汇率变动的主要因素

影响汇率变动的因素很多，这些因素都通过外汇的供求力量对汇率施加影响。这些因素既有经济因素，又有政治因素和心理因素等。具体来说，影响汇率变动的因素主要有：

1. 国际收支状况

经常项目收支差额作为各国国际收支中最基本、最重要的差额，对汇率变动的影响力最大。当经常项目收大于支，出现顺差时，表明别国对顺差国货币需求大于供给，顺差国的货币汇率趋于上升；反之，该国货币汇率就将下降。在分析国际收支状况对汇率的影响时，也需注意资本账户，尤其是长期资本的状况。

2. 通货膨胀状况

一国出现通货膨胀时，物价上涨，货币贬值，该国货币购买力下降。若该国通货膨胀率高于其他国家，则其货币汇率趋于下降；反之，其货币汇率上涨。值得注意的是，通货膨胀对汇率的影响往往不是直接表现出来的。除影响进出口外，通货膨胀还会影响国内外实际利率差异，进而影响国际收支的资本账户。此外，通货膨胀还会影响到市场对今后物价和汇率的预期，这些表现又都会对汇率变动产生影响。

3. 利率状况

利率对汇率的影响主要表现为国际利差对汇率的影响。一般地说，高利率国家货币的汇率短期趋于上升，而低利率货币短期趋于下跌。国际利差通过影响资金在国际的流动来影响汇率，汇率的变动又会反过来遏制资金的国际流动。

4. 外汇干预

各国政府为了稳定汇率或使汇率的波动限制在一定的幅度之内，以免汇率的变动对国内经济造成不利影响，常常对外汇市场进行干预。外汇干预的基本形式就是通过在外汇市场上买进或卖出外汇以影响汇率。这种干预有三种情况：一是在汇率波动剧烈时使它趋于缓和；二是企图使汇率稳定在某个水平；三是使汇率上浮和下浮到某个水平。一国中央银行所持有的外汇储备反映着该国干预外汇市场的能力。外汇干预可以由一国单独进行，也可以是国际联合协调干预，后者的效果较好，近年使用较多。外汇干预能在短期内对汇率产生较大影响，但不能从根本上改变汇率的长期变动趋势。

5. 宏观经济政策

一国宏观经济政策的主要目的在于增加就业，稳定物价，促进经济增长和改善国际收支。财政政策和货币政策对经济增长率、通货膨胀率、利率和进出口及资本的流动等会产生一定的影响，这样势必会影响到汇率的变动。紧缩性的财政政策和货币政策往往会使该国货币汇率上升，而膨胀性的财政政策和货币政策则可能使该国货币汇率下降。

6. 市场预期心理

预期被引入汇率的研究领域是在 20 世纪 70 年代初期。预期对汇率的影响很大，其程度有时远远超过其他因素对汇率的影响。预期有稳定型和破坏稳定型之分。稳定型的预期，是指人们预期一种货币币值会下降时，就会购进这种货币，从而缓和这种货币币值的下降程度；反之，则抛出货币，从而降低该货币的升值幅度。显然，按这种预期心理进行的外汇买卖行为有助于汇率的稳定。破坏稳定型的预期行为同稳定型预期行为正好相反，按这种预期心理进行的外汇买卖会在币值低时进一步抛出，在币值高时进一步购进，从而使汇率暴涨暴跌，加剧了汇率不稳定。

金融学科核心课程系列教材

影响人们预期心理的主要因素有信息、新闻和传闻。信息是指同外汇买卖和汇率变动有关的资料、数据和消息，例如，经济增长率、外汇储备、货币供给量、资本流动及国际收支等。新闻既有经济新闻也包括政治新闻。传闻是未经证实的消息。有时，信息、新闻和传闻难以区分。预期心理受这些因素的影响，具有十分易变、捉摸不定的特点。

7. 其他因素

主要指金融工具如股票、债券及外汇期货等的价格变动，石油价格的变动和黄金价格的变动，以及国际政治经济局势。一般来说，一国股票价格上升通常会带动该国货币币值上升，因为股价上涨表明该国经济前景看好，值得投资；反之，货币币值会下降。债券价格的上升通常发生在利率看跌的情况下，从短期来看，利率下跌会使一国货币币值下降，但从长期来看，利率低和价格高的债券会刺激经济发展，在某种程度上，货币币值又有可能回升。外汇期货价格也是影响汇率的因素之一。当期货价格下跌时，现汇价也会下跌；反之，现汇价上升。石油价格对产油国和对依赖石油进口的国家的影响是不一样的。油价上升会使产油国货币坚挺，石油进口国货币疲软；反之则相反。黄金价格对美元汇率影响很大，通常，金价上涨美元下跌，金价下跌美元升值，两者呈反方向变化。国际政治局势的动荡，会导致大量的外汇投机，加剧汇率波动，而一旦局势趋于稳定，外汇投机便会相应减少，汇率波动趋于平稳。

三、汇率变动对经济的影响

汇率变动对国内经济和国际经济关系会产生广泛而深刻的影响。研究汇率对经济的影响，对于制定汇率政策及相关经济政策具有重大意义。

（一）汇率变动对进出口贸易的影响

汇率的变动直接影响到一国的对外贸易状况。这种影响主要是通过汇率变动引起价格的相对变动来实现的。本币贬值，外汇汇率提高，使本国出口商品以外币表示的价格下降，从而提高出口商品的竞争能力，有利于扩大商品出口。当然，与此同时，本币汇率下降，以本币表示的进口商品价格则会提高，影响进口商品在本国的销售，起到抑制进口的作用。

分析汇率变动对进出口的影响，还必须注意两个问题，一是弹性问题，二是时滞问题。

关于弹性问题。一国货币的贬值能否改善一国的进出口贸易状况，还取决于该国进出口商品的需求弹性和供给弹性。需求弹性是指因价格变动引起的需求的变动率，它反映需求量的变动对价格变动的敏感程度。供给弹性是指因价格变动引起的供给数量的相应变动率。一般来说，货币贬值的效果取决于需求弹性的大小。一国对进口商品需求弹性大，国际市场对该国出口商品需求弹性大，则该国货币贬值对该国的国际收支可产生有利影响。

关于时滞问题。国际货币基金组织专家在 20 世纪 80 年代初，分析了 1973 年 1 月至 1978 年 4 月比利时、加拿大、法国、联邦德国、意大利、日本、瑞典、英国和美国等 10 国的汇率变动对其贸易收支的短期影响情况，结果发现，货币贬值国在贬值初期的贸易额会恶化，但不久又趋于好转。这说明贬值对经济的影响存在"时滞"。货币贬值即使能够改善贸易收支，在贸易收支改善之前，也必有一段继续恶化的过程。因为本国货币贬值，进口商品的本币价格提高，但由于以前的合同规定或由于产业结构尚未作出及时调整，进口数量尚未来得及调整，致使支出增加。随着时间的推移，进口数量得到调整和压缩，出口开始增长，最终贸易收支差额情况可以有所改善。这种变化过程用曲线图描述，会呈现出英文字母的 J 字形，如图 2.1 所示，因此，称为"J 曲线效应"。对于 J 曲线所显示出来的时滞问题，其长短主要取决于国内传导机制及国内市场的完善程度。若一国国内经济严重不平衡，总需求远远大于总供给，那么，无论在汇率上怎样变动，外贸结构如何调整，对改善国际收支状况的收效都将是有限的。

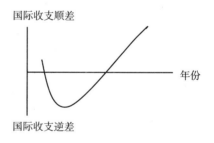

图 2.1　J 曲线效应

以上主要分析本币贬值的情况。如果情况与上述相反，即本币升值，外汇汇率下降，一般来说，贸易收支将趋于恶化。

小思考 2.1

什么是外汇倾销（foreign exchange dumping）？

答：是指通过本国货币对外币贬值向外倾销商品和争夺市场的行为，也是争夺国外市场

金融学科核心课程系列教材

的一种手段。这是因为本国货币贬值后，出口商品用外国货币表示价格降低，提高了该国商品在国际市场上的竞争力，有利于扩大出口；而因本国货币贬值，进口商品的价格上涨，削弱了进口商品的竞争力，限制了进口。外汇倾销需要一定的条件，主要是本国货币对外贬值速度要快于对内贬值以及对方不进行报复等。

（二） 汇率变动对国际资本流动的影响

资本的流入流出会引起汇率的变动，汇率变动后又反过来影响资本的流出流入。国际资本流动的目的是为了获得较高的收益和保值。长期资本流动的主要目的是追求长期投资收益，汇率的变动对其影响不大。短期资本流动以保值和追求短期收益为目的，因此，对汇率变动十分敏感。当一国货币贬值后，表明以该国货币表示的各类金融资产价值下降，短期资本为避免货币贬值带来的不利影响，会纷纷逃往其他国家，引起资本的外流。从这个意义上说，贬值是不利于改善国际收支资本项目状况的。当一国货币升值后，表明以该国货币表示的各类金融资产价值增加，短期资本为了保值纷纷流入该国，引起资本的内流，短期内会改善一国的国际收支。

（三） 汇率变动对国内物价水平的影响

汇率变动引起进出口产品相对价格的变化，从而改变国内的总需求与总供给，也因此而改变国内商品的价格。本币对外汇汇率下浮，则以本币表示的进口商品价格提高，进而带动国内同类商品价格的上升。如果进口商品如某些资本品、中间品和紧缺原材料作为生产资料投入生产，商品成本上升，还会促使其他商品价格普遍上涨。若本币对外汇汇率上升，则国内物价会降低。

（四） 汇率变动对国内就业水平和国民收入水平的影响

本币贬值、外汇汇率上升，有利于扩大出口，不利于进口，从而刺激国内出口产品生产规模的扩大，进而牵引国内其他行业生产的发展，推动就业水平的提高，增加国民收入。但这种情况的发生，是以国内有剩余生产能力和尚未达到充分就业水平为前提。若国内生产能力已全部利用，并已达到充分就业水平，出口增加会引起需求过度，导致通胀，结果靠增加进口来缓和国内供求矛盾。如果本币升值，外汇汇率下降，则不利于出口，有利于进口，从而使国内出口产品的生产规模缩小，进而带来国内其他行业生产的相对萎缩，从而会降低就业水平和国民收入水平。

（五）汇率变动对产业结构的影响

不同产业收益的变化，使资源在各产业中得到重新配置，带来产业结构的变化。一国货币贬值后，出口商品的国际竞争能力提高，出口规模扩大，出口企业的利润增加，由此会诱使资源流向出口产品制造业和出口贸易部门，整个经济体系中出口产品制造业和出口贸易部门所占比重就会增大。另一方面，由于本币贬值后，进口商品价格提高，进口减少，国内对进口商品的需求转向国内的同类产品上，使生产进口替代产品的部门和企业的收益增加，从而引起资源在国内各部门的重新配置。因此，一国货币贬值，会促进该国生产出口产品和进口替代产品的企业和部门的发展。一国货币升值，外汇汇率下降时，情况则相反，上述行业则会受到打击。

上述分析基本是站在某一国角度来进行的，实际上，汇率的波动也影响到国际经济的许多方面。例如，国际贸易的结算风险、国家间的债权债务关系以及国际经济关系等。总之，汇率变动对世界经济和各国经济的影响表现在许多方面，它往往与其他宏观经济变量结合在一起共同产生作用，而发生作用的程度往往又受制于一国的经济发展条件。一般来说，如果一国经济开放程度比较高，对海外市场依赖性比较大，那么，汇率变动时对经济的影响就比较大，反之就比较小。有时，汇率变动对经济的影响，也可能被其他因素抵销或冲淡。

第四节　西方汇率理论

西方国家关于汇率的理论很多，它们从不同的角度阐述汇率问题，有的阐述影响汇率变动的因素，有的论证汇率的决定基础，而汇率的变动与国际收支的调节相联系，所以这两类理论有时难以划分开来。本节将着重介绍西方学者对汇率决定及其变动原因方面的研究成果。

一、国际借贷说（theory of international indebtedness）

它是英国学者葛逊（G. l. Goschen）于 1861 年在其著作《外汇理论》（The Theory Foreign Exchange）中提出的，在第一次世界大战前该理论颇为流行。

国际借贷说认为，外汇汇率由外汇的供求关系决定，而外汇的供求又是由国际借贷引起的。商品的进出口、债券的买卖、利润与捐赠的收付、旅游支出和资

金融学科核心课程系列教材

本交易等都会产生国际借贷关系。在国际借贷关系中，只有已经进入支付阶段的借贷，即流动借贷，才会影响外汇的供求关系。当一国的流动债权（外汇收入）多于流动债务（外汇支出）时，外汇的供给大于需求，因而汇率下降。一国的流动债务多于流动债权时，外汇的需求大于供给，因而汇率上升。一国的流动借贷平衡时，外汇收支相等，于是汇率处于均衡状况，不会发生变动。葛逊所说的流动债权和流动债务实际上就是国际收支，所以该理论又被称为国际收支说。实际上就是外汇的供求决定汇率。它只能用来解释短期汇率的形成，并不能用来解释长期汇率的决定。对于影响汇率的其他重要因素，也没有提出充分的解释。因为该理论提出时间较早，所以在汇率理论史上的地位比较重要。

二、汇兑心理说（psychological theory exchange）

它是由法国学者阿夫达里昂（A. Aftalion）在 20 世纪 20 年代后期提出的外汇理论。

该理论认为，人们之所以需要外国货币，除了需要购买外国商品之外，还有满足支付、投资、外汇投机、资本逃避等需要，这种欲望是使外国货币具有价值的基础，因此，外国货币的价值决定于外汇供求双方对外币所作的主观评价，外币价值的高低，是以人们主观评价中边际效用的大小为转移的。外汇供给增加，边际单位的效用就递减，人们所作的主观评价就降低。在这种主观评价下外汇供求相等时所达到的汇率，就是外汇市场上的实际汇率。

第一次世界大战以后，汇兑心理说独树一帜，迄今为止，由汇兑心理说演变而来的心理预期说还有相当的市场。必须承认，它在说明客观事实对主观评价产生影响、主观评价反过来又影响客观事实这一点上，有其正确的一面。人们不能否定心理因素对汇率的影响，因为国际上对一种货币的评价一般表现为一种对汇率趋势的估计，它是以人们所观察到的经济活动为依据的。人们可以利用过去的预期误差来修正他们对未来的预期，一旦预期形成，它必然影响到经济发展过程的许多方面。因此，主观因素对客观经济过程是起作用的。汇兑心理说和心理预期说在解释外汇投机、资本逃避、货币投放、国际储备下降及外债累积对未来汇率的影响方面，是很有道理的。

但汇兑心理说讲的是对短期汇率的影响，是影响汇率变动的因素，而不是汇率（尤其是长期汇率）的决定基础。此外，它毕竟是一种以心理学为基础的理论，难免带有一定的主观片面性，特别是在国际金融动荡时期，更是如此。

三、购买力平价说（theory of purchasing power parity）

这是一个比较古老的学说，早在 19 世纪就已经出现。后来瑞典经济学家卡塞尔（G. Cassel）于 1916 年再提出这一主张，又于 1922 年在其著作《1914 年以后的货币与外汇理论》（Money and Foreign Exchange，After 1914）中系统地加以阐述。

购买力平价说有两种形式，即绝对购买力平价说和相对购买力平价说，前者系说明在某一时点上的汇率的决定，后者系说明汇率的变动。这一理论的主要观点是：人们之所以需要外国货币，是因为它在外国具有对一般商品的购买力，外国人之所以需要本国货币，也是因为它在国内具有购买力，因此，一国货币的对外汇率，主要是由两国货币在其本国所具有的购买力决定的，两种货币购买力之比决定两国货币的汇率。假定一组商品，在英国购买时需要 1 英镑，在美国需要 2 美元，两国购买力之比为 2 : 1，这两种货币的汇率就是 1 : 2，即 1 英镑 = 2 美元。这一理论的前提是假定各国实行自由贸易，当国际价格（即不同货币的相对购买力）保持稳定时，国际收支将趋于平衡，因此可以从两国物价水平的比较中求得两国货币的均衡汇率，这就是所谓的绝对购买力平价说。

相对购买力平价说把汇率的升降归因于物价或货币购买力的变动。即，在一定时期内，汇率的变动要与同一时期内两国物价相对变动成比例。例如，原来 1 英镑 = 2 美元，英国的物价指数由 100 上升到 320，美元的物价指数由 100 上升到 240，则新汇率 = 旧汇率 ×（美国物价指数/英国物价指数）= 2 ×（240/320），结果是 1 英镑 = 1.5 美元。相对购买力平价是从物价指数求得均衡汇率，以平价为轴心，汇率随物价涨落而变动，除货币贬值外，它是稳定不变的。从理论上讲，在物价发生剧烈波动之后，以购买力平价作为建立新汇率的基础，基本上是正确的。需要注意的是，购买力平价说的绝对形式和相对形式有其内在的联系，但也有所不同。一般说来，绝对购买力是相对购买力的基础，如果绝对购买力说是正确的，则相对购买力说也是正确的。另一方面，如果相对购买力说是正确的，绝对购买力说却不一定正确，因为资本流动或政府干预等因素会使平价水平不能形成。

购买力平价说是第一次世界大战刚刚结束及国际经济动荡不安时代的产物。在各国相继放弃金本位的情况下，提出以双方国内物价对比作为决定汇率的理论。它从货币的发行、货币的价值尺度和流通手段职能及货币的交换这样一个过程来论述汇率的决定，易于理解，符合逻辑。并指出欲稳定汇率必先稳定国内物

金融学科核心课程系列教材

价，抑制通货膨胀，这种论点是有道理的。

但是该理论存在许多优点的同时，也有许多缺陷。在技术方面，其主要问题是：①物价指数的选择不同，可以产生不同的购买力平价。例如，国内生产总值消胀指数（GDP deflator），是覆盖面最广的物价指数；批发物价指数（wholesale price index），则是偏重覆盖内外贸商品价格的指数；而消费物价指数（consumer price index），是仅仅覆盖消费品价格的一种物价指数。究竟采用何种指数最为恰当，不同国家的不同经济学家对此看法不一。②商品分类上的主观性可以扭曲购买力平价。运用购买力平价来计算汇率要求国家在商品的分类上做到一致，具有可操作性，否则，就没有可比性。商品分类包括出口、进口、贸易及非贸易等。不同国家由于存在价格体制，经济体制及统计口径上的差异，以及人们在知识、信息和主观解释上的差异，使商品分类的一致性很难做到。③在计算相对购买力平价时，基期的选择至关重要，它是保证以后一系列计算结果正确的必然前提。然而实际上由于主观判断、观察能力和技术及数据不足等原因，研究人员一般很难正确地对基期进行选择。

在理论方面，该学说的理论基础是货币数量学说，即它假定货币数量是影响货币购买力和物价水平的唯一因素。事实上，物价水平并不只受货币数量的影响，资本流动、投资、储蓄和生产禀赋条件等，都会对物价产生影响。更重要的是，它假定存在一价定律，不论贸易商品还是非贸易商品，按购买力平价折算，其在世界各地的价格都一样。假如贸易商品价格在国际市场形成，从而使各国贸易商品价格中存在一价定律，这有一定的说服力。然而，各国非贸易商品价格，虽通过贸易商品的价格而相互有一定的联系，但其价格形成的基础是在各国国内市场，而不是在国际市场。绝大多数国家的贸易商品在其各自的国民生产总值中所占比重小于非贸易商品所占的比重，因此，包括贸易商品和非贸易商品价格在内的一般物价水平便不可能保持一致。所以说，一价定律不可能在所有的商品价格中存在。

尽管购买力平价说存在许多缺陷，但它是估计均衡汇率的最简便的方法。从统计验证来看，相对购买力平价非常接近均衡汇率，特别是在通货膨胀严重时期。因此，它至今仍被许多经济学家所接受，并继续对西方国家的外汇理论和政策产生重大的影响。

四、利率平价说（interest rate parity theory）

利率平价说又称利率裁定或远期汇率论。最早由凯恩斯（J. M. Keynes）于

1923 年在其《货币改革论》一书中提出。

利率平价说认为，由于各国间利率存在着差异，投资者为了获得较高的收益，愿意将其资本从利率较低的国家转移至利率较高的国家去投资。例如 A 国的利率高于 B 国，投资者就会将其资本从 B 国转移至 A 国。但前提条件是，两国货币汇率保持不变或稳定，这样投资者的预期收益才能实现。如果汇率对投资者发生不利变动，则投资者不仅不能获得较高收益，而且还有可能遭受损失。若投资者资金从 B 国转移至 A 国之后，A 国货币汇率下跌，那么，A 国高利率带来的收益很可能被货币汇率下跌带来的损失抵销。

为防范汇率风险，投资者往往进行抵补套利，即在按照利率及现汇汇率将一国货币兑换成另一国货币进行投资时，同时按远期汇率将未来要收回的投资本息远期售出。因此，两国利率的差异，即两国投资收益的差异，影响着国际资本的移动。结果是，利率较高的国家货币的即期汇率因购买增多而上升，其远期汇率因抛售增多而下跌，从而引起利率的调整，一直到两国投资收益相等时，国际资本移动才会停止，这是利率平价说的基本原理。

利息平价理论是西方汇率决定理论的重要组成部分，其产生是汇率理论上的大发展与重要创新。其主要贡献与缺陷可以概括为以下几个方面：①以往的汇率决定理论主要是研究即期汇率的决定问题，而利息平价理论的重点放在远期汇率水平是如何来决定的，研究了远期汇率波动的一般规律，使得远期汇率问题和以后的远期外汇交易与预测日益受到重视和快速发展。②利息平价理论将汇率的决定同利率的变化有机联系起来，利率与汇率是金融资产的两种价格，用利率的变化来解释远期汇率的运动，这在理论上和实践上具有重大创新和应用价值。③利息平价理论为各国对汇率的调节和干预提供了重要的依据，各国货币当局往往通过适当调节国内利率水平来稳定外汇市场的汇率。④利息平价理论只能作为解释短期汇率波动的一种工具，事实上市场汇率波动还受到其他多种因素的影响，短期汇率决定也是一个复杂的过程，利率变动只是其中一个重要的影响因素。⑤利息平价理论要求国际资本可以自由流动，但现实经济中许多国家实施较为严格的外汇管制，一些国家货币在资本项目下是不可自由兑换的。

五、流动资产选择说（the theory of portfolio selection）

这是 20 世纪 70 年代初浮动汇率制度实行后产生的一种新的汇率理论。由美国经济学家、诺贝尔经济学奖获得者詹姆斯·托宾（James Tobin）提出。

该理论侧重于短期汇率的决定。所谓资产选择是投资人调整其有价证券和货

金融学科核心课程系列教材

币资产，从而选择一套收益和风险对比关系的最佳方案。该理论认为，由于利率、国际收支、通货膨胀和经济增长各种因素的关系，货币比价经常发生变动。于是，保持什么外币资产，以获取最大收益，就成为投资者需要慎重考虑的问题。因为流动资产包括无利息的手头现金和有利息的有价证券，且各种有价证券的利率高低不同，风险大小各异，所以投资者根据理性行为准则，不断调整其资产组合，直至各种资产的预期边际收益相等为止，而预期收益率或相对风险的变动也会引起汇率的变动，所以金融市场对汇率的影响超过了对商品和劳务市场的影响。该理论与国际收支的货币分析法有一定联系，但更为全面。因为它只把货币看作人们可能选择持有的一系列资产中的一种，要分析不同货币的汇率，只抓住货币这一头是不行的，因为货币一动，实际上整个系列都会作出反应。这一点是很有道理的。它认为，各国货币的比价决定于各种外币资产的增减，各种外币资产的增减是投资者调整其外币资产比例的结果，这种调整往往引起国际资金大量流动，对汇率产生很大的影响。在短期内，资产市场的均衡决定汇率。

但是，该理论也有其明显的缺陷，它抽象了真实收入与真实财富及其相互作用，根本不考虑货物和劳务的流动。而且，它还要有一些前提条件，即国内和国际金融市场十分发达，资本管制和外汇管制比较宽松，各国普遍实行自由浮动汇率。若这些条件不能满足，资产选择说也就无任何意义。例如，在外汇管制较严的国家，汇率当然是由供求关系及官方干预所决定，投资者往往不可能实现根据心理预期因素调整其资产组合的愿望。

六、货币主义汇率理论

该理论由美国货币主义学派提出。其特点是强调货币市场在汇率决定中的作用。汇率是两国货币的相对价格，而不是两国产品的相对价格。汇率由货币市场的货币存量来决定，当货币存量的供求达到平衡时，汇率就达到均衡。该理论建立在购买力平价或一价定律成立这个假设基础上。并且还假设本国资本与外国资本可完全替代，市场参与者抱有关于外汇的合理预期。在这些假定基础上，它认为汇率的变动取决于本国与外国货币存量的变动、本国与外国国民收入的变动及本国与外国预期通货膨胀率的变动。如果一国货币供给量增长过快，价格水平就趋于上升，由于购买力平价关系，汇率必然下跌。如果一国实际国民收入上升，就会出现超额货币需求，若名义货币供给量不变，则价格相对下降，通过购买力平价，使汇率上升，如果一国名义利率上升，则意味着预期通货膨胀上升，从而物价上涨，通过购买力平价使汇率下跌。该理论认为，短期内影响汇率的重要因素是预期通货膨胀率，因为预期因素比货币供给量和收入更具有易变性。汇率的预期是根据对货币政策的预期形成的，因为货币政策变动会引起货币与实际收入的比例的变动，从而使货币需求发生变化，并影响到汇率的水平。因此，该理论认为，要使汇率短期内保持稳定，就必须使各国的货币政策协调一致。货币市场和货币存量的供求状况决定汇率。

与其他以往的汇率理论相比，该理论有一定的新意和学术价值。但是它有三个明显的缺陷：一是假定购买力平价始终成立是不现实的；二是它忽视了国际收支的结构因素对汇率的影响；三是它对于货币存量供求变化与价格变化的关系的论证也未得到实证。

关 键 词 汇

外汇　汇率　即期汇率　远期汇率　基本汇率　套算汇率　升水　贴水　市场汇率　现钞汇率　名义汇率　实际汇率　J曲线效应

思 考 题

1. 外汇的基本特征是什么？

2. 外汇汇率是怎样标价的？根据不同的标价方法应如何理解一国货币汇率的升降？试举例说明。

3. 影响汇率变动的因素有哪些？

4. 汇率变动对经济有何影响？

练 习 题

一、单项选择题

1. 中间汇率是指（　　　）。
   A. 开盘汇率和收盘汇率的算术平均数
   B. 即期汇率和远期汇率的算术平均数
   C. 官方汇率和市场汇率的算术平均数
   D. 买入汇率和卖出汇率的算术平均数

2. 通常情况下，一国国际收支发生顺差时，外汇汇率就会（　　　）。
   A. 上升　　　　　B. 下降　　　　　C. 不变　　　　　D. 不确定

3. 影响汇率变动的政策因素是（　　　）。
   A. 通货膨胀　　　B. 资本流动　　　C. 外汇干预　　　D. 心理预期

金融学科核心课程系列教材

4. 美元对英镑按（　　）计价。

    A. 直接标价法　　B. 间接标价法　　C. 美元标价法　　D. 应收标价法

5. 通常情况下，一国的利率水平较高，则会导致（　　）。

    A. 本币汇率上升　外币汇率上升　　B. 本币汇率上升　外币汇率下降

    C. 本币汇率下降　外币汇率上升　　D. 本币汇率下降　外币汇率下降

6. 在金本位制度下，决定汇率的基础是（　　）。

    A. 黄金平价　　B. 铸币平价　　　C. 外汇供求　　D. 黄金点

二、多项选择题

1. 在银行以不同方式卖出外汇时汇率水平通常是（　　）。

    A. 电汇汇率低于信汇汇率　　　　　B. 电汇汇率高于票汇汇率

    C. 电汇汇率高于信汇汇率　　　　　D. 信汇汇率高于票汇汇率

    E. 信汇汇率低于票汇汇率

2. 一项外币资产成为外汇应具备的条件是（　　）。

    A. 自由兑换性　　　　　B. 高价值性　　　C. 普遍接受性

    D. 可偿性　　　　　　　E. 稳定性

3. 本币贬值对一国资本流动的影响是（　　）。

    A. 若市场预期贬值幅度不够，则引起资本流出

    B. 若市场预期贬值幅度不够，则引起资本流入

    C. 若市场预期贬值幅度合理，则引起资本流入

    D. 若市场预期贬值幅度过大，则引起资本流出

    E. 若市场预期贬值幅度过大，则引起资本流入

4. 当一国因贸易收支导致国际收支逆差时，会造成（　　）。

    A. 失业增加　　　　　　　B. 失业减少

    C. 资金紧张　　　　　　　D. 资金宽松

5. 外汇的作用有（　　）。

    A. 国际购买手段　　　　　B. 国际支付手段

    C. 弥补国际收支逆差　　　D. 防范汇率风险

    E. 调剂国际资金余额

6. 汇率变动会影响一国的（　　）。

    A. 国际收支　　　　　　　B. 物价水平　　　C. 工资收入

    D. 旅游收入　　　　　　　E. 外汇储备

三、判断题

1. 在间接标价法下，当外国货币数量减少时，称外国货币汇率贬值或下浮。
（　　）

2. 甲币对乙币升值10%，则乙币对甲币贬值10%。 （　　）

3. 直接标价法下，银行买入汇率大于卖出汇率。间接标价法下，银行卖出汇率大于买入汇率。 （　　）

4. 一般来说，一国货币贬值，会使出口商品的外币价格上涨，导致进口商品的价格下跌。 （　　）

5. 在金本位制度下，实际汇率波动幅度的上限是黄金输入点，下限是黄金输出点。 （　　）

第三章　汇率制度与外汇管制

汇率制度和外汇管制是一国实行货币政策和实现内外经济均衡目标的重要手段。本章主要介绍汇率制度的概念、分类，固定汇率制度与浮动汇率制度优劣的争论，以及人民币汇率制度的演变，外汇管制的概念及其演变，外汇管制的主要内容；介绍我国现行外汇管理制度的历史演变过程。

通过本章的学习，要掌握汇率制度的概念和分类、外汇管制的概念与作用、货币自由兑换的含义，了解人民币汇率制度和我国外汇管理的演变。

第一节　汇率制度

汇率制度又称汇率安排，是指一国货币当局对本国汇率变动的基本方式所做出的一系列规定或安排。从历史的发展过程和汇率的变动的幅度看，汇率制度传统上分为两大类型：固定汇率制和浮动汇率制。

一、固定汇率制

固定汇率制是指各国货币之间的比价基本稳定，或各国货币之间的汇率波动幅度被限定在一定范围内的一种汇率制度。固定汇率制度包括金本位制度下的固定汇率制和布雷顿森林体系下的固定汇率制。

（一）金本位制度下的固定汇率制

金本位制度下，黄金是货币本位，各国货币都规定有法定含金量，货币之间的比价以含金量为基础。在这种制度下，黄金的价格是稳定的，所以，各国货币的汇率也基本稳定。汇率的上涨或下跌受到黄金输送点的限制，波动局限于很狭窄的范围内。可以说，金本位制度下的固定汇率制是比较典型的固定汇率制。

（二）布雷顿森林体系下的固定汇率制

金本位制度在 1929～1933 年的世界经济大危机中彻底崩溃，在此制度下的固定汇率制度也随之结束，继而各国先后开始了不兑现纸币流通的历史。在经济危机的困扰下，西方各国竞相贬值本币，实行外汇倾销，以促进出口，结果导致国际金融领域异常混乱的局面。这种状况一直持续到第二次世界大战。1944 年，在美国的布雷顿森林城召开联合国货币金融会议，会上确立了以美元为中心的固定汇率制度。这一汇率制度的最大特征，就是确立了"双挂钩"原则，即美元与黄金直接挂钩，各国货币与美元直接挂钩。在此原则下，各国货币与美元之间的固定比价根据各国货币的含金量与美元的含金量之比确定，称为黄金平价，或货币平价。按照国际货币基金组织的规定，各会员国货币的对外汇率发生波动的幅度不超过货币平价的 ±1% 的范围，超过这个界限，有关国家的中央银行要进行干涉，以保持外汇行市的稳定。例如，1946 年英镑的含金量为 1 英镑 = 3.58134 克纯金，美元的含金量为 1 美元 = 0.888671 克纯金，按含金量对比，英镑对美元的汇率为：

$$1 \text{ 英镑} = 3.58134/0.88671 = 4.03 \text{ 美元}$$

这是基础汇率或官方汇率。根据汇率波动幅度为 ±1% 的原则，英镑对美元的波动幅度为：上限是 1 英镑 = 4.0703（4.03 + 0.0403）美元，下限是 1 英镑 = 3.9897（4.03 - 0.0403）美元。当英镑对美元的汇率接近上限时，英格兰银行就要抛售英镑，买进美元；当英镑对美元汇率接近下限时，英格兰银行就要买进英镑，卖出美元。通过市场干预，使两种货币的汇率稳定在货币平价规定的波动幅度之内。1971 年 12 月后，汇率上下波动幅度从 ±1% 扩大到 ±2.25%。由此可见，纸币流通制度下的固定汇率制度，因为规定了波动的幅度，所以仍是比较稳定的汇率制度。

国际货币基金组织协定规定，货币平价一经确定，各国均不得随意变更。但不得随意变更并不是绝对不能调整，在一国国际收支出现根本性不平衡时，可以向国际货币基金组织提出调整平价的要求。基金组织规定，调整幅度在 ±10% 以内的，会员国可自行调整，随后由基金组织追认；调整幅度在 10%～20% 之间时，基金组织将在 72 小时以内作出是否同意的决定；调整幅度超过 20% 以上时，基金组织将作长时间考虑再作出决定。调整幅度超过 10% 以上并且未经基金组织批准，该会员国可能失去利用基金组织资金的资格，甚至可能被取消会员资格。因此，布雷顿森林体系下的固定汇率制度又称为可调整的钉住汇率制度。但在运行中，由于对根本性不平衡的标准掌握得相当严格，实际上可调整的钉住汇率制度成了一种比较僵硬的固定汇率制。

在固定汇率制下，汇率的稳定，不仅减少了汇率风险，而且有利于成本和利润的核算，从而对世界经济贸易的稳定和发展，起到了一定的积极作用。但是，在固定汇率制度下，一国易受到国际游资的冲击，或引起本国黄金外汇储备大量流失，或引起本国货币供给量的增多，从而导致国内通货膨胀。

进入 20 世纪 60 年代以后，美国在频繁的经济危机和货币危机冲击下，经济实力下降，经济增长缓慢，国际收支持续逆差，美元地位削弱。虽然采取了一系列补救措施，但固定汇率的维持却日益困难。20 世纪 70 年代起，美元先后两次贬值，最终导致战后维持 20 多年的固定汇率制于 1973 年宣告垮台。从此，国际汇率制度进入了一个新的浮动汇率制的历史阶段。

二、浮动汇率制

浮动汇率制是指政府对汇率不加以固定，也不规定波动的幅度，而是听任外汇市场的供求情况，自行决定本国货币对其他国家货币汇率的汇率制度。

（一）浮动汇率的类型

1. 按照浮动汇率是否由政府干预，可分为自由浮动和管理浮动

（1）自由浮动（free float），又称干净浮动（clean float），是指国家政府对汇率上下浮动不采取任何干预措施，完全听任外汇市场供求变化，自由涨落。这是纯理论上的划分，实际上，各国政府往往为了本国的经济利益，还是会干预外汇市场。

（2）管理浮动（managed float），又称肮脏浮动（dirty float），是指政府采取各种方式干预外汇市场，使汇率不致发生剧烈波动，而是向有利于本国经济的方向浮动。第一次世界大战后，英美等国曾实行过管理浮动，第二次世界大战后初期，法国、意大利、加拿大等国也曾实行过。现在西方各国普遍实行管理浮动。

2. 按照汇率浮动的方式不同，可分为单独浮动、钉住浮动和联合浮动

（1）单独浮动（single float），即一国货币价值不与其他国家货币发生固定联系，其汇率根据外汇市场的供求变化而自动调整。如英镑、美元、日元等。

（2）钉住浮动（pegged float），它指两种情况：①钉住某一种货币，由于历史、地理等方面原因，有些国家对外贸易、金融往来主要集中于某一工业发达国家，或主要使用某一国货币。为使这种贸易及金融关系得到稳定发展，免受相互之间货币汇率频繁变动的不利影响，这些国家通常使本国货币钉住该工业发达国家的货币，随其波动。如一些美洲国家货币钉住美元，一些英联邦国家的货币钉住英镑，一些前法国殖民地国家的货币钉住法国法郎。②钉住一篮子货币（包括特别提款权和欧元），即选择若干种同本国经济贸易关系密切的国家的货币和对外支付使用最多的货币在国际市场上的汇率作为参考，来规定本国货币的汇率。

（3）联合浮动（joint float），即某些国家出于发展经济关系的需要，组成某种形式的经济联合（如欧洲经济共同体），建立稳定的货币区，对参加国之间的货币汇率，定出有上下波动幅度的固定汇率，各有关国家共同维持彼此之间汇率的稳定，而经济联合以外的国家的货币则采取联合浮动的方法。

总之，浮动汇率制度实行以来，纸币的含金量已不再是制定汇率的依据，汇率制度趋向复杂化。

（二）关于固定汇率与浮动汇率制孰优孰劣的争论

固定汇率和浮动汇率的选择问题一直是个争论不休的问题。主张实行浮动汇率制的经济学家认为，浮动汇率制具有如下优点：

（1）自由浮动汇率可以自动地对国际收支不平衡进行及时、迅速的调整，避免长期失衡。

（2）由于自由浮动汇率可以确保国际收支平衡，使得政府当局可以将所有的政策工具都用于实现内部平衡，同时也提高了经济政策的独立性。

（3）自由浮动汇率有利于均衡汇率的建立，从而实现资源的有效配置。

（4）浮动汇率可以减少对短期资金流动的刺激，防止国际游资的冲击。

（5）浮动汇率能使经济周期和通货膨胀的国际传递减少到最小限度。

也有一些经济学家反对浮动汇率制，而主张实行固定汇率制，理由是固定汇率有如下优点：

（1）固定汇率制带来了相对稳定的汇率。各国货币币值基本保持稳定，保证了各国国际清偿能力的稳定，有利于国际债权债务关系的清偿。

（2）由于汇率的相对稳定，易于确定国际商品价格，有利于进出口贸易的成本利润核算，减少了汇率风险，对世界经济贸易发展起到了一定促进作用。

（3）由于汇率的相对稳定，在一定程度上抑制了外汇投机活动，有利于稳定国际金融市场。

固定汇率制和浮动汇率制孰优孰劣是个很难回答的问题。没有一种汇率制是完美无缺的。发展中国家必须根据自身的特点来选择汇率制度。

三、国际货币基金组织关于汇率制度的分类

IMF 每年都要编制《汇率安排和外汇管制年报》，该报告的一项重要内容就是汇总各成员国所宣称的汇率制度。但纯粹依赖各成员国所宣称的汇率制度的分类，具有事实做法和官方宣称经常不符的局限性，于是，IMF 设定了一套汇率制度的分类方法，并对各国宣称的汇率制度进行修正。根据 2009 年新修订的分类方法，现行的汇率制度有三大类九种形式：

第一类：硬钉住类（hard pegs）

（1）无独立法定货币的汇兑安排（exchange arrangement with no separate legal tender）。这种制度是以它国货币作为其法定货币，采取这种制度安排就意味着该国货币当局放弃了使用国内货币政策的权力。完全美元化就属于这种汇率安排，属于这种类型的国家有巴拿马、厄瓜多尔、萨尔瓦多等。

（2）货币局安排（currency board arrangement）。实施这一制度就是用明确的法律形式以固定比率来承诺本币和一特定外币之间的兑换。货币发行量必须依据外汇资金多少来定，并有外汇资产作为其全额保证。货币发行当局没有传统中央银行的一些职能，诸如货币流量控制和最后贷款人。中国香港是实行这种制度的典型代表。

第二类：软钉住类（soft pegs）

（3）传统钉住汇率安排（conventional pegged arrangement）。采取这一制度的国家正式或实际上将本币与另一种货币或一篮子货币保持固定兑换比率。一篮子货币是由主要的经贸伙伴或金融伙伴的货币构成，其汇率权重反映双边贸易、服务的交易额及资金流量等。这一制度没有保持汇率不变的承诺。汇率可围绕中心汇率在小于±1%的狭窄空间内波动，或者即期市场汇率的最高值和最低值至少在六个月内波动幅度小于2%。货币当局通过在外汇市场上买卖外汇的直接干预或通过利率政策、外汇管理法规调整、道义劝告等间接手段去维持固定汇率。采取这种安排的国家有很多，有的国家钉住美元，有的国家钉住欧元，还有的国家钉住一篮子货币。

（4）稳定汇率安排（stabilized arrangement）。这一制度不是浮动的制度，它要求即期市场汇率在六个月或更长时间内其变动幅度不超过2%。这个稳定的幅度可以是相对于单一货币的也可以是相对于一篮子货币的，锚货币或货币篮子的确定需要依据统计技术。这种类型的安排要求达到统计标准，汇率在采取了官方行动之后保持稳定。这种制度并不意味着国家某一当局的政策承诺。实行这种安

排的国家有柬埔寨、越南和伊拉克等。

（5）爬行钉住汇率（crawling peg）安排。这种安排下汇率在一个固定水平的小幅度内调整或者反映几个数量指标的变化，比如相对于主要贸易伙伴的通货膨胀差异或者主要贸易伙伴的通货膨胀目标值与预期值的差异。爬行的比率可以被设定为在汇率上反映通货膨胀调整的变动，或者设定为一个预先确定的固定比率并且（或者）低于预测的通货膨胀差异。这一安排的规则和参数是公开的或者是已经报告给 IMF。尼加拉瓜和博茨瓦纳两个国家实行这种安排。

（6）类似爬行钉住的汇率安排（crawl-like arrangement）。这种安排下汇率在六个月内或更长的时间内的变动幅度相对于统计上可识别的趋势必须保持在2%以内。这种安排也不能被认为是浮动的。通常情况下这种安排下的最小变动幅度要高于稳定的汇率安排所允许的变动幅度。然而，如果汇率每年以相当单一或持续的方式升值或贬值至少1%，那么这种汇率安排则认为是类似爬行钉住的汇率安排。中国大陆、新加坡都是实行这种汇率安排。

（7）有波幅的爬行钉住汇率（pegged exchange rates within horizontal band）安排。汇率围绕中心汇率有一个至少 ±1% 的波动区间或者说最高和最低汇率之间的波动幅度超过 2%，同时中心汇率根据所选择的经济指标做周期性调整。波动区间基于中心汇率可以是上下对称或不对称，如果是不对称，也可能没有预先声明的中心汇率。欧元区建立之前的欧洲货币体系的汇率机制就是这种汇率安排。

第三类：浮动制度类（floating regimes）

（8）浮动汇率（floating）安排。这种安排下汇率主要由外汇市场决定，本币汇率的变化不存在确定的路线。货币当局可以对外汇市场进行直接或间接的干预，但这种干预旨在缓和汇率的波动，防止不适当的波动，而不是设定汇率的水平。采取干预行动的管理指标很广泛，可以是国际收支状况、外汇储备、平行市场的发展等。巴西、印度、泰国等国家实行这种安排。

（9）完全浮动汇率（free floating）安排。指一国货币汇率完全由市场决定，货币当局仅在外汇市场发生混乱的非常情况下进行干预。如果货币当局在六个月内对外汇市场的干预不超过三次，每次干预的时间不超过三个工作日，而且还将干预的信息和资料告知国际货币基金组织。主要发达国家如英国、美国、日本和欧盟都属于这种类型。

四、香港联系汇率制

（一）香港联系汇率制产生背景

香港自1935年放弃银本位制以来，先后实行过英镑汇兑本位制和纸币管理本位制，与之相应，在汇率制度方面，也分别采取过与英镑挂钩的固定汇率制、与美元挂钩的管理浮动汇率和港币完全自由浮动的浮动汇率制。从1978年开始，香港经济环境不断恶化，贸易赤字增加，通货膨胀严重，加之实行以港币存款支持港币发行的、保障不足的港币自由发钞制度，为港币信用危机埋下祸根。1982年，在香港房地产业出现大幅度滑坡、香港公众和外国投资者对香港未来前途产生怀疑、港英当局取消外币存款利息税而保留港币存款利息税因素的促动下，终于爆发港元危机。1982年7月1日至1983年6月30日的一年间，港币兑美元的汇率由1美元兑5.913港元跌至1美元兑7.2港元，港币贬值18%。这一港币危机在1983年9月达到高峰，9月1日的港币汇率为1美元兑7.580港元，至9月26日已急泻到1美元兑9.600港元，引起居民的挤兑和抢购风潮。在此背景下，为挽救港币危机，恢复港币信用，港英当局决定改变浮动汇率制，转而实行联系汇率制。

（二）香港联系汇率制的主要内容

1983年10月15日，香港政府在取消利息税的同时，对港币发行和汇率制度作出新的安排：要求发钞银行在增发港元纸币时，必须按1美元兑7.81港元的固定汇率水平向外汇基金缴纳等值美元，以换取港元的债务证明书，作为发钞的法定准备金。以上新安排宣告港币联系汇率制的诞生，并使港元的发行重新获得百分之百的外汇准备金支持，对稳定香港经济起到了积极作用。

（三）香港联系汇率制的运作机制

在联系汇率制下，香港存在着两个平行的外汇市场，即由外汇基金与发钞银行因发钞关系而形成的公开外汇市场和发钞银行与其他持牌银行因货币兑换而形成的同业现钞外汇市场，相应地，存在着官方固定汇率和市场汇率两种平行的汇率。而联系汇率制度的运作，正是利用银行在上述平行市场上的竞争和套利活动进行的，也即政府通过对发钞银行的汇率控制，维持整个港元体系对美元的联系汇率；通过银行之间的套利活动，市场汇率围绕联系汇率波动并向后者趋近。具体而言，当市场汇率低于联系汇率时，银行会以联系汇价将多余的港币现钞交还发钞银行，然后用换得的美元以市场汇价在市场上抛出，赚取差价；发钞银行也会将债务证明书交还外汇基金，以联系汇价换回美元并在市场上抛售获利。上述银行套汇活动的结果是港币的市场汇率逐渐被抬高。另外，上述银行套汇活动还引起港币供应量的收缩，并通过由此而导致的港币短期利率上升及套息活动，使港币的需求量增加，从而使市场对港币的供求关系得到调整，促使港币的市场汇率上浮。同样，当市场汇率高于联系汇率时，银行的套利活动将按相反方向进行，从而使市场汇率趋于下浮。无论是哪种情况，结果都是市场汇率向联系汇率趋近。

（四）香港联系汇率制的利弊

香港联系汇率制（下文简称香港联汇制）的实行收到了稳定港元与美元汇价的效果。自 1983 年以来，虽然港币受到国际上许多政治、经济和金融动荡事件的冲击，港币汇价均能保持稳定，港币的市场价格基本上围绕 1 美元兑 7.8 港元上下浮动，波动幅度一般没有超过 2%。港币汇价的稳定增强了市场信心，有利于香港金融的稳定，有利于香港国际金融中心地位的巩固，因为国际资本进出香港可排除成本、收益核算的汇率风险。香港金融的稳定促进了香港经济持续平衡增长，通货膨胀率下降，进出口贸易高速增长，航运业及旅游业等都得到发展。同时，1997 年亚洲金融危机中，香港联汇制也显示出其具有很强的抗外部冲击能力和防范金融风险的能力。

然而，香港联汇制也存在着自身的缺陷。主要表现在：①它使汇率不能成为独立调节宏观经济的工具，基本丧失了独立执行货币政策的能力，使汇率调节国际收支的功能无法发挥。②它使香港的利率水平过分依赖和受制于美国。如果美国与香港经济的情况极为接近，香港所受影响尚不严重，若美国与香港经济发展不同步，香港的利率政策就会被迫偏离其自身经济状况，从而给香港经济造成不利影响。③在联系汇率制度下，由于美元对其他货币的波动会自动反映于港币对其他货币的同步波动，从而使美元币值的变化从多方面影响香港经济。比如，在美元贬值的情况下，会促成香港通货膨胀和实际负利率并存的局面。

由上可知，香港联汇制是利弊并存，这也是引起香港联汇制存废之争的原因。实际上，任何汇率制度的实施都是利弊兼而有之。香港联汇制虽受美国货币政策和经济状况的影响，但对于小型开放经济的香港来说，这种汇制无疑是可取的。它既能长期保持港币对内对外币值的相对稳定，促进香港整体经济发展，又能与整个国际化的金融体系相适应，具有一定的优越性。

金融学科核心课程系列教材

五、人民币汇率制度

1948 年 12 月 1 日，中国人民银行成立并发行人民币。1949 年 1 月 18 日，人民币对西方国家货币的汇率首先在天津挂牌。人民币对外汇率从产生到现在，经历的发展演变过程大体可分为三个时期。

1. **人民币汇价确认时期（1949 年 1 月 18 日至 1953 年初）**

在这一时期，人民币汇率以美元为基础。由于人民币一开始就没有规定其含金量，因此其对外汇率不是以含金量作为比价的基础，而是根据"物价对比法"来计算。当时人民币对美元的汇率是根据人民币对美元的出口商品比价、进口商品比价和华侨日用品生活费比价三者的加权平均数来确定，并按照国际市场相对价格水平的变化加以调整。在这一时期，制定人民币汇率的总方针是"奖励出口，兼顾进口，照顾侨汇"。具体又分为两个阶段。

第一阶段是从 1949 年至 1950 年 3 月全国财经工作统一以前。这一阶段国内物价不断上升，而国外物价相对稳定，所以，人民币汇率不断下跌，共调整过52 次，由 1949 年 1 美元折合 80 元旧人民币，调整到 1950 年 3 月 13 日的 1 美元折合 42 000 元旧人民币。

第二阶段是从 1950 年至 1953 年初。这一阶段由于国内财政金融形势好转，人民币币值上升，外汇汇率下跌。以美元为例，由 1950 年 3 月 13 日 1 美元兑换42 000 元旧人民币降为 1951 年 5 月 23 日的 22 380 元旧人民币，下降了 46.8%，这是因为国内物价对比情况发生了显著变化。

这一时期人民币汇率的决定与调整，对稳定国内经济秩序、调整进出口贸易、保证侨眷的生活以及恢复工农业生产都起到了积极作用。

2. **固定汇率制或基本稳定比较刚性时期（1953 年年初至 1973 年）**

从 1953 年起，我国进入社会主义建设时期，国民经济开始实行高度集中的计划管理，国内物价基本稳定，包括出口物资在内的主要产品的生产、销售、价格制定等都纳入了国家计划，国家开始对外贸实行统制政策。进出口业务由国营进出口公司按照计划要求经营，外贸盈亏全部由国家财政负担与平衡，人民币汇率不再充当调节对外经济的工具，汇价主要用于内部换算和编制计划。同时，在布雷顿森林体系下，西方各国货币之间的汇率变化不大，国际金融秩序基本稳定。在这样的国内外环境下，人民币汇率的政策目标直接表现为维持汇率的稳定，除对个别国家货币的升值和贬值进行相应调整外，人民币汇率一般保持不变。1955 年 3 月，中国人民银行实行货币改革，废除旧币，发行新币，新币以

1:10 000 的比例兑换旧币，人民币汇率也由 1 美元兑换人民币 24 618 元变为 1 美元兑换人民币 2.4618 元。这一汇率一直维持到 1971 年 12 月才作出调整。

3. 浮动汇率制时期（1973 年至今）

这一时期又可分为以下四个阶段。

（1）钉住一篮子货币的汇率安排（1973 年至 1985 年）。

从 1973 年起，世界各国普遍采用浮动汇率制，人民币对西方主要货币保持相对稳定的状况难以为继。在这种情况下，人民币汇率由原来以美元为基础改为钉住一篮子货币来定值。采用一篮子货币定值的好处是能够保持人民币汇率的稳定，缺点是缺乏本币主动性，比较刻板而不灵活，汇价水平的合理性不予保证。主要是这种钉住制的人民币汇价的确定脱离了直接的物价基础和货币购买力原则，反映的只是人民币与一篮子货币的相应变动情况，而不是人民币本身价值量的变动情况。因此，1979 年人民币从一篮子货币算出的汇价为 USD1 = CNY1.50。1973 年后，西方国家货币频繁变动，我国国内物价不仅没有下降反而上升。因此，这一阶段被称为人民币的高估的时期。这对我国的外贸出口极为不利。

20 世纪 70 年代末开始的外贸体制改革，客观上要求汇率改革。为了奖出限入，1979 年 8 月国务院决定改革我国外汇制度，除继续保留人民币的公开牌价之外，另外订出 USD1 = CNY2.80，作为进出口贸易的内部结算价，1981 年 1 月起施行。两汇价的施行，在开始两年对出口起到了一定的刺激作用，对进口也有一些限制。但人民币高估状态仍未改变，不久便带来了消极影响，对国内物价、换汇成本、侨汇收入和外汇管理等方面都带来不少困难。同时，国际上对于这种实际上的双重汇率制也持反对态度。因此，在 1984 年年底把人民币汇率的官方牌价调整为 USD1 = CNY2.80，与内部结算价合二为一，1985 年 1 月 1 日正式施行。

（2）以美元为基准的有限弹性汇率安排（1985 年年初至 1993 年年底）。

1985 年以后，根据全国出口换汇成本的变化，人民币汇率出现几次大幅度下调。1985 年 1~9 月从 USD1 = CNY2.80 逐步调低到 USD1 = CNY3.20；1986 年 7 月 6 日，调低到 USD1 = CNY3.7036；1989 年 12 月 16 日，调为 USD1 = CNY4.7221；1990 年 11 月 17 日，再次调为 USD1 = CNY5.2221；1992 年 8 月，人民币汇率徘徊在 USD1 = CNY5.73 的水平上。这几年人民币汇率下调的原因，一是以前人民币汇率高估，需要纠正；二是国内通货膨胀率上升，人民币对内价值下降，客观上存在下调的必然性。

1988 年 4 月，上海外汇调剂中心正式成立，随后其他主要城市也陆续成立了外汇调剂市场和调剂中心，于是形成了人民币官方汇率与调剂汇率并存的汇率制度。人民币汇率的双轨制度发挥了一定的市场调节功能，但在国内外汇短缺的情况下，调剂汇率必然高于官方汇率。1992 年 8 月，外汇调剂价达到 USD1 = CNY7.0823，1993 年上半年达到 USD1 = CNY10 左右水平，官方汇率与外汇调剂市场汇率差幅达 40% 以上。双轨制的存在导致了哄炒外汇的投机行为，扰乱了外汇外贸的正常经营秩序，造成了不少弊端。同时，双轨制也是阻碍我国"复关"的重要因素。因此，人民币汇率并轨成为必然的趋势。

（3）以市场为基础的单一管理的浮动汇率制（1994 年至 2005 年 7 月 20 日）。

1993 年 12 月 29 日，中国人民银行发布了《关于进一步改革外汇管理体制的公告》，决定自 1994 年 1 月 1 日起实行人民币汇率并轨，4 月 1 日起外汇管理体制改革进入正式运作。这次外汇管理体制改革的主要内容是：全面实行结售汇制，取消外汇留成制度，取消出口企业创汇的有偿和无偿上缴，取消外汇收支指令性计划，停止发行外汇券，禁止外币在境内流通，建立银行间的外汇交易市场等。这些改革措施标志着我国已初步建立了以市场供求为基础单一的、有管理的人民币浮动汇率制。人民币实现了在经常账户下有条件的自由兑换。人民币汇率由中国人民银行根据上一日银行间外汇人民币与美元交易的加权平均价，并参照国际外汇市场主要货币的变化，套算出主要货币的中间价，以此作为交易的基准汇价。银行与客户之间的外汇买卖以基准价为基础的 0.5% 的幅度内浮动，银行间的交易以基准价为基础在 0.6% 的幅度内浮动。若超过这一幅度，中央银行便进行直接干预，以保持人民币汇率的稳定。

1994 年人民币实行汇率并轨以来，人民币汇率基本稳定，促进了我国对外贸易的发展，提高了出口企业创汇与结汇的积极性，推动了对外投资和融资，加快了人民币成为完全自由兑换的步伐。1996 年 12 月 27 日，我国政府致函国际货币基金组织，宣布从 1996 年 12 月 1 日起接受国际货币基金组织协定第八条款的义务，实行人民币经常账户下的可自由兑换，不再适用国际货币基金组织协定第十四条第二款的过渡性安排。这样，就提前实现了我国政府在 1993 年 10 月 22 日向国际货币基金组织所作的在 2000 年前达到基金协定第八款的要求并成为第八条款成员国的承诺。实现人民币在经常账户下可自由兑换，是我国外汇管理体制改革的一个重大突破，对我国经济的国际化发展有重大意义。

（4）参考一篮子货币进行调节、有管理的浮动汇率制度（2005 年 7 月 21 日至今）。

中国人民银行于 2005 年 7 月 21 日出台了新的人民币汇率制度，即实行以市场供求为基础、参考一篮子货币进行调节、有管理的浮动汇率制度，以钉住美元为主的相对固定的汇率安排。这一新汇率制度的出台在一定程度上完善了我国人民币汇率的形成机制，为保障和维护我国人民币汇率的正常浮动以及我国金融市场的稳定起到了一定的作用。

另外，中国人民银行还宣布，在根据市场发育状况和经济金融形势，适时调整汇率浮动区间的同时，根据国内外经济金融形势，以市场供求为基础，参考一篮子货币汇率变动，对人民币汇率进行管理和调节。

改革后，人民币汇率制度的特点是：

第一，以市场供求为基础的汇率。新的人民币汇率制度，以市场汇率作为人民币对其他国家货币的唯一价值标准，这使外汇市场上的外汇供求状况成为决定人民币汇率的主要依据。根据这一基础确定的汇率与当前的进出口贸易、通货膨胀水平、国内货币政策、资本的输出输入等经济状况密切相连，经济的变化情况会通过外汇供求的变化作用到外汇汇率上。

第二，有管理的汇率。我国的外汇市场是需要继续健全和完善的市场，政府必须用宏观调控措施来对市场的缺陷加以弥补，因而对人民币汇率进行必要的管理是必需的。主要体现在国家对外汇市场进行监管、国家对人民币汇率实施宏观调控、中国人民银行进行必要的市场干预。

第三，浮动的汇率。浮动的汇率制度就是一种具有适度弹性的汇率制度。现阶段，每日银行间外汇市场美元对人民币的交易价在央行公布的美元交易中间价上下2%的幅度内浮动，非美元货币对人民币的交易价在央行公布的该货币交易中间价上下3%的幅度内浮动。

第四，参考一篮子货币进行调节。一篮子货币，是指按照我国对外经济发展的实际情况，选择若干种主要货币，赋予相应的权重，组成一个货币篮子。同时，根据国内外经济金融形势，以市场供求为基础，参考一篮子货币计算人民币多边汇率指数的变化，对人民币汇率进行管理和调节，维护人民币汇率在合理均衡水平上的基本稳定。篮子内的货币构成，将综合考虑在我国对外贸易、外债、外商直接投资等外经贸活动占较大比重的主要国家、地区及其货币。参考一篮子表明外币之间的汇率变化会影响人民币汇率，但参考一篮子货币不等于钉住一篮子货币，它还需要将市场供求关系作为另一重要依据，据此形成有管理的浮动汇率。这将有利于增加汇率弹性，抑制单边投机，维护多边汇率。

2015年8月11日，中国人民银行完善人民币兑美元汇率中间价报价机制，以增强人民币兑美元汇率中间价的市场化程度和基准性，做市商在每日银行间外汇市场开盘前，参考上日银行间外汇市场收盘汇率，综合考虑外汇供求情况以及国际主要货币汇率变化向中国外汇交易中心提供中间价报价。优化做市商报价，有利于提高中间价形成的市场化程度，扩大市场汇率的实际运行空间，更好地发挥汇率对外汇供求的调节作用。

第二节 外汇管制

一、外汇管制的概念与目的

外汇管制（exchange control or exchange restriction），又称外汇管理（exchange management），是指一国政府通过法律、法令以及行政措施对外汇的收支、买卖、借贷、转移以及国际结算、外汇汇率、外汇市场和外汇资金来源与应用所进行的干预和控制。外汇管制的目的是为了平衡国际收支、维持汇率以及集中外汇资金，根据政策需要加以分配。简单地说，外汇管制就是一国政府对外汇的收支、结算买卖与使用等各个环节所采取的一系列限制性措施。外汇管制的主体是由政府机构授权的货币金融当局或其他政府机构，在我国是国家外汇管理局。外汇管制体现的都是政府的意图，并且具有浓厚的时代背景和历史成因，其整体趋势是趋于放松的，我国也不例外。

外汇管制的主要目的是维持本国国际收支的平衡，保持汇率的稳定，促进本国的竞争力和经济的发展。具体有：①限制外国商品的输入，促进本国商品的输出，以扩大国内生产，促进国际收支平衡或改善国际收支状况；②防止资本外逃或大规模的投机性资本流动，以稳定外汇汇率和维护本国金融市场的稳定；③稳定国内物价水平，避免国际市场价格巨大变动的影响；④增加本国的黄金和外汇储备；⑤有效利用外汇资金，推动本国重点产业优先发展。

二、外汇管制的演变

外汇管制是西方国家国际收支危机与货币信用危机不断深化的产物。第一次世界大战以前，西方各国普遍实行金本位制度。国际的经济关系和货币关系比较稳定，外汇管制无从产生。第一次世界大战期间，为了集中外汇资财进行战争，防止资本外流和汇率剧烈波动，几乎所有的参战国在战时都不准自由买卖外汇，禁止黄金输出，实行了外汇管制。大战结束后，西方各国随着经济恢复和发展，又逐渐恢复了金本位制度，并取消了外汇管制，以促进对外贸易的正常进行。

1929～1933 年，西方各国普遍爆发了严重的经济危机，金本位制度崩溃，国际的经济关系和货币关系极不稳定，许多西方国家产生了国际收支危机，自由贸易政策难以推行，很多在战后取消外汇管制的国家又重新实行外汇管制。1930年土耳其首先实行外汇管制。1932年，德国、意大利、奥地利、丹麦、阿根廷等20多个国家也相继实行了外汇管制。

第二次世界大战爆发后，参战国立即实行全面严格的外汇管制。1940年，在100个国家和地区中，实行外汇管制的占90%以上，外汇管制范围也比以前更为广泛。只有瑞士、美国等11个国家由于远离战争中心地带或受中立条约的保护，国际收支存在巨额顺差，而没有正式实行外汇管制。

战后初期，西欧各国基于普遍存在的"美元荒"等原因，继续实行外汇管制。20世纪50年代后期，西欧各国经济有所恢复，国际收支状况有所改善。从1958年开始，各国不同程度地恢复了货币自由兑换，并对国际贸易收支解除外汇管制，但对其他项目的外汇管制仍维持不变。1961年，大部分国际货币基金组织的会员国表示承担《国际货币基金组织协定》第八条所规定的义务，即避免经常项目下的外汇限制而实行货币的自由兑换。但时至今日绝大多数国家仍在不同程度上实行外汇管制，即使名义上完全取消了外汇管制的国家，仍时常对居民的非贸易收支或非居民的资本项目收支实行间接的限制。

三、外汇管制的弊端

实施外汇管制的有利方面在于，政府能通过一定的管制措施来实现本国国际收支平衡、汇率稳定、奖出限入和稳定国内物价等政策目标。但是其弊端也是十分明显的，具体表现为：

1. 不利于外汇收支平衡和汇率稳定

许多发展中国家通过确定高于市场均衡汇率的法定汇率（即高估本国币值）方式来进行外汇管制。法定汇率的确定虽然可以使汇率在一定时期和一定范围内保持稳定，但却偏离了汇率的合理区间，势必会削弱本国商品的对外竞争力，影响本国的外汇收入。最后，发展中国家不得不对外公开贬值来改善外汇收支失衡的状况，从而不利于本国汇率的稳定。

2. 影响国际贸易的发展和对外开放的进程

从世界范围来看，外汇管制阻碍了自由多边结算体系的形成，阻碍了国际贸易和国际资本流动的正常进行。对发展中国家来说，高估本币汇率和限制外汇自由交易会打击出口企业的创汇积极性，而外汇短缺也会影响本国进口贸易的发展。限制资本外流和限制投资收益汇回的做法也会打击外商对该国投资的积极性，从而延缓发展中国家对外开放的进程。

3. 限制市场机制作用的发挥，不利于资源的合理配置

外汇管制会使国内商品市场和资本市场与国际脱离，国内价格体系与国际脱节，国内市场信号失真，从而扭曲国际贸易商品的相对优势，使一国不能充分利用国际贸易比较利益原则来参与国际分工与发展本国经济，从而降低资源配置的效率。外汇管制还阻塞资本从低收益地区向高收益地区或产业流动的渠道，从而使资本供求在世界范围内的调节缺乏效率，也不利于各国经济的发展。

4. 导致寻租和腐败行为

一些发展中国家为了达到奖出限入的目的，常常采取本币贬值的方式。当外汇牌价被显著压低之时，就很难避免外汇黑市的出现。当外汇黑市规模较大时，政府甚至不得不开放外汇调剂市场，使该国出现合法的双轨制汇率。为了以较低的官价购买外汇，某些个人和企业可能向掌握外汇配给权的官员行贿，从而导致寻租行为和腐败行为盛行。

5. 容易引起国际的摩擦和纠纷

外汇管制常常被某些国家不正当地用作提高国际竞争力，争夺国际市场，扩大势力范围的一种重要工具，其结果是导致国际各种摩擦的发生，破坏国际正常的经贸关系。因此，一般来说，外汇管制被认为是一种人为妨碍公平竞争的手段。那些实行严格外汇管制的国家常常会遭到其他国家的报复，产生国家间的经贸摩擦和纠纷。

【阅读资料 3.1】

向外汇管制国家出口需谨慎

（一）案情简介

中国出口企业 X 公司于 2006 年向委内瑞拉某大型电信运营商 C 公司出口 10 000 台手机，价值 200 余万美元。由于委内瑞拉外汇管理制度较为严格，为了获得支付货款所需的外汇，C 公司随即向委内瑞拉外汇管理委员会提出美元购汇申请，并取得相应的用汇许可。

2006 年年底，C 公司根据已取得的购汇许可，申请以美元支付到期货款时，恰逢委内瑞拉政府对 C 公司实行国有化，外汇管理委员会以 C 企业需要审计为由，拒绝了 C 公司的用汇请求。由于投保了出口信用保险，X 公司遂委托中国出口信用保险公司代为追讨欠款。

（二）委内瑞拉外汇管理制度简介

上述出口纠纷案涉及委内瑞拉复杂的外汇管理制度，因此有必要对其外汇管理制度加以介绍，以便广大出口企业在向实行外汇管制的国家出口时，能够有所

借鉴，谨慎交易。

委内瑞拉进口企业首先要在外汇管理委员会官方网站上注册，进行外汇管理体系用户登记，下载并填写提交有关的申请表。外汇管理委员会审核通过后将会在其网站上公布通过审批的用汇许可号，并将所需外汇金额在其账户中单独划出，以备贸易用汇需要。在拿到用汇许可以后，委内瑞拉进口商才能够开立信用证以及接受海外出运。委内瑞拉进口企业在清关以后，还需要将拿到的有关单据，交给外汇管理委员会进行进一步的核查。审查通过后，外汇管理委员会公示进口企业的用汇许可号，并将账户上的美元实际划给进口企业。最后进口企业再向委内瑞拉中央银行索购外汇，用于实际支付。

委内瑞拉政府相关规定显示，用汇许可在被批准之日起 120 个自然日内有效，而且外汇将优先用于食品、日用品等生活必需品的支付，其他商品的进口用汇将不享有优先权，审批手续也更为严格。根据经验，从开始申请到拨付外汇大约需要 4 个月的时间。

此外，委内瑞拉实行复汇率制，美元与强势玻利瓦尔（委内瑞拉自 2008 年起开始流通的新货币）的官方比价为 1 : 2.15，市场比价约为 1 : 5.6。

四、外汇管制机构

凡实行外汇管制的国家，一般由政府授权财政部、中央银行或另外成立专门机构作为执行外汇管制的机构。1939 年英国实施外汇管制时，英国政府指定财政部作为决定外汇政策的权力机构，英格兰银行则代表财政部执行外汇管制的具体措施。日本的外汇管制工作由大藏省负责，意大利则设立了外汇管制的专门机构——外汇管制局来负责外汇管制。除官方机构外，有些国家还由其中央银行指定一些大商业银行作为经营外汇业务的指定银行，并按外汇管制法令集中办理一切外汇业务。

五、外汇管制方式

从各国外汇管制的内容和运作过程来看，外汇管制的方式分为两大类：

1. 按照外汇管制的不同作用，外汇管制主要有直接管制与间接管制两种方式

（1）直接管制是指外汇管制的主管部门对外汇交易直接地、强制地加以控制的一种形式。具体而言，就是对外汇买卖和汇率实行直接干预与控制，带有刚性和强制性特征，产生最直接的效果。

金融学科核心课程系列教材

（2）间接管制是指通过其他一些途径，如采用外汇缓冲政策，间接控制外汇的收支与稳定汇率，进而影响外汇供求或交易数量。

2. 按照外汇管制的不同约束形式，外汇管制有数量管制、价格管制和综合管制三种方式

（1）数量管制是指政府对外汇买卖和进出国境的数量实行控制。通过进口限制、许可证制和管制贸易与非贸易外汇以及限定外汇市场交易数额，甚至对资本输出输入和银行账户存款调拨进行审批管理等，实现对进出口数量和非贸易外汇的统筹调节与管制。

（2）价格管制也称成本管制，是对国际贸易的汇价或进出口商品价格进行管制。

（3）综合管制是指同时采用上述几种措施，控制外汇交易的一种方法。

六、外汇管制的主要内容

凡实行外汇管制的国家或地区，一般对贸易外汇收支、非贸易外汇收支、资本输出输入、汇率、黄金和现钞的输出输入以及货币兑换等采取一定的管制。

（一）贸易外汇管制

贸易收支，通常在一国国际收支中所占比例最大，因此，实行外汇管制的国家大多对这一项目实行严格管制。贸易外汇管制是以出口外汇收入和进口外汇支出为对象的管制，通常采用进口配额制、许可证制及税收制度和结汇制等措施。

出口外汇管制，一般都规定出口商须将其所得外汇结售给指定银行。即出口商须向外汇管制当局申报出口价款、结算所使用的货币、支付方式和期限等。在收到出口货款后，又需向外汇管制机构申报，并按官方汇率将全部或部分外汇结售外汇指定银行。

目前，许多国家通过税收、信贷和汇率等措施刺激出口，而对于一些国内急需的、供应不足的或对国计民生有重大影响的商品、技术及战略物资则要限制出口，限制出口的办法通常有出口许可证和数量控制。

在进口方面，一般由有关当局签发进口许可证，即进口商只有获得进口许可证才能购买进口所需外汇。一般来讲，为保护本国经济，有关当局都限制与国内生产形成竞争的商品进口，并且禁止某些奢侈品和非必需品的进口。此外，还有其他限制进口的办法，如实行限量进口、征收进口税和进口附加税、规定进口的支付条件、对进口规定预存保证金及实行国家对某些进口产品的专营等。

（二）非贸易外汇管制

非贸易外汇管制主要是对与贸易相关的从属费用，如运费、保险费等，以及其他各类非贸易外汇收支，如投资收益、赡家汇款、酬金等进行管制，从而控制非贸易用途外汇流动。实行非贸易外汇管制的目的，在于集中非贸易外汇收入，限制相应的外汇支出。各个国家根据其国际收支状况，一般在不同时期实行宽严程度不同的非贸易外汇管制。

非贸易外汇收支范围较广，它涉及劳务收支、转移收支，如运输费、保险费、佣金、利息、股息、专利费、许可证费、版税、稿费、特许权使用费、技术劳务费、奖学金、留学生费用、旅游费用等。而其中的运输费、保险费和佣金等属于进出口贸易的从属费用，基本按贸易外汇管制办法处理，一般无须再通过核准手续就可由指定银行供汇或收汇。对其他各类非贸易外汇收支，都要向指定银行报告或得到其核准。

（三）资本输出输入管制

近年来，资本输出输入管制日益成为外汇管制的重要环节。为了稳定本国经济，各国依据国内资金需求状况采取不同的鼓励或者限制措施，总体目标是稳定境内外资金流动。

发展中国家由于外汇资金短缺，一般都实施各种优惠措施，积极引进对发展本国经济有利的外国资金，例如，对外商投资企业给予减免优惠并允许其利润汇出等。为了保证资本输入的效果，有些发展中国家还采取以下措施：①规定资本输入的额度、期限和投资部门；②从国外借款的一定比例要在一定期限内存放在管汇银行；③银行从国外借款不能超过其资本与准备金的一定比例；④规定接受外国投资的最低额度等。过去发展中国家都严格管制资本输出，一般不允许个人和企业自由输出（或汇出）外汇资金。但是近年来，随着区域经济一体化和贸易集团化趋势的出现，不少发展中国家积极向海外投资，以期通过直接投资来打破地区封锁，带动本国出口贸易的增长，例如拉美国家、东盟各国、韩国和我国近年来的海外投资都十分活跃。

相对而言，发达国家对资本输出输入采取的限制性措施较少，即使采取一些措施，也是为了缓和其汇率和官方储备所承受的压力。例如，20 世纪 70 年代，日本、德国、瑞士等由于国际收支顺差，其本国货币经常趋于升值或上浮，成为国际投机资本的主要冲击对象，同时这些国家国际储备的增长，又会加剧其本国的通货膨胀，因此它们便采取了一些限制外国资本输入的措施，以避免本国货币过分升值。这些措施包括：①规定银行吸收非居民存款缴纳较高的存款准备金；②规定银行对非居民存款不付利息或倒收利息；③限制非居民购买本国的有价证券，等等。与此同时，发达国家还积极鼓励资本输出，例如，日本从 1972 年起对于居民购买外国有价证券和投资于外国的不动产完全自由化等。

必须指出的是，虽然限制资本输入、鼓励资本输出是发达国家的一个总趋势，但根据不同时期的国际收支和本国货币汇率状况，上述措施在运用过程中有时宽松，有时严格，不断进行调整。

（四）汇率管制

汇率管制是外汇管制的核心组成部分，通过控制汇率波动，保持币值稳定，以此来促进经济的平稳发展。汇率管制涉及汇率制度、汇率水平和汇率种类三方面内容。

由于前面我们已对汇率制度作过阐述，所以在这里略去不谈。汇率水平的管理是指在浮动汇率或固定汇率制度下，对本国货币与外国货币的汇率水平进行管理，包括直接管制汇率和间接调节市场汇率两种方式。汇率水平管理要考虑的主要因素包括汇率水平的决定基础、汇率政策的主要目标及汇率水平变动的经济影响。因为这三方面问题也已在前面讨论过，所以这里着重讨论一下汇率种类的管制。汇率种类管制一般表现为实行复汇率形式，下面我们重点介绍复汇率制度。

1. 复汇率的类型

复汇率是指一国实行两种或两种以上高低不同的汇率，即双重汇率和多种汇率。

（1）按适用对象来划分，复汇率可分为两类：一类是贸易及非贸易汇率，即经常项目汇率，它通常相对稳定；另一类是金融汇率，又称资本与金融项目汇率，通常由市场供求关系决定，政府对此不加干涉。

实行这种类型复汇率的原因，通常是国内金融秩序混乱，短期资本流动过于频繁。因此，为了稳定进出口和物价，政府便对贸易和非贸易汇率进行干预，以便让其稳定在一个理想的水平上。

（2）按适用的行业或商品种类来划分，复汇率可划分为鼓励出口与限制进口的本币低汇率，适用于一般性出口与进口的一般汇率，以及鼓励进口与限制出口的本币高汇率等差别汇率。

采用这种类型复汇率的主要原因在于，需求弹性不可能在所有进出口商品的种类中完全一致，有的高，有的低，所以根据不同种类进出口商品的需求弹性差异而采取不同的汇率，能使汇率真正起到经济杠杆的作用。此外这种方法对某些行业或商品的生产给予特殊鼓励，而对另外的某些行业或商品进口予以限制，可以更好地调整本国的产业结构。

（3）按表现形式来划分，复汇率可分为公开和隐蔽两种形式。隐蔽的复汇率又有多种表现形式。第一种形式是对出口按商品种类分别给予不同的财政补贴或税收减免，因而产生不同的实际汇率；或者对进口商品按种类征收不同的附加税，这样也会产生不同的实际汇率。第二种形式是采用影子汇率。所谓影子汇率实际上是附在不同种类进口商品之后的一个不同的汇率折算系数。例如，某种商品的国内平均单位生产成本是 9 元人民币，国外售价为 1 美元，官方汇率为 1 美元合 7 元人民币。通过官方汇率只能弥补该单位产品的 7 元生产成本。为鼓励出口，就在该类产品的官方汇率之后附加上一个 1.3 的折算系数（$1.3 \times 7 = 9.1$）。这样，当该产品出口后，1 美元的收入便能换到 9 元人民币。由于不同种类的进出口商品因成本不同往往形成不同的影子汇率，所以影子汇率构成实际上的复汇率。第三种形式是官方汇率与市场汇率混合使用，即在一国已存在官方汇率和市场汇率的条件下，对不同企业或不同的出口商品实行不同的外汇留成比例，允许企业将其留成外汇在市场上按市场汇率换成本国货币。这等同于变相的出口补贴，对不同的企业规定不同的留成比例，实际上就是对它们实行高低不同的复汇率。

2. 复汇率的弊端

实行复汇率的实践证明它有许多弊端。第一，管理成本较高。由于汇率种类繁多，势必要耗费大量的人力成本。管理人员主观知识上的缺陷、官僚作风及信息不通等都会导致复汇率的错误运用，使经济运行的整体效益下降。第二，复汇率是一种歧视性的金融措施，容易引起国际的矛盾和别国的报复，不利于国际经济合作和国际贸易的正常发展。第三，复汇率导致多种商品价格，使价格关系变得复杂和扭曲。第四，复汇率在某种意义上来讲是一种变相的财政补贴，因而使不同企业处在不同的竞争地位，不利于建立公平竞争关系及形成透明的市场关系。

从第二次世界大战后世界各国的历史来看，实行复汇率的频率相当高，但是终止复汇率的频率也相当高。也就是说，复汇率被经常性地作为一种权宜之计或过渡措施来加以利用，较少有国家长期实行某种特殊形式的复汇率制。

（五）对现钞、黄金输出输入的管制

由于黄金是重要的储备资产和币值稳定的基础，各国对黄金的流动大多进行严格的管制，区分不同的用途采取宽严不一的措施。实行外汇管制的国家一般不准私自输出或输入黄金，若国际收支状况急需输出输入黄金时，则由中央银行独家办理。

金融学科核心课程系列教材

为了保持本币流动的稳定，各国对现钞也进行相应的管制。对携带本币出入境一般都规定限额和用途，有时甚至禁止携带本币出境，以防止本币输出用于进口和资本外逃以及导致在外国市场上本币对外汇率的下跌。对于本币的输入，有的国家不加限制，有的则规定限额，其数量一般与输出限额相同。

七、外汇管制与货币自由兑换

（一）货币自由兑换的定义和类型

货币自由兑换，指一个国家或地区的居民，不受官方限制地将所持本国货币兑换成其他国家或地区的货币，用于国际支付或作资产持有。

1. 根据货币可兑换的程度可分为完全可兑换和部分可兑换

完全可兑换是指经常项目下和资本项目下都可自由兑换，即国际支付和资金转移不受限制。部分可兑换是指部分项目下，国际支付和资金转移，本币兑换外币不受限制。

2. 根据货币可兑换的范围可分为国内可兑换和国际可兑换

国内可兑换是指在国内可自由兑换，即将持有的该种货币向发行国支付、向发行国兑换为其他的货币。国际可自由兑换，即该币已国际化，已成为世界货币。

在不同的社会经济条件下，货币自由兑换具有不同的含义和不同的表现方式。它反映的是一国对内与对外结合的货币经济关系，以及一定时期里的国际货币流通与国际货币关系。

（二）货币自由兑换的溯源

货币兑换是一个历史性的概念，是在商品交换出现后适应国际经济交往发生后发展的，它可追溯到早期的各种金属货币之间的兑换关系，但货币的自由兑换，传统上认为源于金本位时代。

进入 19 世纪，西方各主要国家先后实行了金本位制，在这一制度下，货币可在国际间不受限制地自由兑付、流通，这就是所谓的货币自由兑换。这种货币自由兑换是金本位制度的一个重要内容或典型特点。

二战后，1944 年建立的布雷顿森林体系下核心是确定以黄金和纸币美元作为货币标准。但由于黄金的生产与储备量的增加，无法满足日益扩大的国际经济交易的需要，同时在正常的条件下，外汇交易与外汇市场的扩大与现代化，也不需要黄金的流通与兑换，使得政府交易中纸币与黄金的兑换关系彻底割断了。黄金在金融市场的地位削弱，纸币的作用越来越大。在这一时期，货币自由兑换的定义有了发展。

1973 年 2 月，各国普遍实现浮动汇率制度。1976 年国际货币基金牙买加协定，确认了浮动汇率制度的合法化，黄金退出货币流通领域。这标志着纸币制度过渡的完成。在完全纸币制度下，更多国家推进货币自由兑换。

（三）IMF 对货币自由兑换的定义

1. 经常项目可兑换

IMF 认为，经常项目可兑换是取消对经常性国际交易支付与转移的各种限制。一国的货币如果实现了在经常项目下可兑换，其货币在很大程度上就成为可自由兑换的货币。

2. 资本项目可兑换

资本项目可兑换是指取消对资本流入流出的汇兑限制。相对于经常项目可兑换而言，IMF 对此类可兑换的定义以及在管辖范围内的处理方式并未作严格定义。在协定第三条款第三节中还指出，成员国可以对国际资本流动采取必要的控制，只是任何成员国对此类管制的实施不得限制经常性交易的支付或过分延迟资金的转移以及各项承诺的交割。

（四）完全的货币自由兑换

完全的货币自由兑换是指一国货币持有者可以为任何目的而将所持有的货币，按市场汇率兑换成他国货币的过程。无论在经常项目下还是在资本项目下，无论是何种货币持有者，只要有需要，就可把手中持有的货币换成另一种货币，并实现在国际间转移。这种货币自由兑换，只有在两种条件或环境下存在：一是已经消亡的金币本位制，在该制度下，银行券可自由兑换金币，金币可以自由输出入；二是在纸币流通制度下取消一切外汇管制，当一切外汇管制取消以后，资金往来和资本流动就没有了限制，一国货币也就实现了彻底的可兑换。

（五）货币实现自由兑换经济的意义

1. 正面影响

实现货币可兑换可优化资源配置，推动贸易和投资的自由化，取得最大的经济福利。

2. 负面影响

货币可兑换，尤其是资本项目可兑换，在深化国内经济自由化和金融自

金融学科核心课程系列教材

由化进程的同时，可能造成一些负面的影响，其主要风险是造成货币替代、资本外逃和易受国际游资的攻击，并由此引起汇率、外汇储备和利率以及资产市场价格的剧烈波动，最终导致金融机构倒闭、通货膨胀上升和经济衰退。

（六）实现货币自由兑换的条件

1. 完善的金融市场

完善的金融市场尤其是外汇市场，是货币能否实现自由兑换的一个重要前提。完善的金融市场具体包括健全的市场体系、较齐全的市场运作工具、良好的市场参与者，尤其是金融机构等。

2. 合理的汇率制度安排与适当的汇率水平

如果一国实行多重汇率制度，且通过人为的因素影响汇率的决定，则这种制度下的汇率就无法反映实际的外汇供求关系，汇率就会出现高估或低估。一旦高估本币汇率，就会对国际贸易产生不利影响，也不利于吸引国际资本流入；反之，过度低估本币汇率，又会对进口造成危害，影响必需品的进口，进而影响该国的经济发展。不合理的汇率制度与不恰当的货币汇率水平，无法使一国货币自由兑换顺利进行。

3. 充足的国际清偿手段

这里的国际清偿手段主要指外汇储备，外汇储备多寡是一国国力的象征，也是一国国际清偿力大小的体现。如果一国持有充足的外汇储备，就可随时应付可能发生的兑换要求，可以抵御短期货币投机风潮；反之，就有可能无法平衡国际收支短期性失衡，更难以抵御外部突发性事件对贸易和支付的冲击，使一国实现货币自由兑换失去根本的基础。

4. 稳健的宏观经济政策

经济政策是宏观调控的重要工具，尤其是财政政策和货币政策。如果一国财政政策、货币政策不当或失误，并由此造成国际收支严重失衡，就会扰乱国内经济的稳定和发展，引发通货膨胀，导致国际收支恶化，不利于兼顾内部平衡与外部平衡。

5. 微观经济实体对市场价格能做出迅速反应

货币自由兑换与微观经济实体如银行、企业等关系密切，只有微观经济实体能对市场价格作出迅速反应，才会加强对外汇资源的自我约束能力，自觉参与市场竞争，提高在国际市场上的竞争能力。而要做到这一点，一国必须实现货币自由兑换。

第三节　我国的外汇管理

一、我国实行外汇管理的必要性

我国是社会主义国家，实行社会主义市场经济，对外汇实行严格管理，是国家宏观经济调控的一项重要内容，其目的在于促进国际收支平衡，实现对外发展战略，促进国内经济建设协调发展。

（一）增加外汇收入，合理使用外汇，保持国际收支平衡

外汇是对外交往的媒介，没有一定的外汇收入和外汇储备难以开展对外交往。我国是发展中国家，外汇短缺成为制约我国对外经贸发展以及国内经济建设增长的重要因素之一，正因为如此，实行外汇管理才大有必要。实行外汇管理，一方面可运用各种方式促进出口创汇，扩大贸易和非贸易外汇收入；另一方面，把外汇支出管理起来，统一安排和灵活调度，合理使用创汇资金，最终实现国际收支平衡。

（二）实现对外开放政策，促进对外金融和外向型经济发展

我国作为发展中国家，底子薄，资金少，在现代化建设过程中，必须利用国内外两种资源，开拓国内外两个市场，积极鼓励出口和引进外资，对重点行业、地区和创汇型大企业给予外汇支持，同时有计划、有效益、安全灵活地统一经营国家的外汇储备，保证外汇支付能力，从而促进对外经济的扩大与发展。

（三）促进国内经济协调发展

发展对外经济归根到底是为了促进国内经济建设，加快现代化步伐。我国实行社会主义市场经济，对外金融、贸易和外汇收支与国内生产、流通、市场供求都有着极其密切的关系，外汇资金的分配与平衡，是国家整个资金分配和平衡的重要组成部分。所以，外汇管理的具体实施，肯定要同国内经济发展的需要相适应，制定符合实际需要、具有灵活弹性的外汇管理政策与措施，必将促进与保证国内经济的协调发展。

金融学科核心课程系列教材

二、我国外汇管理的机构及职能

我国外汇管理的机构是国家外汇管理局及其分支机构。国家外汇管理局是国务院领导下归口中国人民银行管理的国家局。国家外汇管理局在各省、自治区、直辖市、部分副省级城市设立分局（外汇管理部），在部分地（市）设立中心支局，在部分县（市）设立支局。国家外汇管理局分支机构与当地中国人民银行分支机构合署办公。其主要职能如下：

（1）研究提出外汇管理体制改革和防范国际收支风险、促进国际收支平衡的政策建议；研究逐步推进人民币资本项目可兑换、培育和发展外汇市场的政策措施，向中国人民银行提供制定人民币汇率政策的建议和依据。

（2）参与起草外汇管理有关法律法规和部门规章草案，发布与履行职责有关的规范性文件。

（3）负责国际收支、对外债权债务的统计和监测，按规定发布相关信息，承担跨境资金流动监测的有关工作。

（4）负责全国外汇市场的监督管理工作；承担结售汇业务监督管理的责任；培育和发展外汇市场。

（5）负责依法监督检查经常项目外汇收支的真实性、合法性；负责依法实施资本项目外汇管理，并根据人民币资本项目可兑换进程不断完善管理工作；规范境内外外汇账户管理。

（6）负责依法实施外汇监督检查，对违反外汇管理的行为进行处罚。

（7）承担国家外汇储备、黄金储备和其他外汇资产经营管理的责任。

（8）拟订外汇管理信息化发展规划和标准、规范并组织实施，依法与相关管理部门实施监管信息共享。

（9）参与有关国际金融活动。

（10）承办国务院及中国人民银行交办的其他事宜。

三、我国外汇管理的历史发展

我国一直实行较严格外汇管理，从新中国成立到现在，外汇管理工作大致经历了五个发展阶段。

（一）第一阶段是从 1949 年到 1952 年的国民经济恢复时期

这一阶段，我国外汇管理的主要任务是：取缔帝国主义在中国的经济和金融特权；禁止外币在市场上流通；稳定国内金融物价；利用、限制、改造私营进出口商和私营金融业；建立独立自主的外汇管理制度和汇价制度；扶植出口；鼓励侨汇；建立供汇与结汇制度；集中外汇收入和合理使用外汇，促进国民经济的恢复和发展。1949 年 9 月，人民政协第一届全会通过的《共同纲领》明确规定：禁止外币在国内流通，外汇、外币和金银买卖由国家银行经营，华北、华东、华中、华南各大行政区相继公布了外汇管理办法和实施细则。次年 10 月，政务院颁发《外汇分配使用暂行办法》，规定由国家统一分配使用外汇，另外，在当时进出口贸易主要由私商经营的情况下，全面实行了进出口许可制度，对外贸易进出口进行严格管理。总的来说，这一阶段的外汇管理工作主要有：

（1）建立了外汇的供汇、结汇制度。规定出口货物售得的外汇、劳务所得外汇以及侨汇必须卖给或存入国家银行。进口所需外汇和其他非贸易用汇，可按规定向外汇管理机关申请，经批准后由国家银行出售外汇。

（2）建立了独立自主、机动性较强的人民币汇价调整制度。根据当时的实际情况，对人民币汇价进行了大幅度的调整，将美元汇率从 1949 年 4 月 10 日的 1 美元兑 618 元旧人民币下调至 1950 年 3 月 13 日的 1 美元兑 42 000 元旧人民币，后又上调至 1951 年 5 月 23 日的 1 美元兑 22 380 元旧人民币；同时，准许出口商将外汇预先卖给银行。

（3）建立了外汇指定银行管理制度。全国共核准 53 家银行经营外汇业务，同时加强了对外商银行的管理，取消其特权，对于停业清理的外商银行，监督其清理负债。

（4）建立了人民币、外币和金银进出口国境的管理制度，严格禁止私自携带或邮寄人民币、外币和金银出境。

上述一系列外汇管理政策的实施，使国家外汇收入大量增加，对国民经济的恢复和发展、稳定金融物价起到了积极作用。

（二）第二阶段是 1953 年到 1976 年实行全面计划经济时期

从 1953 年开始，我国进入社会主义改造和建设时期，国家加强了对国民经济的控制，实行了全面计划经济。在这一阶段，随着我国私营工商业和金融业社会主义改造的完成，对外贸易开始由国营外贸进出口公司统一经营，外汇业务也开始由中国银行统一经营。当时，中国银行是中国人民银行的一个局，对外用"中国银行"名称，是国家指定的执行外汇管理的机关。

由于原来以私营工商业和金融业为重点的外汇管理制度已不能满足新的经济形势发展的需要，因此这一阶段外汇管理的主要任务是：进一步巩固和完善各种外汇管理制度，加强对国营企业贸易外汇和非贸易外汇的管理，开源节流，努力增加外汇收入。在外汇管理制度上贯彻集中管理、统一经营方针，对国家的外汇收支实行全面计划管理与控制。对外经济贸易部、财政部和中国人民银行在国家核定的管理范围内，分别对进出口贸易外汇收支、中央部门和非贸易外汇收支、地方的非贸易外汇收支及个人的外汇收支规定了一些内部管理办法，主要有：

（1）对外汇收支实行全面的指令性计划管理，国家的外汇支出由计划委员会全权负责，以收定支，外汇收支两条线，一切外汇收入均须交售给国家，需用的外汇由国家按计划分配或审批。

（2）在对外贸易方面，所有的对外进出口活动均由外贸部所属的国营进出口公司负责，按国家核定的指令性计划执行，统一经营，统负盈亏。在对国营贸易外汇实行计划管理的同时，用进出口报关单制度取代了进出口许可制度和银行鉴证制度。

（3）加强对非贸易外汇的管理。1954 年 4 月颁布了《关于非贸易外汇节约使用及增加收入的通知》，规定所有机关、团体、学校及公私合营企业等，凡持有外汇或有外汇收入者，均应卖给或存入国家银行，不得私自保留。1966 年 5 月 16 日，国务院颁发了《关于加强非贸易外汇管理的规定》，对非贸易外汇的管理做了进一步明确。1972 年 9 月 30 日，国家计委、财政部又联合发布了《关于试行非贸易外汇管理办法》，规定各单位除业务必须保留的外汇周转金外，所持有的和收入的外汇，必须全部卖给国家银行，不准私自保存外汇或把外汇存款放在国外和港澳地区，不得以外汇收入抵作外汇支出。

1953 ~ 1978 年，全国累计出口收汇 783 亿美元，进口用汇 820 亿美元；非贸易收汇 109 美元，支出 35 亿美元，贸易和非贸易累计收支相抵，节余外汇 37 亿美元，较充分地体现了我国外汇"收支平衡、略有节余"的原则。

（三）第三阶段是 1979 年到 1993 年年底实行有计划的商品经济时期

党的十一届三中全会以后，我国全面实行了对内搞活、对外开放的政策，并开始进行经济体制改革，建立有计划的商品经济。随着经济体制改革的逐步深入和对外开放的不断扩大，我国外汇管理体制进行了一系列重大的改革，使外汇管理工作进入了一个新的阶段。

（1）设立了专门的外汇管理机构——国家外汇管理局。1979 年 3 月，国务院批准设立了国家外汇管理总局，并赋予管理全国外汇的职能。1983 年，国家外汇管理总局由中国银行划出，由中国人民银行代管，成为中央银行的一个局。

1988年6月，国务院决定国家外汇管理局为国务院直属总局级机构，次年升为副部级，仍由中央银行归口管理。

（2）公布并实施了《中华人民共和国外汇管理暂行条例》及一系列实施细则。1979年7月，公布了《中外合资经营企业法》。1980年12月，公布了《中华人民共和国外汇管理暂行条例》，1981年3月1日起实行。随后又公布了一系列外汇管理施行细则及其他外汇管理办法。通过这些条例、细则、办法的颁布和实施，进一步完善和健全了我国的外汇管理制度。

（3）改革了外汇的分配制度，实行了外汇留成办法。为了进一步调动企业出口创汇的积极性。增加国家的外汇收入，国务院于1979年8月13日颁布了《关于大力发展对外贸易增加外汇收入若干问题的规定》，提出在外汇由国家集中管理、统一平衡、保证重点的同时，实行贸易和非贸易外汇留成，根据不同地区、不同部门和不同行业，确定了不同的留成比例。

（4）建立了外汇调剂市场。1980年以前，我国外汇资金实行的是指令性计划纵向分配，没有外汇市场。实行外汇留成后，有的企业本身有留成外汇但一时不用，有的企业急需外汇而本身却又没有外汇来源，无法进口原材料和先进技术等，这就产生了调剂外汇余缺的需要。1980年10月，国家外汇管理总局、中国银行发出了试办调剂外汇工作的通知，同时制定了《调剂外汇暂行办法》。1981年又发布了《关于外汇额度调剂工作暂行办法》。1986年3月，公布了《办理留成外汇调剂的12项规定》，允许有留成外汇的国营和集体企业，通过中国银行（后改为外汇管理局）按照国家规定外汇调剂价格，将多余的外汇卖给需要外汇的国营和集体企业。1986年10月允许外商投资企业之间相互调剂外汇。1988年，为了配合外贸承包经营责任制的实施，在全国各省、自治区、直辖市、计划单列城市和经济特区及沿海的一些经济较发达的城市设立了外汇调剂中心，办理地方、部门、国营和集体企业、外商投资企业的留成外汇和自有外汇的调剂业务。调剂外汇的价格，开始时由国家决定，后发展到由买卖双方根据市场供求状况公开竞价成交。1979～1990年，全国各外汇调剂市场的总成交额已达389.64亿美元，对弥补出口企业亏损，解决外商投资企业的外汇平衡等发挥了重要的作用。

（5）建立了外债管理体制和外债统计监测系统。实行改革开放后，我国开始大规模利用外资，鼓励外商来华投资。到1990年年底，借用外债余额已由1979年的十几亿美元上升到408.2亿美元。从1979年开始，我国陆续颁布了一些外资和外债的管理法令，加强了对外借债的计划管理和向外借款的窗口管理，建立了较为健全的借款审批制度、外债的统计监测制度和外债担保制度。

（6）建立了多种金融机构并存的外汇经营体制，打破了中国银行独家经营外汇的局面，同时在经济特区和少数沿海城市引进了外资银行。1979年以前，我国的外汇业务一直由中国银行一家经营。十一届三中全会后，我国经济体制向"以国营经济为主体、多种经济并存"的方向发展。为适应国内经济形势发展的需要，1979年10月，在成立中国国际信托投资公司的同时，即批准其经营外汇业务。之后，从中央到地方陆续成立了一些有外汇业务经营权的信托投资公司、财务和租赁公司。1982年南洋商业银行获准在深圳特区设立分行并办理外汇业务。1985年4月，国务院公布了《经济特区外资银行、中外合资银行管理条例》。在此之后，我国还批准在经济特区设立一些经营外汇业务的外资银行和中外合资银行。1984年10月，中国工商银行深圳分行首先获得外汇业务经营权，此后又陆续批准各专业银行总行及分行、交通银行、广东发展银行、福建兴业银行、深圳招商银行、中信实业银行等经营外汇业务，截至1989年年底，全国已有348家左右的银行和非银行金融机构办理外汇业务。此外，还放宽了对国内居民的外汇管制，从1988年开始在部分地区开办个人外汇调剂业务，允许居民个人将手中的外汇按照调剂价格卖出，对国内居民出国探亲、移居、留学、赡养国外亲属所需外汇可凭有关证明向外汇管理部门申请，经批准后向银行购汇。由于外汇管制放宽，居民外汇收入大幅增加，外币存款也迅速增长。

（四）第四阶段是1994年到2004年社会主义市场经济初步建立与完善时期

1994年是深化改革开放的一年，外汇体制进行了重大改革，主要有以下几方面：

（1）取消外汇分成，实行外汇收入结汇制。根据这一规定，境内所有企事业单位、机关和社会团体等的贸易和非贸易项下的外汇收入均须按银行挂牌汇率，全部结售给外汇指定银行。

（2）实行银行售汇制，允许人民币在经常项目下有条件可兑换。实行售汇制后，取消经常项目正常对外支付用汇的计划审批，境内机构在此项下的对外支付用汇，可持有效凭证，到外汇指定银行用人民币购买外汇。

（3）建立银行间外汇市场，改进汇率形成机制，保持合理及相对稳定的人民币汇率。实行银行结售汇制后，建立全国统一的银行间外汇交易市场，该市场主要是为各指定银行相互调剂余缺和清算服务，全国统一的外汇市场于1994年4月1日开始正式运行。1994年1月1日开始，实行人民币汇率并轨，并轨后的人民币汇率，实行以市场供求为基础的、单一的、有管理的浮动制，由中央银行根据前一日银行间外汇市场的价格，每日公布人民币对美元交易的中间价，并参照国际外汇市场变化，同时公布人民币对其他主要货币的汇率，各外汇指定银行以此为依据，在中央银行规定的浮动幅度内自行挂牌，买卖外汇。

（4）严格外债管理，建立偿债基金。国家对境外资金的借用和偿还，继续实行计划管理、条件审批和外债登记制度，鼓励和支持各地区、部门和外债较多的企业按债务余额的一定比例建立偿债基金，在指定银行开立现汇账户存储，还本付息应从该专户中支取，如确有困难，可经外汇管理部门审查批准，根据借款协议，凭外债登记证和还本付息核准凭证，用人民币到外汇指定银行办理兑付。

（5）取消境内外币计价结算，禁止外币在境内流通。从1994年1月1日起，取消任何形式的境内外币计价结算，境内禁止外币流通和指定金融机构以外的外汇买卖，停止发行外汇券。

（6）加强国际收支的宏观管理，逐步完善我国国际收支的宏观调控体系。

1996年1月29日，《中华人民共和国外汇管理条例》正式颁布。为了便利国内居民因私用汇，国家外汇管理局于1996年5月13日发布《境内居民因私兑换外汇办法》。1996年6月20日，中国人民银行颁布《结汇、售汇及付汇管理规定》，宣布中国实行人民币经常项目可自由兑换。1997年10月15日，中国人民银行决定允许部分中资企业开立外汇账户，保留一定限额的经常项目外汇收入，这使中资企业可以在一定范围内自行决定保留或卖出外汇收入。

2001年年底，我国加入了世界贸易组织，推动了我国外汇管理体制的进一步改革。这一阶段我国外汇管理体制改革做出了以下思路调整：一是转变长期以来形成的外汇流入越多越好的观念，加强对外汇流入的监测与管理；二是转变外汇流出越少越好的观念，逐步建立正常的、合理的、可控的流出机制；三是进一步树立市场机制观念，用符合市场经济运行规律的方法和手段实现外汇管理的目标。

2002年，外汇账户限额从15%提高到20%。2003年，对国际承包工程、国际海运和国际招标等项下的经常项目外汇账户管理限额，从20%提高到100%。2004年，对上年度经常项目外汇支出占外汇收入的比例为80%（含80%）以上的，其限额提高到50%，对外汇支出占外汇收入的比例为80%以下的，其限额提高到30%。

此外，我国进一步完善并适度放松了资本账户的外汇管制，有选择、分步骤地开放证券投资，拓宽资金流出入渠道。2002年，我国推出了合格境外机构投资者（QFII）制度，允许合格境外投资机构投资境内证券市场上包括股票、债券和基金等人民币标价的金融工具。

（五）2005 年至今社会主义市场经济不断健全与完善时期

2005 年 7 月 21 日起中国外汇管理制度进行新一轮改革，改革的内容主要有：

（1）改革人民币汇率制度，人民币汇率不再钉住单一美元，形成更富弹性和市场化的人民币汇率制度，中国政府坚持人民币汇率改革"主动性、可控性和渐进性"三原则。

调整汇率水平。2005 年 7 月 21 日，美元对人民币交易价格一次性调整为 1 美元兑 8.11 元人民币，作为次日银行间外汇市场上外汇指定银行间交易的中间价，外汇指定银行可自此时调整对客户的挂牌汇价。

调整汇率基准价格和挂牌汇价体系，适当扩大人民币汇率的浮动区间。允许人民币兑美元汇率日波幅为上下浮动 0.3%；将人民币与非美元货币汇率的浮动区间扩大到 3%；扩大银行自行定价的权限，现汇和现钞买卖价在基准汇率上下 1% ~ 4% 以内由银行自行决定，而且可以一日多价。

（2）调整我国外汇储备的管理制度。截至 2008 年 6 月，我国外汇储备总额为 18 088.28 亿美元，由于过多地用美元充当外汇储备，加之美元兑人民币正在贬值，这一阶段已摆脱之前经济学家所谓的"手中有粮、心中不慌"的外汇储备政策，我国开始运用合理的手段，充分利用超额外汇储备使外汇储备保持在适度规模。

（3）不断完善外汇交易制度。增加交易主体，允许符合条件的非金融企业和非银行金融机构进入即期银行间外汇市场，将银行对客户远期结售汇业务扩大到所有银行；引进美元做市商制度，在银行间市场引进询价交易机制；引进人民币对外币掉期业务；增加银行间市场交易品种，开办远期和掉期外汇交易；实行银行结售汇综合头寸管理，增加银行体系的总限额；调整银行汇价管理办法，扩大银行间市场非美元货币波幅，取消银行对客户非美元货币挂牌汇率浮动区间限制，扩大美元现汇与现钞买卖差价，允许一日多价等。

2005 年，进一步将经常账户限额提高到 80% 或 50%。2006 年，改变之前仅按收入核定限额的方法，按照企业上年度经常项目外汇收入的 80% 与经常项目外汇支出的 50% 之和核定限额，企业可保留的外汇限额进一步提高。2007 年，取消账户限额管理，允许企业根据经营需要自主保留外汇。2008 年，修订后的《外汇管理条例》明确企业和个人可以按规定保留外汇或者将外汇卖给银行。以此为标志，我国自 1994 年沿袭至今的强制结汇制度，终于淡出历史舞台，被意愿结汇制度所取代。2009 年以来，为进一步促进贸易投资便利化，提高政策透明度，外汇管理部门大力开展法规清理，共宣布废止和失效 400 余份外汇管理规范性文件。涉及强制结售汇的规范性文件被宣布废止、失效或修订。目前，强制结售汇政策法规均已失去效力，实践中不再执行。

2006 年，推出了合格境内机构投资者（QDII）制度，允许银行、保险公司、证券经营机构以自有资金或代客资金开展境外证券投资。2011 年 12 月 16 日，人民币合格境外机构投资者（RQFII）试点业务正式启动。RQFII 是指经主管部门批准，运用在香港募集的人民币资金开展境内证券投资业务的相关主体。RQFII 试点业务借鉴了 QFII 制度的经验，但又有几点变化：一是募集的投资资金是人民币资金而不是外汇资金；二是 RQFII 首批试点机构限定为境内基金管理公司和证券公司的香港子公司；三是投资的范围由交易所市场的人民币金融工具扩展到银行间债券市场；四是在完善统计监测的前提下，尽可能地简化和便利对 RQFII 的投资额度及跨境资金收支管理。

2007 年，进一步扩大银行间即期外汇市场人民币兑美元交易价浮动幅度至 0.5%，2012 年扩大至 1%。自 2014 年 3 月 17 日起，又由 1% 扩大至 2%，即每日银行间即期外汇市场人民币兑美元的交易价可在中国外汇交易中心对外公布的当日人民币兑美元中间价上下 2% 的幅度内浮动。2014 年，取消银行对客户美元挂牌买卖价差限制，由银行根据市场供求自主定价。

小思考 3.1

什么是结售汇制度？

答：结售汇制度是外汇管理的核心制度之一，有强制结售汇制度和意愿结售汇制度之分。结汇是指外汇收入者将其外汇收入出售给外汇指定银行，后者按市场汇率付给本币的行为。银行售汇是指外汇需求者需要外汇时，只要持有效凭证到外汇指定银行用本币兑换，银行即售给外币。结汇分为强制结汇、意愿结汇和限额结汇等形式。强制结汇是指所有外汇收入必须卖给外汇指定银行，不允许保留外汇。意愿结汇是指外汇收入可以卖给外汇指定银行，也可以开立外汇账户保留，结汇与否由外汇收入所有者自己决定。限额结汇是指外汇收入在国家核定的限额内可不结汇，超过限额的必须卖给外汇指定银行。

小思考 3.2

什么是 QFII 和 QDII？

答：合格境外机构投资者（QFII）制度是一种资本市场开放模式。QFII 作为过渡性制度安排，是那些货币没有自由兑换、资本项目未完全开放的新兴市场国家或地区，实现资本市场有序开放的特殊通道。印度、韩国、我国台湾地区在证券市场开放初期都引入了 QFII 制度。QFII 制度是一种资本管制措施，通过限制国外资本流入规模和流出速度，进而限制外国资本对一国国际收支和金融市场的异常冲击，降低开放过程中的风险。从制度设计来看其核心内

金融学科核心课程系列教材

容包括：资格条件的限制（准入门槛）、投资规模的限制（投资额度）、投资通道的控制（专用账户）和资金汇出入限制（锁定期），都是广义范畴内的资本管制措施。

简单地讲，合格境内机构投资者（QDII）制度就是 QFII 反向制度，管理内容同样包括资格条件、投资规模、投资通道和资金汇出入。目前 QDII 主要包括三类机构：商业银行（代客境外理财）、保险公司（资金境外运用）和基金管理公司。

四、人民币自由兑换进程

长期以来，人民币被国际社会归入不可自由兑换的货币之列。但随着我国改革开放的不断深入，国际收支与外汇储备迅速增加，我国与世界各国的经济关系越来越密切，实现人民币自由兑换提到了议事日程。1994 年 1 月 1 日，我国推出了新的外汇管理体制改革，明确指出改革的最终目标是实现人民币的完全可自由兑换，从而拉开了人民币自由兑换的序幕。这次改革，我国实现了汇率并轨，实行了以市场供求为基础的、单一的、有管理的浮动汇率制，取消了对中资企业贸易及与贸易有关的非贸易经营性用汇的计划审批，实行以外汇指定银行为中心的结售汇制，实现了人民币在经常项目下有条件的可兑换。1996 年 7 月 1 日，我国又将外商投资企业的外汇买卖纳入了银行结售汇体系，取消了经常项目下尚存的主要汇兑限制。1996 年 11 月 27 日，中国人民银行行长正式致函国际货币基金组织，宣布中国不再适用国际货币基金组织协定第十四条第二款的过渡性安排，自 1996 年 12 月 1 日起中国将接受 IMF 协定第八条第二款、第三款、第四款的义务，实现人民币在经常项目下的可自由兑换。

【阅读资料 3.2】

《国际货币基金协定》第八条款和第十四条款

根据《国际货币基金协定》（简称《基金协定》）第八条的规定，如果一国解除了对经常项目下支付转移的限制，实现了经常项目下的货币可兑换，便成为国际货币基金组织第八条会员国。具体来说，第八条会员国所承担的义务是：

（1）居民从国外购买经常项目下的商品和服务所对应的对外支付和资金转移不应受到限制。

（2）不得实行歧视性的复汇率制。

（3）对其他会员国在经常性往来中积存的本国货币，在对方提出要求后，应无条件地使用外汇换回。但是，要求兑换的国家应当证明这种积存是由经常性交易获得的，而且这种兑换是为了支付经常性交易。

目前，已有 70 多个基金成员国接受了《基金协定》第八条规定的义务（主要为工业发达国家）。接受《基金协定》第八条的义务，是一国实现经常项目下货币可兑换的标志。

国际货币基金组织的许多成员国目前并未接受《基金协定》第八条的义务，这些国家在加入基金组织时选择接受《基金协定》第十四条第二款规定的"过渡性安排"之义务。目前，接受第十四条过渡性安排义务的成员国除少数发达国家外，主要为发展中国家。根据《基金协定》第十四条第二款和第三款的规定，接受过渡性安排义务的成员国应当遵循以下基本规则：

（1）该类会员国在接受基金宗旨的基础上，可以保留其在加入基金时即已存在的对国际交易中外汇兑付和移转的限制，也可以依情势变迁修正该等限制制度，并且该项限制制度的实施无须得到基金组织的批准。

（2）该类成员国在计划对经常性国际交易的外汇兑付和移转制度增加新的限制时，必须依《基金协定》第八条规定的程序，申请基金组织批准，实践中区别新增限制和修正原有限制较为困难，原则上应从限制措施的新颖性、实用效果和限制作用几方面来考虑。

（3）该类成员国有义务不断审查其外汇政策是否与基金的根本目标相符合，有义务每年与基金磋商审核其外汇管制措施是否仍有必要，并且有义务在具备条件时取消其外汇限制。

人民币经常项目可兑换实现后，已打下了向资本账户下可兑换迈进的基础。近年来，资本项目外汇管理以简政放权、促进贸易投资便利化为突破口，不断深化改革，积极构建"引进来"和"走出去"均衡管理的外汇政策支持体系，稳步有序提高人民币资本项目可兑换和便利化程度，直接投资外汇管理率先实现资本项下可兑换。

自 2015 年 6 月 1 日起，境外投资企业的境内投资主体可直接到银行办理境外直接投资（ODI）项下相关外汇登记；取消境内投资主体境外再投资外汇备案；同时，取消境外直接投资外汇年检，改为实行境外直接投资存量权益登记，并放宽登记时间、简化登记内容，允许企业通过多种渠道报送相关数据。目前，境内机构办理境外直接投资外汇业务已无政策障碍，大大便利了境内机构参与国际经济技术合作和竞争。

国家外汇管理局进一步深化了境内直接投资外汇管理改革，营造了良好的外商投资环境。一是进一步简化和改进境内直接投资（FDI）项下外汇登记核准，外商投资企业可直接到银行办理外汇登记。二是取消 FDI 项下外国投资者非货币出资确认登记和外国投资者收购中方股权出资确认登记，将外国投资者货币出资确认登记调整为货币出资入账登记。三是取消 FDI 外汇年检，改为实行存量权益登记，放宽登记时间和登记渠道，进一步便利企业申报。

自 2015 年 6 月 1 日起在全国范围内实施外商投资企业外汇资本金意愿结汇政策。主要内容包括：外商投资企业外汇资本金实行完全意愿结汇管理，企业可自由选择资本金结汇时机；对资本金使用实施负面清单管理；便利外商投资企业以结汇所得人民币资金开展境内股权投资；明确银行按照"展业三原则"承担真实性审核义务等。同时，国家外汇管理局进一步加强事中事后管理与违规查处。

资本金意愿结汇政策的全面实施，是对原来资本金"支付结汇制"进行的外汇管理改革创新，不仅大大简化了资本金结汇审核手续，更重要的是为企业提供了汇率避险的政策空间，既有利于降低社会成本、促进贸易投资便利化，也有利于银行和企业合规经营；同时，外汇管理部门通过结汇待支付账户加强了对结汇所得人民币支付的真实性审核和结汇资金的流向监控，使外汇资本金结汇管理"既放得开、又管得住"，在将外汇资本金结汇的自主权和选择权完全赋予企业、便利微观市场主体的同时，又能做到宏观风险可控。可以说，资本金意愿结汇改革是我国在推进资本项目可兑换进程中迈出的又一步，跨越了直接投资外汇管理可兑换的"最后一公里"。这一改革的实施，标志着直接投资外汇管理实现了基本可兑换。

【阅读资料3.3】

改革开放以来的外汇管理体制改革

改革开放前，我国实行严格外汇集中计划管理，国家对外贸和外汇实行统一经营，外汇收支实行指令性计划管理。所有外汇收入必须售给国家，用汇实行计划分配；对外基本不举借外债，不接受外国来华投资；人民币汇率仅作为核算工具。改革开放后，我国外汇管理体制根据经济社会发展和经济体制改革的根本要求，沿着逐步缩小指令性计划、不断培育和增强市场机制在配置外汇资源中的基础性作用的方向转变。经过 30 多年的努力，初步建立起了适应社会主义市场经济要求的外汇管理体制。1978 年以来，外汇管理体制改革大致经历三个重要阶段。

第一阶段（1978～1993 年），外汇管理体制改革起步。这一阶段以增强企业外汇自主权、实行汇率双轨制为特征。1978 年召开的党的十一届三中全会正式宣布我国开始实行改革开放的总方针。在涉外经济领域，过去外汇统收统支的体制逐步松动，出口企业开始拥有一定的外汇自主权。为调动出口企业创汇的积极性，确保有限的外汇资源集中用于国民经济建设，从 1979 年开始实行外汇留成办法，在外汇集中管理、统一平衡、保证重点的同时，适当留给创汇的地方和企业一定比例的外汇，并允许持有留成外汇的单位把多余的外汇额度转让给缺汇的单位，官方汇率与调剂市场汇率双重汇率制度并存。总的来看，这一阶段，外汇管理体制处于由计划体制开始向市场调节的转变过程，计划配置外汇资源仍居于主导地位，但市场机制萌生和不断发育，对于促进吸引外资、鼓励出口创汇、支持国内经济建设发挥了积极作用。

第二阶段（1994～2000 年），社会主义市场经济条件下的外汇管理体制框架初步确定。1994 年初，国家对外汇体制进行了重大改革，取消外汇留成制度，实行银行结售汇制度，实行以市场供求为基础的、单一的、有管理的浮动汇率制度，建立统一规范的外汇市场。此后，进一步改进外汇管理体制，1996 年全部取消了所有经常性国际支付和转移的限制，实现人民币经常项目可兑换。1997年，亚洲金融危机爆发，给中国经济发展与金融稳定造成严重冲击。为防止危机进一步蔓延，保持国民经济持续发展，我国做出人民币不贬值的承诺，并重点加强资本流出的管制，成功抵御了亚洲金融危机的冲击。总体来看，这一阶段，我国初步确立了适合国情、与社会主义市场经济体制相适应的外汇管理制度框架，外汇供求的市场基础不断扩大，奠定了市场机制配置外汇资源的基础性地位。

第三阶段（2001 年以来），以市场调节为主的外汇管理体制进一步完善。2001 年底加入世界贸易组织以来，我国加速融入全球经济，对外开放进一步扩大，国际收支持续大额顺差，对国民经济影响日益增强。为适应新形势新挑战，外汇管理体制改革向纵深推进，积极促进贸易投资便利化，稳步推进资本项目可兑换，加强跨境资金流动管理，健全国际收支统计监测，完善外汇储备经营管理。伴随着入世后外汇储备规模的较快增长，2001 年，外汇储备经营以规范化、专业化和国际化为目标，建立了投资基准经营管理模式和风险管理框架，完善了大规模外汇储备经营管理的体制机制。2005 年 7 月启动的人民币汇率形成机制改革为深化外汇管理体制改革注入新的活力。企业和个人持有和使用外汇的政策更加便利，外汇市场加快发展。与此同时，外汇管理方式加快从重点管外汇流出转为流出入均衡管理，逐步建立起资本流动双向均衡管理的制度框架，在 2008 年新修订的《外汇管理条例》确立了均衡监管思路，并在行政法规层面明确取消了强制结售汇制度。2008 年 9 月国际金融危机全面爆发以来，及时启动应急机制，做好国际收支逆转的应急预案，积极防范金融风险，确保了外汇储备资产的总体安全，顶住了国际金融危机的冲击。2009 年以来，针对跨境资金流向复杂和规模增大、市场主体便利化需求不断增长的现实，外汇管理加快了理念和方式

金融学科核心课程系列教材

的"五个转变",即从重审批转变为重监测分析、从重事前监管转变为强调事后管理、从重行为管理转变为更加强调主体管理、从"有罪假设"转变到"无罪假设"、从"正面清单"(法无明文授权不可为)转变到"负面清单"(法无明文禁止即可为)。

截至 2014 年年末,外汇管理五个转变取得阶段性成果。一是简政放权和依法行政取得重要进展。外汇管理行政审批事项累计下降80%,行政审批项目减至 17 项,极大地促进了贸易投资便利化。二是重大领域改革取得实质性突破。货物和服务贸易外汇管理改革平稳推进,允许出口收汇存放境外并实现意愿结售汇、跨国公司外汇资金集中运营试点、直接投资资本金意愿结汇等资本项目改革已在全国推广,人民币可兑换程度进一步提升。三是外汇管理方式产生重大转变。随着逐笔匹配核销等传统管理手段退出历史舞台,外汇管理事前审批大幅减少,监管重心转向事中事后管理,跨境资本流动监测预警能力不断强化,逐步构建了宏观审慎管理框架下的外债和资本流动管理体系。随着外汇管理的理念和方式转变到位,外汇管理服务实体经济和防范风险冲击的能力进一步增强。

资料来源:国家外汇管理局网站。

关 键 词 汇

汇率制度　固定汇率　浮动汇率　外汇管制　汇率管制　货币自由兑换　复汇率制

思 考 题

1. 固定汇率制与浮动汇率制的优缺点各是什么?
2. 外汇管制的主要内容是什么?
3. 复汇率的表现形式是什么?实行复汇率制有何利弊?
4. 我国国家外汇管理局的职能是什么?

练 习 题

一、单项选择题

1. 外汇管理最核心的内容是(　　)。
　A. 外汇资金收入和运用的管理　　B. 货币兑换的管理
　C. 汇率管理　　　　　　　　　　D. 结汇售汇管理
2. 外汇管制的具体措施可分为(　　)和数量管制两类。

    A. 质量管制   B. 价格管制   C. 直接管制   D. 间接管制

3. 实行复汇率属于外汇管制中的（　　）。

    A. 数量管制   B. 质量管制   C. 直接管制   D. 间接管制

4. 建立外汇平准基金来干预外汇市场属于外汇管制中的（　　）。

    A. 数量管制   B. 价格管制   C. 直接管制   D. 间接管制

5. 我国的结汇售汇制起源于（　　）。

    A. 新中国成立初期   B. 全面计划经济时期

    C. 改革开放初期   D. 1994 年的外汇体制改革

6. 我国外汇管理的主要负责机构是（　　）。

    A. 中国人民银行   B. 国家外汇管理局

    C. 财政部   D. 中国银行

7. 我国外汇体制改革的最终目标是（　　）。

    A. 实现经常项目下人民币可兑换

    B. 实现经常项目下人民币有条件可兑换

    C. 实现资本项目下人民币可兑换

    D. 使人民币成为可自由兑换的货币

8. 一国货币当局实施外汇管制一般要达到的目的是（　　）。

    A. 控制资本的国际流动   B. 加强黄金外汇储备

    C. 稳定汇率   D. 增加货币信用

9. 人民币现行汇率制度的特征是（　　）。

    A. 固定汇率制   B. 自由的浮动汇率制

    C. 有管理的浮动汇率制   D. 钉住汇率制度

10. 我国外汇管理的主要负责机构是（　　）。

    A. 银监会   B. 国家外汇管理局

    C. 财政部   D. 中国银行

二、多项选择题

1. 实行外汇管制的原因主要有（　　）。

    A. 国际收支严重失衡   B. 金融秩序混乱或失控

    C. 外汇短缺   D. 国内经济体制和价格体系的差异

2. 隐蔽的复汇率表现形式有（　　）。

    A. 不同的财政补贴   B. 不同的附加税

    C. 影子汇率   D. 不同的外汇留成比例

金融学科核心课程系列教材

3. 中央银行参与外汇市场的目的是（　　）。
   A. 为了获取利润　　　　　　B. 平衡外汇头寸
   C. 对市场自发形成的汇率进行干预　D. 进行外汇投机

4. IMF 将（　　）视为复汇率。
   A. 进出口规定不同汇率　　　B. 出口补贴
   C. 课征外汇税　　　　　　　D. 不支付利息的进口存款预交制
   E. 贸易、金融业务规定不同汇率

5. IMF 第 8 条会员国是指（　　）。
   A. 持有本国货币的人可自由兑换成任何国家货币
   B. 对商品和劳务的对外支付不加限制
   C. 不实行复汇率制
   D. 应另一会员国要求，对其因经常性交易而积累的本币，无条件兑换成外币
   E. 与国际货币基金组织磋商后，仍可实行外汇管制

三、判断题

1. 外汇管制就是限制外汇流出。　　　　　　　　　　　　（　　）
2. 只有实现了资本账户下的货币兑换，该国货币才能被称为可兑换货币。
　　　　　　　　　　　　　　　　　　　　　　　　　　（　　）
3. 国际收支有巨额顺差的发达国家对资本输出输入无限制。（　　）
4. 符合 IMF 第 14 条规定的国家属于实行严格外汇管制的国家。（　　）
5. 两个签订有清算协定的国家，进行进出口贸易是不使用外汇的。（　　）
6. 中国银行是我国经营外汇业务的唯一指定银行。　　　　（　　）
7. 只有发展中国家对非贸易收支进行外汇管制。　　　　　（　　）
8. 世界上有些国家完全取消了外汇管制。　　　　　　　　（　　）

第四章 国际储备

一国的国际储备对于调节该国的国际收支，保持汇率和货币流通的稳定，保证国家对外支付能力与信誉水平，有着十分重要的作用，因此，受到各国政府的普遍重视。本章将主要讲述国际储备的构成及其管理。

通过本章学习，要重点掌握国际储备的概念及构成，准确理解国际储备的特征与作用，把握国际储备体系多元化的现状，灵活掌握确定国际储备规模的参照指标及影响国际储备水平的主要因素，了解我国国际储备状况。

第一节 国际储备概述

一、国际储备的含义

国际储备（international reserve）是指一国货币当局持有的能够随时用来支付国际收支差额和稳定本币汇率的国际普遍接受的流动性资产。按照这个定义，一种资产须具备三个特征方能成为国际储备。一是可得性，即是否能随时、方便地被政府得到；二是流动性，即变为现金的能力；三是普遍接受性，即是否能在外汇市场上或在政府间清算国际收支差额时被普遍接受。

与国际储备密切相关的一个概念是国际清偿力（international liquidity）。国际清偿力的含义比国际储备要广泛一些。国际货币基金组织对国际清偿力所下的定义是：国际清偿力是各国货币当局为应对国际收支逆差可能利用的一切资金来源。决定国际清偿力大小的因素主要有：①现有国际储备的多少。现有国际储备越多，国际清偿能力越大；现有国际储备越少，国际清偿能力越小。②从国际金融机构和国际金融市场借款的能力。借款能力越大，国际清偿力越大；反之则越小。③商业银行持有的外汇资产和货币当局从私人部门可迅速获得的短期外汇资产。这些资产越多,潜在的国际清偿力越大,反之则越小。④一国发生国际收支逆差时,外国人持有逆差国货币的意愿。意愿越强,国际清偿能力越强,反之则越弱。⑤利率提高或利率期限结构的变化,在未发生不利的国内影响的条件下,对于鼓励资金内流的程度。程度越高,国际清偿力越高;反之则越低。

与国际储备相比,国际清偿力是一个更全面、完整地反映一国的对外支付能力的概念。如果仅仅考察国际储备,则不能完整地反映一国对外支付能力。例如,美国的国际储备数量相对较少,但这并不意味着其对外支付能力很弱。由于美元是主要的国际货币,这就使得美国在发生国际收支逆差时可以大量使用美元对外支付而不必事先积累充裕的国际储备;而且,美国在国际金融市场上可以轻易地筹措大量资金。

二、国际储备的构成

国际储备的构成随着国际经济关系的发展不断变化。第二次世界大战以后,各国的国际储备主要由以下四个部分构成。

(一) 黄金储备 (gold reserve)

黄金储备是指一国政府持有的货币性黄金。货币性黄金指货币当局(或受货币当局有效控制的其他机构)拥有所有权,并且作为储备资产持有的黄金。货币黄金包括金块以及与非居民的、能够赋予黄金交割要求权的未分配黄金账户。金块包括纯度至少为995‰的金币、金锭或金条,以及在已分配黄金账户中持有的金块,而无论该账户的所在位置如何。金块通常在有组织的市场上交易,或者通过中央银行之间的双边安排进行交易。要具备储备资产的资格,黄金账户必须在货币当局要求时,随时可供使用。已分配黄金账户提供了对特定黄金的所有权。黄金的所有权仍归属于将其置于安全保管的实体。这些账户通常根据订单,提供投资级金条和金币的购买、储存和出售。这类账户意味着投资者对黄金拥有完整和绝对的所有权。未分配黄金账户代表了对账户经营者的债权,有权要求账户经营者交付黄金。就这些账户而言,账户提供者对作为储备基础的实物(已分配)黄金拥有所有权,并向账户持有者发行以黄金表示的权益凭证。未分配黄金账户在作为储备资产持有时,被列为货币黄金。不作为储备资产持有的未分配黄金账户资产,以及所有未分配黄金账户负债都被列为存款。

以黄金作为国际储备已有很长的历史,在金本位制度时期,黄金是最主要的储备资产,执行世界货币职能,是国际支付的最后手段。在布雷顿森林体系下,由于货币与黄金挂钩,黄金作为货币汇率的基础,保有一定支付手段的职能,仍

金融学科核心课程系列教材

然是重要的国际储备形式。布雷顿森林体系崩溃以后，国际货币基金组织切断了黄金与货币的固定联系并宣布黄金非货币化，使黄金的世界货币职能大大缩小，黄金储备在世界国际储备中的比重不断下降。尽管如此，黄金仍然是重要的国际支付手段，是各国国际储备中不可缺少的重要组成部分，到目前没有任何一个国家废除黄金储备，这是因为黄金是具有较高价值的商品，具有可靠的保值功能。同时黄金储备的变动不受任何国家权力的支配和干扰，完全属于国家主权范围，可以自动控制。世界黄金储备及其分布如表4.1所示。

表4.1　　　　　　　　　世界黄金储备及其分布　　　单位：百万盎司（年底数）

年份	全世界持有量	按市场价计算的全世界持有量（百万 SDRs）	发达经济体持有量	新兴市场和发展中国家持有量	中国持有量
2003	1 027.38	288 481	775.25	142.47	19.29
2004	1 010.70	285 050	761.55	139.01	19.29
2005	991.30	355 803	744.64	137.24	19.29
2006	979.57	413 926	733.57	137.03	19.29
2007	963.35	508 268	716.96	138.52	19.29
2008	963.92	544 302	708.25	148.23	19.29
2009	980.79	680 368	704.72	174.48	33.89
2010	991.54	904 921	704.50	180.47	33.89
2011	1 003.31	1 000 515	705.61	191.61	33.89
2012	1 018.58	1 102 803	706.44	204.94	33.89
2013	1 024.14	801 021	706.92	215.57	33.89
2014	1 029.76	857 176	706.81	223.90	33.89

资料来源：国际货币基金组织网站（IFS）。

（二）外汇储备（foreign exchange reserve）

外汇储备是一国货币当局持有的国际储备货币。充当国际储备资产的货币必须具备下列条件：能自由兑换成其他储备货币；在国际货币体系中占据重要的地位；其购买力必须具有稳定性。这些条件是以该国的经济实力为基础的。

最早充当国际储备资产的是英镑。20世纪30年代后，由于美国经济实力的崛起，英镑和美元共同成为国际储备货币。第二次世界大战后，由于美国的力量空前膨胀，而英国的力量则大大减弱，美元就取代英镑成为最重要的国际储备货币。从70年代开始，随着固定汇率制的崩溃，外汇储备逐渐走向多元化。

外汇储备是当今国际储备中的主体。外汇储备的金额超过所有其他类型的储备。更重要的是，外汇储备使用的频率最高，规模最大。黄金储备几乎很少使用，储备头寸和特别提款权因其本身的性质和规模，作用也远远小于外汇储备。世界外汇储备总额及其分布情况见表4.2。

表4.2　　　　　　　世界外汇储备总额及其分布　　单位：百万SDRs（年底数）

年份	所有成员国	发达经济体	新兴市场和发展中国家	中国
2003	2 035 494	1 192 176	843 318	271 372
2004	2 413 499	1 336 742	1 076 757	392 742
2005	3 022 553	1 458 396	1 564 156	572 930
2006	3 491 824	1 503 948	1 987 877	708 817
2007	4 242 723	1 547 424	2 695 299	967 093
2008	4 769 342	1 624 716	3 144 626	1 263 434
2009	5 208 202	1 780 502	3 427 700	1 530 374
2010	6 016 305	2 016 453	3 999 853	1 848 885
2011	6 647 776	2 222 537	4 425 238	2 072 045
2012	7 126 668	2 411 219	4 715 449	2 154 692
2013	7 586 617	2 483 358	5 103 259	2 481 373
2014	7 998 916	2 661 778	5 337 138	2 652 534

资料来源：国际货币基金组织网站（IFS）。

由于外汇储备是国际储备中的主体，因此就全球而言，外汇储备供给状况直接影响世界贸易和国际经济往来能否顺利进行。供给太少，则很多国家将被迫实行外汇管制或采取其他不利于国际经贸活动顺利开展的措施；反之若供给太多，又会增加世界性通货膨胀的压力。因此，外汇储备的供应如何在总体上保持适量，是国际金融研究的一个重要课题。

（三）基金组织的储备头寸（reserve position in the fund）

国际货币基金组织犹如一个股份制性质的储蓄互助会。当一个国家加入基金组织时，须按一定的份额向该组织缴纳一笔钱，我们称之为份额。按该组织的规定，认缴份额的25%须以可兑换货币缴纳，其余75%用本国货币缴纳。当成员国发生国际收支困难时，有权以本国货币为抵押向该组织申请提用可兑换货币。

提用的数额分为五档，每档占其认缴份额的25%，条件逐档严格。由于第一档提款额就等于该成员国认缴的可兑换货币额，因此，条件最为宽松，在实践中只要提出申请便可提用这一档。该档提款权为储备部分提款权，其余四档为信用提款权。所谓储备头寸，就是指成员国在基金组织的储备部分提款权余额，再加上基金组织用去的该国本币持有量部分和基金组织向该成员国的借款。

一国持有的储备头寸与其份额相关，发达国家的份额较大，因而持有的储备头寸较多，发展中国家由于份额较少，其持有的储备头寸远低于发达国家（见表4.3）。

表4.3　　　　　全世界储备头寸总额及其分布　　　　　单位：百万SDRs（年底数）

年份	全世界	发达经济体	新兴市场和发展中国家	中国
2003	66 507.8	54 345.2	12 162.6	2 555.95
2004	55 786.2	45 100.0	10 686.2	2 138.08
2005	28 561.2	21 712.1	6 849.0	973.02
2006	17 507.2	12 509.2	4 998.0	718.50
2007	13 732.9	9 326.1	4 406.9	531.81
2008	25 100.9	18 105.6	6 995.4	1 318.41
2009	38 676.1	27 442.9	11 233.1	2 795.06
2010	48 808.0	34 529.9	14 278.1	4 153.59
2011	98 262.0	73 913.8	24 348.1	6 373.44
2012	103 244.4	77 645.2	25 599.2	5 318.99
2013	97 508.3	73 202.3	24 306.1	4 584.11
2014	81 735.9	60 635.4	21 100.5	3 931.18

资料来源：国际货币基金组织网站（IFS）。

（四）特别提款权（SDR）

特别提款权是国际货币基金组织为了解决国际储备不足问题，经过长期的谈判后于1969年在基金组织第24届年会上创设的新的国际储备资产，实质上是用以补充原有储备资产的一种国际流通手段。它是国际货币基金组织分配给其成员国在原有的一般提款权以外的一种资金使用权利。特别提款权具有以下特点。

（1）它不具有内在价值，是IMF人为创造的、纯粹账面上的资产。

（2）它是IMF按各成员国的份额的一定比例无偿分配给各成员国的。

金融学科核心课程系列教材

（3）它具有严格限定的用途，可用于偿付国际收支逆差或偿还 IMF 的贷款，但不能兑换黄金和用于国际之间的一般支付，它只能在 IMF 及各国政府之间发挥作用，任何私人企业不得持有和运用，不能直接用于贸易或非贸易支付。

特别提款权从创立到现在，共进行过三轮周期性分配，一次是在 20 世纪 70 年代初，国际货币基金组织在 1970～1972 年分三次共分配了 93 亿 SDR；第二次是在 1979～1981 年，分配后 SDR 的数量提高到了 214 亿 SDR；最近的一次分配是在 2009 年 8 月和 9 月，共分配相当于约 2 840 亿美元的 SDR，分配后 SDR 总量上升为 2 041 亿 SDR，大约相当于 3 210 亿美元。由于发达国家在基金组织的份额较大，所以大部分的 SDR 被发达国家持有，而真正需要补充国际储备的发展中国家持有的 SDR 严重不足（见表4.4）。

表4.4　　　　全世界 SDR 持有量及其分布　　　　单位：百万 SDRs（年底数）

年份	全世界	发达经济体	新兴市场和发展中国家	中国
2003	21 524.6	15 511.4	4 406.7	741.33
2004	21 473.9	15 547.5	4 759.2	803.01
2005	21 470.5	12 726.4	7 329.1	875.38
2006	21 483.5	13 785.7	4 464.3	710.00
2007	21 475.7	14 043.3	4 347.3	754.39
2008	21 447.7	14 202.5	4 658.9	778.59
2009	204 074.9	129 847.2	70 934.0	7 979.64
2010	204 286.2	129 731.4	69 912.5	8 015.75
2011	204 072.0	126 586.3	67 260.5	7 722.15
2012	204 177.4	125 724.6	65 762.6	7 388.76
2013	204 177.4	125 792.0	65 240.3	7 255.35
2014	204 177.4	125 527.2	64 343.9	7 215.95

资料来源：国际货币基金组织网站（IFS）。

三、国际储备的作用

国际储备的作用，可从两个方面来理解。

第一，从世界范围来考察国际储备的作用。随着国际经济和国际贸易的发展，国际储备也相应增加，它是国际商品流动的媒介，对国际经济的发展起促进作用。

第二，具体从每个国家来考察，保持一定数量的国际储备，具有以下几方面的作用。

1. 调节国际收支逆差，维持对外支付能力

当一国发生国际收支逆差时，国际储备可以发挥一定的缓冲作用，这种缓冲性可使一国在发生国际收支逆差时暂时避免采取调节措施，即使一国国际收支情况长期恶化而不可避免要采取调节措施时，也可以将调节行动选择在一个比较适当的时期，以缓和调节过程，从而减少因采取紧急措施而付出沉重的代价。当然，由于一国的国际储备总是有限的，所以对国际收支逆差的调节作用也只是暂时的。

2. 干预外汇市场，维持本国货币汇率的稳定

当本国货币汇率在外汇市场上发生波动时，尤其是由非稳定性投机因素引起本国货币汇率波动时，政府可动用储备来缓和汇率的波动。即如果本国货币汇率过低，货币当局即可抛售外汇储备，用以收购本国货币，维持汇率稳定；反之，做法则相反。由于各国货币当局持有的国际储备总是有限的，因而外汇市场干预只能对汇率产生短期影响。但是，汇率的波动在很多情况下是由短期因素引起的，所以外汇市场干预能对稳定汇率乃至稳定整个宏观金融和经济秩序起到积极作用。

3. 向外借款的信用保证

国际储备可以作为国家向外借款的信用保证，在国际上，一国持有的国际储备状况是国际银行贷款时评估国家风险的重要指标之一，当一国的国际储备比较充足时，对外借款就比较容易；反之，就比较困难。由此可见，国际储备可以增强一国的资信，吸引外资的流入。

4. 争取国际竞争的优势

如果一国货币当局国际储备资产充足，那么它便具有维持货币地位的能力，争取到国际的竞争优势。一国的货币如作为储备货币或关键货币，则更可以有利于支持储备货币在国际上的地位。

【阅读资料 4.1】

人民币加入 SDR

2015 年 11 月 30 日，国际货币基金组织（IMF）执董会决定将人民币纳入特别提款权（SDR）货币篮子，SDR 货币篮子相应扩大至美元、欧元、人民币、日元、英镑 5 种货币，人民币在 SDR 货币篮子中的权重为 10.92%，美元、欧元、日元和英镑的权重分别为 41.73%、30.93%、8.33% 和 8.09%，新的 SDR 篮子将于 2016 年 10 月 1 日生效。

SDR 是 IMF 于 1969 年创设的一种补充性储备资产，其含义是兑换"可自由使用"货币的权利，与黄金、外汇等其他储备资产一起构成国际储备。SDR 也被 IMF 和一些国际机构作为记账单位。SDR 最初与美元等价，1974 年起由货币篮子确定，包括货物与服务出口在全球占比超过 1% 的 16 种货币，具体为美元、德国马克、日元、英镑、法国法郎、加拿大元、意大利里拉、荷兰盾、比利时法郎、瑞典克朗、澳大利亚元、挪威克朗、丹麦克朗、西班牙比塞塔、南非兰特、奥地利先令。1980 年，SDR 货币篮子改为货物和劳务出口居世界前五位的货币，分别为美元、德国马克、英镑、日元、法国法郎。2000 年，引入"可自由使用"标准，同时 SDR 篮子货币变为美元、欧元、英镑和日元 4 种货币。2010 年 SDR 例行审查时，人民币已经满足了出口标准，但因"可自由使用"程度不够而未能进入 SDR。

IMF 通常每 5 年对 SDR 进行一次例行审查，主要内容是 SDR 货币篮子的货币构成及权重。当前 SDR 审查包括两个标准：一是出口规模，即该国家或地区在考察期前 5 年中的货物和服务出口量居世界前列；二是该货币"可自由使用"，即在国际交易支付中被广泛使用和在主要外汇市场上被广泛交易，主要通过货币在全球外汇储备、国际银行业负债、国际债务证券、跨境支付、贸易融资中的比重及在主要外汇市场交易量等指标来衡量。IMF 按成员国份额向成员国分配 SDR。IMF 曾于 1970~1972 年、1978~1981 年进行过两次 SDR 普通分配。2007 年全球金融危机爆发后，为更好应对危机，IMF 于 2009 年分配了 1826 亿 SDR。截至目前，IMF 对 SDR 累计分配额约为 2041 亿 SDR（约合 2801 亿美元）。中国累计分配额为 69.897 亿 SDR。

2015 年初以来，在前期工作基础上，中国人民银行、外汇管理局会同相关部门与 IMF 开展了深入交流，顺利解决了 SDR 审查涉及的数据和操作等问题。2015 年 11 月 30 日，IMF 执董会讨论并通过了《SDR 定值方法审查报告》，决定将人民币纳入 SDR。《报告》指出：首先，衡量人民币可自由使用指标表明人民币满足可自由使用标准。具体指标方面，2014 年 38 个国家和地区持有人民币资产，占全球总外汇资产的 1.1%，排名第七位；截至 2015 年第二季度，人民币国际银行业负债约占全球的 1.8%，排名第五位；截至 2015 年第二季度，人民币国际债务证券存量约占全球的 0.4%，排名第九位；2015 年 1~6 月，人民币新发债券约占全球的 1%，排名第六位；2014 年第三季度至 2015 年第二季度，人民币跨境支付占全球的 1.1%，排名第八位，同期人民币贸易融资占全球的 3.4%，排名第三位；根据国际清算银行（BIS）数据，2013 年人民币在外汇市场的日均交易规模占全球的 1.1%，排名第九位。针对伦敦、香港等 6 个全球及地区外汇交易中心的最新数据表明，人民币外汇交易规模排名估计升至了第八位。其次，人民币加入 SDR 的操作层面问题已解决。具体包括，2015 年 7 月对官方储备管理机构及其代理机构开放固定收益市场，取消额度限制、允许进行衍生品交易、可选择商业银行作为代理，同时简化了账户、托管、交易和结算的流程。9 月底向上述机构开放了外汇市场，允许其直接与商业机构开展外汇即期和衍生品交易、取消衍生品交易的实需要求。其次，继续推进利率市场化，中国人民银行于 10 月取消了存款利率浮动上限；财政部于 10 月初开始每周滚动发行 3 个月期限国债，为计算 SDR 篮子利率提供了人民币代表性利率。最后，中国在数据透明度方面取得显著进展。

这包括 2015 年 10 月正式采纳 IMF 的数据公布特殊标准（SDDS）、2015 年 9 月首次按一定比例参加官方外汇储备币种构成（COFER）调查、2015 年 12 月参加国际清算银行（BIS）的国际银行业统计和 IMF 的协调证券投资调查等。此外，考虑到金融交易量不断上升，《报告》建议调整现有权重计算公式，提高金融变量的权重并增加新的金融变量。

IMF 执董会作出将人民币纳入 SDR 的决定后，总裁拉加德表示，这是中国经济融入全球金融体系的一个重要里程碑，是对中国当局过去多年来在改革其货币和金融体系方面取得成就的认可，中国在这一领域的持续推进和深化将推动建立一个更加充满活力的国际货币和金融体系，这又会支持中国和全球经济的发展和稳定。

总体来看，人民币加入 SDR 有助于增强 SDR 的代表性和吸引力，完善现行国际货币体系，对中国和世界是双赢的结果。人民币加入 SDR 也意味着国际社会对中国在国际经济金融舞台上发挥积极作用有更多期许，中国将继续坚定不移地推进全面深化改革的战略部署，加快推动金融改革和对外开放，为促进全球经济增长、维护全球金融稳定和完善全球经济治理做出积极贡献。

资料来源：《2015 年第四季度中国货币政策执行报告》。

第二节　国际储备的管理

一、国际储备管理的内容

国际储备管理是指一国货币当局根据一定时期内本国经济发展的要求和国际

收支状况，对国际储备的规模、结构等进行确定和调整，以实现储备资产规模适度化、结构最优化的整个过程，是一国宏观金融管理的重要组成部分。国际储备管理包括量的管理和质的管理两个方面。量的管理是指对储备规模的确定和调整，即通常所说的国际储备的总量管理或水平管理；质的管理是指对国际储备结构的确定和调整，也被称作国际储备的结构管理。

二、国际储备总量管理

国际储备总量管理的核心是适度国际储备量的确定。所谓适度国际储备量是指一国政府为实现国内经济目标而持有的用于平衡国际收支和维持汇率稳定所需要的最低限度的国际储备量。

一国国际储备资产的存量不能不足，也不可过多。储备不足，往往会引起国际支付危机，影响经济增长，缺乏对突发事件的应变能力。储备过多，会增加本国货币的投放量，潜伏着通货膨胀的危险；外汇储备积压过多，不能形成生产能力，会导致储备的机会成本上升，带来消耗和投资的牺牲；外汇供过于求，存在本币升值的压力；如果汇率波动频繁，可能蒙受汇率风险。所以，一国国际储备应能满足经济增长和维持国际收支平衡的需要，达到合理利用国内外资源的水平及增长率。要确定一国适度的国际储备水平，就应分析影响国际储备需求的因素和储备供应的一些条件。

（一）影响一国适度储备量的主要因素

（1）经济活动规模大小。如果一国的经济活动规模大，则该国 GNP 相对就大，那么，所需的国际储备就较多；反之，所需国际储备就较少。

（2）国际收支的流量大小。一国国际收支流量越大，可能发生的逆差就越大，因此，需要的国际储备就越多；反之，需要的国际储备就越少。

（3）经济对外开放程度和外贸依存度大小。如果一国对外开放程度越高，外贸依存度（国民经济对外贸易的依赖程度，以进出口额在国民总收入中所占的比重来表示）也越大，则所需的国际储备就越多；反之，就越少。

（4）对外资信的高低。如果一国对外资信高，则在国际金融市场上就容易筹措各种外汇资金，则所需的国际储备量就少；反之，就多。

（5）外债总额的大小。如果一国外债多，那么外债到期偿还的压力就大，所需的国际储备就要多；反之，就少。

（6）外汇管制宽严程度。如果一国外汇管制较严且控制能力较强，则可保持较少的国际储备；反之，则需较多的国际储备。

（7）是否储备货币发行国。如果一国的货币是自由可兑换的货币，是国际储备资产，则该国就可直接用本国货币来支付短期逆差，因而可保持较少的外汇储备；反之，一个国家不是储备货币发行国，则必须保持较多的外汇储备。

（8）与他国的政策协调程度。如果一国与其他国家在经济、金融领域里的协调合作较好，则所需国际储备较少；反之，所需国际储备就多。因为只要能协调合作，无论是外汇收支还是汇率等问题，都比较容易解决。欧洲共同体各成员国由于在财政、关税、金融政策上的协调一致，其储备需求要少一些。

以上列举的影响适度储备水平的因素，涉及政治、经济及社会各个方面，而这些因素的交织作用，使适量储备水平的确定复杂化。

（二）确定最适度国际储备量的分析方法

由于一国国内经济发展和国际经济变动受许多不确定性因素的影响，因此，要准确衡量适度储备量比较困难，目前主要有以下一些方法。

1. 比率分析法（ratio approach）

1947年，美国耶鲁大学罗伯特·特里芬教授以储备需求随贸易增长而增加为根据，提出用储备量与进口额的比率，来测算国际储备需求的最适度水平。但这种测算方法是根据可观察到的和已实现的结果，而不是根据预测或潜在的结果来推算储备需求。而且，以储备与进口的比率来衡量国际储备是否充裕并不具有充分的理论依据，因为国际储备除了受进口的影响外，还要受到国际收支差额、货币供应量、外部筹资能力等多种因素的影响。但该方法在一定程度上揭示了进口与国际储备的关系，具有部分的参考作用，且简便易行，操作性强，可以为储备需求水平的适度性提供一个比较粗略的指标。

继特里芬之后，一些学者又建立了若干比率指标来衡量国际储备的适度水平，如储备与货币供应量的比率、储备与对外短期负债的比率、储备与国际收支差额的比率、储备与GDP的比率、储备与外债总额的比率等，但这些比率与储备进口比率有着相同的缺陷，因此，无论哪种比率都不能单独用来衡量国际储备的充裕程度。

2. 成本收益分析法（cost-benefit approach）

一些经济学家从20世纪60年代开始将成本收益分析法运用到储备需求适度性的研究中。这种方法重点研究发展中国家的适度储备量，它以发展中国家常见的经济条件为理论前提。这些条件是：①由于进口价格上升和出口量下降等原因经常存在外汇紧缺；②因生产进口商品受到限制而存在不能使用的闲置资源；

③在国际金融市场上的筹资能力有限；④在不能为国际收支逆差提供融资时，往往通过削减进口来调节。在上述理论前提下，计算一国持有一定量储备所需花费的机会成本和可能的收益，然后计算出边际成本等于边际收益时的储备量，便是适度储备量。在这里，机会成本是指，如果将外汇用于进口必需的生产性商品所可能产生的那部分国内总产量。储备收益是指，通过运用国际储备，避免在国际收支逆差时过度的紧缩所损失的国内总产量。机会成本和储备收益相等的储备量便是最适度储备量。这一方法有一定的说服力，为外汇储备规模的计量研究奠定了基础，但很难找到实际数据来求得最优的储备量。因此，真正采用这种分析方法还存在一定难度。

3. 临界点分析法

这是以临界点为计算方法，即根据历年来国民经济发展水平找出最高储备量和最低储备量两个临界点，两个临界点之间作为适度储备区，其中的某一动点，便是适度储备量。这种方法认为，经济高速增长，进口量急剧增大，年份所需要的最高储备量，称为"保险储备量"，这是上限临界点。而经济发展缓慢，进口量锐减，年份所需要的最低储备量，称为"经常储备量"，这是下限的临界点。在上限和下限之间便是适度储备区，中间的某一动点便是最适度储备量。

4. 回归分析法

20世纪60年代以后，一些研究人员开始利用回归技术来估计对国际储备的需求，建立了许多经济计量模型，引入了更多的独立变量。这些变量包括：①国际收支变动量；②国内货币供应量；③国民生产总值和国民收入；④持有储备的机会成本，最主要的是与长期利率的关系；⑤进口水平和进口的边际倾向等。这种分析法使对国际储备适度性的测算从静态分析发展为对各种变量的动态分析，更加数量化和精确化。但是，回归模型的建立主要依赖过去的经验数据，而过去的变动趋势是否适用于将来则难以确切证明。

5. "衣柜效应"论

著名的国际经济学家马克卢普在研究国际储备需求决定时提出了所谓的"衣柜效应"（wardrobe effect）理论，认为一国货币当局对国际储备的需求如同女人对时装的需求一样，是多多益善的。他指出：任何货币当局都本能地希望其持有的国际储备年复一年地增长，因此某一时期的国际储备需求不过是前一时期国际储备需求的函数，前者等于后者加上一个增量。

按照马克卢普的说法，一国的国际储备需求似乎是个递增的独立变量，没有客观的依据，主要取决于当事者的主观欲望，并且不存在各国通用的标准。这一理论实质上描述了一些国家在储备需求管理上的态度，他们的目标是在现有的条件下力所能及地持有更多的储备。但实际上，国际储备不可能无偿获得，而是需要付出相应的成本或代价的。由此可见，"衣柜效应"论夸大了主观因素的作用。

上述各种方法表明，国际储备的需求及其适度性是一个极为复杂的问题。影响国际储备需求的因素或变量很多，并且储备适度性的测算也比较困难，各种分析方法虽各有其一定的根据，但各有长短，很难达到测算的准确性。因此，测算最适度国际储备水平，应考虑多方面的因素。

小思考4.1

如果一个国家的国际收支多年连续顺差，该国是否有必要持有特里芬规定的储备储量？

答：根据国际收支差额论，国际储备的需求量主要取决于一国的国际收支差额，国际收支如果是顺差，所需储备就比较少，只需满足进出口之间时差造成的收支差额即可；国际收支如果是逆差，国际储备则需要满足特里芬标准外，还必须能够完全弥补进出口之间的差额。因此，如果一国的国际收支连年出现顺差，就不需要一定持有进口比例法所确定的储备量。需要指出的是，在各国确定适度储备规模的具体操作中，国际收支差额论通常只作为进口比例法的辅助手段，对后者进行必要的修正和调整，而不是衡量储备量大小的独立手段。

三、国际储备结构管理

（一）国际储备结构管理的含义

国际储备总量管理的目的是确定一国国际储备的适度规模，它解决的是国际储备的"量"的问题，国际储备结构管理的目的是确定一国国际储备的内部比例，它解决的是国际储备的"质"的规定性。国际储备结构管理是指一国如何最佳地配置国际储备资产，从而使黄金、外汇、储备头寸和 SDR 四个部分的储备资产持有量之间，以及各部分储备的构成要素之间保持合适的数量比例。显然，国际储备的结构管理可划分为两个层次：其一，国际储备资产四个部分之间比例的确定；其二，各部分储备资产内部构成要素之间的比例确定。

由于 SDR 和在 IMF 的储备头寸的多少都取决于成员国向国际货币基金组织缴纳的份额，其数量受国际货币基金组织的控制，不能随意变更。而黄金产量有限，各国持有的黄金储备量基本都保持着比较稳定的水平。另外，以上三部分储备资产的内部构成单一，不存在要素比例确定的问题，所以，在实际管理中，国际储备结构管理主要是指外汇储备结构的管理。外汇储备结构管理包括外汇储备币种结构管理和储备资产流动性结构管理两个方面。

在浮动汇率制下，各储备货币之间的汇率波动频繁，并经常出现大幅度的波动；国际金融市场利率动荡不定，各种储备货币的利率时高时低；黄金市场价格

金融学科核心课程系列教材

波动频繁，因此，国际储备结构管理具有十分重要的意义。

（二）国际储备结构管理的内容

1. 外汇储备的币种结构管理

自20世纪70年代以来，储备货币从单一的美元转变为多种储备货币并存的局面。一国在选择外汇储备币种时，应遵循以下原则。

（1）储备货币应与贸易支付和金融支付所需货币保持一致。一国持有的外汇储备可以看成一国对外进行贸易支付与金融支付的准备金。一国进口大于出口的缺口部分需要动用外汇储备，为此，必须分析本国是在对哪些国家、哪些商品的贸易中出现缺口，贸易伙伴国以何种货币作为计价货币等，以此作为确定外汇储备币种结构的重要依据。一国对外债务大于债权的净债务部分，也必须以外汇储备支付，为此，应将净债务的计值货币列为该国交易性储备的币种之一。

（2）储备货币应与干预外汇市场所需要的货币保持一致。干预外汇市场以维持本币汇率是一国持有外汇储备的重要目的，为此，一国必须先考虑本国干预外汇市场所需要的储备货币种类，然后据以确定本国的储备货币币种结构。以美国为例，1995年上半年，美元兑日元、美元兑德国马克大幅度贬值，起初，美国基于缩小其外贸逆差等的考虑，并没有对外汇市场进行干预，后来，美元继续贬值危及美元的储备货币地位，于是美国与西方其他六国联手对外汇市场进行干预，大量购入美元，抛售马克与日元，遏制了美元继续下滑的势头。显然如果美国没有大量的马克与日元储备，那么，其干预市场的政策意图将受到阻碍。

（3）应选择多种储备货币，"不把所有鸡蛋放进同一只篮子里"。选择多种储备货币，能够有效地降低汇率风险。不同货币汇率波动的方向有所不同，多种货币组合将使外汇储备的价值趋于稳定。另外，还应根据外汇市场汇率走势，对储备货币币种结构进行适时调整，增加处于升值趋势的硬货币（hard currency）持有量，减少陷入贬值状态的软货币（soft currency）的持有量，达到外汇储备保值增值的目的。

通常认为，一国国际储备可以分为两个部分：一部分基于日常弥补收支赤字和干预外汇市场的需要，称为交易性储备；另一部分基于不可预测的、突发的内外冲击，称为预防性储备。总体来看，交易性储备的币种构成应与弥补收支赤字和干预市场所需用的货币构成保持一致，而预防性储备则应按照分散原理进行投资。

2. 储备资产流动性结构管理

根据流动性的高低，外汇储备资产可以分成三类：

（1）一级储备，即现金或准现金，如活期存款、短期国库券或商业票据等，平均期限为 3 个月，其流动性最高，但收益性差。

（2）二级储备，如各种定期存单、大额存单和政府中期债券，平均期限 2~5 年。

（3）三级储备，主要包括长期债券、AAA 级欧洲债券等各种长期投资工具，平均期限 4~10 年，这类资产的流动性最差，但收益性最高。一级储备作为一国货币当局可随时、直接用于弥补国际收支逆差和干预外汇市场的储备资产，即作为交易性储备；二级储备作为补充性的流动资产；三级储备主要偏重收益性。

至于这三个档次在储备资产中如何具体安排，则视各国的具体情况而定。大体来说，一国应当拥有足够的一级储备来满足储备的交易性需求。这部分储备随时可以动用，充当日常干预外汇市场的手段。一旦满足这种交易性需要，货币当局就可以将剩余的储备资产主要在各种二级储备与高收益储备之间进行组合投资，以期在保持一定的流动性条件下获取尽可能高的预期收益率。

一国在安排储备资产的流动性结构时，还应将黄金、SDR 和储备头寸考虑进去，以保持全部国际储备较优的流动性结构。储备头寸随时可以动用，类似于一级储备。SDR 的使用尽管不附带限制条件，但必须向 IMF 申请，并由 IMF 安排接受 SDR 提供可供兑换外汇的国家，这一过程需要一定的时日，故可以将其视为二级储备。黄金储备安全性较好，但流动性差，使用时必须先兑换成外汇资产，所以被列为高收益低流动性的三级储备资产。

由于国际储备本身的性质，各国货币当局在安排其资产结构时通常较私人投资者更注重资产的安全性和流动性，而相对不那么积极追求收益性。各国大都限制储备资产投资于世界银行和存在国家风险的国家发行的证券以及公司证券，而尽可能将其投资于信誉良好的政府债券和 AAA 级欧洲债券。

第三节　我国的国际储备管理

一、我国国际储备的构成

在新中国成立后 30 年的时间里，由于我国对外经济关系发展比较缓慢，外汇资金实行统收统支，国际储备在当时显得并不重要。党的十一届三中全会以后，随着开放政策的深入贯彻，我国的对外经济往来不断扩大和加深，储备总量日益显得重要起来。1977 年我国开始公布国际储备情况。1980 年我国恢复了在联合国和国际货币基金组织的席位后，我国的国际储备加入世界储备体系。同世界其他基金组织成员国一样，我国的国际储备也是由黄金储备、外汇储备、特别提款权和储备头寸四种形式构成。

　　20 世纪 80 年代以来，随着我国综合国力的不断增强，我国国际储备呈大幅度增长趋势。外汇储备是我国国际储备的主要形式。1981 年以前，我国外汇储备一直低于 100 亿美元；1994 年外汇管理体制改革之后，我国外汇储备增长迅猛，1996 年首次超过 1 000 亿美元，跃居世界第二，仅次于日本；2006 年底则达到 10 663 亿美元，全球排名第一。我国黄金储备、在基金组织的储备头寸和特别提款权数额则相对较少，在国际储备总量中占比较低。我国近年来国际储备构成的具体情况见表 4.5。

表 4.5　　　　　　　　中国国际储备构成　　　单位：亿美元（年底数）

项目	2006 年	2007 年	2008 年	2009 年	2010 年	2011 年	2012 年	2013 年	2014 年	2015 年
总额	10 808	15 473	19 662	24 532	29 142	32 558	33 879	38 804	38 993	34 061
黄金	123	170	169	371	481	530	567	408	401	602
SDR	11	12	12	125	123	119	114	112	105	103
头寸	11	8	20	44	64	98	82	71	57	45
外汇	10 663	15 282	19 460	23 992	28 473	31 811	33 116	38 213	3 843	33 304

资料来源：国家外汇管理局网站。

小思考 4.2

　　我国外汇储备资产是怎样形成的？能否无偿分配使用？

　　答：企业和个人通过商业银行买入和卖出外汇，如果商业银行将净买入的外汇在银行间市场上出售，由中国人民银行购买后就形成了外汇储备。在中国人民银行买入外汇的时候，已经向外汇持有人支付了相应的人民币。从外汇来源的具体渠道看，主要包括三类。

　　（1）企业通过向国外客户出售货物、提供服务或接受外商投资，获得对方支付的外汇，向商业银行结汇成人民币以后在国内使用。结汇过程中，企业将外汇卖给商业银行，同时按汇率获得了相应的人民币资金，其外汇资产转变成人民币资产。

　　（2）居民个人将持有的外汇卖给商业银行后，也获得银行支付的等值的人民币。

　　（3）商业银行从企业和个人购汇后，出于外汇资产负债配置需要，将大部分外汇在各营业窗口又卖给了企业和个人，并将买卖轧差后的多余外汇卖给中国人民银行，中国人民银行支付相应的人民币获得外汇，形成国家的外汇储备。总体来看，外汇储备形成中，企业、个人和银行不是把外汇无偿交给国家，而是卖给了国家，并获得了等值人民币。这与税收和财政收入明显不同。

　　需要强调的是，这些交易都是出于等价和自愿的原则，银行、企业和居民的经济利益在外汇和人民币兑换时得以实现，中国人民银行获取这些外汇是支付了相应的人民币，因此是有成本的，不能无偿使用。

二、我国国际储备的管理体制

从新中国成立到改革开放前这一段时间，我国的国际储备管理十分简单。由于我国尚没有恢复在基金组织的合法席位，国际储备形式主要是黄金和外汇。从国际储备管理体制来说，是由中国人民银行集中管理、统一经营的体制。中国人民银行负责办理对外支付、国际结算和国际融资等业务，并具体执行国家外汇储备的管理和经营。1979 年以后，我国国际储备管理体制发生了较大变化。首先是中国银行从中国人民银行分设出来，独立履行国家外汇专业银行的职能。其次是 1979 年 3 月成立了外汇管理局，主要行使管理外汇储备和外债的职能。最后1984 年确立了中国人民银行的中央银行地位后，在国际储备的管理上形成了由中国人民银行、中国银行和外汇管理局共管的体制。中国人民银行直接管理特别提款权、储备头寸和黄金储备，中国银行负责外汇储备的技术运营，外汇管理局则受中国人民银行的委托具体制定有关外汇储备管理的制度、法规和规章，并负责对外汇储备收支活动进行全面监督。

1994 年我国进行了外汇体制改革，作为国家外汇管理部门，国家外汇管理局在中国人民银行的领导下，全面负责外汇储备的具体经营管理。这一年，国家外汇管理局外汇业务司更名为外汇储备司，统一负责国家外汇储备的经营管理。1998 年 6 月，外汇储备司更名为储备管理司。特别提款权、储备头寸和黄金储备目前仍由中国人民银行直接管理。特别提款权和储备头寸由中国人民银行国际司负责管理，黄金储备则由中国人民银行货币金银局负责管理。

因此，中国目前还不存在统一的国际储备管理机构，多元化的管理体系使各类储备资产的管理部门之间缺乏协调性，割裂了各种储备资产之间的有机联系，难以使得国际储备资产达到整体上最优。

三、我国的外汇储备管理

根据《中国人民银行法》规定，中国人民银行负责持有、管理、经营国家外汇储备。在国务院的领导下，中国人民银行授权国家外汇管理局承担经营管理外汇储备的职责，对外汇储备进行专业化管理。国务院、中国人民银行、外汇局三级决策授权明确，决策有效，符合大规模资产管理的需要，确保了外汇储备管理与货币政策执行、国民经济宏观管理的协调一致。

2007 年 9 月，我国成立国有独资公司中国投资有限责任公司（简称中投公司）专门从事外汇资金投资管理业务。该公司的注册资本金为 2 000 亿美元，来源于财政部通过发行特别国债的方式筹集的 15 500 亿元人民币，是全球最大主权财富基金之一。公司实行政企分开、自主经营、商业化运作的模式；业务以境外金融组合产品的投资为主，并在可接受的风险范围内，争取长期投资收益最大化。中投公司成立后，中央汇金投资有限责任公司作为中投公司的全资子公司整体并入，该公司自设董事会和监事会，负责投资并持有国有重点金融企业的股权，并代表国务院行使股东权利，不开展其他任何商业性经营活动，不干预其控股企业的日常经营活动。

中投公司的投资是基于经济和财务目的，在风险可接受的范围内进行资产的稳健和有效配置，努力实现股东利益最大化；以被动投资、财务投资为主，追求长期的、稳定的和可持续的风险调整后回报。中投公司主要委托外部基金管理人进行境外投资。中投公司在境外主要投资于股权、固定收益和另类资产。另类资产投资主要包括对冲基金、私募市场、大宗商品和房地产投资等。投资区域涵盖发达国家市场和新兴国家市场。中投公司控制投资风险的目标是通过实施积极的风险管理，确保投资活动在可接受的风险范围内有序运作，实现股东利益最大化，包括承担和管理能够带来投资收益的风险，如市场风险和信用风险；规避和减少不能带来收益的风险，如操作风险。

中投公司根据自身投资模式的特点确定了风险偏好与风险容忍度，制定了风险预算，实行全面风险管理制度和以内控管理框架 COSO 标准为基础的内部控制体系。建立了包括执行委员会、风险管理委员会、首席风险官、风险管理部、法律合规部及其他有关部门在内的风险管理组织体系，以有效防范经营风险，确保公司依法、合规、稳健经营。

【阅读资料 4.2】

外汇储备委托贷款

近年来，我国经济平稳较快发展，综合国力和企业实力不断增强，对外经贸往来持续扩大。与此同时，全球经济一体化程度不断加深，经济往来和联系不断加强。国家经济社会的长远发展要求加快转变经济发展方式，提高对外开放水平。"十二五"规划纲要提出"加快实施'走出去'战略"，党的十八大报告提出"加快'走出去'步伐，增强企业国际化经营能力，培育一批世界水平的跨国公司"。随着我国开放型经济的持续深入发展，各方面对外汇资金需求相应增加，外汇管理部门需要进一步做好服务工作。

国家外汇管理局高度重视发挥外汇市场支持国家经济社会发展的积极作用。近年来，在做好外汇管理工作的同时，不断创新外汇储备运用，支持实体经济发展。外汇储备委托贷款是创新运用的重要渠道，是外汇储备委托国内金融机构向实体经济部门发放的外汇贷款，目的是借助金融机构市场化的运作平台和专业能力，通过市场手段满足实体经济的用汇需求。相关操作均按市场化原则和条件开展，各项安排符合一般行业惯例和规则。外汇储备、金融机构和用汇主体权责利明确，激励约束机制有效，风险和收益的分配公平对等。外汇储备委托贷款是标准化的产品，对各金融机构一视同仁，尊重市场选择和意愿，维护市场公平竞争，从而促进金融市场和机构的健康可持续发展。

外汇储备委托贷款业务开展以来，通过调节外汇市场资金供求，扩大了外汇储备投资范围与领域，进一步促进了多元化经营管理，同时始终把防范风险放在首位，实现了外汇储备保值增值，为我国金融机构及外汇市场参与主体扩大对外经贸往来提供了良好的基础条件和融资环境，较好地促进了国家经济社会发展。

资料来源：国家外汇管理局年报（2012）。

我国外汇储备管理从长期、战略角度出发，综合考虑多种因素，进行了多元化货币、资产配置。目前，我国外汇储备资产中包括美元、欧元、日元等多种货币，投资于各主要发达经济体和新兴经济体的政府类、机构类、公司类等多种金融产品。具体来看，外汇储备货币结构首先要适应对外支付的贸易结构，还需考虑金融市场容量等约束条件。考虑到美元仍是国际支付、结算和投资的主要货币，其作为主要国际储备货币的地位短期内不会根本改变，且美国金融市场容量大，经济实力强。以美元为主体、适度分散化、较为稳定的多元化货币结构，可以较好地满足对外支付和资产配置的需要，还可以利用不同货币的此消彼长来分散风险。持有多种货币，以单一货币核算，汇率波动必然带来账面的货币折算差额，需要客观地加以评估。从对外支付角度看，只要外汇储备的货币结构与对外支付结构相匹配，一般情况下不必进行货币兑换，不会因汇率波动产生实际损益。

外汇储备资产结构也面临多重约束，尤其是资产规模大必然意味着外汇储备经营无法实现"船小好掉头"，需要依靠长期、战略的资产配置实现"安全、流动、增值"。因此，外汇储备经营始终保持审慎的投资态度和投资模式，坚持在主要货币和高质量资产中进行多元化。在前几年市场繁荣、次贷产品盛行、风险被掩盖和低估、市场盲目乐观的环境下，外汇储备经营始终保持审慎，没有涉足"次贷"等"有毒"产品，没有投资高风险的衍生产品，投资过程也不以短期投机为主要方式，保障了外汇储备资产的总体安全。

金融学科核心课程系列教材

【阅读资料4.3】

外汇储备经营管理20年（1994~2013年）

党的十四届三中全会开启了外汇管理体制改革大幕，外汇储备进入了由中国人民银行集中经营管理的新历史阶段。1994年，在国家外汇管理局内部成立了专门经营管理外汇储备的机构。过去20年，在国务院、中国人民银行、国家外汇管理局三级授权管理体系下，摸索实践出一条具有中国特色的外汇储备经营管理之路，在国际上树立了专业化的大型投资者形象，实现了外汇储备资产的安全、流动和保值增值，取得了相当不错的经营业绩。

坚持专业化、规范化、国际化的发展建设。20年来，我国外汇储备规模从500多亿美元增至3.8万亿美元，连续8年位居世界第一。为了管好用好如此大规模的资产，外汇储备经营管理以"规范化、专业化、国际化"为目标，分阶段有序推进，从最初的摸索市场规律、开创经营模式、积累管理经验，到现在发展成为具有国际竞争力的资产经营管理机构。资产配置以研究为驱动，建立了风险和收益综合优化的资产配置框架，发展完善了战略配置和战术配置体系。投资管理以投资基准管理模式为基础，围绕基准主动、灵活实施投资策略。风险管理运用先进理念和技术，形成了逆周期的风险管理战略，风险管理框架、方法、工具和手段不断优化。会计清算确保了外汇储备资产完整和安全，实现了交易清算、会计核算和业绩评估的高精准率。信息化建设搭建了全球24小时连续运转的信息系统，建立了支撑前中后台全业务流程的信息化体系，确保信息安全。加强机构队伍建设，培养锻炼了一支业务精良、朝气蓬勃、有战斗力的队伍，建成了各种形式的决策架构、"八部一办"的总部框架以及以北京、新加坡、香港、伦敦、纽约、法兰克福为支点的全球经营平台。

坚持多元化、分散化、多层次的投资运用。20年来，外汇储备经营遵循市场规律，在投资上"不把鸡蛋放在一个篮子里"，从长期、战略的角度出发，在国际市场上进行分散化配置。目前，外汇储备投资横跨70多个国家和地区，包括30多种货币，50多类资产品种，6 000多家投资对象，利用不同货币和资产的此消彼长，降低经营风险，实现动态平衡。过去20年，外汇储备经营始终从国家大局出发，积极探索和拓展运用方式，建立汇金公司支持国有商业银行改革，支持配合国家设立中国投资有限责任公司，认购国际金融公司和国际货币基金组织债券、参与设立东盟十国与中日韩三国（10＋3）区域外汇储备库，创新开展委托贷款业务、设立外汇储备委托贷款办公室支持国家"走出去"战略，开辟了多条渠道运用外汇储备，切实服务我国实体经济发展。

经受住各种危机和市场波动的考验。20 年间，不论国际市场如何风云变幻，外汇储备始终坚持积极稳健经营。亚洲金融危机期间，在确保外汇储备自身经营安全的同时，积极制定流动性安排预案，坚决捍卫了人民币不贬值的庄严承诺。美国次贷危机期间，外汇储备快速有效应对，保障了资产总体安全。欧债危机期间，外汇储备及时启动应急机制，灵活调整投资策略，有效防范化解相关风险，总体实现保值增值目标。

资料来源：国家外汇管理局年报（2013）。

关 键 词 汇

国际储备　国际清偿力　黄金储备　外汇储备　储备头寸　特别提款权
规模管理　结构管理

思 考 题

1. 国际储备的含义与作用是什么？
2. 影响一国国际储备量的主要因素有哪些？
3. 确定最适度国际储备量的分析方法有哪些？
4. 什么是国际储备结构管理，包括哪些内容？

练 习 题

一、单项选择题

1. 国际货币基金组织成员国的国际储备，一般可以分为四种类型，不属于其中的是（　　）。
    A. 货币性黄金　　　　　　　　B. 美元
    C. 在 IMF 的储备头寸　　　　　D. 特别提款权
2. 国际清偿力的范畴较国际储备（　　）。
    A. 为大　　　　B. 为小　　　　C. 等同　　　　D. 无法比较
3. （　　）不是影响国际储备需求的因素。
    A. 国际收支差额　　　　　　　B. 储备的盈利能力
    C. 汇率制度的选择　　　　　　D. 融资能力
4. 第一次世界大战以前，各国最重要的储备资产是（　　）。
    A. 黄金储备　　　　　　　　　B. 外汇储备
    C. 在基金组织的储备头寸　　　D. 特别提款权

5. 安全性最差的储备资产是（　　）。

    A. 黄金储备　　　　　　　　　B. 外汇储备

    C. 在基金组织的储备头寸　　　D. 特别提款权

6. 经济学家（　　）提出一国国际储备的合理数量约为该国年进口量的 20% ~50%。

    A. 马克卢普　　　B. 米德　　　C. 特里芬　　　D. 丁伯根

二、多项选择题

1. 国际储备的主要作用可以体现在（　　）。

    A. 弥补国际收支逆差，平衡国际收支

    B. 干预外汇市场，稳定本国货币汇率

    C. 参与国际金融市场投资，获取收益

    D. 增强本币信誉，提升国际地位

2. 在以下影响一国国际储备需求的因素中，与一国国际储备需求呈负相关的有（　　）。

    A. 持有国际储备的成本　　　　B. 一国经济对外开放程度

    C. 货币的国际地位　　　　　　D. 外汇管制的程度

3. 一般认为，国际储备具有的特征有（　　）。

    A. 营利性　　　　　　　　　　B. 普遍接受性

    C. 可得性　　　　　　　　　　D. 流动性

4. 与其他储备资产相比，特别提款权的特点主要有（　　）。

    A. 不具有内在价值　　　　　　B. 是纯粹的账面资产

    C. 分配极不均匀　　　　　　　D. 具有严格限定的用途

三、判断题

1. 国际清偿力的含义比国际储备要狭窄一些。　　　　　　　　　（　　）

2. 国际储备可用于干预外汇市场，影响外汇供求，将汇率维持在一国政府所希望的水平。　　　　　　　　　　　　　　　　　　　　　　　　　（　　）

3. 从单个国家来说，其国际储备的来源，主要是通过本国国际收支顺差、货币当局的国外借款、外汇市场的干预（出售本币、购入外币）、基金组织分配特别提款权、货币当局收购黄金等渠道获得。　　　　　　　　　　　（　　）

4. 构成官方储备资产的黄金仍然是当今国际储备的主要形式。　（　　）

5. 一般来说，国际收支逆差额与国际储备需求量呈负相关关系，即逆差越

大，对储备的需求越少。　　　　　　　　　　　　　　　　　（　　）

6. 固定汇率制下，一国为了维持既定的汇率水平，需要持有较少的国际
储备。　　　　　　　　　　　　　　　　　　　　　　　　（　　）

7. 如果一国能够确保随时从国外筹措到应急资金，它就不需要持有任何国
际储备。　　　　　　　　　　　　　　　　　　　　　　　（　　）

8. 安全性、流动性和收益性这三个原则在国际储备的管理中是统一的、相
互一致的。　　　　　　　　　　　　　　　　　　　　　　（　　）

第五章 国际货币体系

国际货币体系是国际货币关系的集中反映，在国际金融领域内具有基础性制约作用，它对国际贸易结算、资本流动、各国的外汇储备、汇率的调整及其国际收支会产生重大影响。同时，它也是各国国内金融领域稳定与否的重要标志。因此，国际货币制度日益受到各国政府的重视。本章将主要讲述国际货币体系发展和演变的历史，介绍国际货币体系所经历的各种主要形式，并分析它们形成、发展和演进过程中的原因和问题，并探讨当前国际货币制度存在的问题和改革的方向。

通过本章的学习，要掌握国际货币体系的含义、主要内容以及类型，熟悉国际金本位制、布雷顿森林体系、牙买加体系的主要内容、特征及作用，了解欧洲货币体系产生的过程、欧元的作用和国际货币体系的改革情况与发展前景。

第一节 国际货币体系概述

一、国际货币体系的含义

国际货币体系也称国际货币制度，是指各国政府对货币在国际范围内发挥世界货币的职能所确定的原则、采取的措施和建立的组织形式。它主要包括以下内容：

（1）各国货币比价的确定（即汇率的确定）。包括货币比价确定的依据、比价波动的界限、维持比价所采取的措施、货币比价的调整以及对同一货币是否采取多元化比价等。

（2）各国货币的兑换性。这涉及各国政府为进行国际支付所规定的本国货币对外兑换与支付的条件、范围，如规定本国货币能否对外完全自由兑换，或者具有部分兑换性，以及对外支付是否进行限制等。

（3）国际储备资产的确定。为应付国际支付的需要，各国须保存一定数量的为世界各国所普遍接受的国际储备资产。各国用什么作为储备的标准，不但取决于各国的经济状况，而且也取决于国际协调。在这个基础上，整个国际社会需要多少储备资产，新的储备资产如何供应与创造等，这都需要有国际性的规则和制度。

（4）国际清算的原则。涉及一国政府所规定的一国对外债权债务结算的原则和方式，比如是实行立即结算或实行定期结算，是实行多边自由结算或实行有限制的双边结算。

（5）国际收支调节的原则。涉及国际收支的调节方式，国际收支调节和约束机制以及确定国际收支顺差国和逆差国应该承担的责任等。

（6）黄金外汇流动的自由性。这是指各国政府对黄金外汇出入国境是否加以管制，是否自由流动以及在什么范围内加以限制和不限制等。

小思考 5.1

　　是什么原因促成了国际货币体系的产生？

　　答：国际经济交往的不断发展与深化促成了对国际货币的需要。随着商品交易地域范围的扩展，国与国之间贸易关系的出现以及其他诸多领域的国际交往增多，大量的债权债务关系、资本移动等最终都需要通过货币进行清算和支付。然而，各国货币都是适应本国社会经济的需要，在特定的历史文化背景下发展形成的，所以也只能在本国范围内流通使用，在国际不具有接受性，于是就产生了国与国协调彼此之间货币关系的问题，从而促使了国际货币体系的产生。

二、国际货币体系的类型

国际货币体系的类型，可以按照国际本位货币或国际储备货币和汇率制度这两个标准加以划分。

国际本位货币或国际储备货币是国际货币体系的基础，根据国际本位货币划分国际货币体系的类型可分为三类：一是纯粹商品本位，如金本位就是以黄金作为国际本位货币或国际储备货币；二是纯粹信用本位，如不兑换纸币本位就是以外汇作为国际本位货币或国际储备货币而与黄金无直接联系；三是混合本位，如金汇兑本位就是同时以黄金和可直接自由兑换的货币作为国际本位货币或国际储备货币。

汇率制度是国际货币体系的核心或主导，从汇率制度的角度来看，国际货币体系可分为固定汇率制度、浮动汇率制度以及介于二者之间的有管理的浮动汇率制度。

同时以国际本位货币和汇率制度作为国际货币体系划分的标准，比如金本位条件下固定汇率制度，以美元为本位的固定汇率制度，同时以黄金和外汇为储备货币的可调整的固定汇率制度或者管理浮动汇率制度，以及完全不需要保有国际储备货币的自由浮动汇率制度。

自从国际上出现统一的国际货币体系以来，其发展演变大体经历了国际金本位制、货币集团支配下的国际货币制度，以美元为中心的布雷顿体系以及现行的牙买加体系。下面将从历史与逻辑相统一的角度进行论述。

第二节 国际金本位制

金本位制度是以一定成色及重量的黄金作为本位货币的一种货币制度。所谓本位货币是指作为一国货币制度基础的货币，如金币或银币。国际金本位制就是以各国普遍采用金本位制为基础的国际货币体系。

1816年英国颁布了《金本位制法案》并首先采用了金本位制。葡萄牙在1853年，德国在1871年也采用了金本位制。继德国之后，丹麦、瑞典、挪威、荷兰也相继实行了金本位制。法国、比利时、瑞士、意大利等国则在1878年完全停止银币的铸造，逐渐过渡到金本位制度。1900年美国正式通过法案，实行金本位制，同时沙皇俄国和日本也分别于1897年和1900年实行金本位制。到19世纪末20世纪初，金本位制已具有国际性。尽管当时还有包括中国在内的许多国家并未实行金本位制，但由于这些国家经济不发达，很少参与国际贸易和国际结算，对国际金本位制的形成起不到决定性的影响作用。

国际金本位制是国际货币体系的早期模式，黄金是货币体系的基础，其理论来源是古典的国际贸易理论和国际收支理论。在国际金本位制度下黄金充分发挥世界货币的职能。它充当国际支付手段、国际购买手段和作为财富的代表由一国转移到另一国。从1816年英国正式颁布《金本位制法案》到1936年法国、瑞士、荷兰等国放弃金本位制，金本位制存在的时间总共是120年。

当然我们同时看到，由于20世纪初英国已成为最大的殖民帝国，伦敦当时成为世界贸易结算中心，英镑则是资本主义世界的关键货币。因此，事实上，当时的国际货币体系是一个以英镑为中心以黄金为基础的资本主义世界货币体系。

金融学科核心课程系列教材

一、金本位制的形式、内容及特点

根据货币与黄金的联系程度，金本位制在其发展过程中采取了三种形式，即金币本位制、金块本位制和金汇兑本位制。

（一）金币本位制

金币本位制主要是在第一次世界大战前资本主义各国普遍实行。金币本位制的基本内容或主要特点是：①由国家以法律规定铸造一定形状、重量和成色的金币，作为具有无限法偿效力的本位货币自由流通；②金币和黄金可以自由输出输入国境，数量不受限制；③金币可以自由铸造或持生金请求国家铸造机构代铸，同时也可以将金币熔化为金条、金块；④银行券可以自由兑换成金币或等量的黄金。以上内容或特点就是人们经常讲的金币本位制的四大自由。这些特点使本位货币的名义价值和实际价值相等，国内外价值趋于一致，并使它具有贮藏货币与世界货币的职能。

（二）金块本位制

第一次世界大战后，在 1924 ~ 1928 年资本主义相对稳定时期，一些国家虽然名义上恢复了金本位制，但实际上都无力恢复，而改为金块本位制，其特点是：①金币作为本位货币，在国内不允许流通，而只流通纸币，纸币有无限法偿权；②由国家储备金块，作为发行货币的准备；③不允许自由铸造金币，但规定纸币的含金量、黄金官价，各国货币通过含金量确定固定汇率；④纸币不能自由兑换金币，但在国际支付或工业使用黄金时，可以按规定的限制数量（如当时英国规定为 400 盎司黄金以上），用纸币向本国中央银行兑换金块，即纸币实行有条件的兑现。

（三）金汇兑本位制（即虚金本位制）

第一次世界大战以前这种制度原来盛行于某些殖民地和附属国，它们的货币在钉住宗主国的货币基础上与金币本位保持着一定程度的联系，20 世纪 20 年代，在英、法等国实行金块本位制的同时，德国以及北欧国家也实行过。这种制度的特点是：①国内不流通金币，而流通纸币，并规定含金量与某一关系密切的金币本位制或金块本位制国家的货币以固定比价相挂钩；②货币发行的准备金除少量金块外，主要是货币联系国的外汇，国内货币不能直接兑换黄金，只能兑换货币联系国的外汇，以之与黄金间接发生联系；③这种货币制度，实质上依附于货币联系国，所以汇率波动幅度比金币本位或金块本位制的幅度大。

二、国际金本位制的基本特征

(一) 统一性

在国际金本位制度下，各国所采取的措施大多相同。各国货币同黄金的联系，都有比较明确且比较一致的规定，黄金在国际的支付原则、结算制度和运动规律都是统一的，即都遵守大体相同的做法和惯例。

(二) 松散性

在国际金本位制度下，各国虽然都遵守一些共同的做法，但其形成并不是在一个公共的国际组织领导和监督下出现的，也没有各国必须遵守的共同规章，而是各国自行规定其货币在国际范围内发挥世界货币的办法。所以，就组织监督来说，国际金本位制是相当松散的。

(三) 自发性

在国际金本位制度下，该体系的作用是自发地而不是各国货币当局通过变动政策而发挥出来的。比如国际收支的调节、汇率的变动、国际储备的保留及变动等，基本上都是通过黄金在国际上的自发流动而进行的。

国际金本位制的统一性、松散性与自发性的特征是与当时的国际经济关系的状况相适应的。

三、国际金本位制的作用

国际金本位制是一种比较稳定的国际货币体系，它经历了三种基本形式，其中金币本位制是典型的金本位制，大约运行了近百年的时间，金块本位制和金汇兑本位制则是削弱了的金本位制。分析金本位制的作用主要是以金币本位制，即以传统的金本位制为基础。金本位制的积极作用主要表现在以下一些方面：

1. 国际金本位制有效推动了世界生产及国际贸易和国际投资的发展

在金本位制下，币值比较稳定，这就促进了商品的流通和信用的扩大，同时，它使生产成本较易于计算，生产的规模和固定投资的规模不会因币值变动而波动，从而促进了世界生产的发展。此外，国际贸易和国际资本流动也有了准确的核算依据，有利于国际贸易的稳定增长。

2. 国际金本位制能有效地抑制通货膨胀

在金本位制下，一国货币当局有多少黄金，才能发行多少货币。这种本位制能限制一国政府或中央银行无限制地发行纸币。因此，金本位制是抑制通货膨胀的一个重要因素。

3. 国际金本位制能有效协调各国经济政策

在金本位制下，各国把对外平衡（即国际收支平衡和汇率稳定）作为经济政策的首要目标，而把国内平衡（物价、就业和国民收入的稳定增长）放在次要地位，服从对外平衡的需要，因而国际金本位制也使主要国家有可能协调其经济政策，实行国际合作。

四、国际金本位的崩溃

国际金本位制的崩溃是一个逐渐的过程。19 世纪末 20 世纪初，资本主义发展到帝国主义阶段，由于资本主义各国的政治、经济发展不平衡，金本位制的稳定因素逐渐遭到了破坏。第一次世界大战前，各国为了准备战争，都在世界范围内积极收集和争夺黄金。到 1913 年末，绝大部分黄金已为少数强国所占有，英、美、法、德、俄 5 国已占有世界黄金存量的 2/3，国际黄金的分配日益不均，这就削弱了其他国家货币制度的基础。同时，一些国家为了准备战争，政府支出急剧增长，大量发行纸币，于是国内纸币兑换黄金日益困难，这就破坏了自由兑换的原则。黄金的国际流动日益受到限制，这又破坏了黄金自由输出输入的原则。由于维持金本位制的一些必要条件逐渐遭到破坏，国际金本位制的稳定性也就失去了保证。第一次世界大战爆发后，各国停止了黄金兑换并禁止黄金出口，国际金本位制遂趋于瓦解。战争期间，各国实行自由浮动的汇率制度，汇价波动剧烈。

第一次世界大战结束后，欧洲各国试图重建金本位制，但由于黄金供给不足和分配不均等原因，传统的金本位制已无法恢复。1922 年 4 月在意大利热那亚城召开了有苏、英、法、意、比、日等 29 国参加而美国列席的世界经济与金融会议，会议决定了"节约黄金"原则，建议采用金汇兑本位制。此后，除美国仍实行原来的金币本位制外，英、法等国实行金块本位制，其他国家大都实行金汇兑本位制。虽然金块本位制与金汇兑本位制仍然保持了各种货币同黄金的固定联系，并对当时黄金供求严重失衡的尖锐矛盾起到了一定的缓解作用，但金本位制的基础已严重削弱，黄金已不再自发地起到调节货币流通的作用。同金币本位制相比，有着更加明显的缺陷和不稳定性。这种脆弱的国际货币制度，经过 1929 ~

1933 年世界经济大危机的袭击，终于全部土崩瓦解。英国 1931 年首先宣布废除金本位制，接着葡萄牙、爱尔兰、埃及、北欧各国、加拿大和日本宣布废除。美国于 1933 年，法国、瑞士、荷兰等国于 1936 年停止实行金本位制。至此，曾经在资本主义国家盛行一时的国际金本位制度宣告彻底崩溃。

国际金本位制彻底崩溃的原因很多，除其自身的缺陷外，另有如战争赔款对国际金融的影响，几个国际金融中心的出现，短期资本的流动和世界经济危机的袭击等，但最重要的直接因素则是金本位制的"比赛规则"遭到破坏。而从根本上来看，则完全是资本主义的各种矛盾不断深化所促成的，因而不过是帝国主义时期资本主义各种矛盾和危机进一步激化在货币制度方面的反映而已。

第三节　货币集团支配下的国际货币制度

一、货币集团的出现及主要运作特点

从 20 世纪 30 年代到第二次世界大战以前，随着国际金本位制度的崩溃，西方各国普遍实行纸币流通制度。它们的货币信用制度危机加深，矛盾重重，各国金融实力此升彼降，无法建立统一的国际货币制度。于是在国际货币金融领域，逐步形成了以少数几个资本主义大国为中心的国际货币集团，如英镑集团、美元集团、法郎集团、马克集团等，从而把国际货币制度推入"四分五裂"的局面。

国际货币集团的主要运作特点是：①集团内部以一个主要国家的货币作为中心货币，集团内各成员国货币与中心货币（主导货币）保持固定比价；②集团内各成员国以主导货币作为储备货币，各国之间的结算都通过主导货币进行；③集团内部的外汇支付与资金流动完全自由，但对集团外的收付与清算则实行严格管制，常常要用黄金作为国际结算手段；④集团内各国的黄金与外汇储备，须交主导国中央银行集中保管。除了以上一些共同特点之外，各集团内部管理的松紧程度也有着不同的特点：英镑集团是通过法律的形式对各成员国进行管理和控制，是一个较为紧密的集团；美元集团没有用法律或条约的形式加以控制，因此是一个较为松散的集团；法郎集团相对于英镑集团与美元集团来说，其内部各成员国之间的联系更为密切和广泛。马克集团则是采取严格的汇率控制措施，强制维持集团内各国的固定汇率，保持其货币与黄金的固定比价关系。

二、三大主要货币集团

（一）英镑集团

英镑集团于 1931 年 9 月在英国的主持下建立，其成员包括除加拿大之外的英联邦成员国，以及一些与英国关系密切的国家如瑞典、挪威、哥伦比亚等国家。英镑集团在成立最初几年是一个非正式组织，没有法律约束力，其时有变动。1939 年 9 月，英国宣布外汇管制条例，英镑集团也随之进一步升级为具有法律约束力的货币集团，即英镑区。英镑区是受严密控制的货币集团，各成员国实行英国外汇管制条例；成员国货币与英镑保持固定比价关系，相互自由兑换；区内资金移动不受限制，对区外资金移动须经英国批准；区内贸易、信贷等结算均用英镑；成员国的黄金、外汇收入均须结算给英格兰银行，集中于"黄金美元总库"作为英镑区的共同储备。英镑集团是在 20 世纪 30 年代最早形成的货币集团。

（二）美元集团

美国 1934 年宣布废除金本位制，随之建立起以美国为首的美元集团。1939 年在美元集团的基础上发展成为美元区，其成员有美国、加拿大、菲律宾、利比里亚以及中南美一些国家。与英镑区比较起来，区内各成员之间的关系没有用法律的形式进行约束，因而一直是一个非正式组织。美元集团内成员国货币与美元保持固定比价；集团内各国间对外贸易一般不实行外汇管理，各国间债权债务结算使用美元；外汇储备主要是美元、黄金，外汇储备存放在美国。美元区是一个比较松散的货币集团。

（三）法郎集团

1934 年 10 月，在法国主持下建立了黄金集团，其成员包括法国、比利时、荷兰、意大利、瑞士和波兰 6 国。黄金集团在实际运行过程中，由于成员国国际收支恶化，黄金外流，被迫宣布货币贬值，停止兑换黄金，直到最后禁止黄金输出，放弃金本位制。黄金集团不得不于 1936 年宣布解散。黄金集团是在英美放弃金本位制以后，以法国为首的一些国家试图通过多国联合维持金本位制的一种行动，但终因总体国际金融形势的变化，结果是只维持了两年时间就瓦解了。

黄金集团解散之后，法国为了维护其自身的利益，遂于第二次世界大战期间建立起以法国为中心的法郎集团，其后又发展为法郎区，其成员包括当时亚、非两大洲的法属殖民地和托管地的 10 多个国家。法郎区的运行机制与英镑区大体相同，集团成员以法律形式进行约束，由法国控制。法郎区内流行多种货币，法郎、马里法郎、马尔加什法郎和太平洋共同体法郎，其中以法国法郎为中心货币。法郎区内成员国货币同法国法郎保持固定比价，对法国法郎自由兑换，区内支付使用法国法郎，成员国之间的资金移动一般不受限制，区内各国外汇储备由法国集中保管。

三、货币集团的实质及影响

多个国际货币集团的出现，从本质上说是少数几个资本主义大国为了加强宗主国与殖民地、附属国、邻地之间的联系，为了维护其本国的利益和为了在世界范围内争夺国际货币金融主导权的结果。

货币集团和货币区的形成，使国际货币体系出现异常混乱局面，资本主义国家之间的货币战、金融战日趋激烈，对世界经济产生了巨大的破坏作用。集团内部实行钉住汇率制度，而集团之间则竞相实行货币贬值。英法等国率先压低本币对外币的兑换比率，实行外汇倾销，从中得到不少利益。后来其他国家纷纷效法，使外汇倾销成为一种普遍现象，这就是所谓"货币战"。各国相互实行外汇倾销的结果是利益的相互抵消。因为各国为了对付外汇倾销，一般都采用限制进口、统制外汇等措施，所以国际贸易受到严重阻碍，并进而削弱了各国经济的联系。同时，由于汇率经常波动，进出口商人难以准确把握外汇行情，不得不慎重行事，这也减少了国际贸易往来。总之，货币集团的出现给世界经济发展带来了极其不利的影响。

为了恢复国际货币秩序，主要资本主义国家曾作出一些努力。1936年9月，英、美、法三国达成"三国货币协定"，三国同意尽力维持协定成立时的汇价，减少汇率波动，共同合作以保持货币关系的稳定。同年10月又签订了三国相互间自由兑换黄金的"三国黄金协定"。但由于不同货币集团的对立，国际货币关系仍然充满着矛盾和冲突，"三国货币协定"尽管在抑制外汇倾销方面收到一些效果，但终因第二次世界大战的爆发而使该协定被冲垮，谋求稳定的国际货币秩序的构想终成泡影。

西方国家从统一的国际货币制度分裂为若干货币集团，各集团内部货币比价、汇率波动界限及货币兑换支付均有统一的严密规定，而对集团外的国际收支则采取严格限制，集团之间壁垒森严，限制重重，在这一时期，不存在统一的国际货币制度。这种局面一直持续到第二次世界大战结束。

第四节　布雷顿森林体系

一、布雷顿森林体系的建立与内容

（一）布雷顿森林体系的形成

第二次世界大战使资本主义世界主要国家之间的实力对比发生了巨大变化。其中最主要的是美英两国地位的变化。英国在战争期间受到巨大创伤，经济受到严重破坏，国内生产大幅下滑，出口锐减，外债上升，黄金储备下降到只有100万美元的低水平，但同时英镑仍是一种重要货币，在世界贸易结算中仍占相当比重。而美国大发战争财，发展成为资本主义世界最大的债权国和经济实力最雄厚的国家，其黄金储备在战后达200亿美元，占整个资本主义世界储备总量的一半以上。在经历了第二次世界大战期间各自为政的混乱金融关系之后，美英分别从本国利益出发提出了一套新的国际货币制度方案，即美国的"怀特计划"和英国的"凯恩斯计划"。

"怀特计划"是美国财政部官员怀特提出的国际稳定基金方案，"凯恩斯计划"是由英国财政部顾问凯恩斯制定的。凯恩斯方案和怀特方案均从各自的利益出发，前者强调贸易权势，后者强调黄金权势，前者希望增加汇率变动的灵活性，主张用班戈（Bancor）作国际货币，采用多边清算制，不主张回到金本位制；而后者则主张较大的汇率固定性，用尤尼他（Unita）作为国际货币，实际上班戈和尤尼他都未被采用，而是以美元作为国际货币，主张回到某种形式的金本位制。英国人认为，美国方案对其他国家主权侵犯太大，同时他们反对给予美元以国际货币的特权。美国人认为凯恩斯极力反对外汇汇率稳定而大力主张通货贬值，膨胀信用。1944年7月参加联合国国际货币金融会议的44国代表在美国新罕布什尔的布雷顿森林（Bretton Woods）会议讨论了这些方案。在会上，美国凭借它的实力地位，迫使与会各国接受了"怀特方案"，最后通过了以该协定为基础的《国际货币基金协定》和《国际复兴开发银行协议》，这两个协定总称为《布雷顿森林协定》。这标志着战后以美元为中心的国际货币体系即布雷顿森林体系的正式建立。

（二）布雷顿森林体系主要内容

布雷顿森林体系的主要内容有以下几个方面。

金融学科核心课程系列教材

1. 建立国际金融机构

根据《国际货币基金协定》建立一个永久性的国际金融机构，即国际货币基金组织，对货币事项进行国际磋商。基金组织作为第二次世界大战后国际货币制度的中心，具有一定的任务和权力，它的各项规定，构成了国际金融领域的纪律，在一定程度上维护着国际金融与交易的秩序。同时，根据《国际复兴开发银行协定》建立国际复兴开发银行，即世界银行，目的是为了加强国际间的经济合作和稳定世界货币金融。按照规定，只有参加国际货币基金组织的国家，才能申请作为世界银行的成员国。两个国际金融机构，分别于1945年12月27日经会员国政府批准生效。总部设在美国首都华盛顿。

2. 确定国际储备资产

布雷顿森林体系以黄金为基础，以美元作为关键货币，美元同黄金直接挂钩，确定1盎司黄金等于35美元的黄金官价。各国政府或中央银行可以随时用美元按黄金官价向美国兑换黄金。与此同时，其他国家货币与美元直接挂钩，以美元的含金量作为规定本国货币平价的标准。各国货币与美元的汇率可以按各自货币的含金量确定，也可以不规定含金量而只规定与美元的比价。这就意味着，美元通过直接与黄金挂钩，取得了等同黄金的地位，其他国家货币又与美元挂钩，从而使美元同黄金一起共同构成为国际储备资产。

3. 采用可调整的钉住汇率制

《布雷顿森林协定》规定，各国货币对美元的汇率，一般只能在平价上下1%的幅度内波动。超过这个幅度，各国政府有义务在外汇市场上进行干预，以维护汇率的稳定。成员国的货币中，一经基金组织确定公布，就不得任意改变。只有当一国国际收支发生"根本性不平衡"，才允许贬值或升值，但必须与国际货币基金组织协商后才能变更。一般来说，若平价变更的幅度在10%以下，成员国可自行调整，事后只需通知基金组织确认即可。若平价变动的幅度达到或超过10%，则必须事先经过基金组织的批准，该国无权自行决定。这一汇率制度被称为可调整的钉住汇率制，即所谓战后的固定汇率制。

4. 资金融通措施

基金组织通过实行一系列的资金融通措施，提供辅助性的储备供应来源。《布雷顿森林协定》规定，成员国份额的25%以黄金或可兑换成黄金的货币缴纳，其余部分则以本国货币缴纳。会员国在需要国际储备时，可用本国货币向国际货币基金组织按规定程序购买（即借入）一定数额的外汇，并在规定的期限内以用黄金或外汇购回本币的方式偿还这笔外汇基金。成员国在基金组织的借款能力，一般同其缴纳的基金份额相当。认缴份额越大，其借款能力也就越强，同时其投票权也就越大。基金组织的"普通资金"账户是最基本的贷款账户,它只限调节成员国国际收支中的经常账户的逆差,并且贷款的发放有严格的标准,且实行分档政策。如会员国在任何一年内借用普通资金都不能超过其份额的25%,5年之内累积不得超过其份额的125%。另外,基金组织还规定顺差国须共同承担调节其他会员国国际收支逆差的责任。

5. 取消外汇管制

《布雷顿森林协定》规定,各成员国不得限制经常账户支付,不得采用歧视性的货币措施,要在兑换性的基础上实行多边支付。但以下三种情况除外:①允许对资本账户的交易采取管制措施;②会员国在战后过渡期,由于条件不具备,也可延迟履行货币兑换性义务,这类国家被列为"第十四条款国家",而履行兑换性义务的国家被列为"第八条款国家";③会员国有权力对"稀缺货币"采取临时性的兑换限制。

6. 稀缺货币条款

若一国国际收支持续大量盈余,基金组织可将它的货币宣布为"稀缺货币"。当这种货币在基金组织的库存下降到这个会员国的份额75%以下时,基金组织可按逆差国家的需要实行限额分配,其他国家有权对"稀缺货币"采取临时性的兑换限制。

从以上可以看出,布雷顿森林体系的核心就是在国际货币基金组织的管理、协调和监督下实行"两个挂钩"以及所采取的维护固定汇率的措施。而"两个挂钩"则构成了支撑布雷顿森林体系的两根支柱。

二、布雷顿森林体系的特点和作用

(一) 布雷顿森林体系的特点

1. 在国际储备资产确定方面,布雷顿森林体系实行的是黄金——美元本位制

这个体系是以黄金为基础,以美元作为最主要的国际储备货币。根据协议,美元直接与黄金挂钩,各国确认1934年美国规定的35美元折合1盎司黄金的官价,1美元约合0.888671克黄金,各国政府或中央银行随时可用美元向美国政府按官价兑换黄金,其他国家的货币可与美元直接挂钩,以美元的含金量作为各国规定货币平价的标准,各国货币与美元的汇率,则按各国货币的含金量确定,或不规定含金量而只规定与美元的比价,间接与黄金挂钩。这样,其他国家的货币就钉在美元上面,美元等同黄金,成为布雷顿森林体系的关键货币(key currency)。这种美元与黄金挂钩、各国货币与美元挂钩的体制被称为"双挂钩"制度,这种制度使得美元不仅成了确定成员国货币币值的标准，而且成了等同于黄金的储备货币，形成了以美元为中心的国际货币体系。

2. 在汇率机制方面，布雷顿森林体系实行的是一种可调整的固定汇率制度

协定对各国货币的汇价规定了较小的波动幅度，即波幅不超过平价上下各1%。各国有责任把它们的货币汇率维持在这一波幅之内，以保持外汇行市的稳定。只有在一国国际收支发生"根本不平衡时"才允许贬值或升值。所以在可调整的钉住汇率制下，平价的变动是调节国际收支的重要手段。平价的任何变动都要经过基金组织的批准。事实上，在平价10%以内的变动可以自行决定，更大的变动，则没有时间限制。所以这种固定汇率制度结合了汇率与弹性汇率的特点，较之国际金本位制度更为灵活。

3. 在国际收支调节机制方面，布雷顿森林体系主要采取四种调节手段

（1）向国际货币基金组织的短期资金融通。基金组织是布雷顿森林会议后建立起来的一个永久性国际金融机构，对国际货币事务进行磋商，它是战后国际货币制度的中心，对会员国融通资金，以稳定外汇市场，调节国际收支，扩大国际贸易。当成员国发生短期性国际收支失衡时可以向基金组织提出融资申请，用以对外支付以平衡国际收支，但融资的获得往往有一系列附带条件。

（2）动用特别提款权以平衡国际收支。各国拥有的特别提款权是基金组织按各成员国在组织认缴的份额无偿分配的、主要用于补偿对外清偿能力的国际储备资产，这部分国际储备的获得与动用不附带条件。

（3）汇率调整。这种手段只有一国在发生根本性国际收支失衡时才能动用，但到底什么才是"根本性失衡"，协定并没有明文规定，这是英美两国互相妥协的结果。

（4）加强各国间的金融合作，其中较重要的是有关"稀缺货币条款"的规定。协定规定，一国国际收支持续有大量顺差，基金组织可以将它的货币宣布为"稀缺货币"。当这种货币在基金组织的库存下降到这个会员国的份额75%以下时，这种情况就会发生，基金组织可按逆差国家的需要实行限额分配，其他国家有权对"稀缺货币"采取临时性的兑换限制。这一条款反映了顺差国和逆差国共同调节的责任，但没有真正实现，基金组织从未宣布过任何一种货币为稀缺货币。这也说明布雷顿森林体系仍然缺乏一个行之有效的调节机制。

由此可见，布雷顿森林体系实际上也是一种国际金汇兑本位制度，主要表现在如下几方面：一是国际储备的黄金与美元并重，且美元取代英镑成为举足轻重的国际储备资产，各国政府可以用美元向美国兑换黄金，但这种兑换是有条件的，所以是被削弱的金汇兑本位制。二是汇率确定仍以货币含金量作为平价标准，且有规定的波动范围，但这种汇率是可调节的，因此它是一种较松散的金汇兑本位制。三是国际收支调节手段多样化，除了国际金本位制下的国内调节方式，还有汇率调节、融资平衡、动用特别提款权等多种方式，因此它是一种较灵活的金汇兑本位制。

（二）布雷顿森林体系的作用

布雷顿森林体系的建立和运转对恢复和发展世界经济起了巨大推动作用。战后世界各国严重缺乏资金和国际储备，黄金—美元本位的实行，使得战后黄金产量增长停滞得到了大量的美元供应的有力补充，这在一定程度上解决了国际储备的短缺。战后西欧经济的恢复和发展，与美国"马歇尔计划"大量的美元输血性供给是分不开的。而且，货币间汇率实行可调整的钉住，是一种相对稳定的汇率，一般情况下不会出现大的变动。储备的充足和汇率的稳定促进了国际贸易的发展和国际资本的流动，推动了世界经济的发展。此外，在布雷顿森林体系之下，国际调节手段的多样化，使各国平衡国际收支的能力增强，靠牺牲国内稳定来获得外部均衡的可能缩小，既定的货币政策和经济政策能够较顺利地贯彻执行，国内生产得到了保障。而国际货币基金组织的建立和运作，通过对会员国提供各种类型的贷款，一定程度上稳定了国际金融局势，提供了一个国际货币合作的讲坛，对促进各国在金融领域的合作和多边支付体系的建立等方面起了重要作用。事实上，基金组织在战后已成为世界经济发展的三大支柱之一，有力地推动了世界经济的恢复和发展。

三、布雷顿森林体系的崩溃

（一）布雷顿森林体系的缺陷

布雷顿森林体系的建立和运作是以战后美国在世界经济、金融领域的绝对霸权为依托的。随着世界各国经济的发展和相对实力的消长，这一体系日益暴露出一些难以克服的缺陷：

（1）布雷顿森林体系以美元作为主要储备资产面临着这样一个问题：一方面世界储备总量的增长有赖美国向世界各国的美元供给，这要求美国在国际收支上处于逆差地位；另一方面，作为储备货币的发行者，美国有责任在国际收支上保持顺差来维持各国对美元储备的信心。这样就把美国和美元扔进了一个进退两难的困境，即所谓"特里芬难题"（Triffin dillemma，由耶鲁大学教授特里芬首先提出）。实际上，以任何一国货币作为储备资产，都将面临以上难题。

金融学科核心课程系列教材

（2）布雷顿森林体系实行的是一种可调整的固定汇率制，各国货币钉住在美元上，一则造成了各国货币对美元的依附关系，美国货币政策的变化对各国经济存在着重大影响，二则会加剧世界性的通货膨胀。根据《布雷顿森林协定》规定，在各国货币对美元的汇率超过规定的界限时各国政府有义务在外汇市场上进行干预活动。如美元汇率下跌，其他国家的官方金融机构就要大量抛售本国货币，买进美元，促使美元汇率回升，结果这些国家的货币流通量增多，通货膨胀加剧。

（3）布雷顿森林体系下国际调节机制也不健全。布雷顿森林体系下国际收支的调节手段主要有两类：短期失衡由基金组织融资解决，长期的根本性失衡则通过汇率调整来平衡，而根本性失衡的表述是很模糊的。在实际操作上国际收支调节仍然着重于国内政策的调整。国际货币体系的根本问题是建立一个有效的调节机制并提供足够的国际清偿力，在调节过程中减少国内调整的压力与对外部的依赖。这一点布雷顿森林体系显然还未能做到。

（二）布雷顿森林体系崩溃的过程

20 世纪 60 年代初，美国统治地位开始衰落，美元地位亦由强转弱。60 年代开始以后，美元危机频繁爆发，1960～1973 年共爆发了 10 次。每爆发一次美元危机，美国政府总是要单独采取或迫使其他国家采取违反国际货币基金协定所规定的准则的措施，以维护美元的霸权地位，促使美元危机频繁爆发。最终导致以美元为中心的资本主义国际货币体系彻底崩溃的主要原因有两个：美国国际收支逆差的巨额积累和愈演愈烈的通货膨胀。

第二次世界大战结束以后，美国为了推行其在军事、政治和经济上控制世界的全球性战略计划，不得不支付巨额的海外军事和政治费用。1950～1974 年，在美国国际收支构成中占有重要地位的政府账户差额年年赤字。25 年的赤字积累总额高达 984.21 亿美元。"美元荒"逐渐演变为"美元灾"。美国政府推行的通货膨胀政策是激化美元危机的另一个重要原因。战后美国的货币供应量增长很快，其中信用膨胀是通货膨胀的重要组成部分。自 1950 年以来，美国公私债务急剧膨胀。1950 年，美国公私债务总额约 4 800 亿美元，1975 年超过 26 000 亿美元，25 年间美国公私债务增加了 4 倍。1960 年爆发了美国第二次世界大战后第一次美元危机，美国黄金储备降至 178 亿美元。美国为了减轻维持黄金官价的责任，于 1961 年联合西欧 7 个国家建立黄金总库，以稳定伦敦自由市场上的黄金价格。1968 年 3 月爆发了第二次美元危机，美国单方面废除了按 35 美元等于 1 盎司黄金对私人购买者提供黄金的规定。在积累了长期的国际收支逆差和财政赤字之后,1971 年又爆发了两次严重的美元危机。尼克松政府于 8 月 15 日宣布实行"新经济政策",停止美元兑换黄金,并对进口增加 10% 的附加税,压迫联邦德国和日本等实行货币升值,以改善美国国际收支状况。在极其混乱的背景下,西方国家经过长期磋商于 1971 年 12 月达成了"史密森协议",主要内容是调整货币平价和扩大汇率波动范围:第一,美元对黄金贬值 7.89%;第二,一些国家货币对美元升值 2.76% ~ 16.9% 不等;第三,将市场外汇汇率的波动幅度从金平价上下的 1% 扩大到平价上下各 2.25%。这个协议只是暂时应急措施。1972 年和 1973 年美元又两次贬值。1973 年 3 月,各国货币普遍对美元浮动,结束了《布雷顿森林协定》所规定的准固定汇率制,布雷顿森林体系彻底瓦解。

第五节 牙买加体系

布雷顿森林体系之后的国际货币体系如何称谓,学者们有着不同的提法,如"牙买加体系""后布雷顿森林体系""多元化的国际货币体制"等,也有学者认为布雷顿森林体系之后世界进入"无体制"的时期。这些提法虽然不同,但从对现行国际货币体系的分析所涉及的主要问题来看则基本上是趋于一致的。从历史发展的实际来看,现行国际货币体系基本上是在《牙买加协定》的基本框架基础上演进的,因此,分析现行货币体系离不开《牙买加协定》这一转折点。

一、牙买加体系的形成

布雷顿森林体系崩溃后,国际货币金融秩序受到猛烈冲击和严重的影响,呈现一派极度动荡混乱的局面。因此,改革国际货币体系成为国际金融领域十分紧迫的重大问题。1976 年 1 月,国际货币基金组织下属的"临时委员会"在牙买加举行会议,围绕国际货币体系的若干问题达成了协议,这就是著名的"牙买加协定"。该协定的主要内容是:

(1)增加会员国的基金份额,由原来的 292 亿特别提款权增加到 390 亿特别提款权,即增加 33.56%。各会员国应缴份额的比重也有所改变,主要是石油输出国的比重由 5% 增加到 10%,其他发展中国家维持不变,主要西方国家除前西德和日本略有增加外,其他各国都略有降低。

(2)浮动汇率合法化。会员国可以自由选择任何汇率制度,但各国的汇率政策应受基金组织的管理和监督。协议还规定实行浮动汇率制的国家,应根据经济情况的变化，逐步恢复固定汇率制。在将来世界经济出现稳定局面后，基金组织可经过总投票权85%的多数通过，决定实行稳定的但可调节的固定汇率制。

（3）实行黄金非货币化。取消原协定中有关黄金问题的一切条款，彻底割断黄金与货币的联系，让黄金成为单纯的商品。基金组织持有的黄金，其中1/6按市场价格出售，以其超过官价部分作为援助发展中国家的资金；另外1/6按官价退还各会员国；其余部分根据总投票权85%的多数通过的决议进行处理。

（4）提高特别提款权的国际储备地位，在未来的货币制度中，应以特别提款权作为主要的储备资产。

（5）扩大对发展中国家的资金融通。基金组织以出售黄金所得收益设立一笔信托资金，用于援助最贫穷的发展中国家，同时扩大基金组织信用部分贷款的额度，由占会员国份额的100%增加到145%，并放宽出口波动补偿贷款的额度，由占份额的5%提高到75%。

《牙买加协定》发表后，国际货币基金组织执行董事会即着手进行第二次修改基金协定的活动。1976年4月，国际货币基金组织理事会正式通过了《国际货币基金协定第二次修正案》。1978年4月1日，经修改的国际货币基金协定获法定60%以上的会员国和80%以上多数票的通过，从而正式生效。于是，国际货币制度进入一个新的阶段——牙买加体系。

二、牙买加体系的特征

（一）国际储备资产多元化

由于《牙买加协定》关于把特别提款权作为主要储备资产的设想难以实现，黄金—美元本位制又难以维持，国际储备资产出现了分散化趋势，黄金、美元、特别提款权以及其他一些可兑换货币如德国马克、日元、英镑、法郎、瑞士法郎、荷兰盾等都作为官方储备。在多元化的国际储备中，黄金的国际货币职能虽然经过推行"黄金非货币化"政策受到了严重削弱，但并没有完全消失。黄金在世界各国的储备资产中仍占有重要地位。1994年3月，黄金占世界总储备资产的24.53%，其中美国的国际储备资产中黄金占56%，一些国家比如法国、瑞士、南非、俄罗斯等国的国际储备中黄金所占比重接近和超过50%。这说明黄金仍然是主要的国际储备资产，仍然是最后的国际清偿手段和保值手段。美元的地位下降但仍是主要的国际货币，目前世界上约有2/3的进出口贸易用美元结算，在各国的官方外汇储备中美元所占比重在60%左右，美元也是当前国际金融市场上外汇的重要手段和主要的市场干预货币。德国马克、日元、复合货币的国际地位日益加强。

（二） 多种方式的浮动汇率制

1973 年以后，许多国家开始实行浮动汇率。《牙买加协定》对各国实行浮动汇率制从国际条约上给予了肯定。至目前，世界上 100 多个国家基本上都实行了浮动汇率制。但各国所采取的汇率浮动的方式则是多样的，既有单独浮动，又有钉住浮动，还有联合浮动。一般来说，发达的工业化国家多数采取单独浮动或联合浮动，但也有的采取钉住自己选定的一篮子货币实行某种管理浮动汇率制度。发展中国家多数采取钉住汇率制，主要是选择钉住美元、法国法郎和复合货币如特别提款权和欧洲货币单位，也有钉住自己选定的一篮子货币。

对于现行的多样化浮动汇率制，如果从自由浮动和管理浮动来看，现实生活中并不存在完全决定于市场供求关系而不受政府干预的"清洁浮动"。因此，广义地讲，现行多样的浮动汇率制事实上属于多种形式的管理浮动汇率制。

（三） 多渠道调节国际收支

布雷顿森林体系下，当成员国发生暂时性国际收支失衡时通过基金组织来调节，当成员国发生国际收支根本不平衡时，经过基金组织同意改变货币平价，通过汇率变动来调节。现行国际货币体系下，各国的国际收支调节则是通过多种渠道进行的，包括利用汇率机制和利率机制、基金组织的干预和贷款、国际金融市场融资、吸收外来投资、国内宏观经济政策的调整和变动外汇储备资产等。

（四） 区域性货币集团迅速发展

布雷顿森林体系崩溃以后，世界的政治经济格局不断发生演变，表现在国际货币金融领域，就是区域性货币集团不断发展，其中最令人瞩目的是欧洲货币体系。欧洲货币体系于 1979 年 3 月正式成立，其目的是防止美元危机的冲击，保持欧洲主要货币的稳定，并为欧洲共同体各国的经济货币一体化创造良好的环境。欧洲货币体系经过 20 年的发展，终于在 1999 年 1 月 1 日建立了欧洲统一货币——欧元。在非洲、中东、拉美等地区，自 20 世纪 60 年代开始，先后建立了中非关税与经济同盟、东非共同体、西非国家经济共同体、阿拉伯货币基金组织以及中美洲共同市场等，为各个地区实现货币一体化和实行货币集团创造了一定的条件。可以预见，在欧洲货币一体化成功发展的影响和示范下，区域性货币集团将会继续得到发展。

应该指出的是，以上我们所分析的牙买加体系的基本特征，并不是各国共同

金融学科核心课程系列教材

认可并清楚规定的游戏规则的完全反映，而主要是在《牙买加协定》自由化和市场化原则的框架下市场机制自发作用的结果。

三、牙买加体系的利弊

（一）牙买加体系的积极作用

牙买加体系运行 30 多年的实践，表明它基本符合世界经济的发展状况，对维系国际经济运转和推动世界经济的发展具有一定的积极作用。

多种方式的浮动汇率制能够比较灵敏地反映不断变化的国际经济状况，有利于世界经济的发展。主要表现在：①各国货币汇率可以根据市场供求情况自动调整，从而使各国货币币值得到比较充分的体现，不会偏离实际价值太远；②可以使一国宏观经济政策更具独立性和有效性，不再会被动地为了外部经济平衡而牺牲内部经济平衡；③各国还可以减少为维持汇率稳定所必须保留的应急性外汇储备，和减少这部分资金因脱离生产而造成的损失；④各国具有发展国际经济的主动性和积极性，从而有利于世界经济金融的创新和发展。

多元化的国际货币摆脱了原先对美元的过分依赖，基本上解决了"特里芬难题"，从而在世界经济繁荣时期，可以缓解国际清偿能力的不足，在世界经济衰退时期，也不会发生全部储备货币危机并影响整个体系的稳定。同时，多元化国际货币对分散汇率变动的风险、促进国际货币金融领域的合作与协调也起到了积极作用。

对国际收支采取多种调节机制相互补充及综合运用的办法，缓和了布雷顿森林体系下国际收支调节的困难。同时也基本适应各国不同的经济环境和发展水平。

区域性货币集团的发展，对区域内国家和地区的经济，从而对世界经济都有一定的促进作用。

（二）牙买加体系的弊端

多种方式的浮动汇率制在其发挥积极作用的同时，也给世界经济和金融带来了严重的后果。主要表现在：①汇率的频繁波动使进出口商品的成本、利润难以计算，进出口商双方都容易蒙受外汇风险的损失，因而往往影响世界贸易的发展；②汇率的频繁变动，在借贷关系上债权债务双方都容易受到损害，甚至引发国际债务危机，从而影响国际信用的发展；③汇率的频繁变动，会引起物价、工资的变动并容易导致各国及世界性通货膨胀，从而引起货币贬值和通货膨胀的恶性循环；④汇率的频繁变动，在一定程度上助长外汇投机活动，加剧国际金融市场的动荡。

多元化的国际货币，使得国际货币关系中缺少统一和稳定的货币标准。国际货币格局错综复杂，这是世界经济不稳定的因素之一。因为只要储备货币发行国中的一个国家的经济或金融出现重大变动，国际金融市场就会产生严重动荡。多元化国际货币的这种内在不稳定性，对发展中国家尤其不利。因为国际储备体系是由支配世界经济的国家的货币所组成，发展中国家的经济基础薄弱，又缺乏对付金融动荡的经验和物质准备，所以，它们在国际贸易和储备资产方面遇到困难或国际金融动荡时所遭受的损失要大得多。

国际收支多渠道的综合调节，虽然可以发挥相互补充和配合的作用，但由于缺乏一个内在统一协商机制，因而它们所起的调节作用是有限的，全球性的国际收支失衡问题一直不能得到妥善解决反而日益严重。长期以来，逆差国不能消除赤字，调节国际收支不平衡的责任往往完全落在逆差国身上，而对顺差国则没有限制条件。所以，现行国际收支调节机制是不健全、不完善的。

众多区域性货币集团的出现和发展，将会削弱国际货币组织的作用，加剧国际金融领域的矛盾和冲突，从而给国际金融和世界经济带来新的问题。

四、国际货币制度的改革

（一）现行国际货币制度的主要特征

20 世纪 70 年代末以来，在国际货币基金协定第二次修正的条件下，国际货币制度在世界经济的风云变幻中继续演进，然而自 20 世纪 90 年代以来，正当全球经济一体化加快步伐的时候，世界范围内的金融危机此起彼伏。1994 年的墨西哥金融危机，1997 年的东南亚金融以及此后的阿根廷金融危机，充分暴露了当今国际货币制度的缺陷。现行国际货币制度的主要特征如下：

1. 储备货币多元化，但美元作为关键货币的地位尚未结束

自布雷顿森林货币制度崩溃以后，由于黄金非货币化，特别提款权的作用有限，而美元本位又难以维持，储备货币出现了多元化的趋势，1991 年欧元推出，地位不断上升，成为美元强有力的竞争者。但与此同时，仍应清楚地看到，世界各国储备货币中美元仍占压倒优势。其主要原因是：利用美元在发达的美国资本市场投资较为方便，美国拥有首屈一指的经济实力，国际贸易中以美元计价结算十分流行，各国中央银行干预外汇市场需要美元等。在今后相当长的一个时期内，美元作为主要储备货币的地位不会丧失。

金融学科核心课程系列教材

2. 浮动汇率长期化

《牙买加协定》承认浮动汇率合法化，同时强调在条件成熟时要及时恢复固定汇率制度。可牙买加会议后十几年来，浮动汇率制度不但合法化，而且长期化，至今也没有出现恢复固定国际汇率制度的苗头。

一般认为，在浮动汇率制度下，一国政府推行本国政策有较大的回旋余地，可以不受外部约束。例如，政府可以运用货币供应量及利率等工具来影响整个社会经济活动；通过汇率的变动，一国可以在必要的时候较为自然地并且有效地调节其对外经济，避免采取提高关税、进口限额、外汇管制和抑制国内需求等带有较多破坏性的措施；汇率的波动能防止通货膨胀的国际传递，使一些国家较为顺利地克服国内的通货膨胀。

但近 20 年的经验表明，完全自由的汇率浮动也带来不少问题。第一，汇率波动幅度过大增加了国际贸易和对外投资的不确定性，使之风险陡然增大；第二，事实证明，各国经常项目收支对汇率变动的反应迟缓，因而它对国际收支的调节作用不大；第三，汇率过度波动，使基金组织对国际储备的控制削弱，主要硬通货国家的膨胀政策可以肆意继续下去，而无国际收支问题之虑，这必将引起整个世界物价水平的提高。

因此，许多国家采取各类措施稳定汇率，从而形成了所谓的管理浮动。自 20 世纪 80 年代中期以来，西方主要国家联合干预国际金融市场，抑制汇率的过度波动，收到了一定的效果。但干预往往是在难以辨别汇率变动真正原因的情况下进行，有时强行干预基本经济情况的变动所引起的汇率波动妨害了正常的经济发展。而各国政府的干预又免不了照顾其一己私利，改变干预的初衷，抵消干预的效果。综观风云变幻的世界经济和捉摸不定的国际金融市场，汇率的真正稳定是不可能的，浮动汇率的长期化已是大势所趋。

另一方面，现行的货币体系的汇率制度安排与金融全球化的矛盾也越来越尖锐。在金融市场不断开放的背景下，外汇交易与贸易和投资的相关性越来越小，各种短期资金移动和衍生交易已经成为影响汇率的重要因素。但是现行汇率制度将汇率的决定权完全交由各国自己决定，缺乏相应的国际协调。于是汇率上的扭曲和无规则的大幅波动成为经常现象，这也为金融危机和经济危机的爆发孕育了条件。

3. 现行国际货币制度缺乏一个最终贷款者的角色

现代经济是信用经济，在一国国内发生信用危机时，由本国中央银行来调节和负担。但发生全球性金融危机时，现行国际货币习题中缺乏这样的管理者和最终贷款人的角色。IMF 不仅尚无能力防范危机，而且在发生危机后提供资金援助也难以为继，不能担当最终贷款人的角色。而且金融全球化使 IMF 的职能发生异化。当金融危机发生时，IMF 并无义务干预，只有在这种为你可能威胁多边自由支付时，IMF 才会提供援助，而这时往往已经错过了治理危机的最好时机。另外，IMF 在援助是通常会提出紧缩方案，而这更会加剧成员国经济的衰退。

4. 现行国际货币制度中金融监管内容狭窄

现行国际金融的监管的主要对象是跨国银行和跨国银行的活动，虽然国际清算银行和巴塞尔委员会提出的资本充足率标准和分线判断已被广泛接受，但其制约力毕竟有限。对于日益国际化和全球化的证券投资活动，金融衍生品的交易以及涉及这些交易的跨国投资基金、保险公司、证券公司等，目前缺乏有效的监管，实际上处于一种放任自流的状态。

5. 现行国际货币制度过多地维护债权人的利益，使缓解国际金融危机的机制产生缺陷

当国际金融危机爆发后，IMF 和国际政府资金援助的目的，主要是让受援国维持偿债能力，受援国的社会经济发展放在次要的地位。这就可能引发道德风险，使受益人往往成为国际债权人。

（二）国际货币制度改革的主要方案

在国际货币制度何去何从的问题上，各国家集团出于自身利益的考虑，持有不同的态度，基本上形成了美国、西欧和日本、发展中国家三个不同的集团。为了建立国际货币新秩序，他们曾提出了一些积极的建议和方案，这些方案和基本围绕国际储备货币确定和汇率制度的选择两个方面提出。主要有：

1. 恢复金本位制

这一方案由法国学者吕埃夫（J. Rueff）提出，他认为金本位制具有促使国际收支自动恢复平衡的机能。主要内容是：各国间的国际收支差额应全部以黄金进行结算；提高黄金价格，各国所持有的美元可以自由向美国兑换黄金，各国对于外国持有的本国通货，在外国要求时，都应予以兑换成黄金。这一方案一出台就遭到激烈反对，因为恢复金本位制无论在理论上和实践上都是行不通的。原因是：黄金产量能否增加，不仅取决于黄金价格，而且还取决于矿藏条件，黄金供给无法适应世界经济增长对黄金的需求；政府为实现国内经济平衡经常对经济进行干预，这是与金本位制的自动调节机制相矛盾的；人们的窖藏心理往往会加剧黄金的货币性供求矛盾。20 世纪 80 年代，美国经济学家罗伯特·蒙代尔等人也先后向政府提出恢复金本位制的建议。美国政府于 1981 年 7 月专门成立了黄金委员会，经过论证，于 1982 年 3 月否决了恢复金本位制的提案。

2. 恢复美元本位制

这一主张是由国际货币基金组织官员安舟·克饶克特等人提出的，美国经济学家金德伯格、麦金农、德斯普雷斯等人提出相似方案。他们主张美元不兑换黄金，各国官方和私人所需要的美元数量由国际市场力量决定；美国在国内实行稳定货币供应量政策。由于美元仍然是主要的国际储备货币和结算货币，提出恢复美元本位制似乎有一定道理，但仍然不能解决"特里芬难题"，同时国际货币事务完全由美国控制也是世界各国难以接受的。

3. 综合货币本位制（特别提款权本位制）

20 世纪 70 年代末曾有人提出以特别提款权作为主要的国际储备资产，实行特别提款权本位制。特别提款权是一种综合货币，是人为创造的资产，可以满足各国对国际清偿能力日益增长的需要。同时，国际货币基金组织是创造和分配特别提款权的唯一机构，它可以有效地加以控制和协调。但要实行以特别提款权为主要国际储备资产，必须解决以下问题：①改变目前特别提款权分配不合理现象，放宽使用范围，并且使其分配与资源转移相结合；②建立一个权威性的世界中央银行，把特别提款权变成货币统一发行，并且能够有效干预国际金融领域的不协调行为；③对原有货币进行妥善处理。而要做到这些都是很困难的。

4. 设立汇率目标区

这是有关国际汇率制度改革的一项重要方案。汇率目标区在一些主要工业国家的货币之间确定汇率波动的幅度，作为目标区，其他货币则钉住目标区或随之浮动。比如有些国家提出以美元、欧元和日元为中心的汇率目标区，即把三种货币的汇率变动控制在"目标区"内，若市场汇率超越这个"目标区"，各国就联合干预，使其重新回到这个区内来。各国政府和经济学家提出的汇率目标区的种类很多，主要分为"硬目标区"和"软目标区"。"硬目标区"的汇率变动幅度小，不经常修订，汇率目标公开。"软目标区"的汇率变动幅度较大，经常修订，对汇率目标保密。汇率目标区的方案并不能彻底解决汇率不稳定的问题，但它的实施有助于促进汇率的稳定和推动汇率制度的改革。各国对汇率目标区没有形成统一意见，事实上西方各国中央银行都在一定程度按汇率目标区的构想参与了对汇率的干预。

5. "蓝皮书"计划与《阿鲁沙倡议》

这是发展中国家关于改革国际货币制度的意见。1979 年，24 国集团起草了一份《国际货币改革行动计划大纲》，即"蓝皮书"计划。该计划指出，一个可行的国际货币体系对世界各国应具有共同利益，其基本原则应包括：①对国际收支的调节应该是有效的、对称的、公平的；②采取一种灵活而又足够稳定的汇率制度；③基金组织的监督应公平和对称地对待顺差国和逆差国；④应通过真正的国际集体行动来创造国际清偿能力，并使这种清偿能力符合世界经济扩张的需要和发展中国家的特殊需要；⑤应促进向发展中国家提供实际资财；⑥发展中国家应在国际货币体系决策过程中发挥更大作用。同时，"蓝皮书"计划还指出，为了改革国际货币体系，应在以下方面立即采取行动，包括实际资源向发展中国家转移，增加基金组织等机构的资金以及对发展中国家的国际收支提供支持等。

1980 年，在坦桑尼亚阿鲁沙举行的"关于国际货币体系和国际经济新秩序的南北会议"提出了《阿鲁沙倡议》。《阿鲁沙倡议》指出，新的国际货币体系的基本特征必须是：①民主管理和控制；②具有普遍性；③建立一种国际货币单位（ICU）作为国际交换的工具和主要储备资产；④在国际社会通过储备资产的创造转移时，实行某种程度的自动性。同时，《阿鲁沙倡议》还指出，有必要建立一个新的国际货币权力机关以管理货币体系。关于在向一个全新的体系过渡的同时，《阿鲁沙倡议》指出必须采取一系列紧迫措施，其中包括：基金组织必须准备好对发展变化过程中出现的赤字进行融资；进一步明确特别提款权的国际储备资产地位；建立一个独立于基金组织的上诉和国际仲裁机构；必须明确发展中国家所出现的赤字，很大部分是由它们所不能负责的因素引起的。

6. 建立超主权国际货币

2009 年 3 月 23 日，中国人民银行行长周小川在中国人民银行网站上发表了题为《关于改革国际货币体系的思考》的文章，提出："创造一种与主权国家脱钩、并能保持币值长期稳定的国际储备货币，从而避免主权信用货币作为储备货币的内在缺陷，是国际货币体系改革的理想目标。"周小川的主张在世界范围内引起了很大的反响。他认为，重建具有稳定的定值基准并为各国所接受的新储备货币可能是个长期内才能实现的目标；而在短期内，国际社会特别是基金组织至少应当承认并正视现行体制所造成的风险，对其不断监测、评估并及时预警；同时还应特别考虑充分发挥 SDR 的作用。他指出，SDR 具有超主权储备货币的特征和潜力，应该拓宽 SDR 的使用范围，从而真正满足各国对储备货币的要求。

（三）国际货币制度的前景展望

当前世界经济存在着严重不合理，这与国际货币制度有着密切关系，国际货币制度必须进行改革。但由于不同货币制度对各个国家的利害关系不同，这就决定了国际货币制度改革必定是一个长期、复杂和曲折的过程。

从当前国际货币制度的实际来看，国际储备货币多元化和以管理浮动为基本特征的浮动汇率制的格局将会继续存在下去，并且其运行发展仍将主要体现发达国家的意志。随着发展中国家经济实力的不断增强和世界经济多极化的发展，国际储备货币多元化的内在结构将不断发生变化，并逐步朝着一个健全而又公平的国际货币体系发展。

【阅读资料5.1】

如何解读我国关于创造"超主权储备货币"的提议

2009年3月23日，中国人民银行行长周小川发表署名文章——《关于改革国际货币体系的思考》，呼吁创造一种超主权储备货币，以降低当前以美元为主导的国际储备货币体系存在的系统性风险。《中国金融稳定报告2009》正式提出，"避免主权信用货币作为储备货币的内在缺陷，需要创造一种与主权国家脱钩、并能保持币值增长长期稳定的国际储备货币、充分发挥特别提款权（special drawing right，SDR）的作用，由IMF集中管理成员国的部分储备，增强国际社会应对危机、维护国际金融体系稳定的能力。"超主权储备货币的主张虽然由来已久，但至今没有实质性进展。20世纪40年代就曾提出设想，即采用30种有代表性的商品作为定值基础建立国际货币单位"bancor"，遗憾的是由于美国在第二次世界大战后奠定了黄金储备大国和超级经济大国的地位，凯恩斯的方案不得不让位于怀特方案。事实上，1973年布雷顿森林体系的崩溃显示了凯恩斯方案更有远见。早在1969年，也就是布雷顿森林体系缺陷暴露之初，基金组织就创设了特别提款权，以缓解主权货币作为储备货币的内在风险。由于分配机制和使用范围的限制，SDR至今也没能充分发挥其作用，但SDR的存在给国际货币体系改革提供了指导与启发。

我国提出这么有深远意义的改革建议，表现了我国在重塑国际货币体系方面不断提升的影响力，同时也在这场谁应当对全球国际收支失衡负责的辩论中开始了有力的反击。我国的这项提议传达了几个重要的信息。

第一，我国已经清楚地认识到，现行的国际储备货币体系有很大缺陷。包括我国在内的大多数国家的储备资产配置都没有多少选择的余地，多数外汇储备只能以美元资产为主，因为美元是大部分国际贸易的结算货币，同时也是大多数大宗商品的定价货币，并且得到了流动性最强的固定收益债券市场的支持。这解释了为什么我国不得不巨额购买美国国债（为美国经常项目赤字提供融资）。这是现有的储备货币体系下难以避免的结果，而不是我国主动的选择。事实上，周小川提出的超主权货币的建议就是在中长期帮助消弭中美之间巨大的双边贸易不平衡的一个重要思路。

第二，对任何国家而言，外汇储备过度集中于单一货币都意味着巨大的风险。举例来说，如果因美国货币政策过度扩张和（或）国家信用风险上升导致美元急遽贬值，那么，显而易见，我国持有的1万亿多美元资产将遭受重创。此外，由于必须维持基本稳定的人民币兑美元汇率，我国的货币政策（尤其是外汇政策）也会受到诸多限制。许多其他持有巨额美元储备的国家也面临着同样的问题。

第三，美国本身也是美元在当前国际储备货币体系中占主导地位的受害者。对美国而言，其在国际储备货币体系中的主导地位意味着美国很容易从其他国家获得借款，导致利率过低，因而鼓励了美国政府和消费者过度消费，而这正是导致美国房地产泡沫和现在的金融危机的最主要原因。

第四，如果按照周小川的提议，在国际货币基金组织特别提款权（SDR）的基础上建立起超主权储备货币，那么，长期来看，我国和许多其他国家就能避免成为因主要储备货币发行国自身的经济问题和政策错误而产生的系统性风险的受害者。

第五，我们也认识到，从技术角度而言，超主权储备货币理念的实现将是一个极其复杂的过程，并且这种思路也很可能随着时间的推移在实践中演变成其他的形式。此外，美国可能会对这项提议感到不悦。尽管如此，我们还是认为这将得到众多新兴市场国家和至少部分发达国家的支持，这项提议有可能引出国际货币体系今后数十年间最为深刻的一项变革。

第六节　欧洲货币体系

一、欧洲货币体系的建立

欧洲货币一体化是战后区域性货币一体化发展中的一个较成功的典型案例。欧洲货币一体化是在欧共体发展的基础上逐步实现的。其最主要的表现形式是欧洲货币体系的建立和欧元的诞生。欧洲经济共同体（EEC）又称"欧洲共同市场"（ECM），是西欧经济发达国家建立起来的国际经济一体化组织。1957年3月，法国、联邦德国、意大利、荷兰、比利时和卢森堡等6国在罗马签订《欧洲经济共同体条约》和《欧洲原子能共同体条约》（通称《罗马条约》），1958年1月，《罗马条约》生效，成立欧洲经济共同体。该组织是一个一体化目标较高的国际经济联合组织，其目的是通过加强各成员国的经济联合，逐步实现商品、人员、劳务和资本的自由流动，以保证成员国的经济增长，其首要的目标是建立商品自由流动的共同市场。20世纪60年代末,欧共体内部实现商品自由流动的目标已基本实现。共同体内部的人员、劳务和资本的自由流动比起商品的自由流动虽然进展比较缓慢,但也取得了一些成就。现代经济本质上就是货币金融经济。随着欧共体内部经济一体化的发展,必然要求实现货币一体化。进入20世纪70年代,欧共体开始推行货币一体化措施,其主要表现为建立了欧洲货币体系。

1969年3月在海牙举行的欧洲经济共同体首脑会议上,提出了建立欧洲货币联盟(European Monetary Union,EMU)的建议。根据这次会议决定,欧共体的专家们在1970年拟订初步的计划,并交由卢森堡首相兼财政大臣皮埃尔·魏尔纳(Pierre Werner)为首的一个委员会进行审议。同年10月,委员会向欧共体理事会及委员会提交了报告,即人们所称的"魏尔纳报告"。该报告于1971年2月经部分修改,由共同体六国部长会议通过。

魏尔纳报告提出从1971年至1980年,用10年的时间分三个阶段实现货币联盟的目标。第一阶段从1971年初至1973年底,主要目标是缩小成员国货币汇率的波动幅度,着手建立货币储备基金,加强货币与经济政策的协调。第二阶段从1974年初至1976年底,主要目标是集中成员国的部分外汇储备以巩固货币储备基金,进一步稳定成员国货币间的汇率。第三阶段从1977年初至1980年底,目标是汇率趋于完全稳定,货币储备向统一的中央银行发展,并着手规划统一的货币。1971年3月22日,货币联盟计划正式实施。20世纪70年代中期以前,所采取的主要措施是:第一,成员国货币之间实行固定汇率,对非成员国货币则实行联合浮动汇率;第二,建立欧洲货币合作基金;第三,建立欧洲计算单位。70年代中后期出现的资本主义的经济危机和石油危机,打击了欧洲货币联盟计划的实施,最终使这一计划的许多内容未能完全实现。1978年4月,欧共体首脑会议在哥本哈根召开,会上法国总统德斯坦和联邦德国总理施密特提出了建立欧洲货币体系(european monetary system,EMS)的创意,同年12月5日欧共体各国首脑在布鲁塞尔达成协议,决定1979年1月1日正式建立欧洲货币体系,但因法、德两国当时在农产品贸易补偿额制度上发生争执,又延迟到1979年3月13日才正式成立。最初参加的有法国、联邦德国、意大利、荷兰、比利时、卢森堡、爱尔兰和丹麦8个国家(1973年英国、爱尔兰、丹麦加入欧共体),英国虽然暂不加入欧洲货币体系,但英格兰银行却按规定的比例认缴黄金和美元储备,参加了欧洲货币基金。此后,希腊于1981年加入,西班牙、葡萄牙于1986年加入,英国于1990年最后加入。欧洲货币体系的建立,反映了欧共体内部经济政治一体化的要求,同时也是为了抵御外部汇率浮动和市场动荡冲击的需要。

二、欧洲货币体系的内容

欧洲货币体系的主要内容包括创设欧洲货币单位、完善汇率稳定机制和将"欧洲货币合作基金"发展为"欧洲货币基金"。

(一) 创设欧洲货币单位

欧洲货币单位（european currency unit，ECU）是欧洲货币体系的核心。它是按一揽子办法由共同体成员国货币混合构成的货币单位。每一种货币在欧洲货币单位中所占权重，根据各国在共同体内部贸易额和国民生产总值所占比重的大小来计算，并用加权平均法逐日计算欧洲货币单位的币值。成员国货币在欧洲货币单位中所占的权数每 5 年调整一次，但货币"篮子"中任何货币的权数变化超过25% 时，"篮子"的构成可随时调整。欧洲货币单位中的各种货币含量确定之后，根据各种货币对美元、日元的当日即期汇率，就可以计算出欧洲货币单位与美元、日元的汇价。需要指出的是，由于德国在欧共体中的实力最强，马克在欧洲货币单位所占的权数最大，占 30% 以上，因此，马克汇率的升降对欧洲货币单位的升降有决定性的影响。占第二位的是法国法郎，其权数接近 20%，马克与法国法郎占整个欧洲货币单位的 50% 权数。

欧洲货币单位的发行，是欧洲货币合作基金（1973 年创立，后国际清算银行为其代理人）根据各成员国缴纳的 20% 的黄金储备和 20% 美元储备，以"互换"的形式向各成员国发行相应数量的欧洲货币单位。其中，美元按市场汇率定值，黄金则按前 6 个月的平均价或按前一个营业日两笔业务定价的平均价格计算。

欧洲货币单位没有纸币流通，不是一种实实在在的货币，但作为一种特殊的复合货币则有着重大作用。欧洲货币单位创立之初，其作用主要表现在：①作为平价网体系中成员国货币间中心汇率确定的标准和篮子体系中各成员国货币偏离中心汇率的指示器；②作为各成员国中央银行的结算工具以及整个欧共体财政预算的结算工具；③作为干预汇率和信贷的计算标准；④作为成员国的储备资产。随着欧洲货币单位的发展，它的用途越来越广泛，在国际金融市场上逐步形成了一个银行业的欧洲货币单位市场，以欧洲货币单位计价结算的存款、放款、债券发行、国际贸易、票据及信用卡等业务不断扩大。

(二) 稳定汇率运行机制

欧洲货币体系的汇率制度采用联合浮动汇率制，即在成员国货币之间实行固定汇率制的同时，对非成员国货币实行联合浮动机制。欧洲货币体系主要通过两种汇率干预体系来实现汇率稳定机制：一是平价网体系，二是货币篮子体系。

平价网体系要求成员国货币之间彼此确定中心汇率，各成员国货币相互之间的汇率只能在中心汇率上下浮动。在参加该体系的各成员国中，除少数经济承受力较弱国家的货币汇率允许在±6%的幅度内浮动外，大多数成员国的货币只容许在±2.25%的幅度内浮动。任何一成员国的货币升降如果超过允许波动的幅度，该国中央银行就有义务采取行动干预外汇市场，使汇率回复到规定的幅度内。

货币篮子体系则是首先确定成员国货币对欧洲货币单位的中心汇率，然后计算每种货币对这一中心汇率所允许的最大偏离幅度。其计算公式为：

$$\pm 2.25\% \times (1 - 成员国货币在欧洲货币单位中所占的比重)$$

对经济承受力较弱的少数国家来说，上式中的±2.25%扩大为±6%。为了进一步稳定欧洲货币单位，欧洲货币体系还采用了早期报警系统，即规定了"偏离临界点"，它等于0.75×最大偏离幅度。这意味着某成员国货币对欧洲货币单位的中心汇率波动幅度达到最大偏离幅度的75%时，该成员国货币当局就应采取干预措施。

（三）建立欧洲货币基金

欧洲货币基金是欧洲货币体系的基础。1973年4月，欧洲共同体为稳定汇率建立了"欧洲货币合作基金"，对成员国提供信贷以干预外汇市场，但由于基金数额不大，远不足适应干预外汇市场的需要。欧洲货币体系1979年成立后，计划在两年后的1981年，将原欧洲货币合作基金转变为欧洲货币基金，以便向成员国提供信贷，用于干预市场、稳定汇率和平衡国际收支。具体措施是集中各参加国黄金储备的20%作为共同基金。考虑到各国储备的变动以及黄金、美元价格的变动，各参加国的欧洲货币基金份额每3个月确定一次。尽管由于各国意见不完全统一，欧洲货币基金没有如期在两年内建成，并仍沿用欧洲货币基金的名称，但毕竟基金的信贷能量比以前增大了。欧洲货币基金成员国发生资金困难时，主要采取三种信贷方式：一是极短期信贷，主要用于干预外汇市场，期限45天。但如果符合有关条件，也可延长到3个月，数量不受限制。二是短期信贷，主要用于支持国际收支出现暂时困难的成员国，期限为3个月，可延长到9个月，数量有一定限制。三是中期财政信贷，主要用于支持国际收支处于严重困境的成员国，为期2~5年，每个成员国拥有固定的借款额度。与国际货币基金发放贷款的办法相似，成员国取得贷款时，应以等值的本国货币存入基金。

三、欧元的启动

欧洲货币一体化发展的最终目标是实行欧洲单一货币。在欧洲货币体系发展进程中，西欧各国经过积极而艰苦的努力，终于迎来了欧元的诞生。

(一) 从德洛尔报告到马斯特里赫特条约

在欧洲货币体系发展成就的鼓舞下，20 世纪 80 年代中期，欧共体各国决定将欧洲货币一体化推入一个新的阶段。1985 年 6 月举行的欧洲共同体首脑会议上签署了"关于建立内部市场"的"白皮书"，提出了 200 多项提案，计划在 1992 年底之前建立欧洲统一大市场，实现产品、劳务、资金和人员的自由流动。1986 年 2 月，欧洲共同体 12 国外长共同签署了《单一欧洲法案》，并于 1987 年 7 月经过欧共体 12 国议会批准而正式生效。该法案修改和补充了《罗马条约》，为建立欧洲统一大市场确立了法律基础。1988 年 6 月，在欧共体汉诺威尔首脑会议上，成立了以执委会主席德洛尔为首的"经济与货币联盟研究委员会"，着手研究并拟订建立欧洲经济与货币联盟的具体方案。1989 年 4 月，委员会向 12 国财政部长提出了《关于欧洲经济共同体经济与货币联盟的报告》，即《德洛尔报告》。该报告于 1989 年 6 月欧共体首脑马德里会议上被讨论并获得通过。

《德洛尔报告》建议分三个阶段实现欧洲经济与货币联盟，但没有规定某一阶段的具体期限。第一阶段（至少应在 1990 年 7 月 1 日开始）的主要目标是在现行体制框架内加强财政，货币政策的协调，深化金融一体化，所有成员国货币都加入欧洲货币体系的汇率机制。第二阶段作为过渡阶段，主要目标是建立欧洲中央银行体系。第三阶段的主要目标是推行不可改变的固定汇率，实施向单一货币政策的转变，发行统一的欧洲共同体货币。《德洛尔报告》是欧共体货币一体化的理论指导和先驱性文件，它为 1990 年底开始的政府间会议提供了理论框架，它的很多原则和结论，都反映在后来的《马约》中。

为了加快欧洲经济与货币一体化的步伐，1991 年 12 月欧共体国家首脑在荷兰的小城马斯特里赫特举行会议，在《德洛尔报告》的基础上，就《欧洲联盟条约》（即《马斯特里赫特条约》，简称《马约》）达成协议，并于 1992 年 2 月，由各成员国外长和财政部长正式签署。《马约》的签署是非常重要的事件，标志着欧洲货币一体化的加速发展，是欧洲货币一体化道路上的一个里程碑。

《马约》分政治联盟和经济与货币联盟两方面的内容，核心是经济与货币联盟，而经济与货币联盟的重心实际上又是货币联盟。货币联盟的最终目标是建立一个负责制定和执行欧共体货币政策的中央银行并发行统一货币。为实现这一目标，《马约》参考了《德洛尔报告》，也明确提出分三个阶段来实施。

第一阶段是从 1990 年 7 月 1 日到 1993 年底。这一阶段的启动时间同《德洛尔报告》相同。第一阶段的主要任务是实现资本的自由流动，协调各成员国的经济政策，完善内部市场，扩大欧洲货币单位的应用范围，将所有成员国纳入欧洲货币体系的汇率机制等。但不幸的是，1992 年发生了欧洲货币危机，英国英镑和意大利里拉先后退出欧洲汇率机制以至于到最后欧洲汇率机制所允许的各成员国货币间波动的最大幅度由过去的 ±2.25% 上调到 ±15%，才使欧洲汇率机制稳定下来。应该说欧洲货币危机对第一阶段任务的实现有较大影响，但在这一阶段仍取得了很大成绩。与《德洛尔报告》不同的是，《马约》提出了第二阶段与第三阶段的具体时间表。

第二阶段是从 1994 年 1 月 1 日至 1996 年 12 月 31 日或 1998 年 12 月 31 日。主要任务是进一步加强经济和货币政策的协调，尽可能缩小成员国之间汇率波动幅度，建立欧洲货币局作为欧洲中央银行的前身，并开始履行其职责。

第三阶段从 1997 年 1 月 1 日或 1999 年 1 月 1 日开始，主要任务是建立欧洲中央银行体系，各成员国进入第三阶段的条件是：①价格稳定，即在加入货币联盟前 18 个月平均通货膨胀率不能超过通货膨胀率最低的 3 个成员国平均通货膨胀率的 1.5%；②汇率稳定，即货币至少在两年时间内遵守欧洲货币体系汇率机制所规定的正常波动幅度，而且不能自行贬值；③财政状况的可持续性，即当年的财政赤字不得超过国内生产总值的 3%；④利率稳定，即长期名义利率最高不得超过物价最为稳定的 3 个成员国平均水平的 2%；⑤公债适当，即政府总举债占其国内生产总值的比重不应超过 60%。

《马约》签署后须经所有成员国议会批准方能产生法律效力。按原计划必须在 1992 年底以前完成《马约》的批准程序，但其间历经波折，直到 1993 年 11 月 1 日才全部完成了批准程序。《马约》从 1993 年 11 月 1 日起才正式生效，欧共体也从 1993 年 11 月 1 日起更名为"欧洲联盟"，简称"欧盟"。

（二）从《单一货币绿皮书》到《阿姆斯特丹条约》

1993 年 12 月 31 日，欧洲经济与货币联盟第一阶段宣布结束，1994 年 1 月 1 日欧洲经济与货币联盟第二阶段如期启动。1995 年 12 月，欧盟首脑马德里会议通过了《单一货币绿皮书》，将未来的单一货币正式命名为欧元（EURO），并根据《单一货币绿皮书》的建议，确定了以渐进方式进入欧洲经济与货币联盟第三阶段的方案，并最后确定分三步向欧元过渡的时间表。第一步：1998 年初开始，确定首批加入欧元的成员国名单；正式成立欧洲中央银行；开始制造、印刷欧元硬币和纸币；各银行和金融机构开始货币转换之前的各种准备；锁定加入欧元的成员国货币的汇率；各加入国确定实施欧元的框架，取得对欧元及使用者的法律保障。第二步：从 1999 年 1 月 1 日起，欧洲货币联盟正式启动。欧元参加国货币与欧元的汇率及双边不可改变地固定下来，欧元作为欧洲货币联盟的法定货币与欧洲货币单位 1∶1 进行兑换，新发行的政府公债都将以欧元定值，银行间货币、资本及外汇市场都以欧元进行交易，欧洲中央银行体系正式运作并负责制定和执行单一货币政策和汇率政策。第二步的实施时间最多不超过 3 年。第三步：最迟于 2002 年 1 月 1 日起，欧元纸币和硬币全面进入流通，各参加国货币开始与欧元的兑换，各参加国货币逐步退出流通。到 2002 年 7 月 1 日，欧元成为各参加国唯一法定货币，各参加国货币完全退出流通。

为了确保货币联盟在 1999 年后能够正常运转，1997 年 10 月 2 日，欧盟 15 国（包括 1995 年加入的芬兰、瑞典和奥地利）外长正式签署了《阿姆斯特丹条约》（简称《阿约》），该条约包括了《稳定与增长公约》《新的货币汇率机制》和《欧元的法律地位》三个文件。

《稳定与增长公约》的目的在于督促各成员国严格遵守《马约》规定的有关达标标准，自觉保持良好的财政纪律，确保使用单一货币的永久性基础，维护货币联盟的稳定。该项公约作出了维护财政纪律的具体规定。比如，任何参加国只要财政赤字高于 3.0% 的超额现象，必须在 4 个月内提出控制赤字的措施并最迟在一年内消灭超额赤字等。

《新的货币汇率机制》即《第二欧洲汇率机制》的目的是在未来欧元参加国和非参加国之间保持稳定的汇率关系，以避免非欧元国货币竞相贬值，损害欧元国的利益。同时要求非欧元国实行严格的经济趋同政策。新汇率机制以中心汇率为基础，中心汇率是指欧元与非入盟成员之间的汇率。新汇率机制仅仅保持非入盟成员国货币对欧元的中心汇率，中心汇率的波幅不作硬性规定，可根据该国的入盟前景，选择 2.5% 的窄幅，或 6% 甚至 15% 的宽幅。而非入盟国家货币的双边汇率及允许波动的宽幅则不加规定，这与旧的汇率机制是不同的。

《欧元的法律基础地位》的目的主要是进一步从法律上规定欧元是一种具有独立性的法定货币地位的超国家性质的货币，并最终取代各成员国货币成为货币联盟内唯一合法的货币。同时从法律上确保了合同的连续性，制定了过渡期欧元使用的"非强制性"和"非禁止性"原则，并规定了欧元与各国货币之间转换的规定等。

《阿约》所包括的以上三个文件为欧元的如期启动扫清了最后障碍，并为欧元的稳定提供了法律保障。

（三）欧元正式启动

1998 年 3 月，欧盟 15 个成员国除希腊外都基本达到了《马约》的趋同标准。同年 5 月在欧盟特别首脑会议上，11 个成员国被批准成为首批参加欧元的创始国，英国、瑞典和丹麦虽达标，但表示暂不加入。1998 年 12 月 31 日 11 点 30 分，欧洲中央银行锁定过渡期 11 个加入欧元区国家货币与欧元的汇率（具体见表 5.1），并于 1999 年 1 月 1 日正式使用。

表 5.1　　　　　　　　　欧元区 11 国货币与欧元的转换率

国家	货币（英文缩写）	1 欧元 =
奥地利	先令（ATS）	13.7603
比利时	法郎（BEF）	40.3399
芬兰	马克（FIM）	5.94573
法国	法郎（FRF）	6.55957
德国	马克（DEM）	1.95583
爱尔兰	镑（IEP）	0.787564
意大利	里拉（ITL）	1 936.27
卢森堡	法郎（LUF）	40.3399
荷兰	盾（NLG）	2.20371
西班牙	比塞塔（ESP）	166.386
葡萄牙	埃斯库多（RTE）	200.482

注：根据《阿约》规定，加入欧元区各国的货币与欧元的兑换比率应保留 6 位数字，对于 6 位数以外的数值忽略不计。

1999 年 1 月 1 日，欧元如期正式启动。希腊于 2000 年加入欧元区，成为欧元区第 12 个成员国。欧元纸币和硬币于 2002 年 1 月 1 日起正式流通。

欧元的诞生标志着欧洲货币一体化的完成，在世界经济史上具有里程碑的意义，它不仅对欧盟内部成员国的经济活动，而且对世界其他国家的经济往来以及国际金融市场、国际货币体系的运作与发展等都具有重大而深远的影响。

尽管欧元的形成在促进欧洲经济发展过程中起到至关重要的作用，但由于欧元在同美元较量中仍处于下风，使得以美元为流动渠道的金融危机对欧洲经济打击十分严重。自 2009 年来欧洲经济衰退程度远高于美国、日本及世界其他地区，欧洲经济陷入困境使得美元对欧元的优势地位进一步巩固。此外，欧元在其国际储备功能还不超过世界外汇储备的 20%，在结算和计价功能方面美元较长一段时间的优势地位难以撼动。仅靠欧元体系来改变当前的国际货币体系权力结构还远远不足。

【阅读资料 5.2】

国际区域货币合作

　　随着经济全球化的迅猛发展，国际贸易、金融和投资之间的关联性逐步加深，这在促进经济金融资源在全球范围得到有效配置的同时，也大大增加了金融动荡和金融风险的可能性。20 世纪 70 年代遍布世界的通货膨胀，80 年代波及全球的债务危机，90 年代频发的金融与货币危机……就是最好的证明。这一切的发生充分说明现行国际货币秩序存在着诸多不稳定因素和制度缺陷，难以较好地适应当前全球经济与金融一体化的现实。在这种情况下国际区域货币合作便以其特有的政治和经济双重身份而顺理成章地成为世界货币新秩序建立的基础和重要内容，通过加强国际区域货币合作来改革国际货币制度、重建国际货币体系亦成为多数国家的共识。

　　在如火如荼的国际货币合作中，欧洲货币合作以其发展程度最高、体制机制最健全、超国家特征最突出、影响最广泛而成为国际区域货币一体化的典范。1999 年 1 月 1 日，历经近 50 年的风风雨雨之后，欧元被成功发行。2002 年 2 月 23 日，欧元现钞完成了对欧元区 12 国货币的替换。从那时起一个拥有 3.8 亿人口、按购买力平价计算 GDP 总额达 6.8 万亿欧元、人均 GDP 为 2.23 万亿欧元的单一货币区正式宣告成立。这极大地鼓舞了世界其他致力于货币合作的地区，推动了国际区域货币合作的进程。刚刚经历了金融危机不久的东亚地区也逐渐认识到了加强地区间货币合作、共同防范金融危机的重要意义，东亚货币合作的速度明显加快。2000 年东亚货币合作取得实质性进展。东盟 10 国与中、日、韩 3 国财政部长在泰国清迈举行会议，就"建立双边货币互换机制"问题达成一致，并共同签署了"清迈协议"。2003 年 6 月，由亚洲 11 个国家和地区共同出资组建的总规模为 10 亿美元的"亚洲债券基金"Ⅰ期正式启动，标志着亚洲区域货币合作从此又迈上一个新的台阶。2005 年 5 月，借亚洲发展银行年会之机，东南亚国家、中、日、韩等国财长集会上海，提出了建立本地区"货币危机预警系统"的构想，亚洲开发银行也表示将从 2006 年起编制和公布显示东亚货币加权平均值的亚洲货币单位。目前亚洲债券Ⅱ期已进入建设之中，总金额为 20 亿美元，将用于购买成员国本币计价债券。虽然近年来东亚货币合作与从前相比有了很大进展，但由于东亚地区在政治、经济、历史、文化、宗教、价值观等方面差异较大，特别是在经济发展水平方面参差不齐，既有世界经济最发达的国家之一日本，较为发达的韩国、新加坡、中国香港特区和中国台湾地区，也有包括中国内地在内的为数众多的发展中国家，甚至还有被联合国教科文组织列为较为贫困的国家柬埔寨、越南和老挝。因此，总体来说东亚货币合作还是主要体现为初级合作形式的货币协调监督机制，与欧洲货币合作相比仍有很大差距。

作为两种典型的货币合作模式，欧元模式和东亚货币合作模式在国际区域货币合作领域具有重要的代表意义。欧元模式又称欧洲货币合作模式，是指货币区内各成员国承诺放弃货币发行权，使用单一货币，由超国家机构实行统一货币政策和共同财政纪律的货币合作方式。东亚货币合作模式又称多重货币合作模式，是指在区域内存在多个主导货币的情况下，首先通过多重次区域合作形成多种次区域货币，再逐步过渡到单一货币联盟的货币合作方式。两种货币合作模式分别适应于不同国际区域的历史文化特点和政治制度与经济发展的需要，在国际区域货币合作的形成动因、路径选择、"锚货币"确立及最优货币区标准的满足程度等方面，两者之间既有一定共性又有诸多区别，并且他们都有着一个共同的外部原因，就是当前以美元为主体的国际货币体系有内在缺陷不能满足世界各国汇率稳定的需要。

资料来源：张洪梅、汪晓红：《欧元模式与东亚货币合作模式的比较分析》，载《东北亚论坛》2009年第7期。

关 键 词 汇

国际货币体系　国际金本位制　布雷顿森林体系　牙买加体系　欧洲货币体系欧元

思 考 题

1. 布雷顿森林体系的主要内容和特点是什么？它在第二次世界大战后起到了哪些作用？

2. 布雷顿森林体系崩溃的原因是什么？

3. 20世纪60年代后有关国际货币体系改革有哪些建议？

4. 欧洲货币体系的主要内容是什么？

练 习 题

一、单项选择题

1. 从根本上决定着国际货币制度的性质和运作特点的是（　　）。
    A. 国际本位货币的选择
    B. 各国货币间的汇率安排
    C. 各国外汇收支不平衡的调节机制
    D. 货币的可兑换程度

2. 布雷顿森林体系下，汇率制度的类型是（　　）。
    A. 联系汇率制　　　　　　　　B. 固定汇率制
    C. 浮动汇率制　　　　　　　　D. 管理浮动汇率制

3. 布雷顿森林体系是采纳了（　　）的结果。
    A. 怀特计划　　　　　　　　　B. 凯恩斯计划
    C. 布雷迪计划　　　　　　　　D. 贝克计划

4. 历史上第一个国际货币体系是（　　）。
    A. 国际金汇兑本位制　　　　　B. 国际金本位制
    C. 布雷顿森林体系　　　　　　D. 牙买加体系

5. 为《马约》奠定理论上和文件上准备的是（　　）。
    A. 罗马条约　　　　　　　　　B. 巴塞尔协议
    C. 欧洲一体化文件　　　　　　D. 德洛尔报告

二、多项选择题

1. 《布雷顿森林协定》的两个组成部分是（　　）。
    A. 国际货币基金组织协定　　　B. 国际复兴开发银行协定
    C. 国际清算银行协定　　　　　D. 美洲开发银行协定

2. 首批加入欧元区的国家包括（　　）。
    A. 法国　　　　B. 德国　　　　C. 意大利　　　　D. 英国
    E. 瑞典

三、判断题

1. 特里芬在其1960年出版的《黄金与美元危机》一书中，第一次指出了布雷顿森林体系的根本缺陷，即通常所说的"特里芬难题"。　　　　　（　　）

2. 浮动汇率合法化是在牙买加体系中被确认的。　　　　　　　　（　　）

金融学科核心课程系列教材

3.《德洛尔报告》是在 1990 年 6 月由欧共体委员会主席德洛尔提出的。
（　　）

4."尤尼他"是"怀特计划"中提出创设的国际货币单位。 （　　）

5. 欧元正式启动的时间是 2000 年 1 月 1 日。 （　　）

6. 国际金本位制下的黄金具有货币的全部职能，即价值尺度、流通手段、支付手段、贮藏手段和世界货币 5 个方面的职能。 （　　）

第六章 外汇市场与外汇交易

在国际经济交往中，外汇及其衍生品交易起着极其重要的作用，而外汇市场则为从事外汇及其衍生品交易提供了一种系统。所以，对外汇市场与外汇交易的研究就成为国际金融的重要课题。在本章中，我们将由浅入深地探讨外汇交易的目的，外汇市场的含义、主体、客体、交易形式。

通过本章学习，要了解有关外汇市场的基本知识，重点掌握主要外汇交易方式（即期、远期、掉期、套汇与套利、期权、期货）的原理。

第一节 外汇市场概述

外汇市场（foreign exchange market）即指外汇买卖的交易场所，这里的交易包括本币与外币、外币与外币之间相互买卖。本节将从市场的类型、参与者、特点及作用等方面进行介绍。

一、外汇市场的类型

（一）根据有无固定场所，分为有形市场与无形市场

1. 有形市场（visible market）

指有具体交易场所的市场。外汇市场的出现与证券市场相关。外汇市场产生之初，多在证券市场交易所交易大厅的一角设立外汇交易所，外汇买卖各方在每个营业日的约定时间集中在此从事外汇交易。早期的外汇市场主要是有形市场，因该类市场最早出现在欧洲大陆，故又称"大陆式市场"。

2. 无形市场（invisible market）

指没有固定交易场所的市场，所有外汇买卖均通过连接于市场参与者之间的电话、电传、电报及其他通信工具进行抽象交易。目前，无形市场是外

金融学科核心课程系列教材

汇市场的主要组织形式，因其最早产生于英国、美国，故又称"英美式市场"。

与有形市场相比，无形市场具有以下优势：①市场运作成本低。有形市场的建立与运作，依赖于相应的投入与费用支出，如交易场地的购置费（租金）、设备的购置费、员工的薪金等；无形市场则无须此类投入。②市场交易效率高。无形市场中的交易双方不必直接见面，仅凭交易网络便可达成交易，从而使外汇买卖的时效性大大增强。③有利于市场一体化。在无形市场，外汇交易不受空间限制，通过网络将各区域的外汇买卖连成一体，有助于市场的统一。

（二）根据外汇交易主体的不同，分为银行间市场和客户市场

1. 银行间市场（inter-bank market）

亦称同业市场。由外汇银行之间相互买卖外汇而形成的市场。银行同业市场是现今外汇市场的主体，其交易量占整个外汇市场的交易量的90%以上，故又称外汇批发市场。

2. 客户市场（customer market）

指外汇银行与一般顾客（进出口商、个人等）进行交易的市场。客户市场的交易量占外汇市场交易总量的比重不足10%，故又称外汇零售市场。

外汇市场有广义与狭义之分。广义外汇市场包括银行间市场与客户市场，狭义外汇市场则仅指银行间市场。

此外，按照国际清算银行的分类，外汇市场按照交易工具可以分为传统的外汇市场和外汇衍生品市场。前者包括现汇交易、远期交易和外汇掉期交易。后者包括货币互换交易、外汇期权交易以及其他涉及外汇的衍生品交易。

小思考6.1

目前，我国人民币外汇衍生产品市场上的主要交易品种有哪些？

人民币外汇衍生产品市场分为离岸市场和在岸市场。离岸市场又可以细分为离岸的场内交易市场（transaction on exchange）和场外交易市场（over the counter）。前者主要的交易类型有2006年8月芝加哥商品交易所推出的基于人民币的期货和期权交易，后者主要包括在中国香港地区、新加坡和世界其他地区的离岸市场进行的人民币远期、掉期、互换和期权市场。

在岸市场可以细分为零售市场和银行间市场。零售市场主要包括始于1997年的远期结售汇业务、始于2005年的银行与客户间的人民币掉期业务、2011年3月在银行对客户市场推出的人民币外汇货币掉期业务、2011年4月在银行对客户市场推出的人民币对外汇期权业务以及银行对个人的外汇理财产品。到目前为止，银行间市场主要交易的人民币外汇衍生产品有：2005年8月开始的人民币远期外汇交易；2006年4月开始的人民币外汇掉期交易；

2007 年 8 月推出的人民币外汇货币掉期交易；2011 年 4 月在银行间外汇市场推出人民币对外汇期权业务。

二、外汇市场的参与者

在外汇市场上积极活动的参加者是多种多样的，有政府机构、企业等机构投资者，也有个人投资者。仅就金融机构而言，参加的就有商业银行、投资银行、养老基金、互助基金等多种形式的金融组织。这其中主要的、经常的参与者有以下几类：

1. 外汇指定银行

它是外汇市场的主要成员，是经一国中央银行指定或授权经营的外汇业务的银行。所有大额外汇交易，都由外汇指定银行的外汇交易员办理。外汇指定银行通常包括以经营外汇为主要业务的本国银行、兼营外汇业务的本国银行、在本国的外国银行分行等。

2. 外汇经纪人（foreign exchange broker）

即介于外汇银行之间或外汇银行与顾客之间，为买卖双方接洽外汇交易而收取佣金的汇兑商。他们并不以自有资金在外汇市场上买卖外汇，而是利用各种通信工具和交通工具，与各外汇银行、进出口商等保持紧密联系，掌握外汇市场的供求信息，媒介外汇的买卖双方成交。

3. 进出口商及其他外汇供求者

进出口商是主要的外汇需要者和外汇提供者。其他外汇供求者，是指非贸易外汇，如由于运费、保险费、旅游费、学费、差旅费、汇款等外汇供求者，以及由于资本流动如外国证券买卖、外国证券还本付息、政府间和民间的国际信贷等外汇供求者。

4. 中央银行

各国的中央银行为维护市场交易正常进行，防止非正常的国际资金流动冲击外汇市场，引起市场汇率波动，经常参与外汇市场的活动和采取必要的干预措施，使本国的货币对外汇率保持稳定，从而使本国的货币金融政策得以贯彻实施。

根据上述四类市场参与者的分类，外汇市场的交易可以分为三个层次：一是银行与客户之间交易，交易的客户大多数是企业、公司和个人，他们出于各种各样的动机，需要向外汇银行买卖外汇。二是银行同业之间的买卖。在该交易层次，外汇交易的币种主要是本币与外币、外汇之间。其特点是外汇交易的数额大、效率高，对汇率波动影响大。三是银行与中央银行之间的交易。中央银行要

金融学科核心课程系列教材

干预外汇市场，需要与各外汇指定银行进行外汇交易，而各外汇指定银行要平衡其外汇头寸也需要与中央银行进行外汇交易。

三、外汇市场的特点

自20世纪70年代以来，随着国际汇率制度的变化，在迅速发展的国际经济贸易和电子革命的推动下，国际外汇市场呈现如下特点。

1. 全球的外汇市场从时间和空间连成一个国际大市场

从空间上说，目前外汇交易市场遍布世界各地，随着现代化通信设备和电脑的大量应用，各国外汇市场之间已经形成了一个迅捷、发达的通信网络。如目前世界上运用最广泛的路透社终端、美联社终端和德励财经终端，就是英国的路透新闻社、美国的联合新闻社和德励财经咨询有限公司利用自己分散在世界各地的信息员，广泛采集各种信息，并通过卫星、交易机、电传机、电话机、信息终端机等先进的通信工具，以最快捷的速度向用户提供服务。全世界参加上述每个终端系统的银行和非银行金融机构及其他机构有数千家。任何一个外汇交易中心的报价只需触按一个电脑终端或拨通一个电话（传）即可得到，国际外汇市场的汇价变动、交易情况和有关信息很快就会传到世界各地。这样就把国际外汇市场从空间上连成了一体。从时间上来看，由于世界各地时差的原因，使世界各地外汇市场的营业时间能够衔接，做到一天24小时连续不断地进行交易。比如，亚太地区的东京、香港等外汇市场收盘时，欧洲的伦敦等外汇市场开盘。当美洲的旧金山外汇市场收盘时，东京、香港、新加坡开市。如此周而复始，使国际外汇市场从时间上连成了一体。

2. 各地外汇市场上的汇率差异缩小

由于外汇市场在现代科技推动下出现的时空一体化，外汇行情传递迅捷，外汇交易畅通无阻，从而使各外汇市场上的汇率差异越来越小，传统的利用各地汇差进行套汇的机会越来越少。

3. 汇率波动频繁，外汇市场动荡不稳

20世纪70年代初期布雷顿森林体系解体，各国纷纷实行浮动汇率制。此后，外汇市场动荡不定和汇率波动频繁成为一种经常现象。80年代以后，金融自由化趋势加强，世界经济发展不平衡加剧，国际储备资产多元化，外汇市场各种货币供求关系瞬息万变，此消彼长，从而引起汇率的频繁变动。与此同时，国际游资活跃异常，投机者在外汇市场上买空卖空，操纵市场，大大加剧了外汇市场的动荡不定。

4. 外汇市场成为反映宏观经济变化的晴雨表

外汇市场的交易问题以及本币对外币汇率的变化不仅是市场所在国国民收

入、就业、物价及利率等宏观经济变量变动的反映，也是世界经济政治形势变动的反映。反过来外汇市场情势的变化也对一国或世界经济产生影响。当然，国民经济的各部门之间、国内经济与世界经济之间也都会彼此产生影响和作用，但这种相互作用和影响在外汇市场上得到了比较集中的体现，特别是对一个开放型的经济来说更为明显。

5. 各种金融创新不断涌现

20 世纪 70 年代开始实行的浮动汇率制，带来了汇率的频繁波动，外汇风险增大，国际金融机构、跨国经营的企业以至于各国政府都迫切需要更多和更加安全的金融工具和交易方式，以更好地进行套期保值，避免汇率变动的风险。于是推动了各种金融工具的不断创新。如期货交易、期权交易、互换交易、掉期交易以及各种由此演变出来的更具体的交易方式。国际掉期与衍生协会和国际清算银行的统计，目前世界上的衍生金融产品已达 1 200 多种。当然，各种金融工具的创新不仅用来进行套期保值，也可以用于投机。金融创新推动了外汇交易与资本市场业务的日益融合，从而使整个外汇市场更具活力，交易更丰富多彩。

6. 政府对外汇市场的干预频繁突出

浮动汇率制推行后，由于汇率波动剧烈，给各国经济带来了损害。各国政府从稳定本国经济和推动本国经济发展考虑，都频繁干预外汇市场。干预的手段主要是通过中央银行买入或卖出外汇来控制本币对外币汇率的变动。不仅本国中央银行时常介入外汇市场，而且有时是多个国家的中央银行联合起来进行干预。1985 年 9 月，西方七国财长会议达成协议，决定引进国际协调，联合干预外汇市场。近些年来，西方各国中央银行经常聚会磋商干预事宜，而且对外汇市场的干预十分频繁。当然，政府对其他市场也进行干预，但相比之下，政府对外汇市场的干预要频繁得多，突出得多。

四、我国外汇市场

（一）我国外汇市场发展的简要回顾

改革开放前，我国没有外汇市场。我国外汇市场发展与改革自 1979 年开始，可以将其划分为三个阶段：1979 ~ 1994 年，从计划到市场的转轨阶段；1994 ~ 2005 年，统一的外汇市场初步创立阶段；2005 年至今，外汇市场的深化发展阶段。

第一阶段（1979 ~ 1994 年），"外汇市场"的概念出现。这是"外汇留成制度"带来的成果。所谓留成制度指外贸企业获得外汇收入后可以按照一定比例获得用汇指标。出口企业往往持有多余的用汇指标，进口企业则常常苦于没有购汇

金融学科核心课程系列教材

指标，用汇指标的买卖市场即外汇调剂市场顺势而成。20 世纪 80 年代中后期，全国各省市纷纷设立了外汇调剂中心，外汇调剂价格逐步放开，参与外汇调剂的主体范围日益扩大，市场化、公开化的成分不断增强，于是外汇兑换的官方市场与调剂市场并存的模式就这样建立起来。

此阶段的改革使外汇市场突破计划经济的坚冰，从无到有建立起来，这是一个相当重要的成就。当然遗留的问题也很多。官方市场与调剂市场汇价并存，导致汇价混乱；调剂市场本身也存在诸多问题，分散、封闭、孤立，不利于外汇资源的合理配置，全国统一的外汇市场亟待建立。

第二阶段（1994~2005 年），我国外汇市场改革史上又一个重要阶段。1994 年的外汇管理体制改革取消了外汇留成制度和调剂市场，将官方和调剂市场合并，建立了强制结售汇制度和统一的外汇市场。改革后，中国外汇市场分为批发市场（银行间同业交易）与零售市场（银行对客户结售汇）两个层次分明的市场体系。银行间同业拆借市场即中国外汇交易中心通过计算机网络形成覆盖全国 37 个分中心的外汇交易联网系统。这也是人民币汇率形成的场所，中央银行根据前一日银行间外汇交易市场形成的价格，公布人民币对美元交易的中间价，即基准汇价。零售市场上各外汇指定银行以基准汇价为依据，在规定的浮动幅度内自行决定外汇牌价，按照规定审核客户的商业单据和有效凭证，对客户买卖外汇。这一市场与人民币可兑换的程度密切相关。

这一阶段的改革建立了统一、规范的外汇市场。外汇资金可以在不同地区和银行之间流动，保证了外汇资源的合理配置，奠定了外汇市场发展的基本雏形。

第三阶段（2005 年至今），我国外汇市场进入了向市场化、自由化方向发展的新阶段。

【阅读资料6.1】

2015 年我国境内外汇市场交易情况

2015 年，人民币外汇市场累计成交 17.8 万亿美元（日均 728 亿美元），较 2014 年增长 39.3%。其中银行对客户市场和银行间外汇市场分别成交 4.2 万亿美元和 13.5 万亿美元。

（1）即期外汇市场交易量小幅增长。2015 年，即期外汇市场累计成交 8.3 万亿美元，较 2014 年增长 14.0%。其中，银行即期结售汇（不含远期履约）累计 3.4 万亿美元，较 2014 年增长 8.7%；银行间即期市场累计成交 4.9 万亿美元，较 2014 年增长 17.9%。

（2）远期外汇市场交易量有所下降。2015 年，远期外汇市场累计成交 4 950

亿美元，较 2014 年下降 17.2%。其中，银行对客户远期结售汇累计签约 4 578
亿美元，较 2014 年年末下降 16.0%；结汇和售汇分别为 1 318 亿美元和 3 260 亿
美元，较 2014 年年末分别下降 56.1% 和增长 33.3%；银行间远期市场累计成交
372 亿美元，较 2014 年下降 29.7%。

（3）外汇和货币掉期市场交易量大幅增长。2015 年，外汇和货币掉期市场
累计成交 8.6 万亿美元，较 2014 年增长 82.4%。其中，银行对客户外汇和货币
掉期累计签约 2 427 亿美元，较 2014 年增长 11.7%；银行间外汇和货币掉期市场
累计成交 8.4 万亿美元，较 2014 年增长 85.8%。

（4）外汇期权市场更加活跃。2015 年，期权市场累计成交 4 047 亿美元，较
2014 年增长 1.1 倍。其中，银行对客户市场累计成交 1 159 亿美元，较 2014 年
增长 84.2%；银行间期权市场累计成交 2 888 亿美元，较 2014 年增长 1.2 倍。

资料来源：国家外汇管理局年报（2015）。

（二）2005 年汇改后外汇市场建设的新发展

1. 丰富交易品种，满足多样化汇率风险管理需求

2005 年汇改以来，国内外汇市场由原先仅有即期交易和部分银行试点的远
期交易两类产品，扩大至外汇掉期、货币掉期和期权产品，具有了国际市场基础
产品体系。同时，为降低跨境贸易和投资的汇兑成本，支持外汇市场增加交易币
种，包括美元、欧元、日元、港元、英镑、澳大利亚元、新西兰元、新加坡元、
加拿大元、林吉特、俄罗斯卢布、泰铢（区域交易）和坚戈（区域交易）共 13
种，基本涵盖了我国跨境收支的结算货币。

2. 扩大市场主体，构建多元化的市场主体层次

2005 年汇改以来，银行间外汇市场开始打破原先单一银行的参与者结构，
允许符合条件的非银行金融机构和非金融企业入市交易。同时，根据港澳和跨境
人民币业务发展需要，一批承担境外人民币清算职能的境外银行相继进入银行间
外汇市场，还有更多的境外银行在跨境贸易人民币结算业务项下与境内银行开展
场外外汇交易，市场对外开放程度逐步提高。截至 2015 年上半年银行间外汇市
场共有会员 488 家，包括境内银行 415 家、财务公司 56 家、基金证券 2 家、企
业集团 1 家、境外清算行 14 家。

3. 健全基础设施，促进市场运行提效率防风险

银行间外汇市场交易模式由 2005 年汇改前电子集中撮合单一模式，扩大至
集中撮合与双边询价并存、电子交易与声讯经纪互补的多样化模式，并建立分层
做市商制度。同时，积极推进清算和信息设施建设，2009 年开始对场外交易尝

金融学科核心课程系列教材

试集中净额清算，2014 年正式启动中央对手方清算业务，并基本实现了与交易同步的信息数据全覆盖集中采集和管理，具有了较为完备的交易报告制度。此外，推动中国外汇交易中心、上海清算所作为重要市场组织的综合化和专业化发展。

小思考 6.2

何为 OTC？在我国，OTC 与撮合方式有何区别？

自 2006 年 1 月 4 日起，我国在银行间即期外汇市场上引入询价交易（简称 OTC 方式），改进人民币汇率中间价的形成方式。

OTC 方式是指银行间外汇市场交易主体以双边授信为基础，通过自主双边询价、双边清算进行的即期外汇交易。OTC 方式是国际外汇市场上的基本制度。全球即期外汇市场的绝大部分交易量都集中在 OTC 市场，以美国为例，OTC 方式的交易量占全部外汇交易量的比例超过 90%。外汇交易的国际性及外汇交易主体的广泛性、差异性决定了 OTC 方式具有成本低、信用风险分散等优点。OTC 方式凭借其灵活性更好地适应了外汇市场主体多元、需求多样的特点，因而取得了迅猛发展，OTC 方式的产品也日益丰富。

OTC 方式与撮合方式的差异主要表现在：一是信用基础不同，OTC 方式以交易双方的信用为基础，由交易双方自行承担信用风险，需要建立双边授信后才可进行交易，而撮合方式中各交易主体均以中国外汇交易中心为交易对手方，交易中心集中承担了市场交易者的信用风险；二是价格形成机制不同，OTC 方式由交易双方协商确定价格，而撮合方式通过计算机撮合成交形成交易价格；三是清算安排不同，OTC 方式由交易双方自行安排资金清算，而撮合方式由中国外汇交易中心负责集中清算。

【阅读资料 6.2】

人民币外汇货币掉期业务

人民币外币货币掉期是指本币和一种外币之间的掉期。如果涉及两种外币之间的掉期，则称为交叉货币利率掉期。根据国际互换与衍生工具协会（ISDA）的定义，交叉货币利率掉期交易（gross currency interest swap）是指："在约定的期间内，一方定期向另一方支付一种货币的以某一固定利率计算出的或以浮动利率（浮动利率定期进行调整）计算出的利息金额，以换取另一方向其支付另一种货币的以浮动利率（浮动利率定期进行调整）计算出的利息金额。"所有计算均基于两种货币事先约定的本金数额。这种交易通常涉及最初和最终本金数额的交换。国际上货币掉期中的本金交换有三种形式：①在协议生效日双方按约定汇率交换本金，在协议到期日双方再以相同的汇率、相同金额进行一次本金的反向交换；②在协议生效日不交换本金，在协议到期日双方再以相同的汇率、相同金额进行一次本金的反向交换；③在协议生效日交换本金，在协议到期日双方不再进行一次本金的反向交换。

根据《中国人民银行关于在银行间外汇市场开办人民币外汇货币掉期业务有关问题的通知》（下文简称《通知》），人民币外汇货币掉期是指在约定期限内交换约定数量人民币与外币本金，同时定期交换两种货币利息的交易协议。本金交换的形式包括：①在协议生效日双方按约定汇率交换人民币与外币的本金，在协议到期日双方再以相同的汇率、相同金额进行一次本金的反向交换；②中国人民银行和国家外汇管理局规定的其他形式。因此，目前只能进行第一种形式的货币掉期。但是，《通知》对未来放开第二、第三种形式留有接口。

1994 年汇改后境内已在零售和批发（银行间）两个层次的外汇市场推出了不涉及交换利息的人民币对外币掉期［亦即通常所称的外汇掉期（foreign exchange swap），掉期也可译为互换］。外汇掉期与货币掉期的区别主要有：第一，两者是汇差与利差的不同表现方式，前者是以汇差反映利差，而后者是以利差反映汇差；第二，外汇掉期主要用于短期融资，交叉货币掉期主要用于中长期融资。当然，两者的差异是相对的，本质上没有区别。例如，境内外汇掉期已有 7 年期限品种的报价。而且，货币掉期依附于外汇掉期的基础之上。关于交叉货币掉期是作为外汇产品还是利率产品的问题，一般倾向于界定为外汇产品。

五、外汇市场的作用

1. 实现购买力的国际转移

国际经济交易涉及货币支付问题。究竟选用何种货币支付，要由交易双方事前商定。而不管用何种货币支付，其结果都是由交易的一方或双方转移购买力。外汇市场所提供的就是使这种购买力交易得以顺利进行的经济机制。它的存在使各种经济往来以及国际政治、军事、文化、科技等各个领域的交流成为可能。

2. 便利国际资金融通

当今世界，外汇市场与货币市场和资本市场互相交织、紧密相连，使外汇市场在买卖外汇的同时也为国际借贷和国际投资活动提供了资金融通的便利。

3. 避免或减少外汇风险

汇率的经常变动，必然会给国际支付和国际资本转移带来风险。但通过外汇市场的交易活动可以避免或减少外汇风险。许多外汇交易方式一方面会带来风险，同时又具有防范风险的功能。防范外汇风险的方法很多，其中利用远期外汇交易实现套期保值是使用较多的防范风险的市场操作技术。另外新的衍生金融工具如外汇期货交易、期权交易又进一步加强了外汇市场避免外汇风险的功能。

4. 为外汇投机者提供了追逐风险利润的机会和场所

面对客观存在的外汇风险，不同的交易者有着不同的态度和做法。有的交易者宁可花费一定的成本来转移风险，有的交易者则愿意承担风险以期实现预期的利润，而后者则属于外汇投机者。所谓外汇投机，就是通过某项外汇交易故意使自己原来关闭的外汇头寸转变成敞开的多、空头寸，或者是让由于某种实际经济交易（如进口或出口）所产生的外汇头寸，继续敞开而不采取任何抛补措施，以期在日后的汇率变动中得到外汇收益。外汇投机活动的存在使市场上的买入与卖出更为顺利，使各种交易具有更高的流动性。一个市场要想有效地执行其促成交易的职能，就少不了外汇投机者。与此同时，外汇市场的存在也为投机者提供了承担风险、获取风险利润的机会和场所。

第二节　外汇交易概述

外汇交易亦即外汇买卖。从事外汇买卖的动机有多种：对外支付，把自己从事国际交易所得换成本国货币，保值，利用各国间的利率或汇率差异牟利、投机等。目的不同，外汇交易的方式也会有所差异。

一、外汇交易的报价方式

在外汇市场上，银行报价采用双报价方式，即总是同时报出买价（bid rate）和卖价（offer rate）。报价是银行外汇交易的重要的一环。

（1）报价采用省略方式，即只报出汇率小数点末两位数。

例如，USD/CNY（1 美元兑人民币元）8.2715/25（15/25）。

上述例子中，斜线左边为买入价，右边为卖出价。银行在实际交易中，一般只报出末尾两位数字，买卖差价（spread）通常用基点（basis point，简称"点"）来表示，1 基点价值为 0.01%，所以上面两个报价的价差是 10 个基点。

（2）报价限于一定数量的外汇交易。银行报价习惯上有一个双方都接受的交易限额。在正常交易条件下，不同货币交易具有不同的限额。近几年，即期交易的限额为 100 万～500 万美元。即银行报价只适用于 100 万～500 万美元的交易，小额或超大额交易的汇率另议。

（3）银行报价的买卖差价一般反映银行的交易成本。影响外汇买卖差价的因素很多，如交易数量（外汇交易量越大，买卖差价就越小）、金融中心或外汇市场的发达程度（伦敦和纽约外汇市场的汇差肯定要比巴黎及布鲁塞尔外汇市场的汇差小）、货币汇率的易变性（汇率易变性比较大的货币，其买卖差价也比较大）、所交易的货币在国际经济中的地位或重要性（在世界各国货币中，美元买卖差价最小，而交易的货币若是韩国元，其汇差肯定要大得多）、外汇交易所涉及的支付工具的类型（如外币现钞买卖差价要比银行计汇票据的买卖差价大），等等。总之，买卖差价越小，表明银行承受的风险越小，货币的交易性越高。所以说，主要货币的差价一般较小，而小币种的买卖差价要大一些。20 世纪 70 年代初期后，由于西方各国普遍实行浮动汇率制度，外汇交易的风险和成本相继增加，导致各银行的买卖差价也相应扩大。

（4）银行给出报价都是从自身经营的角度出发的，反映了银行外汇需求状况和经营状况。银行的报价是达成外汇交易的基础，因此灵活动用报价技巧来吸引客户和影响市场，是外汇银行面临的基本课题。

一般而言，高质量的报价应当从以下几个方面着手：第一，外汇银行在开始营业前，必须了解前一时区外汇市场的收盘价，以便掌握有关货币汇率的变动趋势，并以此作为其开市报价的基础；此外，结合政治和经济的最新发展事态，并根据本银行的头寸多缺状况，决定各种货币的买入价和卖出价。第二，外汇银行在接到询价后，必须迅速给出报价，这是体现其业务水平的一个重要标志；此外，迅速报价也使得其潜在的客户无暇去别处寻找成交机会，从而有利于增大银行的业务量。第三，恰如其分地在每一种货币的买入价与卖出价之间拉开一定差幅，这既关系到银行从事外汇买卖业务的收益，也是银行用以吸引客户及影响市场的最主要手段。例如，如果银行的某种货币余额是多头寸，则作出比市场价低的卖出报价以吸引欲想购买此货币的客户；而作出的买入报价比市场价稍高，使买入价缺乏竞争性，有理性的客户就不会愿意将该货币出售给这家银行。如果银行的某种货币余额是缺头寸，则报价方法正好相反。在外汇交易的实际过程中，当银行报出较好的卖出价或买入价时，所产生的外汇买入或卖出可能会大大超出其原来所希望的，这就需要根据外汇买卖的动态不断地调整汇差。最后，外汇市场的参与者一般不愿让其竞争对手知道他处于市场的哪一边，即是想买进还是想卖出某一特定货币。所以，在给出报价之后，即使事与愿违（如希望调整外汇多头寸时客户却要卖出外汇，或者在想调整外汇缺头寸时客户却要买进外汇），考虑到市场竞争，银行还是会坚持满足客户的需要，而使其竞争对手无法了解其真正意愿。不过，此时银行可能会限制交易数量，否则，就要承受太多的外汇风险。

二、外汇交易的规则与程序

典型的外汇市场是抽象无形的市场。在这个市场上，每天的外汇交易规模巨大，而常进行业务往来的双方很可能从未见过面。尽管这样，市场的所有参与者都严格遵守各种外汇交易规则和程序（无成文规定，都是约定俗成的），所以一般情况下，外汇市场都能正常运转，各种交易可以有条不紊地进行。

（一）外汇买卖的主要交易规则

（1）由于美元在国际金融领域的特殊地位，外汇市场采用的是以美元为中心的报价法，除非特别说明，所有的货币汇率报价都是针对美元的。

（2）除了英镑、美元、欧元、澳大利亚元及新西兰元采用间接标价法外，为了使外汇交易能迅速地进行，其他货币的交易一律采用直接标价法。

（3）外汇交易讲究效率，在报价时力求精简。尤其是银行同业间进行外汇买卖时，按交易惯例一般只报汇率的最后几位数；对于远期汇率的报价也不完整，只报出远期汇率与即期汇率的差价，又称掉期率，即升水、贴水或平价。

（4）银行同业间外汇交易由于具有批发性质，所以此时电脑终端显示的参考汇率都是以100万美元（或更大金额）为交易单位。假如一般进出口商或投资者感兴趣的是适用于小规模外汇交易的汇率，必须在询价时预先讲明，并具体报出买卖金额。此时，银行会对其原先报价进行适当调整，买卖差价可能会大些，因而对客户来说，汇率变得对其不利。

（5）在接受客户询价之后，一般来说，银行有道德义务作出报价；若客户未说明他想询问某种汇率（即期汇率和远期汇率）的买价或卖价时，银行都应报出买入和卖出两个价格。在采用直接标价法时，买入价总是先于卖出价报出，在采用间接标价法时，则卖出价在前，买入价在后。

（6）银行对外报出某种货币的买入价和卖出价之后，按照商业惯例，它就应承担以这些价格买进和卖出这种货币的义务。只要询价者愿意按所报出的汇率进行交易，不管这笔交易对该行是否合适都必须同意。但这里有个交易时间和成交金额的限制。即交易一方不能要求另一方按照其在10分钟以前给出的报价成交，交易金额一般为100万~500万美元（或其等值）。

（7）外汇交易用语必须规范化。在外汇交易的磋商过程中常出现一些俚语或简语，以使在汇率变动频繁的环境中迅速无误地成交，在使用"行话"时必须注意规范，以免产生误解。例如，交易中"One Dollar"表示100万美元。交易额通常是100万美元的整倍数。低于100万美元的交易应事先说明。

（8）交易双方必须恪守信用，共同遵守"一言为定"的原则和"我的话就是合同"的惯例。一般外汇交易都是先通过电话、电报或电传等电讯谈妥细节、达成协议，随后再用书面文件对交易内容加以确认。买卖一经成交即不得反悔、变更或撤销合同。

（二）外汇买卖的交易程序

（1）自报家门。即主动发起交易接触、进行询价的当事人，首先说明自己的单位名称，以便让报价银行知道交易对手是谁，并决定交易对策。

（2）询价。即询问有关货币即期汇率或（和）远期汇率的买入价和卖出价。询价内容必须简洁而又完整，一般包括交易的币种、交割日、交易金额和交易类型。

（3）报价。银行专门负责从事外汇交易的外汇交易员在接到询价后，立即做出该货币即期汇率或远期汇率的买入价和卖出价。这是外汇买卖的基础。

（4）成交。询价当事人首先表示买卖金额，然后由报价银行承诺。

（5）确认。一旦报价银行的交易商说"成交了"（OK, Done），合同即告成立，双方要受合同的约束。但在外汇交易的实践中已形成这样一种惯例，即当报价银行作出交易承诺之后，无论双方多么繁忙，都应不厌其烦地相互证实一下买卖货币的汇率、金额、交割日及结算办法等。

（6）交割。这是外汇买卖交易的最后一个程序，也是最重要的一个环节，即交易双方各自按照对方当事人的要求将卖出的货币及时准确地划入对方指定的银行存款账户中的处理过程。

三、外汇交易室与外汇交易员

目前，世界外汇市场上90%的外汇买卖是世界各大银行相互之间的买卖，而且这些外汇买卖都是在银行的外汇买卖交易室里达成的。交易室是联系市场与客户的纽带，在银行的外汇买卖中占有特殊地位。外汇交易室一般由经理室、客户部、交易部、信息咨询部、结算部和金融部构成。经理主管交易室的所有业务；客户部由经纪人组成，负责与客户的联系；交易部由交易员组成，负责每项外汇买卖的具体操作；信息咨询部负责向客户提供及时、准确的信息等；结算部负责结算；金融部负责管理客户的保证金等。世界各大银行的外汇交易室都使用路透社和美联社的金融咨询服务以获取信息，内容包括汇率、货币市场、资本市场、期货、股票等几乎无所不包的国际金融行情及其他经济信息。外汇交易室各种设备先进齐全，除终端机外，还包括以图表为主的整套技术分析工具、电子交易的结算系统、IDD 电话、录音电话、电子传真机等。外汇交易室管理制度高效严谨。

在外汇交易室的每笔交易都是直接由交易部的交易员操作的，他们在交易室经理的领导下开展工作。交易员分为主任交易员（或首席交易员）、高级交易员、交易员、初级交易员和实习交易员等。在大的外汇银行，交易员一般都有明确分工，一名交易员通常负责一种或几种货币的交易，所以又有所谓日元交易员、英镑交易员等划分。首席交易员是整个交易室的政策制定者，他的指导思想自始至终影响着交易室的具体交易方法与方式。同时，首席交易员又是联系经理室与其他交易员的桥梁。因此，首席交易员的水平从一定角度代表着银行的交易和管理水平。一名优秀的外汇交易员应具备较好的素质，主要有：必须有广泛的专业知识，应该全面深刻地了解世界经济和国际金融；必须熟悉各种交易规则和惯例；必须具有很强的风险意识和严格的止损概念；应具备良好的心理素质，始终保持冷静心态；应养成果断决策的习惯和强烈的自信心；必须具有很高的英语水平；必须能熟练地操作终端机、图表机、交易系统等有关的机器设备等。只有在以上各方面有意识地培养自己，并努力学习和不断总结经验教训，才能成为一名优秀的外汇交易员。

【阅读资料 6.3】

中国外汇交易中心

中国外汇交易中心暨全国银行间同业拆借中心（以下简称交易中心）于1994 年 4 月 18 日成立，是中国人民银行总行直属事业单位。作为中国银行间外汇市场、货币市场、债券市场以及汇率和利率衍生品市场的具体组织者和运行者，近年来，交易中心在中国人民银行、外汇局的直接领导下，紧紧围绕人民币汇率、利率改革和金融市场发展，致力于银行间本外币市场基础设施建设、产品和机制创新。银行间本外币市场交易量屡创新高，交易机制不断创新，原生、衍生产品序列逐渐丰富，具有国际先进水平的交易平台成功上线，人民币基准汇率和利率引人瞩目，市场主体数量和类型不断增加，清算、信息、监管服务功能日益完善。银行间市场已经成为我国金融市场中交易量最大的一个市场，涵盖外汇市场、货币、债券、衍生品市场。

交易中心总部设在上海张江，在上海外滩和北京建有数据备份中心和异地灾备中心。上海内设部门包括综合部（党委办公室）、市场一部、市场二部、清算部、工程运行部、技术开发部、研究部、信息统计部、国际部、风险管理部、人事部（党委组织宣传部、纪检监察办公室）、财务部、行政保卫部以及北京综合部、北京市场部、北京工程部等16个部门。目前在成都、重庆、大连、福州、广州、海口、济南、南京、宁波、青岛、汕头、沈阳、深圳、天津、武汉、厦门、西安、珠海等18个省会及经济区域中心城市设有由中国人民银行当地分支行管理、由交易中心业务指导的分中心。

交易中心为银行间外汇市场、货币市场、债券市场和衍生品市场提供交易系统并组织交易，同时履行市场一线监测职能，对包括市场合规、异常交易和风险指标等进行实时监测，确保市场平稳、健康、高效运行。

一、银行间外汇市场

银行间外汇市场包括人民币外汇市场、外币对市场和外币拆借市场，是机构之间进行外汇交易的市场，实行会员管理和做市商制度，参与者包括银行、非银行金融机构和非金融企业等。

交易中心为银行间外汇市场提供统一、高效的电子交易系统，该系统提供集中竞价与双边询价两种交易模式，并提供单银行平台、交易分析、做市接口和即时通信工具等系统服务。

交易系统支持人民币对14个外币［美元、欧元、日元、港元、英镑、澳大利亚元、新西兰元、新加坡元、瑞士法郎、加拿大元、林吉特、俄罗斯卢布、泰铢（区域交易）和坚戈（区域交易）］的即期，人民币对12个外币（美元、欧元、日元、港元、英镑、澳大利亚元、新西兰元、新加坡元、瑞士法郎、加拿大元、林吉特和俄罗斯卢布）的远期、掉期，人民币对5个外币（美元、欧元、日元、港元、英镑）的货币掉期和期权交易，9组外币对（欧元/美元、澳元/美元、英镑/美元、美元/日元、美元/加元、美元/瑞士法郎、美元/港元、欧元/日元、美元/新加坡元）的即期、远期和掉期交易，3个外币（美元、欧元和港元）的外币拆借交易以及与上海黄金交易所合作的银行间黄金询价即期、远期和掉期交易。

二、银行间本币市场

银行间本币市场由货币市场、债券市场、票据市场及相关衍生品市场组成，是金融机构实施流动性管理、资产负债管理、投资交易管理及利率和信用风险管理的重要场所。其中，银行间债券市场已成为我国直接融资的主渠道之一，政府债券、金融债券、资产支持证券和各类非金融企业债务融资工具等债券品种均可在银行间债券市场发行流通。目前，本币市场成员已涵盖商业银行、农联社、证券公司、保险公司、信托公司等各类金融机构投资者，基金、企业年金等非法人投资产品以及部分非金融企业。

交易中心为银行间本币市场的广大机构投资者提供高效、便捷的本币交易系统，系统覆盖信用拆借、质押式回购、买断式回购、同业存单、现券买卖、债券借贷、债券远期、利率互换、远期利率协议、信用风险缓释凭证、标准利率衍生产品等交易品种，支持询价、做市报价、请求报价、双边授信撮合等多种交易方式，市场成员可通过客户端、数据接口等途径运用交易系统开展交易。此外，交易中心还通过中国票据网为金融机构提供票据报价及信息服务。

三、人民币汇率中间价

2005 年 7 月 21 日人民币汇率形成机制改革后，根据中国人民银行授权，交易中心每个工作日上午 9 时 15 分发布人民币对美元等主要外汇币种汇率中间价。人民币对美元汇率中间价的形成方式为：交易中心于每日银行间外汇市场开盘前向外汇市场做市商询价。外汇市场做市商参考上日银行间外汇市场收盘汇率，综合考虑外汇供求情况以及国际主要货币汇率变化进行报价。交易中心将全部做市商报价作为人民币对美元汇率中间价的计算样本，去掉最高和最低报价后，将剩余做市商报价加权平均，得到当日人民币对美元汇率中间价，权重由交易中心根据报价方在银行间外汇市场的交易量及报价情况等指标综合确定。

人民币对港元和加拿大元汇率中间价由交易中心分别根据当日人民币对美元汇率中间价与上午 9 时国际外汇市场港元和加拿大元对美元汇率套算确定。

人民币对欧元、日元、英镑、澳大利亚元、新西兰元、新加坡元、瑞士法郎、林吉特和俄罗斯卢布汇率中间价形成方式为：交易中心于每日银行间外汇市场开盘前向银行间外汇市场相应币种的做市商询价，将做市商报价平均，得到当日人民币对欧元、日元、英镑、澳大利亚元、新西兰元、新加坡元、瑞士法郎、林吉特和俄罗斯卢布汇率中间价。

四、上海银行间同业拆放利率（Shibor）

2007 年初以来，交易中心根据中国人民银行授权计算、发布中国货币市场基准利率——上海银行间同业拆放利率（Shanghai interbank offered rate, Shibor）。Shibor 是根据信用等级较高的银行组成的报价团自主报出的人民币同业拆出利率计算确定的算术平均利率，是单利、无担保、批发性利率。目前公布的 Shibor 品种包括隔夜、1 周、2 周、1 个月、3 个月、6 个月、9 个月及 1 年。每个交易日，交易中心根据各报价行的报价，剔除最高、最低各 4 家报价，对其余报价进行算术平均计算，得出每一期限品种的 Shibor，并于北京时间上午 9：30 对外发布。

五、贷款基础利率（LPR）

交易中心自 2013 年 10 月 25 日起计算和发布贷款基础利率（loan prime rate,

LPR）。贷款基础利率是商业银行对其最优质客户执行的贷款利率，其他贷款利率可在此基础上加减点生成。贷款基础利率的集中报价和发布机制是在报价行自主报出本行贷款基础利率的基础上，指定发布人对报价进行加权平均计算，形成报价行的贷款基础利率报价平均利率并对外予以公布。运行初期向社会公布 1 年期贷款基础利率。交易中心作为贷款基础利率的指定发布人，于每个交易日根据各报价行的报价，剔除最高、最低各 1 家报价，对其余报价进行加权平均计算后，得出贷款基础利率报价的平均利率，并于 11：30 对外发布。

六、国际金融资产交易平台

交易中心在上海自贸区建设"国际金融资产交易平台"，平台以互联网为载体，面向自贸区内金融机构和企业提供人民币相关金融资产的报价、信息和交易等服务，并适时引入境外机构，满足各类机构的头寸平盘、投融资和风险管理等需求。

平台将依据试验区政策落地及业务开展情况进行分阶段建设，一期主要提供信息服务；二期主要提供人民币外汇、同业拆借、电子票据、存贷款等品种的报价服务；三期将扩大参与主体范围，完善和丰富报价品种，适时推出交易服务。一期和二期分别于 2014 年 10 月和 12 月上线试运行。

资料来源：中国货币网网站。

第三节　外汇交易方式

外汇交易有许多种类，其交易技术也纷繁复杂。最常见的有即期交易、远期交易、掉期交易、套汇交易、套利交易和外汇期货、期权等交易方式。

一、即期外汇交易（spot exchange transaction）

（一）即期外汇交易概念

即期外汇交易（spot exchange transaction）又称现汇交易，是指买卖双方约定于成交后的两个营业日内交割的外汇交易。即期交易是外汇市场上最普遍的交易形式，其基本作用在于满足临时性的付款需求、实现货币购买力的转移、调整货币头寸、进行外汇投机等。即期交易的汇率构成整个外汇市场汇率的基础。一般而言，在国际外汇市场上进行外汇交易时，除非特殊指定日期，一般都视为即期交易。

（二） 即期交易的交割日

交割日又称结算日，也称有效起息日（value date），是指买卖双方将资金交与对方的日期。即期外汇交易的交割日（spot date）包括三种情况。

（1）标准交割日（value spot or VAL SP）：指在成交后第二个营业日交割。目前大部分的即期外汇交易都采用这种方式。

（2）隔日交割（value tomorrow or VAL TOM）：指在成交后第一个营业日交割。某些国家，如加拿大由于时差的原因采用这种方式。

（3）当日交割（value today or VAL TOD）：指在成交当日进行交割。如以前在香港外汇市场用美元兑换港元的交易（T/T）可在成交当日进行交割。

在外汇市场上，由于涉及两种不同的货币，交割日必须是两种货币共同的营业日，因为只有这样才能将货币交付对方。即期交割日的规则如下：

（1）此交割日必须是两种货币共同的营业日，至少应该是付款地市场的营业日。

（2）交易必须遵循价值抵偿原则，即一项外汇交易合同的双方必须在同一时间进行交割，以免任何一方因交割不同时而蒙受损失。

（3）第一天、第二天若不是营业日，则即期交割日必须向后顺延。

【阅读资料6.4】

解读我国个人外汇买卖

自从1994年我国开始允许个人买卖外汇以来，提供个人外汇买卖的银行如雨后春笋般涌现出来。现在，中国银行、中国工商银行、中国建设银行、中国农业银行、交通银行、招商银行、浦发银行、中国光大银行等，几乎所有的银行都开通了个人外汇买卖业务，外汇交易已不再是专业外汇交易员在外汇室中操作的神秘工具，而逐渐成为家喻户晓的投资理财新渠道。根据国家发展计划委员会的统计，中国的个人外汇交易量在过去几年里呈现成倍增长的趋势，个人外汇拥有量保持在800亿美元左右，但目前进入外汇交易市场的尚不足10%，因此，个人外汇交易面临极为广阔的市场。

个人外汇买卖交易按照是否是使用银行资金，可分为个人实盘外汇买卖和个人虚盘外汇买卖两种。个人实盘外汇买卖是指个人客户通过银行柜台服务或金融电子服务方式进行的、不可透支的可自由兑换外汇（或外币）交易。个人虚盘外汇买卖是指个人在银行缴纳一定的保证金后进行的交易金额可放大若干倍的外汇（或外币）交易。

目前，在我国个人可以投资的外汇品种主要是"外汇宝"，这是一种个人实盘的即期外汇交易，是指个人客户在银行规定的交易时间内，通过柜面服务人员或其他电子金融服务方式进行的实盘外汇买卖。现在只能进行现汇交易，同时每个客户的交易仅限于他们在银行账户上所存的外汇，许多银行如招商银行、交通银行等都可以提供 24 小时全天候的个人外汇买卖。

小思考 6.3

个人实盘外汇买卖与虚盘外汇买卖有何区别？

答：个人实盘外汇买卖与虚盘外汇买卖的重要区别在于交易的资金是否允许透支。个人实盘外汇买卖不允许透支，而在进行虚盘买卖时向银行缴纳一定保证金后可进行交易金额放大若干倍的外汇交易。

二、远期外汇交易（forward exchange transaction）

（一）远期外汇交易的概念

远期外汇交易又称期汇交易，是指买卖双方在成交时先就交易的货币种类、汇率、数量以及交割期限等达成协议，并以合约的形式将其确定下来，然后在规定的交割日再由双方履行合约，结清有关货币金额的收付。

在远期外汇交易中买卖双方签订的合约称为远期合约。根据成交日与交割日之间的间隔，远期外汇交易有一月期、二月期、三月期、六月期、一年期等数种。最多的是三月期的远期外汇交易，一年期以上的称为超远期外汇买卖，比较少。

（二）远期外汇交易的特点

（1）远期外汇交易是银行通过电话、电传等通信工具与其他银行、外汇经纪人和客户之间进行。

（2）在远期外汇合约中，汇率、货币种类、交易金额、交割日期等内容因时因地因对象而异，由买卖双方议定，无通用的标准和限制。远期外汇合约到期时实际支付金额大抵是全额交收的。

（3）远期外汇交易是无限制的公开活动，任何人都可以参加，买卖双方可以直接进行交易，也可通过经纪人进行交易。如果不通过外汇经纪人，则不需要支付手续费。

（4）远期外汇交易主要在银行之间进行，个人和小公司参与买卖的机会较少。买卖价格由各银行报出，并且交易中没有共同清算机构，交易的盈亏在规定

金融学科核心课程系列教材

的交割日结算。

（5）远期外汇交易除银行偶尔对小客户收一点保证金外，没有缴纳保证金的规定。绝大多数交易不需缴纳保证金。款项的交收全凭对方的信用，所以有一定的风险。

（三）远期外汇交易的交割日

远期外汇交易的交割日的推算，通常按即期交割日（即起息日）后整月或整月的倍数，而不管各月的实际天数差异。例如，即期外汇交易如在6月8日达成，交割日是至6月10日为止。假如在6月8日达成1个月和2个月远期交易，则交割日或起息日分别为7月10日和8月10日。进一步分析，假如7月10日不是有效营业日，而是节假日，则按前述惯例顺延至下一个有效营业日，即7月11日或7月12日，或再以后的日期，直到延至下一个有效营业日。但有一个例外，如果加上一个或更多的整月后，发现不是有效日，往下推算直到出现有效日，有可能已推到下一个月，这种情况下，往下推算的惯例不再适用，而是相反地往回推算，直到"触及"第一个有效日为止。显然，往回推算到的第一个有效日必为远期交割月的最后一个有效营业日。这种远期交割日的处理原因是显而易见的，跨月无论是在概念上还是在计算上都可能会产生问题。

远期外汇交易交割日推算还有一个所谓"双底"惯例。假如即期交割日到当月的最后一个营业日为止，则所有的远期交割日是相应各月的最后一个营业日。例如，即期交易的交割日到4月28日（星期五），则两个月远期的交割日为6月份的最后一个营业日，如6月29日或6月30日。

小思考6.4

在1月26日（星期一）、27日（星期二）、28日（星期三）分别达成一月期远期外汇交易，那么，如何推算交割日？

答：即期交割日分别是到1月28日（星期三）、1月29日（星期四）、1月30日（星期五）为止，分别推算出三笔一月期远期交易的交割日均为2月27日。理由是：1月28日加一整月为2月28日（星期六），因不能跨月，回推到2月27日星期五，这是2月的最后一个营业日，因而也是后两笔远期外汇交易的交割日。

（四）影响远期汇率的因素

影响远期汇率的因素很多，如远期外汇供求关系、人们的心理预期、国际政治经济形势的变化、国际贸易的消长、两种交易货币国的利率差异等。但其中绝大部分影响因素难以精确计算，而比较容易定量分析其影响的因素是两种交易货币国的利率差异。假定其他因素不变，远期汇率与即期汇率产生的升水、贴水值决定两国的利率水平，并与两国货币的利差相平衡。远期外汇的升贴水值的计算公式是：

$$升（贴）水值 = \frac{即期汇率 \times 两种货币利差（\%）\times 远期天数}{360}$$

或者

$$升（贴）水值 = \frac{即期汇率 \times 两种货币利差（\%）\times 远期月数}{12}$$

【实例分析】伦敦货币市场利率为年利率9.5%，纽约为7%，伦敦外汇市场美元即期汇率是1英镑等于1.9600美元，则三个月美元期汇升水为 $1.9600 \times \frac{9.5-7}{100} \times \frac{3}{12} = 0.0123$，即三个月期汇1英镑 $= 1.9600 - 0.0123 = 1.9477$（美元）。如果市场对英镑期汇的需求增加，英镑期汇汇率上升，即美元对英镑期汇的升水减少。如果上述例子中三个月美元期汇减少为升水1美分（即0.0100），则其升水率约合年利2%，其计算公式为

$$\frac{升水或贴水 \times 12}{现汇汇率 \times 月数}$$

即

$$\frac{0.0100 \times 12}{1.9600 \times 3} = 2.04\%$$

相反，如果市场上对英镑期汇的需求减少，英镑期汇汇率下跌，也就是美元对英镑期汇的升水增大。如果上述例子中三个月美元期汇增为升水1.5美分（即0.0150），则其升水率约合年利3%，即

$$\frac{0.0150 \times 12}{1.9600 \times 3} = 3.06\%$$

正常情况下，利率高的货币期汇汇率表现为贴水，利率低的货币期汇汇率表现为升水。但如果出现大规模的外汇投机活动，往往会使期汇汇率和现汇汇率的差异完全脱离两地利率水平的差异，以致同货币市场上的利率毫无关系。

（五）远期外汇交易的类型

1. 固定交割日的远期外汇交易

固定交割日的期汇交易（fixed forward transaction）是指交易的交割日期是确定的，交易双方必须在约定的交割日期办理外汇的实际交割，此交割日既不能提

前也不能推后。在国际贸易交往中，进出口商为了防范从贸易合同签署日到货款实际收付日的外汇风险，通常都会进行外汇的套期保值活动，即为远期收付一笔货币，就在期汇市场上卖或买一笔期汇，以求安全。这种套期保值一般都是固定交割日的期汇买卖。

2. 选择交割日的远期外汇交易

选择交割日的期汇交易（optional forward transaction），又称择期交易，是指交易没有固定的交割日，交易一方可在约定期限内的任何一个营业日要求交易对方按约定的远期汇率进行交割的期汇交易。这类交易在交割日期上具有较大的灵活性，通常适应于难以确定收付款日期的对外贸易。在择期交易中，询价方有权选择交割日，而且询价方也可以根据对市场的预测，选择对自身最有利的择期日期，如六个月的择期，就意味着该客户在该笔期汇交易中可能选择的最早交割日是第六个月的第一天，最迟是第六个月的最后一天。由于报价银行必须承担汇率波动风险和资金调度的成本，因此报价银行必须报出对自己有利的价格。即报价银行在买入被报价货币时报出较低的汇率；在卖出被报价货币时，报出较高的汇率。基本上，报价银行对于任选交割日的远期汇率的报价遵循以下两条原则：

第一，报价银行买入被报价货币，若被报价货币升水，按选择期内第一天的汇率报价；若被报价货币贴水，则按选择期内最后一天的汇率报价。

第二，报价银行卖出被报价货币，若被报价货币升水，按选择期内最后一天的汇率报价；若被报价货币贴水，则按选择期内第一天的汇率报价。

【实例分析】某年美国某进口商以择期远期交易购买了10万英镑，择期在第一个月和第二个月，即该进口商可以在合约签订后的第一、第二两个月中的任何一天购买所需英镑。有关银行的卖出价见表6.1。

表 6.1   外汇汇率

情况	外汇升水	外汇贴水
即期	GBP 1 = USD 1.7520	GBP 1 = USD 1.7520
一月期	GBP 1 = USD 1.7620	GBP 1 = USD 1.7420
二月期	GBP 1 = USD 1.7720	GBP 1 = USD 1.7320

从择期开始到结束三个汇率：第一种情况是 GBP 1 = USD 1.7520，GBP 1 = USD 1.7620，GBP 1 = USD 1.7720，对顾客不利的是 GBP 1 = USD 1.7720；第二种情况是 GBP 1 = USD 1.7520，GBP 1 = USD 1.7420，GBP 1 = USD 1.7320，对顾

客不利的是 GBP 1 = USD 1.7520。

由此可以得出原则：当银行卖出择期远期外汇升水时，择期交易适用的是最接近择期结束时的汇率；若远期外汇贴水则适用的是最接近择期开始的汇率。同理可得：当银行买入择期远期外汇且远期外汇升水时，择期交易适用的是最接近择期开始的汇率；若远期外汇贴水则适用的是最接近择期结束时的汇率。

（六）远期外汇交易的作用

1. 利用远期外汇交易套期保值

这里的套期保值是指买进或卖出一笔等值于在国外的远期负债或资产的外汇，使这笔负债或资产免受汇率变动的影响，从而达到保值的目的。从事国际贸易的进出口商，经营外汇业务的银行都可以通过远期外汇交易规避风险。首先对于进出口商来说运用远期外汇交易可以得到两方面的好处：第一，在将来某一特定时间以合约中规定的汇率或购买合约中规定数量的外汇，而不管在支付或收到外汇货款时汇率变化怎样，从而避免了外汇风险；第二，虽然外汇货款的收付要在将来才发生，但通过远期外汇交易，出口商或进口商在签订贸易合同时就可以精确地计算出贸易合同的本币价值，有利于成本核算。

【实例分析】某美国进口商从日本进口价值500万日元的商品，以日元计价支付，3个月后结算。签订合同时即期汇率为 USD 1 = JPY 125.00。若3个月后由于各种原因美元贬值，汇率变为 USD 1 = JPY 110，该美国进口商由于汇率的这种变动将蒙受损失。若汇率不变，他只需支付4万美元（即 5 000 000/125）就可以买到500万日元给日本出口商，现在由于汇率已发生变动，他不得不支付45 454 美元（即 5 000 000/110）才能买到500万日元，多付出了5 454 美元。此外，在签订贸易合同时，该进口商并不知道3个月后汇率变不变，是上升还是下降。总之，美国进口商并不知道3个月后的汇率到底会是多少，将支付的是4万美元，还是 45 454 美元，因而无法在订立贸易合同时就同时准确地核算进口成本。但是，如果该进口商在与日本出口商订立贸易合同时就同时和外汇银行签订远期合约，约定以 USD 1 = JPY 120 的三月期汇率购买500万日元，那么无论3个月后汇率发生什么变化都与进口商无关，他可以根据远期合约花 41 666 美元买到500万日元支付给对方。同理，出口商可以在签订出口合同时与银行签订远期合约，将其在未来某时取得的外汇货款以远期外汇的形式卖出，以避免外汇风险。

金融学科核心课程系列教材

　　但是，进出口商在利用远期外汇交易避免汇率不利变动造成的损失的同时，也失去了汇率有利变动可能带来的经济利益。按上述例子，若 3 个月后的即期汇率高于 120 日元，假定为 122 日元，那么不签订远期合约，在交割日只需约 41 000 美元（5 000 000/122）即可买到所需日元支付给对方，远期合约的订立无疑排除了获取此种利益的可能性，这就要求当事人权衡利弊作出选择。

　　那么，外汇银行接受进出口商的要求承做远期外汇交易是否就承担了外汇风险并将蒙受损失呢？一般情况下不会。理由是：第一，银行作为外汇交易的中介，同时与许多客户、外汇银行进行外汇交易。若一个客户想卖出三月期美元买进英镑，而另一个客户则相反，想卖出同样数量的三月期英镑买进美元，银行同时从事这两笔远期交易，将客户转嫁来的风险再加以抵消。通过赚取买卖差价和交易手续费，银行还可得利。当然，若银行的远期业务较少，远期外汇的数量、币种期限、交易方向等不匹配，可能有很大一部分差额不能轧平。但对大银行来说，问题不大，因为它们有大量的远期外汇业务，可以通过综合调整轧平头寸。第二，银行还可能采取其他一些办法，积极地保护自己。

2. 用远期外汇交易进行外汇投机

　　投机可在各种市场上，外汇市场也包括在内。外汇投机即是在预测外汇汇率将要上升时先买进后卖出外汇，在预测外汇汇率将要下降时则先卖出后买进外汇的行为。

　　外汇投机既可在现汇市场上也可在远期外汇市场上进行。两者的区别在于，在现汇市场上投机时，由于现汇交易要求立即交割，投机者手中要有十足的现金或外汇而不管其资金来源如何。在期汇市场上投机由于不涉及现金或外汇的收付，因而在该市场上投机不必持有十足的现金或外汇，只需支付少量的保证金即可。

　　【实例分析】（1）在现汇市场上的投机

　　假定美元的即期汇率为 USD 1 = CHF 5.6525。一投机者认为，1 个月后美元的即期汇率将上升，于是，该投机者入市买入 10 万美元，支付 565 250 瑞士法郎。如果 1 个月后汇率变动果如他所料，他再入市卖出 10 万美元，汇率为 USD 1 = CHF 5.6535，结果得 565 350 瑞士法郎，这一投机行为所得利润为 100 瑞士法郎。当然，如果预测错误（即不是美元升值而是美元贬值）他将为此而蒙受损失。总之，无论怎样，该投机者在现汇市场购买 10 万美元之时，手头必须持有 565 250 瑞士法郎。

　　【实例分析】（2）在期汇市场上的投机

　　假定在香港外汇市场上，某年 3 月 1 日三月期美元的远期汇率为 USD 1 =

HKD 8.9625。一投机者预测美元以后 3 个月内将会贬值，美元的远期汇率将随之下降。于是他在远期外汇市场抛出三月期美元 100 万，交割日为 6 月 1 日。在 3 月 1 日成交时，他只需支付少量保证金，不需实际支付美元。如果在交割之前，美元的汇率果真下降，假如 5 月 1 日时一月期美元的汇率为 USD 1 = HKD 8.9525，该投机者再次进入远期市场，买入同额远期美元（100 万），交割日期和卖出的远期美元的交割日期相同。这一卖一买可使他获得 1 万港元（1 000 000 × 8.9625 - 1 000 000 × 8.9525）。如果投机者预测是错误的，美元的汇率不但没有下降反而上升，他将蒙受损失。

实例分析（2）中，投机者的投机以抛售为基础，且在抛售外汇时，实际上手中并无此项外汇，他只是签订了一份远期合约，保证到规定日期以规定的汇率卖出一定数额的外汇，这与现汇市场上的投机极不相同。这种以在远期外汇市场上抛售远期外汇为前提，抛售时手中并无外汇的投机称为卖空，即做空头。

与卖空相对应的是买空，这种投机是以购买远期外汇为基础，在购买时实际上并不需要立即付款，同时也没有立即取得所购买的外汇，只是签订了一个远期合约，保证到期以规定的汇率购买一定量的外汇。因此，投机者从事的这种买空投机，又称做多头。

必须强调的是，远期外汇投机交易必须具备两个条件：一是有远期外汇市场存在；二是汇率必须有变动。由于即期外汇市场投机与远期外汇市场投机的做法有很大区别，所以一般来说，进行远期外汇投机交易的可行性较大，成交量也较大，但单纯的远期外汇买卖的风险比即期外汇买卖的风险更大。

（七）远期外汇交易的展期与注销

1. 展期

是指交易的一方因某种需要，推迟外汇的实际交割日期而采取的一种技术处理。通常采用掉期交易来完成。其做法是通过操作一笔与原交易额相同而买卖方向相反的即期交易和相对应的远期交易，使之在即期轧平头寸，在远期重新安排交易。

【实例分析】3 月 15 日，某客户通过银行进行一笔远期外汇交易，卖出 100 万美元，买进 13 500 万日元，交割日期为 5 月 17 日。该客户因为进口付款推迟，于是向银行申请展期，银行认为理由充分，同意展期 1 个月。具体做法是进行一次掉期交易，即按 1 美元兑换 135 日元的即期汇率买入 100 万美元，卖出等值的日元，并按 1 美元兑 134.41 日元的远期汇率卖出 100 万美元，买入 13 441 万日元，交割日期为 6 月 17 日。这样客户就不必在 5 月 17 日交割 100 万美元，从而达到了展期的目的。

2. 注销

根据外汇交易的规则，交易双方一经成交，就不得撤销或变更。因此从交易原则来说，不存在交易注销的问题。这里所讲的注销，实际上是续做一笔与原先的交易方向相反，交割日期相同的交易，使买卖的金额相互抵消，从而达到注销原交易的目的。

【实例分析】3 月 15 日，某客户通过银行开展一笔远期外汇业务，按 1 美元兑换 135 日元的即期汇率卖出 100 万美元，买入 13 500 万日元，用以备付进口货款，交割日为 5 月 17 日。4 月 20 日，该客户以国外出口商已撤销贸易合同为由，要求注销上述远期外汇买卖交易，银行同意客户的要求并当即在市场上按 1 美元兑换 136.50 日元的远期汇率买入 100 万美元，卖出 13 650 万日元，交割日也定在 5 月 17 日。通过交易金额对冲，达到了注销原交易的目的。但由此造成的 150 万日元的损失由该客户负责。这也是客户应承担的交易转换成本。

三、套汇交易（arbitrage transactions）

套汇是利用不同的外汇市场、不同的货币种类、不同的交割期限在汇率或利率上的差异而进行的外汇买卖，借以运用外汇资金，调拨外汇头寸，增加外汇收益，避免外汇风险。套汇分为地点套汇、时间套汇和利息套汇三种。

（一）地点套汇（space arbitrage）

1. 直接套汇（direct arbitrage）

又称双边或两角套汇（bilateral or two-point arbitrage），就是利用两个不同地点的外汇市场之间，在某一短暂时刻某种货币汇率出现的差异，按照贱买贵卖的原则，同时在这两个外汇市场上一面买进一面卖出这种货币，赚取汇率差价。

【实例分析】在伦敦外汇市场上 1 英镑 = 2.0040/2.0050 美元

在纽约外汇市场上 1 英镑 = 2.0070/2.0080 美元

这表明英镑在伦敦市场上价格较低，在纽约市场上价格较贵。套汇者就在伦敦市场以 1 英镑 = 2.0050 美元的行市卖出美元、买进英镑，同时，在纽约市场上以 1 英镑 = 2.0070 美元的行市卖出英镑、买进美元，这样，每一英镑可以获得 0.0020 美元的套汇利润。若以 10 万英镑进行套汇，可获利 200 美元。

2. 间接套汇（indirect arbitrage）

通常是指三角套汇（three-point arbitrage），也称简单型间接套汇，如有四角或四角以上套汇，称为复合型间接套汇。复合型间接套汇在外汇市场业务中极为罕见。所谓三角套汇，就是利用三个不同外汇市场之间的货币汇率差异，同时在这三个外汇市场上进行套汇买卖，从汇率差价中赚取利润。

间接套汇错综复杂，寻找汇率差不如直接套汇直观。此时，投机者判断是否有套汇机会的常用方法是：将三个外汇市场上三种外汇的汇率均采用相同的标价法，然后用三个卖出价或买入价相乘，若乘积等于1或者几乎等于1时，说明各市场之间的货币汇率关系处于均衡状态，没有汇率差，或即使有微小的差率，但不足以抵补资金调度成本，套汇将无利可图；如果乘积不等于1，则说明存在汇率差异，套汇交易便是有利可图，但具体的套汇过程如何，仍需要进一步的套算和分析。下面举例说明。

【实例分析】假定美元、欧元、英镑之间的汇率在下列三个外汇市场的情况为：

纽约外汇市场：USD 1 = EUR 0.8355/0.8376

法兰克福外汇市场：GBP 1 = EUR 1.5285/1.5380

伦敦外汇市场：GBP 1 = USD 1.7763/1.7803

第一步，投机者先判断是否存在套汇机会。因为三个外汇市场中纽约外汇市场和伦敦外汇市场采用间接标价法，较简便地把法兰克福外汇市场的直接标价法改为间接标价法，则：

EUR 1 = GBP 0.6502/0.6542

然后把三个汇率相乘，即：

$$0.8355 \times 0.6502 \times 1.7763 = 0.9649 \text{ 或 } 0.8376 \times 0.6542 \times 1.7803 = 0.9755$$

结果不等于1，有间接套汇的条件，可以进行投机。

第二步，选择正确的套汇途径。根据套汇者所持资金的币种，把该货币选择为初始投放货币，寻找套汇途径。需要说明的是：在存在套汇机会的条件下，不管以何种货币作为初始投放，只要套汇途径正确，都能获利。

我们假定套汇者手持的是美元资金，亦即以美元作为套汇的初始投放货币，按上面的汇率，只可能有两种汇兑循环形式：

(1)　美元　→　欧元　→　英镑　→　美元

　　　　　纽约　　　法兰克福　　　伦敦

(2)　美元　→　英镑　→　欧元　→　美元

　　　　　伦敦　　　法兰克福　　　纽约

计算这两种汇兑循环的套汇效果：

循环（1）：

USD 1→EUR 0.8355→GBP 0.8355/1.5380→USD 0.8355×1.7763/1.5380 = USD 0.9649

　　纽约　　　　法兰克福　　　　　伦敦

即投入 1 美元，收回 0.9649 美元，说明这种套汇途径不正确。

循环（2）：

USD 1→GBP 1/1.7803→EUR 1.5285/1.7803→USD 1.5285/（1.7803×0.8376）= USD 1.0250

　　伦敦　　　　法兰克福　　　　　纽约

即投入 1 美元，套汇后可得 1.0250 美元，说明循环（2）的套汇途径正确。其套汇利润率（毛利率）为 2.5%。

地点套汇应注意把握以下要点：

（1）套汇交易只有在没有外汇管制、没有政府插手干预的条件下，方能顺利进行。具备这一条件的欧洲货币市场是套汇交易的理想市场。

（2）由于现代通信技术发达，不同外汇市场之间的汇率差异日益缩小，因而成功的套汇须有大额交易资金和传递迅速的外汇信息系统及分支代理机构，才能及时捕捉和把握瞬息即逝的套汇时机，并在抵补成本基础上获利。

（3）套汇过程必须遵循从低汇率市场买入，在高汇率市场卖出原理，为便于比较营运资金增值与否，套汇过程应在货币资金初始投放点结束。

（二）时间套汇（time arbitrage）

时间套汇也可称为掉期交易，是指利用不同期限外汇汇率的差异，在买入与卖出即期外汇的同时，卖出与买入远期外汇，借以获取时间差来盈利的套汇方式。这种交易的目的在于轧平外汇头寸，避免外汇风险。掉期交易主要有即期对远期的掉期交易和远期对远期的掉期交易。

1. 即期对远期的掉期交易

是指买进或卖出一笔现汇的同时，卖出或买进一笔期汇的掉期交易。

【实例分析】一家美国投资公司需要 10 万英镑现汇进行投资，预期在两个月后收回资金，为了防范汇率变动，进行即期对远期掉期交易。该公司买进 10 万英镑现汇，同时卖出一笔 10 万英镑的两月期期汇，假定当时的市场汇率为，即期汇率：GBP/USD = 2.0845/55，两月期远期汇率：GBP/USD = 2.0820/40，则该公司买进 10 万英镑需付出 208 550 美元，而卖出两月期期汇 10 万英镑可收回 208 200 美元，此笔掉期交易，交易者只需支付即期汇率与远期汇率之间十分有限的买卖差价350美元（未考虑两种货币的利息因素）。这样，就以确定的较小代价防范了因汇率变动带来的不确定也可能是较大的风险损失。

2. 远期对远期的掉期交易

是指对交割期限不同而货币种类和金额相同的两笔期汇结合起来进行方向相反的交易。即在买进或卖出较短期限的远期外汇的同时，卖出或买进较长期限的远期外汇。比如，在买进或卖出3个月后交割的某种外汇的同时，再卖出或买进6个月交割的等额外汇，其好处是可以利用有利的汇率机会获利。

【实例分析】美国某银行在3个月后应向外支付100万英镑，同时在1个月后又将收到另一笔100万英镑的收入。此时，若市场上的汇率较为有利，它可以进行一笔远期对远期的掉期交易。

假定此时纽约外汇市场上的汇率为：

即期汇率1英镑=1.6960/1.6970美元

1个月远期汇率1英镑=1.6868/1.6880美元

3个月远期汇率1英镑=1.6729/1.6742美元

此时该银行有两种掉期方法可供选择：①进行两次"即期对远期"的掉期交易。即，将3个月后应支付的英镑，先在远期市场买入（期限也为3个月，汇率为1.6742美元），再在即期市场上将其卖出（汇率为1.6960）。这样，每英镑可得益0.0218美元。同时，将1个月后将要收到的英镑，先在远期市场上卖出（期限为1个月，汇率为1.6868美元）。这样每英镑须贴出0.0102美元。两笔掉期交易合起来总计，每英镑可获净收益0.0116美元。②直接进行"远期对远期"的掉期交易即买入3个月的远期（汇率为1.6742美元），再卖出1个月期的远期（汇率为1.6868美元），其能获得的净收益为每英镑0.0126美元。可见，用这种"远期对远期"的掉期交易，比用两笔"即期对远期"交易较为有利。

小思考6.5

掉期交易与一般套期保值有何不同？

答：（1）掉期交易改变的不是交易者手中持有的外汇数额，而只是交易者持有货币的期限；（2）掉期交易强调买入和卖出的同时性，并且大部分是针对同一交易对手进行的。

（三）利息套汇（interest arbitrage）

利息套汇又称套利，是指投资者根据两个国家或地区金融市场短期利率的差异，将资金由利率较低的国家或地区转移到利率较高的国家或地区进行投放，以

金融学科核心课程系列教材

赚取利率差额的外汇交易。根据是否对套利交易所涉及的外汇风险进行抵补，套利可分为未抵补套利和抵补套利。

1. 未抵补套利

未抵补套利又称未抛补套利，指把资金从低利率的货币转换为高利率货币，从而谋取利差收益，但不同时进行反方向操作轧平外汇头寸的套利形式。未抵补套利作为一种纯粹的套利交易，属于投机性交易，要冒汇率变动的风险。

【实例分析】美元的短期存款利率为9%，同期英镑的存款利率为7%，若套利者把100万英镑存入银行，半年可获得本利103.5万英镑（$100 + 100 \times 7\% \times 6/12 = 103.5$）。如果在即期汇率 GBP/USD = 1.98 的情况下把英镑转换成美元存入银行，则半年后，本利和为260.91万美元（$198 + 198 \times 9\% \times 6/12 = 260.91$），如果半年后的汇率仍然是 GBP/USD = 1.98，则260.91万美元可换回104.5万英镑，套利者可赚取1万英镑（$104.5 - 103.5 = 1$），即多赚了2%的利息收入。如果半年后英镑升值，则套利者就要亏损。因此，未抵补套利形式的收益具有不确定性。未抵补套利交易较少。

2. 抵补套利

抵补套利又称抛补套利，指在即期外汇市场上把资金从低利率的货币转换成高利率货币的同时，在远期外汇市场上卖出高利率货币，以避免汇率风险的套利形式。抵补套利不存在外汇风险，所以套利交易多为抵补套利。

【实例分析】伦敦外汇市场上的英镑与美元的即期汇率是：1英镑 = 2.0040 ~ 2.0050 美元，一年期升水 200/190，伦敦利率13%，而纽约利率11%。假定一美国商人在伦敦市场买进现汇1万英镑，存放伦敦收取利息。同时卖出一年期期汇1万英镑，以防止汇率变动的风险。这笔抵补套利交易的损益计算如下：

（1）掉期成本：

　　　买入现汇 10 000 英镑　　　　　　付出 20 050 美元

　　　卖出一年期期汇 10 000 英镑　　　收入 19 840 美元

　　　　　　　　　　　　　　　　　　掉期成本　210 美元

（2）利息收支

　　　利息收入　　10 000 英镑 × 13% × 1 × 1.9840 = 2 579.2（美元）

　　　利息支出　　　2 205.5 美元

　　　　　　　　　利息净收入 373.7 美元

　　　套利净收入 = 利息净收入 - 掉期成本

　　　　　　　　 = 373.7 美元 - 210 美元

　　　　　　　　 = 163.7 美元

四、外汇期货交易

1972 年 5 月, 芝加哥商业交易所正式成立国际货币市场分部, 推出了七种外汇期货合约, 从而揭开了期货市场创新发展的序幕。从 1976 年以来, 外汇期货市场迅速发展, 交易量激增了数十倍。1978 年纽约商品交易所也增加了外汇期货业务, 1979 年, 纽约证券交易所亦宣布, 设立一个新的交易所来专门从事外币和金融期货。1981 年 2 月, 芝加哥商业交易所首次开设了欧洲美元期货交易。随后, 澳大利亚、加拿大、荷兰、新加坡等地也开设了外汇期货交易市场, 从此, 外汇期货市场便蓬勃发展起来。

(一) 外汇期货交易的含义和特征

外汇期货交易亦称外币期货交易, 是指在有形的交易市场内根据成交单位、交割时期标准化的原则, 签订在未来某个确定的日子买入或卖出一项外汇, 有效期间每天结清市价差额的一种交易方式。或者说, 是指在期货交易所买进或卖出某种外币, 而在未来一定的时间交割的交易。外汇期货具有以下特征:

1. 外汇期货合约是一种标准化合约

在合约里, 交易币种、交易时间、交易金额以及结算都有统一规定, 只有价格是变动的。合同价格的变动代表交易双方对外汇汇率变动的预测, 影响汇率的一切因素都会影响到外汇期货合同的价格。

2. 外汇期货交易实行保证金交易制度

外汇期货交易需按一定比例缴纳保证金, 客户无须按合约规定的数额全部付清, 只需根据交易后的盈亏情况计算差额。买卖双方在开立账户进行交易时, 都必须缴纳一定数量的保证金。保证金也称垫头, 目的是为确保买卖双方很好地履行义务。

3. 外汇期货交易是在交易所通过经纪人, 并运用公开叫价的方式进行

外汇期货交易是在交易所内的会员之间通过经纪人进行交易, 非会员如欲参加交易, 必须委托会员才能进行, 交易双方互不了解。场上价格随时公开报道, 进行交易的人可以根据场上价格的变化随时调整出价和要价。外汇期货交易对价格波动有严格限制, 每种货币都规定有每日的最低波动价和最高限价。

(二) 外汇期货交易的程序

外汇期货交易市场一般是由期货交易所、结算所、期货佣金商和市场参与者构成。市场交易的基本程序一般为:

（1）客户首先选择经纪人公司即期货佣金商，开立期货账户，存入保证金，然后通过填写购买或出售期货合约订单，向经纪人公司发出买卖指令。

（2）经纪人收到客户的订单指令后，将指令通过电话、电传或计算机终端传送到交易所大厅，该公司派驻交易所大厅里经纪人或收发处接到指令后填写订单并记录时间，再由信使或跑单员将订单送给专门交易栏杆内的场内经纪人，由他们通过公开喊价或手势的拍卖方式使买卖成交，并在订单上记录成交时间、成交价、成交量以及成交对手所属结算会员名称。

（3）场内经纪人将订单交给信使，信使将其带回给候机人，候机人通知经纪人公司确认指令的执行。

（4）经纪人公司再向客户确认指令已被执行，并向清算所报告确认。

（三）外汇期货合约的主要内容

一般而言，外汇期货合约主要包括以下内容（见表6.2）：

表6.2 　　　　　　　　　　　　CME 各活跃币种规格

币种	交易单位	最小变动价位	每日价格波动限制
欧元	125 000 欧元	0.0001 每合约 12.50 美元	200 点 每合约 2 500 美元
日元	12 500 000 日元	0.000001 每合约 12.50 美元	150 点 每合约 1 875 美元
加拿大元	100 000 加元	0.0001 每合约 10 美元	100 点 每合约 1 000 美元
瑞士法郎	125 000 瑞士法郎	0.0001 每合约 12.50 美元	150 点 每合约 1 875 美元
英镑	62 500 英镑	0.0002 每合约 12.50 美元	400 点 每合约 2 500 美元
墨西哥比索	500 000 比索	0.000025 每合约 12.50 美元	200 点 每合约 1 000 美元
澳元	100 000 澳元	0.0001 每合约 10 美元	150 点 每合约 1 500 美元

（1）货币种类与报价。以美国芝加哥国际货币市场为例，它的外汇期货合约共7种，依次分别为日元 JPY、加元 CAD、英镑 GBP、瑞士法郎 CHF、澳大利亚元

AUD、墨西哥比索 MXN 和欧元 EUR。所有这些合约均用间接标价法，即以美元计价。

（2）合约金额。在芝加哥国际货币市场上，每份国际货币期货合约的金额都是标准的。如日元合约 1 250 万日元、加元合约 10 万加元、英镑合约 6.25 万英镑、瑞士法郎合约 12.5 万瑞士法郎、澳大利亚元合约 10 万澳元、墨西哥比索合约 50 万比索、欧元合约 12.5 万欧元。

（3）最小价格波动和最高限价。最小价格波动是指外汇期货合约在买卖时，由于供需关系使合约价格产生变化的最低限度。在交易场内，经纪人所做的出价或叫价只能是最小波动幅度的倍数。国际货币市场对每一种外汇期货报价的最小波动幅度都做了规定。

（4）交割月份。交割月份是期货合约规定的外币合约的到期月，芝加哥国际货币市场的外币期货合约的交割月份分别为 3 月、6 月、9 月、12 月。若合约到期前未进行对冲（即进行相反的买卖行为），则必须进行现汇交割。

（5）交割日期。这是指到期外币期货合约进行现货交割的日期，具体是指到期月的某一天。芝加哥国际货币市场规定的交割日期都是到期月的第三个星期的星期三。

（四）外汇期货交易的作用

1. 套期保值

又称对冲，指交易者目前或预期未来将有现货头寸，并暴露于汇率变动的风险中，在期货市场做一笔与现货头寸等量而买卖方向相反的交易，以补偿或对冲因汇率波动而可能带来的损失。一般来说通过做套期保值可以达到两个目的：一是锁定资金成本；二是保护资金的收益。

外汇期货套期保值又分空头套期保值和多头套期保值。

（1）多头套期保值亦称买入套期保值，是指一种在外汇期货市场上先买入后卖出的套期保值。

【实例分析】某年 6 月，一个美国商人从瑞士进口价值 12.5 万瑞士法郎的商品，并于 3 个月以后支付货款。当时的即期汇率为 1 瑞士法郎 = 0.3984 美元，进口商经过分析瑞士法郎可能会升值，这样 3 个月后，支付瑞士法郎货款可能会加大他的美元成本，因此面临风险。为防范风险，进口商进入外汇期货市场买入 1 份瑞士法郎期货合约（每个合约面值为 12.5 万瑞士法郎），期货汇率为 1 瑞士法郎 = 0.4010 美元。3 个月后，瑞士法郎升值，即期汇率为 1 瑞士法郎 = 0.4114 美元，期货价格也上升为 1 瑞士法郎 = 0.4130 美元，这样出口商在即期外汇市场买入 12.5 万瑞士法郎就要比 1 个月前多付出（0.4114 − 0.3984）× 125 000 = 1 625（美元)。但他的期货头寸可以平仓获利 $(0.4130 - 0.4010) \times 125\,000 = 1\,500$(美元)(见表6.3)。

表6.3　　　　　　　　　　　　　　多头套期保值操作表

	即期市场	期货市场
6月份当日	当时的即期汇率为1瑞士法郎=0.3984美元 支付12.5万瑞士法郎,需美元=12.5万×0.3984	买入3个月后交割的瑞士法郎期货1份,价位1瑞士法郎=0.4010美元 支付美元=12.5万×0.4010
9月份	当时的即期汇率为1瑞士法郎=0.4114美元 支付12.5万瑞士法郎,需美元=12.5万×0.4114	该进口商卖出1份瑞士法郎合约进行对冲,价位1瑞士法郎=0.4130美元 收入美元=12.5万×0.4130
盈亏	亏损1 625美元 $[(0.4114 - 0.3984) \times 125\,000]$	盈利1 500美元 $[(0.4130 - 0.4010) \times 125\,000]$

　　注意,这里尽管期货市场的获利和即期外汇风险头寸基本相吻合,但进口商仍有轻微损失,这是由于即期市场与期货市场的汇率变化并非完全同步。相反正是由于这种不同步,进口商也可能因不同情况而获利,绝对的均等在现实中往往难以达到。相反,如果市场汇率与进口商的预期相反,他的期货头寸就会出现亏损,但他在即期市场上可以获利。

　　(2)空头套期保值亦称卖出套期保值,是指一种在外汇期货市场上先卖出而后买入的套期保值。其运作原理同多头套期保值相同,只是反向而做。若一个美国出口商向瑞士出口货物,并于1个月后收到瑞士法郎,他将面临瑞士法郎对美元贬值的风险,该出口商可以进入外汇期货市场卖出相应的瑞士期货合约以防范风险。

2. 投机

　　由于在期货市场上,只需缴纳少量的保证金和佣金即可参与外汇期货交易,因此为投机者利用少量资金进行大规模的投机活动提供了可能。

　　外汇期货投机交易是指交易者根据对外汇期货行情的预测,通过在外汇期货市场上低价买进高价卖出而获利的交易。外汇期货投机交易又分为单项投机和跨期投机两种。单项投机又分为空头投机和多头投机。

　　(1)多头投机是指投机者预测将来某种外汇期货合约的价格会上涨,便先购买相关的外汇期货合约,即做多头,待汇率上升至预期目标时,再按上升的汇率卖出相同到期月份的相关外汇期货,将先前设立的多头地位了结并从中获取利润。

金融学科核心课程系列教材

【实例分析】某投机者预测瑞士法郎对美元的期货汇率将会提高，于是于6月1日在芝加哥期货市场购进1份9月交割的瑞士期货合约。当天的期货汇率为1瑞士法郎＝0.6003美元，合约值75 037.5美元（125 000×0.6003）。若到6月25日卖出1份9月交割的瑞士法郎期货合约的结算价格为1瑞士法郎＝0.6114美元，该投机者决定按此汇率卖出1份9月交割的瑞士法郎期货合约，合约值为76 425美元（125 000×0.6114），对冲洗掉先前购进的合约。最后盈利1 387.5美元（不计佣金）。

投机者在该交易中支付的保证金为7 500美元，但实际上却经营了7万多美元资产，预测正确的话，即可获利。若预测错误则会亏损。由此看出，投机成功的关键在于能否正确把握未来期货价格变动的方向。

（2）空头投机的原理也是如此，只是反向而做。若预测到某种外汇期货合约的价格将下跌，则事先出售外汇期货合约，即做空头，待该合约的价格降至预定目标时，再按下降的价格购进相同到期月份的相关外汇期货，将先前的空头地位了结，从中获利。

跨期投机是一种在同一市场同时购买和出售同一外汇但交割月份不同的期货合约的外汇期货投机交易。其具体方法是利用不同交割月份之间的差价进行相反交易，从中赚取利润。

除以上投机方式之外，还有跨品投机和跨市投机方式。跨品投机指在买进一种外汇期货的同时，卖出另一种外汇期货合约。跨市投机是指在外汇期货价格较低的交易所买进外汇期货，同时在期货价格较高的另一交易所卖出同一种外汇期货。无论是跨期投机，还是跨品和跨市场投机，采取的均是赚取差价策略，即是从两种外汇期货价格关系的变动而不是外汇期货价格水平中赚取利润。

（五）外汇期货交易与远期外汇交易不同

1. 交易者不同

外汇期货交易，只要按规定缴纳保证金，任何投资者均可通过外汇期货经纪商从事交易，对委托人的限制不如远期外汇交易，因为在远期外汇交易中，参与者大多为专业化的证券交易商或与银行有良好业务关系的大厂商，没有从银行取得信用额度的个人投资者和中小企业极难有机会参与。

2. 交易保证金不同

外汇期货交易双方均须缴纳保证金，并通过期货交易所逐日清算，逐日计算盈亏，而补交或退回多余的保证金。而远期外汇交易是否缴纳保证金，视银行与

金融学科核心课程系列教材

客户的关系而定，通常不需要缴纳保证金，远期外汇交易盈亏要到合约到期日才结清。

3. 交易方式不同

外汇期货交易是通过在期货交易所公开喊价的方式进行的。交易双方互不接触，而各自以清算所为结算中间人，承担信用风险。期货合约对交易货币品种、交割期、交易单位及价位变动均有限制。货币局限于少数几个主要币种。而远期外汇交易是在场外，以电话或传真方式，由买卖双方互为对手进行，而且无币种限制，对于交易金额和到期日，均由买卖双方自由决定。在经济不景气时，对方违约风险会增大，其他如交易时间、地点、价位及行情揭示方面均无特别的限制。

4. 交易场所不同

外汇期货交易是一种场内交易，即在交易所内，按规定的时间，采用公开喊价形式进行，且场内交易只限于交易所会员之间。而远期外汇交易主要通过电话、电报、电传等现代化通信工具进行，交易双方彼此了解，且对交易人没有资格限制，一般不通过经纪人。

5. 交易清算不同

外汇期货交易由于以清算所为交易中介，金额、期限均有规定，故不实施现货交割，对于未结算的金额，逐日计算，并通过保证金的增减进行结算，期货合约上虽标明了交割日，但在此交割日前可以转让，实行套期保值，以减少和分散汇率风险。当然，实际存在的差额部分应进行现货交割，而且这部分所占比例很小。而在远期外汇交易时，要在交割日进行结算或履约。

6. 佣金支付不同

外汇期货交易买方或卖方都需要缴纳佣金，其数额由客户和经纪人自行协商，在合约平仓时付清。远期交易一般不收佣金，只有通过经纪人进行交易时才支付佣金。

7. 标准化程度不同

外汇期货合约是一种标准化合约，合约对交易品种、交易金额、交割月份、交割方式、交割地点以及交割波动的范围都有严格规定，而远期交易则由双方根据需要自行商定合约细则。

五、外汇期权交易

1982 年 12 月，外汇期权交易在美国费城股票交易所首先进行，其后芝加哥商品交易所、阿姆斯特丹的欧洲期权交易所和加拿大的蒙特利尔交易所、伦敦国际金融期货交易所等都先后开办了外汇期权交易。目前，美国费城股票交易所和芝加哥期权交易所是世界上最具代表性的外汇期权市场，经营的外汇期权种类包括英镑、瑞士法郎、欧元、加拿大元等。

（一）外汇期权交易的含义和特征

期权（options），又称选择权，是一种以一定的费用（期权费）获得在一定的时刻或时期内买入或卖出某种货币（或股票）的权利的合约。外汇期权（foreign exchange option）又称外汇选择权，是外汇期权合约的购买者在规定期限内按交易双方约定的价格购买或出售一定数量的某种外汇权利的外汇交易形式。它是所有买方的卖方和所有卖方的买方。外汇期权交易有以下特点：

（1）不论是履行外汇交易的合约还是放弃履行外汇交易的合约，外汇期权买方支付的期权交易费都不能收回。

（2）外汇期权交易的协定汇率都是以美元为报价货币。

（3）外汇期权交易一般采用设计化合同。

（4）外汇期权交易的买卖双方权利和义务是不对等的，即期权的买方拥有选择的权利，期权的卖方承担被选择的权利，不得拒绝接受。

（5）外汇期权交易的买卖双方的收益和风险是不对称的，对期权的买方而言，其成本是固定的，而收益是无限的；对期权的卖方而言，其最大收益是期权费，损失是无限的。

（二）外汇期权合约要素

外汇期权合约要素一般包括：

（1）协定价格（strike price）：指合约中规定的交易双方未来行使期权买卖外汇的交割汇价，也称执行价格（exercise price）。

（2）交易数量：固定，如每一合同交易单位为 12 500 英镑、62 500 瑞士法郎、6 250 000 日元。

（3）到期月份：固定，通常为 3 月、6 月、9 月、12 月。

（4）到期日：指买方有权履约的最后一天，常为到期月份第三周的最后一个交易日。

（5）保证金：卖方缴纳，通过清算所存于其保证金账户内，随市价涨跌在必要时追加。

（6）期权费：指购买外汇期权者向出售者支付的费用，称期权价格（option

price）或保险费（premium）。可以协定价格的百分比表示，也可以协定价格换算的每单位某种货币的其他货币数量表示。

（7）交割方式：通过清算所进行。

（三）外汇期权交易的种类

外汇期权交易按不同的标准有不同分类。

1. 按交易方式划分，可以分为有组织的交易所交易期权和场外交易期权

在外汇期权中，场外交易市场（也可称为柜台交易）交易的期权可以适合各种客户的需要，不像交易所交易期权那样标准化，而且可以根据客户的需要对期权进行特制。OTC 货币期权占期权交易总量的 90%。OTC 期权的特点是：可以直接在交易者之间，也可以通过期权经纪商交易；交易日可以是在任何一天，多数是在 6 个月以内，并且交易细节可由交易者自由写上；不需支付保证金；规模可以协商；通常是欧式期权交易。在 OTC 期权市场上，期权经纪商对期权的报价一般是通过特定的期权定价模型来进行的，并且要考虑诸如交易货币的即期汇率、实施价格、到期日、利率、交易货币汇率的变动等因素。目前场外交易市场的期权合同也在向标准化发展，其目的是提高效率，节约时间。

在交易所内交易的期权都是合约化的，到期日、名义本金、交割地点、交割代理人、协定代理人、协定价格、保证金指定、合约金制度、合约各方、头寸限制、交易时间以及行使规定都是交易所事先确定的，外汇期权交易者需要做的只是确定合约的价格和数量。在交易所交易的标准化期权可以进入二级市场买卖，具有很大的流动性。交易所期权可以是一定数量的即期货币交易，也可以是一个相似的货币期货合约交易，交易所期权是标准化的，包括标准的工具和数量、标准的执行价格、标准的到期日、绝大多数是美式期权、收取一定的期权费、要支付给清算所保证金。

2. 按照期权合约赋予合约持有者是买入或是卖出的性质分为买入期权、卖出期权和双向期权

买入期权又称看涨期权，其购买者支付保险费并取得按协定价格购买特定数量外汇的权利，但不负买进的义务。其出售者获得保险费并有义务应购买者的要求交投外汇。卖出期权又称看跌期权，其购买者支付期权费并取得按协定价格卖出特定数量外汇的权利，但不承担卖出义务。其出售者获得期权费并有义务应购买的要求购买合约持有人卖出的外汇。双向期权也称双重期权，是指期权购买者在同一时间内，既购买了某种外汇的看跌期权，又购买了该种外汇的看涨期权。当市场汇率波动较大且不能判断是上升还是下降时，一般购买双向期权。购买双向期权的期权费要比购买单一看涨期权或看跌期权的期权费高。

3. 按照行使期的时间是否具有灵活性可分为美式期权和欧式期权

欧式期权对期权购买者何时行使买卖权有一定限制，即只能在规定的到期日才能行使买卖权。美式期权则十分灵活，期权买方可以在到期日前任何一个工作日行使买卖权。不过，由于美式期权有较大的灵活性，它的期权费要高于欧式期权。目前，国际金融市场上主要采用美式期权方式进行交易。

（四）决定期权费的因素

期权费又称期权价格、权利金等，是指订立期权合约时，买方支付给卖方无追索权的费用。所谓无追索权是指不论持有者在期权有效期内是否执行期权，这笔费用都不再退还，就是说明期权费是外汇期权交易形式的关键变量。期权费的确定主要依据以下几个因素。

（1）货币汇率的波动性。一般来说，汇率较为稳定的货币收取的期权费比汇率波动大的货币低。

（2）期权合约的到期时间。时间越长，期权费越多，这是因为时间越长，汇率波动的可能性就越大，期权卖方遭受损失的可能性也就越大。

（3）协议日与到期日的汇率差价。当到期日的即期价格高于协议价格时，合约处于赚钱状态，内在价格为正，期权费较高；当到期日的即期价格等于或低于协议价格时，合约处于不赚钱或赔钱状态，内在价格为零，期权费就会较低。

（4）期权供求关系。期权的买方多卖方少，收费自然会更多一些，而如果期权卖方多买方少，收费就会便宜一些，这就是基本供求规律的作用。

（五）外汇期权交易的作用

外汇期权交易有两方面的基本作用，即避险保值与投机。

1. 保值性外汇期权交易

同其他金融交易方式一样，外汇期权也具有规避标的物价格变动风险的功能。如果投资人的风险起源于标的物价格下跌，他须买进卖权，因卖权的价格会随标的物的跌价而上升，从而可弥补标的物因跌价而造成的损失。反之，当投资人的风险来自标的物价格的上升时，他可以买进买权，因买权的价值是随标的物价格的上涨而上升，从而避免标的物因涨价带来的损失。下面举例说明。

（1）买进买权。

【实例分析】某美国进口商从英国进口一批货物，3个月后将支付16万英镑。假如签订进口合同时的即期汇率为1英镑=1.6美元，为了避免3个月后实际支付时英镑升值可能造成的损失，需要将成本固定下来。于是该美国进口商以美元提前买入一个英镑买权，1英镑买入期权的价格为1 600美元，执行价格为1英镑＝1.6美元。3个月后，可能会出现三种情况：英镑升值、英镑贬值、英镑汇价不变。

①如果英镑升值，该美国进口商行使期权。假如3个月后即期汇率为1英镑＝1.65美元，该进口商行使期权后节省6 400美元，即（160 000×1.65）－（160 000×1.6）－1 600＝6 400（美元）。

②如果英镑贬值，该美国进口商可放弃行使期权，假如3个月后的即期汇率为1英镑＝1.55美元，按当时市场汇率直接去银行购买英镑只需付出（160 000×1.55）＋1 600＝249 600（美元），节省6 400美元，即（160 000×1.6）－249 600＝6 400（美元）。

③如果英镑汇价不变，该美国进口商可以执行期权，也可以不执行期权。无论行使期权与否，其最大损失也仅仅是1 600美元的期权费。

（2）买进卖权。

【实例分析】瑞士某出口商向美国出口一批机器设备，3个月后以美元收款，货物金额为180万美元。假如签订出口合同时的即期汇率为1美元＝1.35瑞士法郎，为防止收款时美元汇率下跌而遭受损失，需要将未来收益固定下来。瑞士出口商决定以180万美元买入一份3月期的美元看跌（卖权），期权费为0.02瑞士法郎，一份美元卖权的价格为3 600瑞士法郎、执行价格为1美元＝1.35瑞士法郎。3个月后，可能出现三种情况：美元升值、美元贬值、美元汇率不变。

①如果美元升值，该瑞士出口商可放弃执行期权。假如3个月后的即期汇率为1美元＝1.40瑞士法郎，该出口商可按即期汇率直接到银行卖出美元，可获得额外收益（1 800 000×1.40）－（1 800 000×1.35）－3 600＝54 000（瑞士法郎）。

②如果美元贬值，该出口商须执行期权。假如3个月后的即期汇率为1美元＝1.30瑞士法郎，出口商按期权执行价格售出美元，可获利（1 800 000×1.35）－（1 800 000×1.30）－3 600＝54 000（瑞士法郎）。

③如果美元汇率没有变化，仍与3个月前的即期汇率1美元＝1.35美元相同，瑞士出口商无论执行期权与否，也仅损失3 600瑞士法郎的期权费。

由上可以看出，利用外汇期权交易避险保值是比利用远期外汇、期货交易更有利的手段。它通过支付一笔保险费（期权费），既避免了汇率变动不利时可能遭受的损失，又保持了汇率变动有利时获利的机会。

2. 投机性外汇期权交易

外汇期权交易除了具有避险保值的功能之外，也具有外汇投机的作用。其做法是同其他外汇投机的做法有相似之处，即通过买空卖空来进行。不同的是，在市场行情对其有利时则执行期权，不利时则不执行期权。一般情况下，投机者若预期汇率趋升时，就做"多头"即买入看涨期权，反之则做空头，即买入看跌期权。

【实例分析】某投机者预期 1 个月后瑞士法郎对美元的汇率将上升，他随即买入 2 份瑞士法郎看涨期权（买权），金额 12.5 万瑞士法郎，执行价格为 1 美元 =1.6 瑞士法郎，期权费为 0.02 美元，总额为 2 500 美元。这样，他就获得了在未来 1 个月内随时以执行价格买入瑞士法郎的权利。1 个月后，瑞士法郎汇率上升至 1 美元 =1.5 瑞士法郎，该投机商执行期权，以 1 美元 =1.6 瑞士法郎的执行价格购买 12.5 万瑞士法郎，支付 78 125（125 000 ÷ 1.6）美元。然后再按上升了的瑞士法郎汇价卖出瑞士法郎，收入 83 333（125 000 ÷ 1.5）美元，除去期权费，净获利 2 708（83 333 − 78 125 − 2 500）美元。若 1 个月后瑞士法郎汇率没有像该投机者的预测那样上升，而是下跌，该投机者则可放弃执行期权，损失的仅是 2 500 美元的期权费。

在外汇期权交易实务中，更多的则是将外汇期货与外汇期权搭配使用，即运用期货期权交易方式进行外汇投机。例如某外汇交易商预计马克期货行情将疲软，拟买进马克期货看跌期权。当马克期货果真贬值时，即按照较高的协定价格行使期权将其卖出，同时按降低了的价格补进期货，从中赚取高低差价。

六、货币互换

（一）货币互换的概念和作用

货币互换是指以一种货币表示的一定数量的本金及其利息支付义务，与另一种货币表示的相应的本金及利息支付义务相互交换。其主要原因是双方在各自国家中的金融市场上具有比较优势。

货币互换是一项常用的债务保值工具，主要用来控制中长期汇率风险，把以一种外汇计价的债务或资产转换为以另一种外汇计价的债务或资产，达到规避汇率风险、降低成本的目的。

第一份互换合约出现在 20 世纪 80 年代初，从那以后，互换市场有了飞速发展。这次著名的互换交易发生在世界银行与国际商业机器公司（IBM）间，它由所罗门兄弟公司于 1981 年 8 月安排成交。1981 年，由于美元对瑞士法郎（SF）、联邦德国马克（DM）急剧升值，货币之间出现了一定的汇兑差额，所罗门兄弟公司利用外汇市场中的汇差以及世界银行与 IBM 公司的不同需求，通过协商达成互换协议。这是一项在固定利率条件下进行的货币互换，而且在交易开始时没有本金的交换。一方面，当时 IBM 公司绝大部分资产以美元构成，为避免汇率风险，希望其负债与之对称也为美元；另一方面，世界银行希望用瑞士法郎或联邦德国马克这类绝对利率最低的货币进行负债治理。同时，世界银行和 IBM 公司在不同的市场上有比较优势，世界银行通过发行欧洲美元债券筹资，其成本要低于IBM 公司筹措美元资金的成本；IBM 公司通过发行瑞士法郎债券筹资，其成本也低于世界银行筹措瑞士法郎的成本。于是，通过所罗门兄弟公司的撮合，世界银行将其发行的 29 亿欧洲美元债券与 IBM 公司等值的联邦德国马克、瑞士法郎债券进行互换，各自达到了降低筹资成本的目的。据《欧洲货币》杂志 1983 年 4月号测算，通过这次互换，IBM 公司将 10% 利率的联邦德国马克债务转换成了8.15% 利率的美元债务，世界银行将 16% 利率的美元债务转换成了 10.13% 利率的联邦德国马克债务。

货币互换的作用主要表现在：

（1）降低筹资成本。交易双方可以利用各自的融资比较优势，从而降低筹资成本。

（2）规避汇率风险。通过货币互换，能避免汇率波动带来的风险。

（3）套利。通过货币互换得到直接投资不能得到的所需级别、收益率的资产，或是得到比直接融资的成本较低的资金。

（4）资产、负债管理。货币互换主要是对资产和负债的币种进行搭配。

（5）对货币暴露保值。随着经济日益全球化，许多经济活动开始向全世界扩展。公司的资产和负债开始以多种货币计价，货币互换可用来使与这些货币相关的汇率风险最小化，对现存资产或负债的汇率风险保值，锁定收益或成本。

（6）规避外币管制。现有许多国家实行外汇管制，使从这些国家汇回或向这些国家公司内部贷款的成本很高甚至是不可能的。通过货币互换可解决此问题。

（二）货币互换的程序

货币互换的基本程序是：

（1）本金的初期互换。是指互换交易之初，交易双方以约定的汇价交换两种不同货币的本金。

（2）互换利息。指交易双方定期以约定的利率和本金为基础，进行利息支付的互换。

（3）本金的再次互换。指在合约到期日，交易双方以事先约定的协议汇价换回初期交换的本金。

【实例分析】某公司有一笔日元贷款,金额为 10 亿日元,期限 7 年,利率为固定利率 2.25%,付息日为每年 6 月 20 日和 12 月 20 日。2006 年 12 月 20 日提款,2013 年 12 月 20 日到期归还。公司提款后,将日元兑换成美元,用于采购生产设备。产品出口得到的收入是美元收入,而没有日元收入。

从以上的情况可以看出,公司的日元贷款存在着汇率风险。具体来看,公司借的是日元,用的是美元,2013 年 12 月 20 日时,公司需要将美元收入换成日元还款。那么到时如果日元升值,美元贬值(相对于期初汇率),则公司要用更多的美元来买日元还款。这样,由于公司的日元贷款在借、用、还上存在着货币不统一的问题,就存在着汇率风险。

公司为控制汇率风险,决定与中国银行做一笔货币互换交易。双方规定,交易于 2006 年 12 月 20 日生效,2013 年 12 月 20 日到期,使用汇率为 USD 1 = JPY 100。这一货币互换的具体过程是:

①在提款日(2006 年 12 月 20 日)公司与中国银行互换本金。公司从贷款行提取贷款本金日元,同时支付给中国银行,中国银行按约定的汇率水平向公司支付相应的美元。这样公司实际是借了一笔美元债务,不必担心到期时由于汇率变动而可能遭受损失。

②在付息日(每年 6 月 20 日和 12 月 20 日)公司与中国银行互换利息。中国银行按日元利率水平向公司支付日元利息,公司将日元利息支付给贷款行,同时按约定的美元利率水平向中国银行支付美元利息。

③在到期日(2013 年 12 月 20 日)公司与中国银行再次互换本金。中国银行向公司支付日元本金,公司将日元本金归还给贷款行,同时按约定的汇率水平向中国银行支付相应的美元。

从以上可以看出,由于在期初与期末,公司与中国银行均按预先规定的同一汇率(USD1 = JPY100)互换本金,且在贷款期间公司只支付美元利息,而收入的日元利息正好用于归还原日元贷款利息,从而使公司完全避免了未来的汇率变动风险。

(三) 货币互换交易的类型

1. 双定息货币互换

双定息货币互换即指两个互换交易者在整个交易期间,除在期始和期末互换货币本金之外,均按固定利率相互交换支付利息,这是货币互换交易中最重要的

金融学科核心课程系列教材

形式。

【实例分析】一家法国公司需借入 5 年期 6 000 万英镑在英国进行投资，由于该公司已在英国发行了大量英镑债券，很难再以 5.75% 的利率发行英镑新债券，但该公司可按 8.875% 的固定利率发行 5 年期的欧洲美元债券。与此同时，韩国一公司需要借入一笔欧洲美元以满足从英国进口的需要，原来借入欧洲美元的利率均在 9.25% 左右，但该公司可按 5% 的利率发行 5 年期欧洲英镑债券。这两家公司在英国资本市场发行不同货币的债券存在的相对利差为：欧洲美元债券利差为 9.25% − 8.875% = 0.375% 即 37.5 基点。美元与英镑汇率为 GBP1 = USD1.3。某银行作为两公司互换的中介人，按年度本金额的 0.25% 收取各种手续费。于是双方达成协议，通过该银行进行互换。

第一步：期初互换债券。即由法国公司在英国发行欧洲美元债券 7 800 万美元，由韩国公司在英国发行英镑债券 6 000 万英镑，并通过银行互换债券。

第二步：互换期间交换利率。5 年中由法国公司按年利率 5% 每年向韩国公司支付 6 000 万英镑债券的利息；韩国公司按固定利率 8.875% 向法国公司支付 7 800 万美元的债券利息；银行收取 0.25% 的各种手续费。

第三步：期末双方债券的再次互换。由法国公司向投资者偿还 7 800 万美元的欧洲美元债券，由韩国公司向投资者偿还 6 000 万英镑的欧洲英镑债券。此笔互换交易完成。

通过以上互换交易，满足了双方对投资货币的需要，同时节约了筹资成本。法国公司比直接发行欧洲英镑债券节省了 (5.75% − 5.0% − 0.25%) = 0.50% (即 50 基点)；韩国公司比直接发行欧洲美元债券节省了 (9.25% − 8.875% − 0.25%) = 0.125% (即 12.5 基点)；银行收益 (0.25% + 0.25%) = 0.50% (即 50 基点)。整个互换交易节约和收益为 (0.50% + 0.125% + 0.50%) = 1.125% (即 112.5 基点)。

2. 定息—浮息货币互换

定息—浮息货币互换，即指两个互换交易者在整个互换交易期间，除在期初与期末互换货币本金以外，当一方按固定利率进行利息支付时，另一方则按照协议以浮动利率进行利息支付。例如一德国公司为了调整负债结构，决定将 50 万 5 年期固定利率为 7% 的马克债务换成期限相同且以 LIBOR 为基础的浮动利率美元债务，两者均是半年付息一次。于是该公司与一家银行进行货币互换。首先，双方按当时的即期汇率交换本金，即德国公司付给银行 50 万马克，银行付给德国公司 31.25 万美元。其次，在互换期间银行按马克本金的 7% 支付固定利息给德国公司，半年付息一次；德国公司按 6 个月 LIBOR 浮动利率支付美元利息给银行，半年支付一次。最后，互换结束时，银行付 50 万马克给德国公司，德国公司付 31.25 万美元给银行。通过以上互换，德国公司可不必重新融资，而通过互换就可以改变其负债结构，避免了利率、汇率的风险。

3. 浮息—浮息货币互换

浮息—浮息货币互换是指两个互换交易者在整个互换交易过程中，除在期始与期末互换货币本金以外均按浮动利率相互交换支付利息。例如一家瑞士银行筹集浮动利率瑞士法郎，同时一家美国银行筹集浮动利率美元，两家银行就可以进行互换交易，除相互交换本金之外，均以浮动利率相互进行利息支付。

七、利率互换

（一）利率互换的概念和作用

利率互换通常是指当事人双方为交换不同利率基础但同一种货币的现金流量而签订的一种协议。利率互换的原理是利用两个或更多的筹资人根据自己的优势在市场上筹资，然后根据比较优势设定一种交换机制使双方都获得好处。

利率互换与货币互换的根本区别在于，利率互换在期初和期末都没有实际本金的互换，不过是把它当作名义本金，而交换的只是双方不同特征的利息，即双方只结清其互换的利息差额。一般认为，资本市场债券发行中的首次利率互换是在 1982 年 8 月，德意志银行与另外三家银行的利率互换。当时德意志银行发行了 3 亿美元的 7 年期固定利率欧洲债券，换为以伦敦银行同业拆放利率为基准的浮动利率。该项互换中，德意志银行按低于伦敦银行同业拆放利率支付浮动利率，得到了优惠。其他三家银行通过德意志银行的高资信级别换得了优惠的固定利率美元债券。双方均获得了利益，此次利率互换的成功，推动了利率互换交易的迅速发展。2006 年 2 月 9 日国家开发银行与中国光大银行进行了利率互换交易，协议的名义本金为 50 亿元人民币，期限 10 年，中国光大银行支付固定利率，国家开发银行支付浮动利率（1 年期定期存款利率）。这是我国首笔人民币利率互换交易。

利率互换的主要作用表现在：

（1）由于利率互换可以降低筹资成本且灵活方便，因此有利于调整银行、企业的资产负债结构；

（2）由于利率互换交易手续简便，且不涉及本金交换，不影响交易双方的财务报表，从而成为一种新的融资手段，有利于扩展金融市场的交易规模；

（3）交换双方面对的风险较小；

（4）为不同信用等级的银行以较低成本发行债券提供了方便。

（二）利率互换交易的主要类型

利率互换的具体形式很多，主要有三种。

1. 固定利率对浮动利率互换

也称息票互换，是利率互换的最基本交易方式。基本原理是，交易双方对币种或金额相同的资金，一方用固定利率支付给对方利息，同时收到对方以浮动利率支付的利息，而另一方则是以浮动利率支付对方利息，同时收到对方以固定利率支付的利息。整个交易过程从期始到期末均不存在本金的交换。

2. 浮动利率对浮动利率互换

也称基础利率互换，是同种货币的不同参考利率的利息互换，即是以某种利率为参考的浮动利率对另一种利率为参考的浮动利率的互换。这种利息是指交易双方分别支付和收取两种不同浮动利率的利息。互换的利息支付都以同等数额的名义本金为基础进行计算。如甲、乙双方同意在 5 年内由甲方以 1 000 万美元的名义本金作基础，每 3 个月按三月期美元 LIBOR 向乙方支付利息，同时乙方向甲方支付按美国商业票据利率计算的利息。在欧洲市场上，最著名的浮动利率是 LIBOR，它是根据伦敦一流大银行之间相互拆借形成的利率而产生的。除了 LIBOR 外，还有美国商业票据利率、银行存款证利率、优惠利率、信托票据利率以及银行承兑票据利率等。

3. 交叉货币利率互换

也称混合互换，是指某种货币的固定利率对另一种货币的浮动利率。这种互换方式有的交易者把它当作单一交易来进行，有的交易者则把交叉货币与利率的组合区别开来进行交易。通常是把非美元固定利率支付换成美元浮动利率支付。

（三）利率互换的运用

1. 运用利率互换管理利率风险

假如某公司有一笔五年期浮动利率美元贷款，利率为六个月 LIBOR2.8125%，公司担心将来利率上升，利息成本上升。公司为防范利率风险决定进行利率互换交易。如由该公司付出 4.30% 的固定利率，收进六月期美元 LIBOR 利率，通过这种方法，该公司将其 5 年的利息支出固定于 4.30%，而不管 5 年中六月期 LIBOR 利率如何变动，该公司只按 4.30% 支付利息，而交易对手将按固定利率收取利息。交易一开始，该公司就支付高出原定利率 1.4875%（4.3% ~ 2.8125%）的利率。如果六月期美元 LIBOR 利率在 5 年内的平均水平没有超过 4.3%，公司将处于倒贴利息的状况；如果六月期美元 LIBOR 在 5 年内平均水平超过 4.3%，公司仍按固定利率支付，将会少支付利息，这样公司就成功地规避了利率风险。当然，能否避险的关键还在于对未来利率趋势的正确预测。

2. 运用利率互换降低筹资成本

例如，有甲、乙两家公司，甲公司信用级别为 AAA，乙公司信用级别为 BBB，甲公司贷款需支付的，固定利率为 12%，浮动利率为六月期 LIBOR + 0.1%。乙公司贷款需支付的，固定利率为 14%，浮动利率为六月期 LIBOR + 0.5%。从以上甲、乙公司筹措借款的成本比较来看，他们在采用固定利率与浮动利率筹资时存在着相对利差：即固定利率的利差为 2%（14% - 12%），浮动利率的利差为 0.4%，即（LIBOR + 0.5%）-（LIBOR + 0.1%）。这样，虽然甲公司具有借款的绝对优势，但从比较优势来看，甲公司具有以固定利率借款的比较优势，乙公司具有以浮动利率借款的比较优势。如果甲公司想借的是浮动利率贷款，则可以与乙公司进行利率互换。两个公司在固定利率贷款上的利差是 2%，在浮动利率贷款上的利差是 0.4%。如果双方合作，互换交易每年的总收益将是 2% - 0.4% = 1.6%。假定银行作为中介要获得 0.2% 的报酬，所以甲公司和乙公司将获得 1.4% 的互换收益。假定两公司平分互换收益，每家公司的融资成本下降 0.7%，这意味着甲公司和乙公司将分别以 LIBOR - 0.6% 和 13.3% 的利率借入贷款。

合适的协议安排如图 6.1 所示。

图 6.1

通过以上互换，利用交易双方筹资成本的差异，共同降低了筹资成本。

关 键 词 汇

外汇经纪人　交割日　现汇交易　期汇交易　买空卖空　地点套汇　时间套汇　货币互换　利率互换　外汇期权交易　外汇期货交易

金融学科核心课程系列教材

思 考 题

1. 简述即期外汇交易、远期外汇交易及套汇的特点、目的及操作方法。

2. 假设在某月某日某时某分某秒，某外汇交易员得到以下外汇行情：

香港：1 美元 = 7.8123/7.8514 港元

纽约：1 英镑 = 1.3320/1.3387 美元

伦敦：1 英镑 = 10.6146/10.7211 港元

请问：若该外汇交易员进行三点套汇，该如何操作？若卖出 1 000 万港元，他将获得多少利润？

3. 若一个英国银行给出的汇率报价是：

即期汇率：1 英镑 = 1.6325/35 美元

一月期远期差价：10/15

二月期远期差价：20/18

三月期远期差价：25/23

请问：（1）银行买入即期美元的价格是多少？

（2）客户卖出一月期美元的价格是多少？

（3）客户卖出三月期英镑的价格是多少？

4. 假设即期美元/日元汇率为 153.30/40，银行报出 3 个月远期的升（贴）水为 42/39。假设美元 3 个月定期同业拆息率为 8.3125%，日元 3 个月定期拆息率为 7.25%。

（1）某贸易公司要购买 3 个月远期日元，汇率应当是多少？

（2）若不考虑拆入价与拆出价的差别，试以利息差的原理，计算以美元购买 3 个月远期日元的汇率。

5. 我国某外贸公司向英国出口商品，1 月 20 日装船发货，收到价值 100 万英镑的 3 个月远期汇票，担心结汇时英镑兑美元汇价下跌，以外汇期权交易保值。

已知：1 月 20 日即期汇价 GBP1 = USD1.4865；

（IMM）协议定价 GBP1 = USD1.4950；

（IMM）期权费 GBP1 = USD0.0212。

佣金占合同金额的 0.5%，采用欧式期权。

3 个月后，在英镑兑美元汇价分别是 GBP 1 = USD 1.4000 与 GBP 1 = USD 1.6000 的两种情况下，该公司各收入多少美元？

6. 美国某公司在 3 月份买进英国分公司设备 100 万英镑，双方商定 3 个月后付款。美国公司担心3个月内英镑升值，决定通过期货市场防范风险。

已知3月份商品交易时的即期汇率为 GBP1 = USD1.8，此时6月份交割的期货价为 GBP1 = USD1.95；假定6月份的即期汇价为 GBP1 = USD1.98，此时6月份价格交割的期货价为 GBP1 = USD2.15。

请问如何操作？

练 习 题

一、单项选择题

1. 在进行套汇活动时，要（　　　）。
   A. 在汇率低的市场买进外汇　　　　B. 在汇率低的市场卖出外汇
   C. 在汇率高的市场买进外汇　　　　D. 在汇率高的市场卖出外汇
   E. 必须同时买进和卖出外汇

2. 如果一个投机者认为欧元对美元的汇价在年底将会上升，他会（　　　）。
   A. 买进12月份交割的欧元远期外汇
   B. 卖出12月份交割的欧元远期外汇
   C. 买进12月份交割的美元远期外汇
   D. 卖出12月份交割的美元远期外汇

3. 报价银行报出的外汇价格一般为（　　　）位有效数字。
   A. 2　　　　　　B. 3　　　　　　C. 4　　　　　　D. 5

4. 外汇期权交易对合同双方的好处是获得（　　　）。
   A. 外汇保值　　B. 保险费收入　　C. 转嫁风险　　D. 潜在收益

5. 即期外汇交易的基本程序中，最后一个环节是（　　　）
   A. 询价　　　　B. 成交　　　　C. 报价　　　　D. 结算

6. 在远期外汇交易中，从期限上看，最常见的是（　　　）。
   A. 1个月　　　B. 3个月　　　C. 6个月　　　D. 1年

二、多项选择题

1. 掉期交易的特点有（　　　）。
   A. 同时买进和卖出　　　　　　　　B. 买卖的货币相同，数量相等
   C. 交割日期相同　　　　　　　　　D. 交割日期不同
   E. 必须有标准化合约

2. 假设一家中国企业将在未来3个月后收到美元货款，企业担心3个月后美元贬值，该企业实现套期保值目的的手段有（　　　）。

　　A. 出售远期合约　　　　　　B. 买入期货合约

　　C. 买入看跌期权　　　　　　D. 买入看涨期权

3. 在不抛补套利的情况下，投资者要承受的风险有（　　　）。

　　A. 低利率货币升值的风险　　B. 高利率货币升值的风险

　　C. 低利率货币贬值的风险　　D. 高利率货币贬值的风险

4. 外汇期货交易的主要功能有（　　　）。

　　A. 保值功能　　　　　　　　B. 投机功能

　　C. 价格发现功能　　　　　　D. 价格稳定功能

5. 在其他条件不变的情况下，远期汇率与利率的关系有（　　　）。

　　A. 利率高的货币，其远期汇率会升水

　　B. 利率高的货币，其远期汇率会贴水

　　C. 利率低的货币，其远期汇率会升水

　　D. 利率低的货币，其远期汇率会贴水

三、判断题

1. 期权持有者的损失不可能超过期权费。　　　　　　　　　　（　　）

2. 外汇期货交易属于远期外汇交易的一种。　　　　　　　　　（　　）

3. 择期交易的报价原则是：选择从择期开始到结束期间最有利于客户的汇率作为择期交易的汇率。　　　　　　　　　　　　　　　　　　（　　）

4. 进口商向银行买入外汇的价格，即外汇的买入价。　　　　　（　　）

5. 套汇交易是在一笔交易中同时进行远期交易和即期交易，可以规避风险。

　　　　　　　　　　　　　　　　　　　　　　　　　　　　（　　）

第七章　外汇风险管理

外汇风险存在于整个国际金融市场的各种外汇业务之中，随着当今国际金融市场中不确定因素的日益增加，外汇风险的管理无论是对于微观层面的企业经营绩效还是对于宏观层面的一国国内外经济状况都具有重要意义，所以，本章将重点探讨外汇风险的种类、外汇风险管理及其方法。

通过本章的学习，要重点掌握外汇风险的基本概念和类型、外汇风险的防范措施。

第一节　外汇风险概述

一、外汇风险的含义

外汇风险也叫汇率风险，是指由于汇率变动给国际经济交易所形成的债权债务、预计的货币收付和外汇头寸带来损失的可能性。

在 1973 年以前的布雷顿森林体系条件下，各国实行固定汇率制度，汇率变动很少，幅度也不大，基本上不存在外汇风险。布雷顿森林体系崩溃之后，国际外汇市场动荡不定，主要货币汇率频繁波动，增加了跨国经营企业的外汇风险。加强外汇风险管理和对汇率的监测已成为企业不可缺少的重要工具。

二、外汇风险的类型

外汇风险可分为三种类型：交易风险、折算风险和经营风险。

（一）交易风险

交易风险（transaction risk）是指在以外币计价的交易中，由于外币和本币之间汇率的波动使交易者蒙受损失的可能性。交易风险又可分为外汇买卖风险和交易结算风险。

1. 外汇买卖风险

又称金融性风险，产生于本币和外币之间的反复兑换。这种风险产生的前提是交易者一度买进或卖出外汇，后来又反过来卖出或买进外汇。外汇银行所承担的外汇风险主要就是这种外汇买卖风险，工商企业所承担的外汇买卖风险主要存在于以外币进行借贷或伴随外币借贷而进行的外贸交易情况之中。

【实例分析】某家美国公司在国际金融市场上以3%的年利率借入1亿日元，期限1年。借到款项后，该公司立即按当时的汇率USD1 = JPY100，将1亿日元兑换成100万美元。1年后，该公司为归还贷款的本息，必须在外汇市场买入1.03亿日元，而此时如果美元对日元的汇率发生变动，该公司将面临外汇买卖风险。假设此时的汇率已变为USD1 = JPY90，则该公司购买1.03亿日元需支付114.44万美元，虽然该公司以日元借款的名义利率为3%，但实际利率却高达$(114.44 - 100) \div 100 \times 100\% = 14.44\%$。

2. 交易结算风险

又称商业性风险，当进出口商以外币计价进行贸易或非贸易的进出口业务时，即面临交易结算风险。进出口商从签订进出口合同到债权债务的最终清偿，通常要经历一段时间，而这段时间内汇率可能会发生变化，于是，以外币表示的未结算的金额就成为承担风险的受险部分。因此，交易结算风险是由进出口商承担的，基于进出口合同而在未来通过外汇交易将本币与外币或外币与本币进行兑换，由于未来进行外汇交易时汇率的不确定性所带来的风险。

【实例分析】中国某公司签订了价值10万美元的出口合同，3个月后交货、收汇。假设该公司的出口成本、费用为75万元人民币，目标利润为8万元人民币，则3个月后当该公司收到10万美元的货款时，由于美元对人民币的汇率不确定，该公司将面临交易结算风险。3个月后若美元与人民币的汇率高于8.3，则该公司不仅可收回成本，获得8万元人民币的利润，还可获得超额利润；若汇率等于8.3，则该公司收回成本后，刚好获得8万元人民币的利润；若汇率高于7.5、低于8.3，则该公司收回成本后所得的利润少于8万元人民币；若汇率等于7.5，则该公司刚好只能收回成本，没有任何利润；若汇率低于7.5，则该公司不仅没有获得利润，而且还会亏本。

同样，进口商从签订合同到结清货款之间也有一段时间，也要承担交易结算风险，原理与出口商相同，只是汇率变动的方向与出口商刚好相反。

（二）折算风险

折算风险（translation risk），又称会计风险（accounting risk），是指企业在会计处理和外币债权、债务决算时，将必须转换成本币的各种外币计价项目加以折算时所产生的风险。也就是将外币债权、债务折算成本币时，由于使用的汇率与当初入账时的汇率不同而产生的账面上损益方面的差异。

【实例分析】中国某公司持有银行往来账户余额100万美元，汇率为USD1=CNY8.7，折成人民币为870万元。如未来美元贬值，人民币升值，汇率变为USD1=CNY8.3，该公司100万美元的银行往来账户余额折成人民币后就只有830万元了。在两个折算日期之间，该公司这100万美元的价值，按人民币折算减少了40万元。

同一般的企业相比，跨国公司的海外分公司或子公司所面临的折算风险更为复杂。一方面，当它们以东道国的货币入账和编制会计报表时，需要将所使用的外币转换成东道国的货币，面临折算风险；另一方面，当它们向总公司或母公司上报会计报表时，又要将东道国的货币折算成总公司或母公司所在国的货币，同样也面临折算风险。

（三）经营风险

经营风险（operation risk），又称经济风险（economic risk），是指由于意料之外的汇率变动，使企业在将来特定时期的收益发生变化的可能性。经济风险是由于汇率的变动产生的，而汇率的变动又通过影响企业的生产成本、销售价格，进而引起产销数量的变化，并由此最终带来获利状况的变化。

【实例分析】当本币贬值时，某企业一方面由于出口货物的外币价格下降，有可能刺激出口额增加；另一方面因该企业在生产中所使用的主要是进口原材料，本币贬值后又会提高以本币所表示的进口原材料的价格，出口货物的生产成本因而增加，结果该企业将来的纯收入可能增加，也可能减少，这就是经济风险。

值得注意的是，经济风险中所说的汇率变动，仅指意料之外的汇率变动，不包括意料之中的汇率变动。因为企业在预测未来的获利状况而进行经营决策时，已经将意料到的汇率变动对未来产品成本和获利状况的影响考虑进去了，因而排除在风险之外。对于企业来说，经济风险的影响比交易风险和折算风险更大，因为折算风险和交易风险的影响是一次性的，而经济风险的影响则是长期的，它不仅影响企业在国内的经济行为和效益，而且还直接影响企业在海外的

金融学科核心课程系列教材

经营效果和投资收益。经济风险可分为真实资产风险、金融资产风险和营业收入风险三方面。

【阅读资料7.1】

后危机时期的风险事件

2009年以来，在各国大规模刺激政策的推动下，全球经济和金融体系自3月份起逐步摆脱了国际金融危机的严峻局面，呈现企稳复苏的积极景象。与此同时，局部和个别风险事件仍时有发生，不仅涉及实体经济信用风险，还涉及主权风险，相关国家乃至全球的经济复苏和金融稳定进程受到影响。

美国汽车业财务危机：2009年年初，随着国际金融危机不断深化，并向实体经济扩散蔓延，私人消费大幅下滑，汽车市场急剧萎缩，汽车业融资渠道受阻，美国大型汽车制造商现金流纷纷告急，亟须重组。通用、福特和克莱斯勒汽车陷入财务危机，美国政府通过提供资金援助、购车优惠等措施救助三大汽车公司，但成效有限。2009年中期，克莱斯勒、通用汽车分别通过快速破产程序完成重组，其中克莱斯勒将优质资产出售给由全美汽车工会、菲亚特以及美国、加拿大政府组成的集团，通用汽车将优质资产出售给由美国政府持股60.8%的新通用汽车公司。

迪拜世界集团违约：受金融危机冲击，迪拜房地产、旅游、贸易、金融等支柱产业均陷入困境，导致依赖高债务杠杆发展、背负590亿美元高额债务的迪拜最大国有企业——迪拜世界集团（Dubai World）资金链断裂，于2009年11月宣布，其与下属子公司Nakheel全部债务的偿还期限将延至2010年5月30日以后，并要求债权人同意其停止偿付此前到期债务。随着阿布扎比政府和阿联酋中央银行出台相关救助政策以及集团与其债权人债务重组谈判的推进，违约事件对全球特别是新兴市场的振荡影响逐步减弱。截至2010年2月初，迪拜政府已向迪拜世界集团注资62亿美元。

希腊主权评级降级事件：2009年年底，由于希腊财政赤字高企、政府债务负担较重，且政府未能采取有效措施应对，希腊主权评级遭到惠誉、标普、穆迪三家评级机构的下调，成为欧元区国家中首个被评级机构降至A-以下的国家。降级事件大幅拉大了希腊主权债利差，并加剧市场参与者对欧元区内同样面临高赤字、高债务、低增长、银行体系状况较差等问题的国家主权风险的担忧，评级机构接连对爱尔兰、西班牙、葡萄牙等国采取了负面评级行动，上述三国主权债利差大幅攀升。市场普遍担心欧元区国家主权风险的上升，可能引发连锁反应，拖累区内经济复苏的步伐。

此外，冰岛总统否决英荷储户存款赔偿法案，亚洲最大航空公司日本航空、美国最大的中小企业商贷机构 CIT 集团破产重组等风险事件也对经济金融市场产生了不同程度的影响。

后危机时期的风险事件警示，在全球经济金融逐渐摆脱严峻局面的过程中，危机的后续影响将广泛而持久的显现，实体经济和金融市场仍存在相当风险和不确定性，特别是债务负担较重的国家、地区和发行体仍有可能发生违约或受到冲击，经济金融的个别和局部风险仍需密切关注。

三、外汇风险的构成

企业在国际经济活动中，一方面经常要使用外币来进行收付，因而会发生外币与本币（或 A 外币与 B 外币）之间的实际兑换。由于从交易的达成到账款的实际收付，以及借贷本息的最后偿付均有一段期限，兑换时如果汇率在这一期限内发生不利于企业的变化，则企业将单位外币兑换成本币（或单位 A 外币兑换 B 外币）的收入就会减少，或以本币兑换单位外币（或 B 外币兑换单位 A 外币）的成本就会增加，于是就产生了交易风险和经济风险；另一方面由于本币是衡量企业经济效益的共同指标，因此即使企业的外币收付不与本币或另一外币发生实际兑换，也需要在账面上将外币折算成本币，以考核企业的经营成果，而随着时间的推移，汇率发生波动，单位外币折算成本币的账面余额也会发生变化，于是也就产生了折算风险。

由此可知，外汇风险的构成要素有三：一是本币，因为本币是衡量一笔国际经济交易效果的共同指标，外币的收付均以本币进行结算，并考核其经营成果；二是外币，因为任何一笔国际经济交易必然涉及外币的收付；三是时间，这是因为，国际经济交易中，应收款的实际收进，应付款的实际付出，借贷本息的最后偿付，都有期限即时间因素。在确定的期限内，外币与本币的折算汇率可能会发生变化，从而产生外汇风险。

由于外汇风险由本币、外币和时间三个要素构成，且缺一不可，因此防范外汇风险的基本思路有二：一是防范由外币因素所引起的风险，其方法或不以外币计价结算，彻底消除外汇风险；或使同一种外币所表示的流向相反的资金数额相等；或通过选择计价结算的外币种类，以消除或减少外汇风险。二是防范由时间因素所引起的外汇风险，其方法或把将来外币与另一货币之间的兑换提前到现在进行，彻底消除外汇风险；或根据对汇率走势的预测，适当调整将来外币收付的时间，以减少外汇风险。

小思考7.1

就你个人情况而言，你是否存在外汇风险？

答：一般而言，外汇风险有三个构成要素，即外币、本币和时间。当本、外币兑换时，汇率的变动将影响到交易双方的盈亏。此外，时间风险也是不可忽视的一个内容，即时间越长，兑换的风险越大；反之，风险越小。就个人而言，要结合自身的情况及外汇风险三要素来分析。

第二节　外汇风险的防范

外汇风险的防范也称外汇风险管理。从事外汇业务活动要承担外汇风险，因此必须加强外汇风险的管理，防止和减少外汇风险损失。对于不同的外汇风险，其防范措施也有所不同。

一、企业外汇风险管理

在外汇风险管理上，由于企业的经营方式多种多样，加上它们对外汇市场和其他市场不甚了解，往往会处于被动地位。因此，企业为管理外汇风险所采取的措施及相应的操作办法形式较多，并且比较复杂。

在实际操作过程中，企业对本身持有的或可能要持有的受险部分，应根据其具体的业务特点和企业本身的资力状况及外汇银行的态度等情况来综合考虑应采取的风险管理措施。企业不仅要对未来的汇率变动趋势进行预测，还应根据具体的实际情况，选用相应的避险措施。

（一）经济风险的管理

经济风险涉及生产、销售、原料供应以及区位等经营管理的各方面。经济风险的管理，是意料之外的汇率变动对未来现金流量的影响，并采取必要的措施。如果企业在国际上经营活动和财务活动多样化，就有可能避免风险，减少损失。

1. 经营多样化

是指在国际范围内分散其销售、生产地址以及原材料来源地。这种经营方针对减轻经济风险的作用体现在两方面：第一，企业所面临的风险损失基本上能被风险收益弥补，使经济风险得以自动防范。第二，企业还可主动采取措施，迅速调整其经营策略，如根据汇率的实际变动情况，增加或减少某地或某行业等的原材料采购量、产品生产量或销售量，使经济风险带来的损失降到最低。

2. 财务多样化

是指在多个金融市场、以多种货币寻求资金来源和资金去向，即实行筹资多样化和投资多样化。这样，在有的外币贬值、有的外币升值的情况下，公司就可以使大部分外汇风险相互抵消。

（二）交易风险管理

1. 贸易策略法

贸易策略法是指企业在进出口贸易中，通过和贸易对手的协商与合作所采取的防范外汇风险的方法。此方法可具体分为五种。

（1）币种选择法。

币种选择法是指企业通过选择进出口贸易中的计价结算货币来防范外汇风险的方法。

①本币计价法。选择本币计价可使经济主体避开货币兑换问题，从而完全避免外汇风险。但是本币对外国人来说是外币，这意味着该方法的前提是对方能够接受从而不至于使企业丧失贸易机会。

②出口时选用硬币计价结算，进口时选用软币计价结算。所谓硬币（hard money）是指汇率稳定且具有升值趋势的货币；软币（soft money）是指汇率不稳定且具有贬值趋势的货币。出口商以硬币计价，可以使自己得到汇率变动带来的利益；进口商以软币计价，可使自己避免汇率波动可能带来的损失。但硬币和软币是相对的，因此，此法要求对汇率走势有比较准确的预测，它并不能完全避免外汇风险。

③选用"一篮子"货币计价结算。所谓一篮子货币是指由多种货币分别按一定的比重所构成的一组货币。由于一篮子货币中既有硬币也有软币，硬币升值所带来的收益或损失，与软币贬值所带来的损失或收益大致相抵，因此一篮子货币的币值比较稳定。交易双方都可借此减少外汇风险，但一篮子货币的组成及货款的结算较为复杂。

（2）货币保值法。

货币保值法是指企业在进出口贸易合同中通过订立适当的保值条款，以防范外汇风险的方法。在实践中可采取的保值方法主要有：

①黄金保值条款。即在贸易合同中，规定黄金为保值货币，签订合同时，按当时计价结算货币的含金量，将货款折算成一定数量的黄金，到货款结算时，再按此时的含金量，将黄金折回成计价结算货币进行结算。

金融学科核心课程系列教材

②硬币保值条款。即在贸易合同中，规定某种软币为计价结算货币，某种硬币为保值货币，签订合同时，按当时软币与硬币的汇率，将货款折算成一定数量的硬币，到货款结算时，再按此时的汇率，将硬币折回成软币来结算。此方法一般同时规定软币与硬币之间汇率变动的幅度，在规定的波动范围内，货款不做调整；超过规定的波动幅度范围，货款则要作调整。

③一篮子货币保值条款。即在贸易合同中，规定某种货币为计价结算货币，并以一篮子货币为保值货币。具体做法是：签订合同时，按当时的汇率将货款分别折算成各保值货币，货款支付日，再按此时的汇率将各保值货币折回成计价结算货币来结算。在实际操作中，通常选用特别提款权、欧洲货币单位等一篮子货币作为保值货币。

（3）价格调整法。

价格调整法是指当出口用软币计价结算、进口用硬币计价结算时，企业通过调整商品的价格来防范外汇风险的方法。它可分为以下两种情况：

①加价保值。为出口商所用，实际上是出口商将用软币计价结算所带来的汇价损失摊入出口商品价格中，以转嫁外汇风险。加价的幅度相当于软币的预期贬值幅度。

加价后的单价＝原单价×（1＋货币的预期贬值率）

②压价保值。为进口商所用，实际上是进口商将用硬币计价结算所带来的汇价损失从进口商品价格中剔除，以转嫁外汇风险。压价的幅度相当于硬币的预期升值幅度。

压价后的单价＝原单价×（1－货币的预期升值率）

【实例分析】某英国出口商出口以软货币美元计价，如果按签订合同时1英镑＝1.8500美元汇率来计算，其价值100万英镑的货物的美元报价应为185万美元。考虑到6个月后美元对英镑要贬值，英国出口商要做一笔卖出美元的远期外汇交易予以防范。当时6个月的远期汇率中美元对英镑的贴水为0.0060，贴水率为0.3243%（即0.0060/1.8500）。到期收汇时，按远期汇率交割，其185万美元仅能兑换到99.68万英镑，亏损0.32万英镑。有鉴于此，英国出口商应将美元贴水率计入美元报价，则美元报价应为185×（1＋0.3243%）＝185.6（万美元）。按照这个报价，到期英国出口商就可兑换到100万英镑而不至于亏损。

（4）期限调整法。

期限调整法是指进出口商根据对计价结算货币汇率走势的预测，将贸易合同中所规定的货款收付日期提前或延期，以防范外汇风险，获取汇率变动的收益的方法。按照"出口用硬币计价结算，进口用软币计价结算"的原则，当预测计价结算货币将升值时，出口商应争取对方的同意，延期收进外汇，以获得所收进的外汇能够兑换更多的本币的好处；而进口商则应争取对方的同意，提前支付外汇，以避免日后需要用更多的本币才能够兑换到同样数量的外汇。当预测计价结算货币将贬值时，做法则与上述过程相反。

严格地说，期限调整法中只有提前结清外汇才能彻底消除外汇风险，延期结清外汇具有投机性质。一旦企业汇率预测失误，采用延期结清外汇会蒙受更大的损失。

（5）平衡法。

在同一时期内，创造一个与存在风险相同货币、相同金额、相同期限的资金反方向流动。一个国际性公司采用平衡法，有赖于公司领导下的采购部门、销售部门与财务部门的密切合作。

小思考7.2

某跨国公司的母公司在美国，一个子公司在英国，一个子公司在德国，如果预测欧元兑美元将上浮，英镑兑美元将下浮。那么，当英国子公司向美国母公司进口产品，以美元计价，英国子公司是选择提前结汇还是推迟结汇？

答：由于预测英镑兑美元将下浮，那么英国子公司在进口中，应选择提前结汇，否则该子公司需要支付较多的英镑来兑换美元。

2. 金融市场交易法

金融市场交易法是指进出口商利用金融市场，尤其是利用外汇市场和货币市场的交易来防范外汇风险的方法。

（1）即期外汇交易法。是指进出口商通过与外汇银行之间签订即期外汇交易合同的方式来防范外汇风险的方法。由于即期外汇交易只是将第三天交割的汇率提前固定下来，它的避险作用十分有限。

（2）远期外汇交易法。是指进出口商通过与外汇银行之间签订远期外汇交易合同的方式来防范外汇风险的方法。此法可把未来任何一天的汇率提前固定下来，比即期外汇交易法更广泛地用于防范外汇风险。但是，择期外汇交易的交易成本较高；固定日期的远期外汇交易缺乏灵活性，而且对客户信誉有较高要求。

（3）掉期交易法。是指进出口商通过与外汇银行之间签订掉期交易合同的方式来防范外汇风险的方法。它要求进出口商同时进行两笔金额相同、方向相反的不同交割期限的外汇交易，它是国际信贷业务中典型的套期保值手段。

（4）外汇期货和期权交易法。是指进出口商通过签订外汇期货交易合同的方式来防范外汇风险的方法。外汇期权交易法是指进出口商通过签订外汇期权交易合同的方式来防范外汇风险的方法。由于期货价格和现货价格之间存在平行变动趋势，外汇期货交易可用作套期保值性质的避免外汇风险的手段。外汇期权交易提前将协议价格固定下来，也可用于外汇风险管理手段。由于存在保证金制度，它们对客户的信誉要求较低，使进出口商较易使用其作为避险手段。但是，它们的交易成本一般高于远期外汇交易。

（5）国际信贷法。是指在中长期国际收付中，企业利用国际信贷形式，在获得资金融通的同时，转嫁或抵消外汇风险的方法。主要有三种形式：

①出口信贷。出口信贷是指一国为了支持和扩大本国大型设备的出口，以对本国的出口给予利息补贴并提供信贷担保的方法，由本国银行向本国的出口商或外国的进口商（或其往来银行）提供低利率贷款的融资方法，包括买方信贷和卖方信贷。买方信贷（buyer's credit）是指出口方银行以优惠利率向进口商或进口商的往来银行提供信贷，使得进口商（买方）能以支付现汇的方式向出口商购买设备。卖方信贷（supplier's credit）是指出口方银行以优惠利率向出口商提供信贷，使得出口商（卖方）能以延期付款的方式出售设备。

②福费廷（forfaiting）。又称包买票据或买单信贷，是指出口商将经过进口商承兑的，并由进口商的往来银行担保的，期限在半年以上的远期票据，无追索权地向进口商所在地的包买商（通常为银行或银行的附属机构）进行贴现，提前取得现款的融资方式。由于"福费廷"对出票人无追索权，出口商在办理此业务后，就把外汇风险和进口商拒付的风险转嫁给了银行或贴现公司。

③保付代理（factoring）。简称保理，是指出口商以延期付款的形式出售商品，在货物装运后立即将发票、汇票、提单等有关单据，卖断给保理机构，收进全部或一部分货款，从而取得资金融通。由于出口商提前拿了大部分货款，可以减轻外汇风险。

（6）投资法。是指进口商在签订贸易合同后，按合同中所规定的币种、金额，将本币资金在即期外汇市场上兑换成外汇，再将这笔外汇在货币市场进行投资（如银行定期存款、购买国库券、银行承兑汇票、商业票据等），投资到期日安排在货款支付日，然后以投资到期的外汇款项支付贸易货款的方法。

【实例分析】我国某企业3个月后将有一笔10万港元的货款需要支付，为防范外汇风险，该企业即可在现汇市场以人民币购买10万港元，假设当时的汇率为HKD1=CNY1.0645/65，即该企业用10.665万元人民币，购得了10万港元的现汇，但由于付款日是在3个月后，所以该企业即可将这10万港元在货币市场投资3个月，3个月后该企业再以投资到期的10万港元支付货款。

投资法将本应在将来支付货款时才进行的本币兑换成外币的交易，提前到现在就进行，剔除外汇风险构成中的时间要素，使外汇风险得以消除。

（7）借款法。是指具有远期外汇收入的企业通过向银行借入一笔与远期收入金额相同、期限相同、比值相同的贷款，并通过融资来改变外汇风险时间结构的一种方法。

【实例分析】我国某公司半年后将从美国收回一笔100万美元的出口外汇收入，为了防止半年后美元贬值的风险，于是向银行借款100万美元，期限为半年，并将这笔美元作为现汇卖出，已补充其人民币的资金流动。半年后再利用其从美国获得的美元收入，偿还其从银行取得的贷款。半年后，即使美元严重贬值，时我国公司也无任何影响，从而避免了外汇风险。

投资法与借款法相似，都能改变外汇风险的时间结构，两者的区别是，投资法是将未来的支付转移到现在，借款法则是将未来的收入转移到现在。

（8）货币互换（currency swap）法。货币互换是指交易双方通过互相交换币种不同，但期限相同、金额相当的两种货币，以降低筹资成本和防范外汇风险的创新金融业务的方法。货币互换业务实际上是以两种货币之间的交换和换回取代外汇交易中的两种货币之间的买进和卖出，从而达到防范外汇风险的目的。此业务的具体做法，详见本书有关章节。

（9）投保汇率变动险法。汇率变动险是一国官方保险机构开办的，为本国企业防范外汇风险提供服务的一种险种。具体做法是，企业作为投保人，定期向承保机构缴纳规定的保险费，承保机构则承担全部或部分的外汇风险，即企业在投保期间所出现的外汇风险损失由承保机构给予合理的赔偿，但若有外汇风险收益，也由承保机构享有。目前，许多国家如美国、日本、法国、英国等，为鼓励本国产品的出口，都开办了外汇风险的保险业务。

3. 综合避险法

前面介绍的某些简单避险法，有的只能消除时间风险，不能消除价值风险（货币之间的兑换风险），有的则恰恰相反，因而无法完全消除外汇风险，只有将这些简单避险法相互配合、综合利用，才能形成综合的避险方法，以达到完全消除时间风险和价值风险的目的。综合避险法主要包括：

（1）BSI法。

即借款（borrow）—即期合同（spot）—投资（interment）法的缩写。拥有应收外汇账款或应付外汇账款的企业，可采用此法规避风险。

①BSI 法在应收外汇账款中运用。

第一步：先借入与应收账款货币相同、金额相等的外汇（将外汇风险的时间结构转移到现在）；

第二步：通过即期外汇合同法将借入的外币卖掉，换回本币（消除价值风险）；

第三步：将本币进行投资，得到一定的利息或利润，补偿套期保值的费用支出。

【实例分析】加拿大出口商 60 天后有一笔价值 100 万美元的出口应收账款，为防止美元兑加元汇率贬值，该公司采用 BSI 法进行风险防范。具体操作措施为：首先，该出口商从银行借入 100 万美元，借款期限 60 天（暂不考虑利息因素）；其次，将借入的 100 万美元在现汇市场上按 USD1 = CAD1.2565 卖出，买入 125.65 万加元；再次，将买入的 125.65 万加元存入银行，存款期限 60 天（暂不考虑利息因素）；最后，60 天后该公司将收到的 100 万美元账款归还银行借款。

②BSI 法在应付外汇账款中的运用。

第一步：先借入与应付账款金额相等（按当时的即期汇率计）的本币（消除价值风险）；

第二步：通过即期外汇合同法向银行购买外汇（将外汇风险的时间结构转移到现在）；

第三步：将外汇进行投资（期限到应付外汇账款到期日），得到一定的利息或利润，补偿套期保值的费用支出。

（2）LSI 法。

即提早收付（lead）—即期合同（spot）—投资（interment）法的缩写。拥有应收外汇账款或应付外汇账款的企业，可采用此法规避风险。

①LSI 法在应收外汇账款中的运用。

第一步：在征得债务方同意后，给其一定折扣请其提前支付货款（消除时间风险）；

第二步：通过即期外汇合同法，将外汇换成本币（消除价值风险）；

第三步：将换回的本币进行投资，取得的收益可抵消上述操作的费用支出（折扣）。

②LSI 法在应付外汇账款中的运用。

第一步：先向银行借入本币，金额与应付外汇账款相同（按当时的即期汇率计）（消除价值风险）；

第二步：通过即期外汇合同法，卖出本币，买入外币；

第三步：与债权人商量提前支付，要求给予一定的折扣，以补偿避险的费用支出（利息）（消除了时间风险）。

上述三步应为 borrow-spot-invest，但通常还叫作 LSI。

【实例分析】瑞士某公司从美国进口一批价值 100 万美元的商品，3 个月后付款。该公司为防止美元在 3 个月后升值，采用 LSI 法规避外汇风险。具体操作措施为：首先，在征得美国出口商同意提前收款后，该进口商从银行借入 150 万瑞士法郎，期限 3 个月（暂不考虑利息）；其次，将 150 万瑞士法郎在现汇市场卖出，买入 100 万美元（假设即期汇率 USDI = CHF1.5000）；最后，将买入的 100 万美元提前支付给美国出口商，并向后者领取一定折扣（暂不考虑折扣金额），用于支付借款利息。

（三）折算风险的管理

涉外经济主体对折算风险的管理，通常是实行资产负债表保值。这种方法要求在资产负债表上以各种功能货币表示的受险资产与受险负债的数额相等，以使其折算风险头寸（受险资产与受险负债之间的差额）为零。只有这样，汇率变动才不致带来任何折算上的损失。

实行资产负债表保值，一般要做到以下几点：

（1）弄清资产负债表中各账户、各科目上各种外币的规模，并明确综合折算风险头寸的大小。

（2）根据风险头寸的性质确定受险资产或受险负债的调整方向。如果以某种外币表示的受险资产大于受险负债，就需要减少受险资产，或增加受险负债，或者双管齐下。反之，如果以某种外币表示的受险资产小于受险负债，就需要增加受险资产，减少受险负债。

（3）在明确调整方向和规模后，要进一步确定对哪些账户、哪些科目进行调整。这正是实施资产负债表保值的困难所在，因为有些账户或科目的调整可能会带来相对于其他账户、科目调整更大的收益性、流动性损失，或造成新的其他性质的风险（如信用风险、市场风险等）。在这一意义上说，通过资产负债表保值获得折算风险的消除或减轻，是以经营效益的牺牲为代价的。因此，需要认真对具体情况进行分析和权衡，决定科目调整的种类和数额，才能使调整的综合成本最小。

在外汇风险的管理中，交易风险的防范要求与折算头寸的防范要求可能会发生冲突，从而加深风险管理的难度。譬如，对于跨国公司来说，最容易防范折算风险的办法，是要求所有在国外的分支机构都使用母国货币进行日常核算，使其受险资产额和受险负债额都保持为零，以避免编制综合财务报表时的折算风险。但各分支机构一定会面临更多的交易风险，因为分支机构日常使用最多的是东道国货币，当使用母国货币作为核算货币时，便不可避免地会时时承受交易风险。同样，假定分支机构要避免交易风险，则又会面临折算风险。

二、外汇银行外汇风险管理

（一）银行经营外汇业务可能遇到的风险

1. 外汇买卖风险

所谓外汇买卖风险，是指外汇银行在经营外汇买卖业务中，在外汇头寸多或头寸缺时，因汇率变动而蒙受损失的可能性。

外汇银行的外汇头寸可分为：①现金头寸，指在外汇指定银行的库存及同行往来存款；②现汇头寸，指现汇买卖余款；③期汇头寸，指买卖期汇的净余额；④综合头寸，即净外汇头寸，为以上各种头寸之和。这里需要注意两点：一是外汇头寸与外汇银行持有的日常周转余额应加以区别，后者是指外汇银行在国外同行往来账户上维持一定的贷方余额以备国际支付之用，这部分余额无须计入外汇头寸；二是外汇风险头寸与银行在境外的长期投资的资金头寸应加以区别，后者属于对外投资，一般不包括在外汇风险头寸之内。

外汇银行每天都要从事外汇买卖业务。当外汇买入多于卖出时，称为头寸多或外汇头寸的多头，这种多头将在卖掉时因汇率下降而使银行蒙受损失；如果外汇卖出多于买入，称为头寸缺或外汇头寸的空头，这种空头将来再补进时，会因汇率上升而使银行蒙受损失。上述的空头或多头，即是外汇银行从事外汇买卖时的受险部分。

2. 外汇信用风险

外汇信用风险是指外汇银行在经营外汇业务时因对方信用问题所产生的外汇风险。换言之，它是由于交易对方不能或不愿履行预定合约而给外汇银行带来的风险。例如，外汇银行在与国外同业或商人进行有关外汇业务时，交易对方在到期日破产或资力不足或所在国家政治、经济出现危机时而不能履约。再例如，外汇银行在与企业进行期汇买卖时，企业由于某种原因不能或不愿履行期汇合约的交割。

对于外汇银行来说，外汇信用风险比外汇买卖风险或其他风险所引起的变化更为重要，因为其外汇业务的基础在于交易对方的资信程度。外汇信用风险在很大程度上决定于银行本身对交易对方资信情况的考察及分析能力。

3. 外汇借贷风险

外汇借贷风险是指外汇银行在以外币计价进行外汇投资和外汇借贷过程中所产生的风险。它包括向外筹资或对外负债以及外汇投资中的外汇风险。例如，银行向外借入一种货币而需要换成另一种货币使用，或者偿债资金来源是另一种货币，那么银行就要承受借入货币与使用货币或还款来源货币之间汇率变动的风险。若借入汇率上升，则银行筹资就会有增加的可能，再如，银行以一种外币兑换成另一种外币进行外汇投资时，若投资本息收入的外币汇率下降，投资的实际收益就会下降，银行因而蒙受损失。

（二）银行的外汇风险管理

外汇银行经营外汇业务的情况和目的主要有三个方面：一是经营中介性的买卖，即代客户买卖外汇，为客户提供尽可能满意的服务并赚取买卖差价；二是从事自营买卖，即根据对汇率的走势判断买卖及管理银行本身的外汇头寸；三是进行平衡性买卖，即为平衡外汇头寸而买卖外汇以防范风险，减少外汇风险对银行及其客户的影响程度。

当然，防范或避免风险要付出一定的代价，有些避险措施可能使银行失去一部分客户，有的避险措施可能增加银行的交易成本。尽管如此，在汇率波动频繁的情况下，外汇风险管理仍是每一家外汇银行在从事外汇业务过程中所要制定的重要决策之一。

1. 外汇买卖风险的管理

外汇银行在从事外汇业务过程中所遇到的外汇风险主要是外汇买卖风险。而在买卖风险中其拥有的受险部分是以外汇头寸来表示的。因此，外汇银行管理买卖风险的关键是要制定适度的外汇头寸，加强自营买卖的风险管理。

（1）制定和完善交易制度。①确定外汇交易部门整体交易额度。这主要是取决于以下五个方面：一是根据自己的资金结构和规模，正确地制定一个外汇交易损益指标，然后再确定交易规模。二是防范超过承受度的亏损，亏损承受度越高，交易额度越大。三是银行在外汇市场上扮演的角色。银行若要想成为外汇市场上的造市者和活跃的参加者，则交易额度一定不能定得太高。四是交易的币种。在国际外汇市场上，交易最频繁的货币主要有十几种可兑换货币，交易的币种越多，交易量自然也越大，允许的交易额度也应大一些。银行从事自营买卖并非交易的币种越多，盈利越多，而是应根据自身的实际情况，有选择地交易几种货币。五是外汇交易员的状况以及外汇交易部门的管理能力。交易额度即总受险

金融学科核心课程系列教材

额度的制定和分配是分级进行的。银行自营买卖的交易额度即总受险额度由上级主管部门制定，受险最高额度即开盘交易后允许存在尚未平盘的最大头寸。未平盘头寸余额不得超越规定限额，否则视为越权行为。②制定和分配交易员额度。这一过程往往是分级进行的。首先是银行高层管理人员交易额度的确定，他们掌握的额度很大，头寸有长线、中线及短线投资；其次是外汇交易部各级别交易员额度的确定，级别及水平不同，其额度应各有不同。

（2）交易人员的思想准备。从事外汇买卖的主要目的是盈利，但汇率波动频繁情况下难以确保百分之百盈利，所以一定要做好亏损的思想准备，身处逆境时不能孤注一掷，要保持头脑清醒，否则损失更惨重。

（3）要根据本身的业务需要，灵活地运用掉期交易，对外汇头寸进行经常性的、有效的抛出或补充，以轧平头寸。

2. 外汇信用风险的管理

（1）建立银行同行交易额度。根据交易对象的资本实力、经营作风、财务状况，制定能够给予的每日最高限额。交易对象不同，适用的最高限额亦不同。

（2）制定交易对方每日最高收付限额，主要是付款限额。凡涉及当日清算的业务，都计算在内。

（3）建立银行同业拆放额度。同业拆放的额度是银行内部制定的给予其他银行可拆出的最大金额。因为同业拆放是一种无抵押的信用贷款，风险较高。因此，一般根据银行的资信制定拆放额度，并作周期性调整。例如，一年调整一次，可使风险投资得以控制。银行外汇交易必须严格按照规定的额度进行拆放。超额拆放，等于越权。

（4）对交易对方进行有必要的资信调查，随时了解和掌握对方的有关情况，并对有关的放款和投资项目进行认真的可行性研究和评估。

3. 对外借贷风险的管理

（1）分散筹资或投资。这种分散化策略可以减轻某一外币汇率下跌所带来的影响程度，可以使借款货币或投资货币结构与经营中预期收入货币结构相适应，可以分散因战争、资金冻结、没收等而引起的政治风险。

（2）综合考虑借贷货币汇率与利率的变化趋势。一般来说，在两种利率不同的货币中，通常是选择借用利率水平较低的货币，但必须结合汇率的变动趋势进行综合考虑，否则将得不偿失。例如，在多种货币选择的筹资中，选择了利率较低的一种货币贷款，但到期还本付息时，借入的货币汇率已经上升，而且所上升带来的损失已超过利率相对较低的收益。所以，在这方面，决策者要予以高度重视。

（3）银行本身要专设机构，对外汇借贷活动进行统一的管理、监督和运用。尤其是在借贷货币种类的选择上、借或还的期限上，以及利率、汇率和费用上，要有一套完善的管理措施和规定。灵活地运用掉期交易等其他金融工具对借贷和使用不一致的货币币种进行转换，以避免汇率波动风险。

关 键 词 汇

外汇风险　经济风险　交易风险　会计风险

思　考　题

1. 外汇风险的主要构成要素有哪些？
2. 外汇风险有哪几类？应采取哪些防范对策？

练　习　题

一、单项选择题

1. 某企业为支付进口货款所需 1 000 万日元将承受日元汇率上升的风险，该风险属于（　　　）。

  A. 交易风险　　　　　　　　　B. 外汇借贷风险
  C. 经济风险　　　　　　　　　D. 折算风险

2. 在进出口贸易中，如果预测计价货币将要贬值或汇率下浮，就可采取如下措施中的（　　　）。

  A. 迟收早付
  B. 迟付早收
  C. 更换计价货币
  D. 在外汇市场上买进计价货币以改变其供求

3. 当外汇汇率上升时，银行持有外汇多头可以（　　　）。

  A. 获利　　　　B. 受损　　　　C. 没有影响　　　D. 不能确定

二、多项选择题

1. 在不抛补套利的情况下，投资者要承受（　　　）的风险。

  A. 低利率货币升值的风险　　　　B. 高利率货币升值的风险
  C. 低利率货币贬值的风险　　　　D. 高利率货币贬值的风险

2. 外汇风险的构成要素包括（　　　）。

金融学科核心课程系列教材

A. 本币　　　　　B. 外币　　　　　C. 时间　　　　　D. 汇率

3. 防范外汇风险要做好计价货币的选择，包括（　　）。

A. 争取使用本币计价　　　　　B. 采用收软付硬法

C. 采用收硬付软法　　　　　　D. 平衡法

E. 加价保值法

4. 通过外汇交易转嫁外汇风险的方法有（　　）。

A. 远期合同法　　　　　　　　B. 外汇期货合同法

C. 外汇期权合同法　　　　　　D. 掉期合同法

E. 借款法

三、判断题

1. 外汇的会计风险是由于外汇财会管理失误而导致的风险。　　　　（　　）

2. 某企业为支付进口货款所需 1 000 万美元将承受美元汇率下降的风险。

（　　）

3. 加价保值法主要用于出口交易，压价保值法主要用于进口交易。（　　）

4. 外汇保值条款的实质是当交易结算货币发生贬值或升值并超过一定幅度时，买卖双方可以改变计价货币。　　　　　　　　　　　　　　　（　　）

5. 黄金保值条款现在仍然可以采用。　　　　　　　　　　　　　（　　）

6. 交易风险和折算风险是汇率变动对过去的、已经发生的以外币计价的交易的影响，而经济风险则是要衡量将来某一段时间内出现的外汇风险。（　　）

第八章　国际金融市场

自第二次世界大战以来，尤其是进入 20 世纪 80 年代后，世界经济和金融形势发生了巨大变化，推动了国际金融市场的迅速发展，同时，国际金融市场在内部结构和功能上也因此发生了一系列变化，国际金融市场对世界经济也起着越来越重要的作用。本章从宏观角度介绍了国际金融市场的概念、分类、形成和发展，分析了当今国际金融市场的特点，着重介绍了国际货币市场和国际资本市场，并对国际金融市场的重要组成部分——欧洲货币市场作深入论述。

通过本章学习，要理解国际金融市场的含义，掌握国际金融市场的分类及各自的特征和构成，了解国际金融市场的发展状况及作用。

第一节　国际金融市场概述

一、国际金融市场的概念

金融一词，其基本含义是资金的融通。金融市场就是进行各种资金融通和金融交易活动的场所。如果各种资金融通和金融交易活动发生在一国的领土之内，且参加者均为本国居民，该市场即为国内金融市场。如果各种资金融通和金融交易活动跨越国界，在世界范围内进行，该市场即为国际金融市场。因此，所谓国际金融市场，就是国际上进行各种金融交易活动的场所。

国际金融市场可以分为传统的国际金融市场和新型的国际金融市场。传统的国际金融市场又称在岸金融市场（onshore market），是从事市场所在国货币的国际借贷，并受市场所在国政府政策与法令管辖的金融市场。传统的国际金融市场是国际金融市场的起点，一般都是以本国雄厚的综合经济实力为后盾，依靠国内优良的金融服务和较完善的银行制度发展起来的。传统的国际金融市场与国内金融市场存在密切的内在联系，是在国内金融市场的基础上自然形成的，世界上一

金融学科核心课程系列教材

些主要的国际金融市场如早期英国的伦敦，两次世界大战前后美国的纽约及第二次世界大战后日本的东京等都是如此的轨迹。国内金融市场是本国居民之间发生金融资产交易的场所，交易的对象一般是本国货币，空间范围也仅限于本国境内。当金融资产交易的主体扩大到非居民，交易范围超越国境之外，国际金融市场就逐步形成了。传统的国际金融市场之所以被冠以"在岸"名称，这个"岸"不是地理意义的概念，其主要特点是：①该市场要受到市场所在国法律和金融条例的管理和制约，各种限制较多，借贷成本较高。②交易活动是在市场所在国居民和非居民之间进行。③通常只经营所在国货币的信贷业务，本质上是一种资本输出的形式。因此，传统的国际金融市场还称不上真正意义上的国际金融市场。

新型的国际金融市场又称离岸金融市场（offshore market）或境外市场（external market），是指非居民的境外货币存贷市场。"离岸"不是地理意义上的概念，而是指不受任何国家国内金融法规的制约和管制。因此，离岸金融市场有如下特征：①市场参与者是市场所在国的非居民，即交易关系是外国贷款人和外国借款人之间的关系。②交易的货币是市场所在国之外的货币，包括世界主要可自由兑换货币。③资金融通业务基本不受市场所在国及其他国家的政策法规约束。离岸金融市场的产生主要是制度和政策推动的产物，它突破了国际金融市场首先必须是国内金融市场的限制，使国际金融市场不再限于少数发达国家的金融市场，而是向亚太地区、中东、拉美和全世界范围扩展。以上特征表明离岸金融市场是国际化的金融市场，是真正意义上的国际金融市场。欧洲货币市场作为离岸金融市场的总体，它的出现标志了这一新型的国际金融市场的诞生。

【阅读资料8.1】

香港人民币离岸市场发展

早在2004年，香港便已开展人民币业务，十多年来，香港利用其独特的经贸和区位优势，建成了全球最大的人民币离岸市场，在多项人民币业务上保持领先。

一、香港人民币离岸市场现状

资金池规模最大的人民币离岸市场。截至2015年9月，香港人民币存款为8 954亿元，占全部离岸人民币存款余额的一半以上。

人民币支付规模最大的离岸市场。SWIFT数据显示，香港在全球人民币支付中占比超过70%。香港与内地的人民币收付在跨境人民币收付中占比一直维持在50%以上。

最主要离岸人民币债券市场。2015年上半年，香港新发行人民币债券1 797亿元，占人民币离岸债券新发行量的65.8%。6月末，香港人民币债券余额5 849亿元，占人民币离岸债券总量的74.6%。

首个与内地建立证券交易互联互通的离岸市场。2014年11月，沪港通正式上线，全球投资者可通过香港投资内地股市，并允许内地投资者通过上海投资香港股市。启动以来，沪股通交易活跃，截至2015年10月，月均成交额达到1 229亿元。2015年7月，两地资本市场合作取得新突破，基金互认正式实施。

香港也是人民币离岸市场的枢纽，为其他人民币离岸市场发展提供金融基础设施等重要支持。2015年上半年，香港即时支付系统（RTGS）人民币日均交易量达8 903亿元，其中仅10%是香港与内地的跨境交易，90%是离岸人民币交易。香港也与其他离岸市场也建立了金融机构间的合作。比如，英国和中国香港成立了由私营机构代表组成的"香港与伦敦推动国际人民币业务发展合作小组"。

二、香港人民币离岸市场发展的新特点

人民币存款基本稳定，但增速放缓。2015年以来，香港人民币存款规模维持在9 000亿元左右，较2014年底的高位有所回落。原因可能在于美元进入升值周期且升值预期较强，导致投资者调整资产配置的币种结构，增持美元、减持包括人民币在内的其他外币。2015年1~9月，香港美元存款从3.17万亿美元升至3.34万亿美元，增长了5.9%；非美元外币存款则由2.11万亿美元降至2.01万亿美元，下降了4.9%。

人民币债券发行规模有所回落。2015年上半年，香港人民币债券新增发行1 797亿元，同比下降36.2%。6月末，香港人民币债券存量5 849亿元，同比下降7.6%。香港的情况具有一定代表性，2015年以来离岸人民币债券市场整体增速不及预期，可能有供需两方面原因。从需求看，随着银行间债券市场对外开放程度不断提升，境外投资者直接参与境内债券市场更为便利，离岸人民币债券的吸引力相对下降。同时，沪港通上线为境外投资者提供了人民币股权投资的机会，其资产配置多元化也会在一定程度上降低离岸人民币债券需求。从供给看，境内外利差收窄导致境内企业和机构在离岸市场发债动力下降。路透数据显示，2015年1~10月境内企业和机构新发行离岸人民币债券较2014年同期下降52.1%。

人民币贷款增长较快。截至2015年6月末，香港人民币贷款余额达到2 363亿元，较2014年底增长了25.7%。此前，人民币汇率单向升值预期一定程度上限制了贷款业务的发展。2015年以来，人民币汇率双向波动趋势增强为人民币贷款发展创造了条件。

金融学科核心课程系列教材

其他人民币离岸市场快速发展，对香港形成了一定的挑战。近年来，伦敦、台湾、新加坡等地的人民币离岸市场发展势头强劲，在部分人民币业务上快速追赶、甚至超过香港。路透数据显示，2015 年 1~9 月伦敦在人民币外汇交易中占比超过 60%，大幅高于香港的 27%。台湾人民币存款快速增长，目前已接近香港的 1/3。

三、对香港人民币离岸市场的两个认识误区

第一个误区是"其他离岸市场发展会挤压香港的发展空间"。这是对人民币离岸市场发展形势的误判。首先，其他离岸市场快速发展对香港利大于弊。现阶段离岸人民币业务发展的主题仍是做大蛋糕，更多国家和地区的参与对市场发展有利。在此过程中，具备比较优势的其他离岸中心在部分人民币业务上发展更快既有其必然性，也会促进人民币国际化和离岸市场发展，香港将从中受益。其次，人民币离岸市场之间合作大于竞争。香港在人民币业务上具有明显的比较优势，能与其他市场互补，加强合作能形成互利共赢的局面。比如，尽管伦敦人民币外汇交易量超过香港，但支撑伦敦外汇交易的人民币清算更多是通过香港，既体现了香港在人民币流动性上的优势，也是伦敦与香港人民币业务紧密合作的结果。长期看，竞争与合作并存有利于离岸人民币业务健康发展。

第二个误区是"境内市场逐步开放将对人民币离岸业务形成完全替代"。不可否认，短期看境内市场开放会对离岸人民币业务造成一定的负面影响。离岸市场发展初期，一部分市场需求来自于境外机构因缺乏投资境内渠道而在离岸市场持有和交易人民币。随着人民币资本项目可兑换稳步推进，投资境内市场更为便利，境外投资者会相应减少对离岸人民币业务的需求。但长期看，离岸市场的作用不会被替代，境内市场开放会促进人民币离岸业务发展。首先，境外投资者有在离岸市场持有和交易人民币的稳定需求。离岸市场的地理位置、时区、法律体系、监管制度、会计准则以及语言等因素使非居民投资者感觉更为便利，即便是在岸市场开放程度提升、金融管制放松，境外机构仍有在离岸市场交易的偏好。以美元为例，美国 20 世纪 80 年代放松了资本项目和金融市场的管制，但欧洲美元市场依然保持良好的发展态势。其次，境内市场开放有助于人民币国际化进程，人民币境外需求上升会促进人民币离岸市场的发展。

四、香港人民币离岸市场发展的展望

人民币投资和融资更为平衡发展。人民币离岸市场的健康发展要求境外人民币能实现自我循环，其前提是离岸人民币作为融资货币与作为投资货币的相对平衡。但长期以来，由于人民币存在较为强烈的单向升值预期，离岸人民币融资职能发展落后于投资职能，表现在境外机构持有的人民币资产多、负债少；离岸市

场人民币存款多、贷款少。2015 年以来，随着人民币汇率双向波动趋势增强，人民币融资面临重要的发展机遇。香港在人民币融资业务上具有良好的条件。一方面，香港拥有规模最大的离岸人民币资金池，更有能力满足企业和机构的融资需求，支持人民币贷款等业务的发展。另一方面，香港与境内经贸往来紧密，在跨境贸易人民币结算中参与程度高，偿债人民币资金来源更为充实，有能力避免人民币负债的"货币错配"。而随着人民币贷款等融资业务的发展，离岸市场发展将更为均衡，可持续性显著增强。

内地人民币对外投资的发展为离岸人民币业务注入新的活力。近年来，人民币对外投资取得显著进展。2015 年前三个季度，人民币对外直接投资累计 4 993 亿元，同比增长 2.7 倍。2014 年 11 月，我国出台人民币合格境内机构投资者（RQDII）制度，合格的境内机构投资者可以运用来自境内的人民币资金投资境外金融市场的人民币计价产品。2015 年 10 月，《进一步推进中国（上海）自由贸易试验区金融开放创新试点 加快上海国际金融中心建设方案》出台，将在中国（上海）自由贸易试验区研究启动合格境内个人投资者境外投资试点，允许符合条件的个人开展境外实业投资、不动产投资和金融类投资。同时，"一带一路"国家级战略计划契合新兴市场和发展中经济体在基础设施建设、能源开发方面对的资金需求，有利于人民币跨境贸易和投资的发展，形成"资本项目下输出，经常项目下回流"的人民币跨境新格局。

人民币对外投资将为离岸人民币业务带来新的增长动力。一是服务于人民币投资的新业务。对外投资的发展必然对金融服务提出更高要求，产生新的人民币业务。香港与内地经贸联系紧密，金融机构对内地企业更为熟悉，有能力成为新业务的先行者。二是补充离岸人民币流动性。对外投资流出的人民币资金，除直接回流境内外，相当一部分会在离岸市场沉淀，可能向流动性更好、金融产品更为丰富、资产配置更为便利的香港市场集聚，有效补充香港市场的人民币流动性。

香港人民币离岸市场发展的前景仍取决于现有问题能否得到较好的解决。比如人民币流动性不够稳定、资金市场的深度不足等。香港金管局 2014 年指定香港 7 家银行为人民币离岸市场一级流动性提供行，在流动性紧张时发挥作用，但相关措施仍有改善空间。再比如，人民币产品不够丰富，中长期贷款缺乏定价基础，可能会影响人民币融资业务的发展。

资料来源：徐昕：《香港人民币离岸市场发展》，《中国金融》2015 年第 23 期。

二、国际金融市场的结构

国际金融市场的结构一般是按市场功能的不同来划分的。在广义上包括国际货币市场、国际资本市场、国际外汇市场、国际黄金市场以及金融衍生工具市场。

（一）国际货币市场

国际货币市场（international money market）是资金融通业务和借贷期限在一年（含一年）以下的短期资金市场。国际货币市场的主要功能是为政府、中央银行、工商企业及个人等参与货币市场交易的各方调节短期资金余缺，解决临时性资金周转困难。货币市场具有期限短、资金周转速度快、数额巨大、金融工具流动性强、有较强的货币性、价格波动小、投资风险较低等特征。

（二）国际资本市场

国际资本市场（international capital market）是指经营一年期以上的国际性中长期资金借贷和证券业务的国际金融市场。其主要功能：一是提供一种使资本从剩余部门转移到不足部门的机制，使资本在国际进行优化配置；二是为已发行的证券提供充分流动性的二级市场，以保证市场的活力。国际资本市场与国际货币市场相比，其特征是期限较长，资产价格波动和投资风险较大。

（三）国际外汇市场

国际外汇市场（international foreign exchange market）是进行国际性货币兑换和外汇买卖的场所或交易网络，是国际金融市场的核心。外汇市场作为国际经济联系的纽带，集中反映了国际经济、世界金融及各国货币汇率变化的趋势，为促进国际贸易、信贷、投资及各种国际资金活动的实现提供了便利条件，随着现代通信技术和国际金融业的迅猛发展，外汇交易日益脱离实物经济。电子技术的广泛应用，现代化通信设施使世界各外汇市场的交易都可以通过电传、电报、计算机网络进行，从而形成全球统一市场。由于外汇市场的国际化和全球化，外汇市场的动荡在各市场间迅速传递和扩张的可能性也在增强。

（四）国际黄金市场

国际黄金市场（international gold market）是世界各国集中进行黄金交易的场

所，是国际金融市场的特殊组成部分。虽然随着国际金本位制的消亡以及信用货币制度的建立，黄金已退出货币流通领域，黄金市场逐渐在名义上成为一种贵金属商品市场，但由于黄金市场既是国家调节国际储备资产的重要手段，也是居民调整个人财富储藏形式的一种方式，黄金的保值、清偿功能的现实延续，使黄金在实质上仍然保留货币的作用，黄金市场仍然属于国际金融市场。

目前世界上有五大国际性黄金市场：伦敦、苏黎世、纽约、芝加哥和香港，它们都可以进行现货和期货交易，但各有侧重。如伦敦是历史最悠久也是最重要的现货市场；苏黎世黄金市场的交易也以现货交易为主，而且也是世界最重要的金币市场；纽约和芝加哥的黄金市场期货交易量巨大，是世界黄金期货交易的中心；香港黄金市场既有现货交易也有期货市场，但以期货交易为主。由于黄金交易方式和类型的不同，这五大黄金市场形成了两大黄金集团：伦敦—苏黎世集团，纽约、芝加哥—香港集团，其市场价格的形成及交易量的变化对世界上其他市场有很大影响。20 世纪 70 年代以来，国际黄金市场发展很快，黄金期货市场发展迅猛，交易手段日益先进，市场规模进一步扩大，数量不断增加，全世界已经有大约 40 多个国际黄金市场，时差因素也把分布在世界各地的黄金市场连为一体，基本上形成了一个 24 小时进行交易的全球性黄金市场。

（五）金融衍生工具市场（derivatives market）

金融衍生工具市场也称派生市场，是相对于商品市场、资本市场、证券市场等基础市场而言的。该市场交易的工具是金融衍生工具，它是当代金融创新最重要的成果之一。金融衍生工具是一种交易者为转嫁风险的双边合约，其价值取决于基础市场工具或资产的价格及其变化。金融衍生工具市场既包括标准化的交易所，也包括场外交易（柜台交易），即 OTC 交易。金融衍生工具市场主要有金融期货市场、期权市场、互换市场、远期合约市场等。金融衍生工具市场的出现推动了整个金融体系结构性的变革。

三、国际金融市场的形成和发展

（一）形成条件

国际金融市场的形成，必须具备若干必要条件，其中主要有下列各项。

（1）比较稳定的政局，这是最基本的条件，否则就不可能在这一国家建立一个国际金融中心。

（2）没有外汇管制或外汇管制很宽松，外汇调拨兑换比较自由，金融管制

金融学科核心课程系列教材

如对存款准备金、利率及税率方面都没有严格的管制条例。非居民在参加金融业务活动时享有与居民相同的待遇，并无歧视，等等。

（3）完备的金融制度与金融机构。例如，银行机构比较集中，信用制度比较发达，资金供求及资金流动比较便利。总之，一个国家要建立一个国际金融市场，必须拥有一个高度发达的国内金融市场。

（4）现代化的国际通信设备。国际通信及交通十分便利的地理位置，能适应国际金融业务发展需要。

（5）有较强的国际经济活力。一个国家如果有较大的对外开放度，进出口规模较大，对外经济往来活跃，其货币是自由兑换货币，就有可能形成国际资金的集散地，从而形成国际金融市场。

（6）拥有国际金融专业知识水平较高和实务经验较丰富的专业人才。

（二）国际金融市场的发展过程

国际金融市场是在资本主义经济从自由竞争向垄断阶段发展过程中，随着国际贸易的发展、资本输出和生产的国际化逐步形成和发展起来的。从世界范围来看，国际金融市场的形成发展历经了一系列演进的过程。回顾国际金融市场的发展史，大致分为以下几个阶段。

1. 传统国际金融市场的形成

第一次世界大战以前，英国的自由资本主义迅速发展并向海外极度扩张，使其经济实力跃居世界首位。英国伦敦在当时囊括了世界上大部分财富，英镑成为世界上主要国际储备货币和国际结算货币。伦敦以其政治稳定、经济繁荣和较完备的金融制度等优越的金融条件率先成为世界上最大的国际金融市场。第一次世界大战爆发至第二次世界大战结束后，英国经济持续遭到重创。伦敦国际金融市场的作用随之逐步削弱，英镑的地位不断下降。同时，美国利用第二次世界大战积累的巨额资本成为世界上最大的资金供应者，控制着整个西方的经济。美元变为各国的储备货币和重要的国际结算货币，美国纽约金融市场迅速崛起，继伦敦之后并超过伦敦，成为世界上最大的国际金融市场。在同一时期，西欧的瑞士因免受战争灾难和具有良好的金融环境，并利用瑞士法郎能够自由兑换的优势，使苏黎世金融市场上自由外汇交易和黄金交易非常活跃，金融市场迅速发展。在这一阶段，纽约、伦敦和苏黎世成为世界三大国际金融市场。

2. 欧洲货币市场的形成与发展

进入20世纪60年代以后，美国国际收支出现持续的巨额逆差，致使美国信用下降并迫使美国政府采取一系列金融管制措施，进一步刺激美元大量外逃，使美国境外的国际金融市场飞速发展起来，不仅在欧洲形成了规模巨大的欧洲美元市场，而且在亚洲和世界其他地区也建立起国际金融市场。在此以后，国际金融市场不再局限于少数国家，而是快速扩张到巴黎、法兰克福、阿姆斯特丹、卢森堡、新加坡、香港等地，甚至一些鲜为人知的地方，如加勒比海地区的开曼群岛和中东的巴林等，也相继形成重要的国际金融市场。

3. 新兴国际金融市场的兴起

20 世纪 80 年代后，新兴工业国家经济迅速发展。这一时期，西方各主要国家普遍掀起了以放松金融管制为主要内容的金融自由化和金融全球化的改革浪潮。这一趋势对新兴工业化国家金融的发展产生了深远影响。一方面这些新兴工业化国家经济发展和国际化程度已达到一定水平，西方金融变革浪潮的示范效应促使它们推动相应的金融自由化和国际化改革；另一方面，从 80 年代开始的国际资本和产业技术转移的浪潮中许多新兴工业化国家成为国际投资的新热点。国际资本流动要求建立与之相适应的金融环境，各国也更加注意与国际惯例接轨，以适应国际金融一体化要求，从而加速了这些国家的金融发展和国际金融市场的形成。新兴国际金融市场主要有拉丁美洲地区的墨西哥、阿根廷、巴西以及亚洲的"四小龙"、泰国、马来西亚、菲律宾、印度尼西亚等。金融市场的开放，国际游资的大规模进入一方面对这些市场所在的当地经济有很大的促进，同时大量资本流动对其宏观经济和金融稳定也带来了风险。由于市场体系不健全，经济结构不合理，监管能力较弱，为国际投机提供了可乘之机，风险的累积越来越大，墨西哥金融危机和东南亚金融危机就是这些潜在风险积聚到一定程度的爆发。

（三）国际金融市场的发展趋势

随着全球经济的快速发展，国际资本市场与国际资本流动日趋活跃，市场规模不断扩大，业务品种不断创新，市场结构和资金流向也呈现巨大的变化。国际金融市场发展的鲜明特征和基本趋势表现在：

1. 金融全球化趋势

金融全球化主要表现为金融机构设置的全球化、金融业务活动的全球化、资本流动的全球化和金融市场的全球化。金融全球化有以下的新特征：

（1）私人资本成为国际资本流动的主角。20 世纪 90 年代以来，美欧经济全面复苏，国际金融市场资本充裕，国际资本在金融自由化浪潮和突飞猛进的信息技术的推动下，资本流动的速度和规模急剧膨胀。尤其是 90 年代以来，私人资本的流动日益占据主导地位，目前占全球资本的 3/4 左右。据世界银行统计，全球流向发展中国家的私人投资已经从 1990 年的 444 亿美元上升到 1996 年的 2 540 亿美元。而同期的官方援助资本却从 55.96% 降至 14.05%，私人资本的比例则从 44.14% 上升至 85.65%。私人资本的积聚和扩张主要得益于近几年世界经济的平稳增长。金融全球化为过剩资本提供了新的投资和盈利机会，许多发展中国家的经济改革和私有化也为资本流入创造了条件。

（2）国际金融市场一体化进程加快。首先，世界各地区之间的金融市场相互贯通。金融市场电脑化、网络化，把全球主要国际金融中心融为一体，打破了不同地区市场时差的限制。通信技术的迅速发展，以纳斯达克（全美证券交易商协会自动报价系统，NASDAQ）为代表的现代网上金融交易以其快速、不分时间地点的交易方式正在冲击传统的交易所交易方式。NASDAQ 已成为全球最活跃的市场，并日益成为全球性的证券市场。1993～1997 年间，在 NASDAQ 上市的外国公司占美国三大证券市场的 56%。进入 1999 年后，纳斯达克进军东京、新加坡、香港和伦敦市场，掀起了一场金融市场的革命。其次，全球不同类型的金融市场相互贯通。在金融证券化趋势推动下，资金能在不同类型市场之间迅速转移，使各类金融市场相互联结，贯通了直接金融和间接金融，并使商业银行、金融公司、投资银行、保险公司及各类基金业务经营上的关系日益密切。而各交易所跨越国界进行联网，更推动了全球市场的融合。从 1984 年 9 月新加坡商品交易所与芝加哥商品交易所作为全球第一次交易所海外联网以来，这种跨境联网方式已十分普遍，最引人注目的是在 1999 年欧元启动后计划建立一个单一的泛欧证券交易市场，即欧洲交易所，欧洲金融市场将成为真正的统一市场。欧洲证券市场一体化推动了国际金融市场一体化的加速发展，对国际资本市场的格局产生重大影响。

（3）发展中国家在国际资本市场中的投资比例有所上升。随着发展中国家经济金融的快速发展，以及发展中国家区域金融危机的缓解，特别是国际组织和世界各国加强了对投资环境保障的协调与合作，使得发展中国家，特别是新兴市场国家备受国际资本的青睐，无论是直接投资还是其他方式的投资都在大幅度的上升。1996 年，流入发展中国家的投资金额达 810 亿美元，约占全球直接投资的 41%，比 1995 年增加 9.4%，其中亚洲占 56%，拉美占 30%，非洲占 9%，东欧占 7.8%。尤其是拉美私有化的进程吸引了资金流入加大，1998 年拉美在全球直接投资中的比重比上一年增长 5%，达到 710 亿美元。其中巴西私有化使外资流入增加是直接的动力。

（4）大规模金融并购浪潮风起云涌。90 年代以来，国际金融业为了适应世

金融学科核心课程系列教材

界经济一体化的发展，降低金融风险和经营成本，提高市场竞争力和抵御风险能力，实现资源优势互补，保持和扩大市场份额，充分发挥规模经济效益，开始了大规模金融并购浪潮，尤其是跨国并购蓬勃兴起。据统计，1997 年全球金融业跨国并购总值为 700 亿美元，占当年全球金融并购总值的 37%，1998 年上升为41.3%。这种金融并购浪潮，大大推进了国际金融业的一体化、综合化和网络化进程。

（5）跨国银行业务综合化、网络化。在金融创新推动下，跨国银行向“全能银行”发展，开始经营投资银行、保险公司和其他金融机构业务。金融电子化为跨国银行全球经营提供了技术条件，现代跨国银行以整个世界为市场，以全球战略作为行动战略，利用现代通信设备形成全球金融网络，在全球范围内追求最大利润，使它们在国际资本的全球流动中居于主导地位。

2. 金融自由化趋势

金融自由化是指 20 世纪 80 年代初西方国家普遍放松金融管制后出现的金融体系和金融市场充分经营、公平竞争的趋势。很多国家根据国际通行的金融管制条例，在完善本国监管制度的同时，逐步减少了政府对金融机构及其业务的直接干预和限制，逐步放开金融市场，进行业务自由化、市场自由化、价格自由化、资本流动自由化等改革。各国金融对外开放程度的加大，金融服务贸易壁垒的减少为金融机构跨国经营提供了便利，有利于金融资源的合理流动和配置，提高了资源的运营效率。金融自由化为 80 年代金融业务、金融工具和金融市场的创新提供了宽松的环境，并成为现代国际金融市场发展的基础和前提。

3. 国际融资趋向证券化，债券和股票作用明显增强

随着发达国家逐渐放松金融管制，发展中国家加快金融自由化，金融创新向深度和广度的快速发展以及高科技运用于金融市场的推动力，融资证券化已经成为国际金融市场发展的必然趋势，证券融资的比例日渐上升。据统计，1970 年美日德三国超越国界的股票、债券交易占国内生产总值的比例都在 5% 以下，而到 1996 年这一比例分别上升到 152%、83% 和 197%。金融证券化为国际金融市场提供了满足其自由发展和流动性需求的金融工具，加强了国际金融市场之间、发达国家与发展中国家之间的联系，加速了金融市场全球一体化进程。以直接融资为主的证券化趋势主要表现在以下几个方面：

（1）筹资手段证券化。即国际金融市场的参与者日益通过直接融资来完成交易活动，而不是通过以银行系统为中介进行社会资金的转移。80 年代中期，国际金融市场上的证券融资比例首次超过国际信贷，1986 年债券融资已占资本市场融资总额的 70%，90 年代这一趋势继续保持下来。国际证券融资除债券融资外，股权融资也得到迅速发展。1995 年全球债券融资总额为 4 610 亿美元，占国际资本市场融资的 45% 左右，股权融资 1994 年已达到 449 亿美元。

（2）全球证券市场的跨境融资趋势增强。1975 年，主要发达国家债券与股票的跨境交易仅占 GDP 不到 5% 的水平，但 1997 年却为 GDP 的 1～7 倍。随着金融资产跨境交易的扩张，企业也日益转向国际证券市场筹资。90 年代，各工业化国家的企业在国际上发行的股票几乎增长了 6 倍。1970 年以来，国际资本流动的总量与净额均显著上升。工业化国家的直接投资总额增长了 32 倍，但证券投资总量却增长了 200 倍。

（3）贷款债权证券化。指银行以证券交易方法转让贷款债权，将传统的抵押贷款转换成证券，以实现贷款债权的流动性，加速资金的周转。

全球金融市场一体化的步伐逐渐加快的同时，不能忽视由于过度投机行为，特别是资金大量抛空的投机，进而导致市场心理恐慌、秩序混乱、危害极大。尤其是目前国际金融体制已经出现较大的变化，特别是资金从银行体系转向基金市场，以及金融衍生产品的迅速发展，而国际游资的活动范围是跨国别、跨区域的，并非一国所能驾驭，金融监管的难度相应加大。因此，对于国际游资的监管问题迫在眉睫，国际社会需要具有统一权威的机构及法规，规范金融风险，使国际金融竞争更为安全有效。

小思考 8.1

国际金融市场与国内金融市场的参与者有何不同？

答：国内金融市场上的交易活动仅发生在居民之间，不涉及非居民，而国际金融市场有非居民参与交易。

四、国际金融市场的特点与作用

（一）国际金融市场的特点

相对于国内金融市场，国际金融市场有其不同的特点。

（1）国际金融市场的业务经营范围超越国家的界限，在国际展开，而国内金融市场的业务范围则是局限于一国领土之内进行。

（2）国际金融市场上的资金借贷和金融交易关系为居民与非居民、非居民与非居民之间的关系，而国内金融市场上的资金借贷和金融交易关系为居民之间的关系。

（3）国际金融市场上的交易标的物是一些主要国家的可自由兑换的货币、

国际票据、黄金和有价证券等，而国内金融市场上的交易标的物主要是国内票据、黄金及有价证券等。

（4）国际金融市场上的主要参与者是经营国际金融业务的银行和非银行金融机构、政府机构和工商企业等，而国内金融市场上的主要参与者则是经营国内金融业务的机构、政府机构和工商企业等。

（5）国际金融市场的业务活动一般不受市场所在地国家的过多干预和管制，各种交易的进行比起国内金融市场要自由得多；而国内金融市场的各种交易活动则要受到国家法令、法律和各种规章的约束。

（二）　国际金融市场的作用

国际金融市场的形成和发展，无论对西方工业国家，还是对发展中国家，乃至对整个国际经济都起着举足轻重的作用，主要表现在以下几个方面。

（1）国际金融市场为各国经济发展提供了资金。例如，亚洲美元市场对亚太地区经济建设起了积极的促进作用。欧洲货币市场带动了日本和联邦德国的经济复兴。特别是发展中国家，其经济发展中的大部分资金都是在国际金融市场上筹集的。

（2）调节各国国际收支。国际金融市场形成后，各国调节国际收支除了动用国际储备外，还多了一条外汇资金来源的渠道。这对于国际收支逆差国来说，在规划其经济发展时有了更大的灵活性，同时也缓和了一些国家国际收支不平衡的状况。

（3）加速生产和资本国际化。国际金融市场能在国际范围内把大量的闲散资金聚集起来，以满足国际经济贸易发展的需要。通过金融市场的职能作用，使世界上的资金充分发挥效用，从而加速生产和资本的国际化，并推动了跨国公司的发展壮大。

（4）促进银行业务国际化。国际金融市场吸引了无数跨国银行，通过各种业务活动把各国的金融机构有机地联系起来。使各国银行信用发展为国际银行信用，从而促进了银行业务国际化。

然而，国际金融市场的迅速发展也产生了一些副作用，例如，西方主要国家的资本大量流入国际金融市场，导致流入国的货币供给量增加，引发通货膨胀等，大量资本流动往往会影响一些国家国内货币政策的执行效果，并引起国际金融市场的动荡。因此西方国家近年来在金融自由化的同时，也重视对国际金融市场的管理。

第二节　国际货币市场和资本市场

一、国际货币市场

国际货币市场（international money market），又称短期资本市场，是国际上从事短期资金借贷业务的场所，期限在 1 年或 1 年以下。

（一）国际货币市场的构成及业务活动

国际货币市场的业务主要包括银行短期借贷、短期证券买卖及票据贴现。一般来说，国际货币市场的参与者包括商业银行、票据承兑行、贴现行、证券交易商和证券经纪人。

1. 短期信贷市场

主要是指银行间的市场。该市场提供 1 年或 1 年以内短期贷款，目的在于解决临时性的资金需要和头寸调剂。贷款的期限最短为 1 天，最长为 1 年，也提供 3 天、1 周、1 月、3 月、半年等期限的资金；通常利率以伦敦银行同业拆放利率（London inter-bank offered rate，简称 LIBOR）为基准；交易通常以批发形式进行，少则几十万英镑，多则几百万、几千万英镑；交易简便，无须担保和抵押，完全凭信誉和电话、电传进行。

2. 短期证券市场

这是国际进行短期证券交易的场所，期限不超过 1 年。交易对象有短期国库券（treasury bills）、可转让的银行定期存单（transferable certificate of deposit，CDs）、银行承兑汇票（bank acceptance bills）和商业承兑汇票（commercial bills）。

（1）国库券是西方各国财政部为筹集季节性资金需要，或是为了进行短期经济和金融调控而发放的短期债券，期限一般为 3 个月或半年，利率视情况而定，通常以票面金额打折扣和拍卖（auction）的方式推销。

（2）银行存单是存户在银行的定期存款凭证，可以进行转让和流通。20 世纪 60 年代初，美国开始发行这种存单，定额为 100 万美元或 100 万美元以上，最少也有 50 万美元；英国于 60 年代末发行这种存单，金额从 5 万至 50 万英镑不等。存单利率与伦敦银行同业拆放利率大致相同，到期后可向发行银行提取本息。

（3）银行承兑汇票和商业承兑汇票都是一种信用支付工具，前者由银行承兑，后者由商号或个人承兑，承兑后可背书转让，到期可持票向付款人取款。由于银行信誉较高，银行承兑汇票比商业承兑汇票的流动性强。

3. 贴现市场

所谓贴现，是指将未到期的信用票据打个折扣，按贴现率扣除从贴现日到到期日的利息后向贴现行（discount houses）换取现金的一种方式。贴现市场就是对未到期的票据按贴现方式进行融资的场所。贴现交易使持票人提前取得票据到期时的金额，而贴现行则向要求贴现的持票人提供了信贷。贴现业务是货币市场资金融通的一种重要方式。贴现票据主要有国库券、银行债券、公司债券、银行承兑票据和商业承兑票据，贴现率一般高于银行利率。贴现行或从事贴现的银行可以用经贴现后的票据向中央银行要求再贴现（rediscount）。中央银行利用这种再贴现业务来调节信用、调节利率，进而调控宏观金融。

（二） 国际货币市场的作用

国际货币市场是国际短期货币金融资产进行交换的场所。在这个市场上，资金暂时盈余的单位可以与赤字单位相互满足需求：一方面，该市场为短期资金的需求单位提供了从隔夜到一年的各种短期资金；另一方面，一些希望利用暂时闲置的资金获取收益的资金持有人获得了投资的渠道。由于该市场跨越国界，所以可在世界范围内进行短期资金的合理配置，增强了货币资金的效率。但是由于该市场上的资金数额巨大而且流动性强，因而易对国际金融秩序造成猛烈的冲击，引发金融危机。

二、国际资本市场

（一） 国际资本市场的含义

国际资本市场（international capital market）是指国际资金的借贷期限在 1 年以上的交易市场，又称中、长期资本市场。它主要由银行聚集长期资本或政府的金融机构对客户（公司、企业、政府等）提供中长期贷款，以满足生产建设和国民经济发展的需要。

（二） 国际资本市场的业务活动

资本市场的主要业务有两大类：银行贷款和证券交易。当然，抵押贷款和租赁贷款及其他具有长期融资功能的业务也可以归入资本市场中。目前资本市场上最主要的业务还是信贷和证券。

1. 信贷市场

信贷市场是政府机构（包括国际经济组织）和跨国银行向客户提供中长期资金融通的市场。

政府贷款的基本特征是期限长、利率低并附带一定的条件。贷款的期限最长可达30年，利息最低可到零，附加条件一般为限制贷款的使用范围，例如规定贷款只能用于购买授贷国的商品，或规定受贷国必须在经济政策或外交政策方面作出某些承诺或调整。因此，政府贷款属于一种约束性贷款。

银行贷款一般是一种无约束的贷款，贷款利率视市场行情和借款人的信誉而定。对于数额比较巨大的贷款，银行一般采用联合贷款或辛迪加贷款的方式以分散风险。所谓联合贷款或辛迪加贷款（syndicate loans），是指由一家或几家银行牵头，联合几家甚至几十家国际银行组成一个银团共同向某客户或某工程进行贷款的融资方式，又称银团贷款（consortium loan），具有筹资金额大、成本小和还款时间长等特点。辛迪加贷款在20世纪80年代前期因债务危机而一度下降，但自1986年起走出低谷，其规模在以后的几年里得到迅速发展。

小思考8.2

在国际中长期信贷业务中，借款人和贷款人选择币种的原则是什么？为什么？

答：借款人选择贷款到期时看跌的货币（即软货币），是为了减轻还本付息的负担；贷款人选择贷款到期时趋升的货币（即硬货币），是为了增加收回利息。

2. 证券市场

证券市场主要由债券业务构成。债券发行人可以是政府机构、国际组织，也可以是企业、公司或银行。大多数债券的发行都由银行或证券商作为中介，承销债券的发行。债券发行作为一种直接融资的方式在20世纪80年代上半期曾迅速发展。但随着债券融资成本的相对上升和许多在欧洲债券市场上涉足不深的公司纷纷进入国际银行业，债券市场从1987年开始陷入低谷。除了债券业务外，从20世纪90年代起，以股权为对象的国际融资业务也比较活跃。例如，中国就有多家企业在美国上市从而获得融资。以股权为抵押或直接出让股权而获得国际资金融通的业务，均可划入国际资本市场的范畴。

第三节　欧洲货币市场

欧洲货币实际上是指境外货币。欧洲货币市场既包括1年期以内的货币市场，也包含 1 年期以上的资本市场。为了比较完整地了解该市场，我们将系统地介绍一下欧洲货币市场的发展和运行特点。

一、欧洲货币市场的含义

在阐述欧洲货币市场之前，首先要了解什么是欧洲货币（Euro-currency）。欧洲货币并非指欧洲国家的货币，而是指投在某种货币发行国国境以外的银行所有存贷的该种货币。因此又称离岸货币（offshore currency）。例如，在美国境外的银行（包括美国银行在国外的分支行）所存贷的美元资金称欧洲美元（Euro-dollar）；在德国境外的银行所存贷的马克资金称为欧洲马克（Euro-mark），以此类推，还有欧洲日元、欧洲英镑等。需要注意的是，货币名称之前冠以欧洲容易引起误解，其实，它最先出现在欧洲，后来引申发展到亚洲和拉丁美洲，如在香港或东京的银行持有的美元存款处于美国当局的管辖之外，被称为亚洲美元，同样，拉美某国银行持有的美元存款可称为拉丁美洲美元。

欧洲货币市场是指非居民相互之间以银行为中介在某种货币发行国国境之外从事该种货币借贷的市场，即经营非居民的欧洲货币存贷活动的市场，又可称为离岸或境外金融市场。而经营欧洲货币存贷业务的银行称为欧洲银行（Euro-bank）。

欧洲货币市场最早起源于欧洲伦敦，后扩散到世界其他许多地方，包括东京、香港和新加坡等亚洲城市，形成众多的离岸金融中心。在亚洲的欧洲货币市场又称亚洲货币市场。据国际货币基金组织资料，目前世界上主要的欧洲货币交易中心，即离岸金融中心有 35 个，分布在欧洲、亚洲（包括中东）、美洲等地区，其中最重要的是伦敦，其他重要的中心还有纽约、东京、香港、法兰克福等。交易货币中，欧洲美元所占比重最大，约 60% 左右，其他币种还有欧洲日元和欧洲马克等。

小思考 8.3

欧洲货币指欧洲某一国家的货币吗？

答：欧洲货币并非特指欧洲某一国家的货币，而是泛指境外货币，如欧洲美元、欧洲日元等。

【阅读资料 8.2】

人民币成为离岸货币所应具备的条件

有学者认为，只有实现了人民币在资本与金融项目下完全可兑换后，才可能发展起来人民币离岸市场，目前几乎所有的离岸货币都是可兑换的国际储备货币；有人认为，人民币利率市场化是其离岸化的前提条件，有人则持相反态度。但也有学者认为，一种货币是否可兑换不是这种货币离岸金融中心形成的必要条件，人民币的可兑换性不是人民币离岸金融中心形成的必要条件。不管某种货币是否可兑换，只要这种货币的资金存在需求和供给，有一批银行经营该种货币的借贷业务，并且不受该货币发行国法规的约束，这个市场就是离岸金融市场。因此，可以在人民币没有实现可兑换以前形成人民币离岸金融市场。

二、欧洲货币市场的类型

（一）内外混合型

内外混合型是指离岸金融市场业务和所在国的在岸金融市场业务不分离。这一类型的市场允许非居民在经营离岸金融业务的同时也可以经营在岸业务和所在国的国内业务。内外混合型离岸金融市场是典型的国内市场和国际金融市场一体化的市场。这一点无论在货币市场还是证券市场或是外汇市场表现都非常明显。随着管制的放松，不同市场的界限被打破，各类市场日益互相依存，它们中间的界限日趋模糊。内外混合型离岸金融市场的目的在于发挥两个市场资金和业务的相互补充和相互促进的作用。这一类型市场典型的地区是伦敦和香港。

（二）内外分离型

内外分离型是指离岸市场业务与在岸市场业务严格分离，这种分离可以是地域上的分离，也可以是账户上的分离，目的在于防止离岸金融交易活动影响或冲击本国货币金融政策的实施。美国纽约的离岸金融市场是一个典型代表，其主要特征是存放在离岸银行账户上的美元视同境外美元，与国内美元账户严格分开。此外，东京、新加坡也接近美国离岸市场的类型。

（三）分离渗透型

分离渗透型与内外分离型有相似的特征，它是在严格内外分离的基础上，允许部分离岸资金渗透到国内金融市场上来，目的在于借助地理优势更好地利用外资。典型的市场是马来西亚的纳闽岛和泰国的曼谷。但渗透到国内市场的离岸资金应取消作为离岸资金的一切优惠，以防止扰乱国内金融市场。一般来说该类型的市场有较大管理难度，若管理不善，会带来负面影响。1997 年泰国金融危机，离岸资金的管制过于放松是原因之一。

（四）避税港型

避税港型离岸金融市场是指在不征税的地区，只是名义上设立机构，通过这种机构在账簿上中介境外与境外交易。实际上资金的提供和筹集并不在那里进行，一些国际银行只是在那里开立账户，目的是为了逃避管理和征税，所以称为避税港型的离岸市场，又称"账面上的离岸金融市场"。避税港型离岸金融市场大多位于北美、西欧、亚太等经济发达或投资旺盛、经济渐趋繁荣的地区附近，大多原系发达国家的殖民地或附属国。由于这些国家多为岛屿，与大陆分离，资源贫乏，制造业非常有限，对经济发展有许多制约和不利。为发展本国经济，改善国际收支状况，挖掘自身有利的条件，通过向非居民提供税收优惠，吸引非居民开展离岸金融业务。这些国家共同的特点，就是虽然政治经济不甚发达，但国家的政治经济稳定，一般都有较充分的商业基础设施，特别是有较先进的交通设施和通信设施。同时这些国家或地区汇集了一大批银行，保险公司、外汇及证券交易机构，形成了较完善的金融机构门类，同时还具有一大批有经验的专业金融服务人才，高效率地为非居民提供各种金融服务。另外，当地政府还对离岸金融市场业务提供一种较为宽松的管理气候和优惠政策。对非居民外汇交易没有外汇管制，资金自由转移。这类离岸金融市场的典型地区是加勒比海的巴哈马、开曼以及百慕大、巴拿马和西欧的海峡群岛。

三、欧洲货币市场的形成与发展原因

欧洲货币市场是从欧洲美元市场发展起来的。欧洲美元市场的形成与发展主要有以下几方面的原因。

（1）苏联在欧洲的存款。欧洲美元市场的起源可以追溯到 1957 年。50 年代，美国在朝鲜战争中冻结了中国存放在美国银行的资产，当时苏联考虑到冷战状态和反共情绪影响下的东西方关系，便将出口原材料所获得的美元存入巴黎的一家法国银行账户上，这也许就是欧洲美元市场的开端。

（2）对英镑的限制。1957 年，由于英法联合入侵埃及，英国国际收支恶化，导致英镑发生危机。为了保卫英镑，英国政府加强了外汇管制，禁止英国商业银行用英镑对非英镑区居民之间的贸易进行融资，因此英国商业银行纷纷转向美元，利用美元存款贷给国际贸易商。这样，一个在美国境外经营美元存放款业务的资金市场开始在伦敦出现。

（3）美国当局对国内银行活动的管制。20 世纪 60 年代后，美国资金不断外流，国际收支逆差逐渐扩大。1963 年 7 月，美国政府实行征收"利息平衡税"（interest equalization tax），规定美国居民购买外国在美国发行的证券（包括银行对非居民的贷款）所得利息一律要付税，以限制美国资金外流。1965 年，美国政府为了对付日益严重的国际支付危机，制定了《自愿限制对外贷款指导方针》（Voluntary Foreign Credit Restraint Guidelines），要求银行与其他金融机构控制对非居民的贷款数额。1968 年又颁布《国外直接投资规则》，一方面限制了美国银行的对外贷款能力，另一方面却加强了美国银行海外分行的活动。

1963 年美国政府实行的《Q 字条例》（Regulation Q），规定银行对储蓄和定期存款支付利息的最高限额，因此在 60 年代，美国国内利率低于西欧，于是存户纷纷将大量美元转移到欧洲，这也为欧洲美元市场的发展提供了有利条件。

（4）西欧国家货币可兑换性的恢复。1958 年年底，西欧一些国家恢复了货币的对外可兑换性，于是美元在欧洲地区可以自由买卖，资金可以自由移动，这为欧洲美元市场的顺利发展铺平了道路。

（5）石油输出国组织的影响。由于 1973～1974 年石油价格上涨，石油输出国组织赚取了巨额石油美元，并存入欧洲美元市场，从 1973 年到 1976 年，石油输出国组织在欧洲货币市场上的存款从 100 亿美元增加到 540 亿美元。欧洲银行就将大部分石油美元存款贷给面临国际收支逆差的石油进口国，欧洲银行在石油美元回流过程中发挥了重要中介作用。总之，石油输出国组织为欧洲美元市场的美元交易增加创造了条件。

自 20 世纪 60 年代以来，由于美元危机的爆发，美元的国际金融霸权地位逐渐削弱，美元汇率不断下跌，抛售美元、抢购黄金和其他硬货币的风潮时有发生。于是各国中央银行为避免外汇风险，纷纷使外汇储备多元化，一些硬通货如德国马克、瑞士法郎和日元便成为抢购对象。另外，一些西欧国家，如瑞士和联邦德国，为了保护本币和金融市场的稳定，抑制通货膨胀，曾对非居民持有本币采取倒收利息或不付利息等措施加以限制，而对非居民的外币存款则给予鼓励。因此，硬通货资金被转存在其发行国以外的地区，形成了欧洲瑞士法郎、欧洲马克、欧洲英镑、欧洲日元、欧洲法国法郎等欧洲货币，使欧洲美元市场扩大而演变为欧洲货币市场。

四、欧洲货币市场的特点

欧洲货币市场是完全国际化的市场，是国际金融市场的主体。由于它经营的是境外货币，因此具有许多独特的经营特点。

（1）市场范围广阔，不受地理限制，是由现代通信网络连接而成的全球性市场，但也存在着一些地理中心。这些地理中心一般由传统的金融中心城市发展而来，例如伦敦、纽约、东京等，它们所在的国家经济发达，有充足的资金来源，历史上一直是资金的主要交易场所。这些金融中心具有稳定的经济、政治环境，有良好的金融基础设施，有熟练的金融业经营人才，有官方给予的自由经营条件和优惠措施。自20世纪60年代以来，巴哈马、巴林、新加坡、香港等若干具有特殊条件的城市形成了新的欧洲货币中心。与老的国际金融中心不同，这些新兴金融中心是利用降低税收、减少管制等一系列优惠措施吸引国际资金在此交易和中转的，从而成为跨国公司、跨国银行的良好避税地。传统和新兴的国际金融中心在世界范围内大约沟通了2/3的欧洲货币市场的资金。

（2）交易规模巨大，交易品种、币种繁多，金融创新极其活跃。绝大多数欧洲货币市场上的单笔交易金额都超过100万美元，几亿美元的交易也很普遍。欧洲货币市场上交易的币种除美元、日元、德国马克等传统币种外，还包括瑞士法郎、英镑、加拿大元等币种，以发展中国家货币为交易币种的也不少见，甚至还出现了以特别提款权为标价币种的交易。这些交易使欧洲货币市场与外汇市场的联系非常紧密。欧洲货币市场上的交易品种主要有同业拆放、欧洲银行贷款与欧洲债券。欧洲银行贷款既有固定利率贷款，也有浮动利率贷款，短、中、长期都有，其组织形式主要是辛迪加贷款（syndicated loan），或称银团贷款（consortium loan）。欧洲债券是指借款者在债券票面货币发行国以外或在该国的离岸金融市场发行的债券。例如，我国在日本发行的美元债券就属欧洲美元债券。欧洲债券不同于外国债券。所谓外国债券，是指发行者在外国金融市场上通过该国的金融机构发行的以该国货币为面值的债券。在美国发行的外国债券通常被称为"扬基债券"（yankee bonds），在日本发行的外国债券主要被称为"武士债券"（samurai bonds）。大多数欧洲债券的发行采取不记名的形式，并且有提前赎回的专门条款与偿债基金。欧洲债券发行也通过辛迪加银团的承购包销，这一辛迪加的组成除银行外，还包括证券公司等机构。

（3）独特的利率结构。其存款利率相对较高，放款利率相对较低，存放款利率差额很小，这是因为它不受存款利率最高额及法定准备金限制。

（4）由于一般从事的是非居民的境外货币借贷，它所受的管制较少。目前，欧洲货币市场的飞速发展已经对国内外经济产生了巨大的影响。但由于它不受任何一国国内法律的管制，也不存在对这一市场专门进行管制的国际法律，这一市场上的风险日益加强。国际上对以欧洲货币市场为核心的国际金融市场的监管采取了以这一市场的主体——商业银行为具体目标的监管方法，并于1975年2月在国际清算银行的主持下，成立了监督银行国际活动的协调机构——巴塞尔委员会，就银行的国际业务制定了一系列规则，其中以 1988 年通过的《巴塞尔协议》最为重要。该协议中，最主要的内容是规定了经营国际业务的银行的资本与风险资产的比率至少应达到 8%，其中核心资本与风险资产之比至少为 4%。《巴塞尔协议》在各国协调对欧洲货币市场的监管上迈出了重要的一步。

第四节　国际黄金市场

一、黄金市场的意义和类型

黄金市场是世界各国集中进行黄金买卖的交易场所，是国际金融市场的一个重要组成部分。黄金交易与证券交易一样，具有固定的交易场所。

黄金市场具有悠久的历史，并经历了很多变迁。早在 19 世纪初期，世界上就已出现了较为健全的黄金市场。在典型的金本位制条件下，黄金作为国际本位货币，可以在世界各国之间自由输出输入。金本位制崩溃之后，各国纷纷实行外汇管理，黄金的自由输出输入受到了一定的限制，但国际黄金市场仍以各种方式发展，且规模迅速扩大。尽管布雷顿森林体系崩溃后，黄金的流通手段职能大大减弱，但黄金仍然是各国国际储备的重要组成部分和国际市场的最后支付手段。黄金市场在国际金融市场中始终占有重要的地位。

国际黄金市场根据不同的情况可作不同分类。按照市场的影响程度可分为主导性市场和区域性市场。主导性市场是指价格和交易规则等市场行为直接影响其他黄金市场的市场。区域性市场是指市场规模小，并且交易主要集中在本地区，对其他市场影响不大的黄金市场。从对市场的管制程度不同，可分为自由交易市场和限制性交易市场。前者是指黄金可以自由输出输入、居民与非居民都可以自由买卖的黄金市场。限制性交易市场指黄金输出输入受到一定限制，只准非居民自由买卖而不准居民进行交易的市场。按照交易期限的不同，可分为现货交易市场和期货交易市场。

二、黄金市场的黄金供给与需求

(一) 黄金的供给

国际黄金市场的黄金供给主要来自以下方面：①生产黄金。这是黄金市场黄金的主要来源。南非向来是世界最大的产金地。美国、俄罗斯、澳大利亚、加拿大和中国也都有大量黄金生产。②国际经济及金融组织出售黄金。③拥有黄金要抛售的集团和私人等抛售的黄金。④各国政府为解决外汇短缺和支付困难，或在黄金市场上营运黄金而抛售黄金。⑤黄金投机商人预测金价下跌做"空"头而抛售的黄金。

（二）黄金的需求

世界黄金市场的黄金需求主要来自以下方面。①工业用金。主要是指以黄金作为工业生产原料的企业购买黄金。如首饰业、牙科、电子等行业，涉及的范围十分广泛。目前工业用金占世界黄金需求量的比重最大。②各国政府和中央银行为增加官方储备或在黄金市场上营运而购买黄金。③私人为保值或投资而购买黄金。④国际货币基金组织和国际清算银行购买黄金作为国际储备资产，以弥补收支上的逆差。⑤黄金投机商预测到金价上涨，做"多"头购买黄金。

三、黄金市场的交易方式

黄金市场交易由市场参与者来完成。黄金市场参与者主要包括黄金供给者、黄金需求者和黄金交易经纪人。黄金市场的交易方式从不同角度看有不同的分类。

（一）按交易的对象来分，有账面划拨交易、实物交易和黄金券交易

（1）账面划拨交易是指对于大宗交易，不论是现货还是期货，只是在存放单上进行划拨，属于某个国家或集团的库存黄金改变一下所有者的交易方式。这种交易方式能够避免风险，节省运输费用。

（2）实物交易包括金块和金币交易。金块是由私人或企业开采出来的具有各种成色和重量的生金金块。专业金商和中央银行交易的对象一般是重量为400盎司、成色为99.5%的大金锭，并且都有国际公认的验定机构的印记。世界主要产金国生产的黄金大都以这种形式投放市场，私人交易对象一般为成色、重量不等的小金条，可以自由转换，自行贮藏，也可委托金商代为保管，并支付一定的保管费用。金块（条）的交易均按纯金重量计算。金币交易是私人用来保值的最好手段。金币不仅便于转移，更重要的是在许多国家还可以逃避遗产税。金币分为旧金币、新金币和纪念金币三种。旧金币供给量有限，是古董收藏家购买的对象，价格往往高于其本身含金量价值的30%～90%。新金

币是指近年铸造并投入流通的金币，其价格涨落直接依存于市场价格的变动，一般比金条价格高3%～5%。纪念币不仅有较高的保值功能，而且有较高的艺术价值。同时由于发行有限，其价格也远远高于其实际价值，收藏时间越长，价值越高。

（3）黄金券交易是适应小额投资者在世界通货膨胀的情况下购买黄金用以保值需要而产生的。黄金券面额有多种，最小仅半盎司，有编号和姓名，可挂失，不得私自转让。

（二）按交易期限来划分，有现货交易、期货交易和期权交易

（1）现货交易是指交易双方在成交后即行交割或在两个工作日内进行交割的交易。黄金现货交易价格有其特殊性，在伦敦黄金市场分为定价交易和报价交易两种。定价交易是给客户提供单一交易价，即无买卖差价，客户可自由买卖。金商只收少量佣金。定价交易只在规定时间内有效，短则一分钟，长则一个多小时，时间长短视市场客户情况而定。报价交易有买卖价之分。世界其他黄金市场的金价一般都是参考伦敦金市的定价，再根据市场的供求情况决定。

（2）黄金期货交易是指在成交后不立即交割，而由交易双方先签订合同，交付押金，并根据双方商定的期限，到期进行交割的交易。黄金期货交易的目的在于保值或投机。交易者关心的是黄金期货的价格，而不是黄金实物交易。期货黄金交易价格一般以现货交易为基础，再加上期货期限的利息而定，并且要交各种费用。

（3）黄金期权交易是指期货黄金购买者，在规定的交割日期前，根据金价的下跌情况，只需付给卖方一定的补贴，即可取消原订合同。因此具有较大的灵活性和选择性。

另外，按交易目的来划分，可分为保值性黄金交易和投机性黄金交易。

四、黄金市场价格及其影响因素

（一）第二次世界大战后黄金价格变动的总体过程

第二次世界大战后黄金价格的变动大体经历了三个时期：第一个时期是维持黄金官价时期（1945年至1968年3月）。从布雷顿森林体系建立到黄金总库解散前，黄金价格一直维持在每盎司黄金兑35美元的官价水平上。第二个时期是双价制时期（1968年3月至1971年8月）。1968年3月美元爆发第二次危机，美国被迫实行黄金双价制，即美国对外国中央银行仍按官价兑换黄金，自由市场

的金价则根据市场供求情况任其波动，不再按官价干预黄金市场的买卖。第三个时期是市场价格完全自发波动时期（1971年8月以后）。由于美元危机频繁爆发，迫使美国于1971年8月宣布美元第一次贬值，美国不得不停止外国中央银行按官价兑换黄金。从此，黄金价格进入完全波动时期。1980年1月金价曾攀升到每盎司850美元，1987年年底每盎司530美元，1989年6月末每盎司371美元，1999年7月间每盎司260美元左右。

（二）影响黄金价格变动的因素

在黄金市场价格完全自由波动的情况下，金价变动受到多方面因素的影响。主要因素有：

（1）世界政治经济形势。国际上重大政治经济事件发生，往往会引起抢购黄金的风潮，冲击黄金价格。这些事件包括世界政治经济格局的变动、重大自然灾害、地区性的政治经济局势的动荡以及由于经济的不景气导致的利率、汇价的频繁变动等。

（2）黄金市场的供求关系。如果世界市场黄金供给大于需求，金价就会下降，反之则会上升。

（3）通货膨胀。如果世界性通货膨胀不断加剧，货币贬值，人们就会抢购黄金，金价就会上升，反之则会下降。

（4）货币汇率和利率。如果西方主要货币汇率下跌，利率降低，人们为了保值，就会用货币购买黄金，金价就会上升，反之则会下降。

（5）市场投机活动。市场投机者为从黄金交易中获利，往往制造谣言以及其他活动，导致黄金价格的大量波动。

五、世界主要黄金市场

世界上可以自由买卖黄金的国际市场有40多个，其中最大的有5个，即伦敦、苏黎世、纽约、芝加哥和香港。这五大黄金市场规模大，国际性黄金交易集中，其市场行为对世界其他黄金市场影响很大，在世界黄金市场中占主导地位。

（一）伦敦黄金市场

伦敦黄金市场历史悠久。早在19世纪初期，伦敦就是一个从事金条精炼、黄金销售、金币兑换的黄金储藏的中心。1919年9月伦敦市场开始实行按日报价制度，正式成为一个组织机构比较健全的国际黄金市场。第二次世界大战爆发后，受战争影响，伦敦黄金市场关闭，直到 1954 年 3 月才重新开放。不过开放后的伦敦黄金市场，其交易局限于境外居民用几种指定的货币，并设立专门账户进行。1979 年 10 月英国全部废除外汇管制，伦敦黄金市场才真正恢复自由交易市场的国际性功能和地位。由于伦敦具有国际金融中心的各种便利条件及其长期的主要市场地位，因而伦敦金市起着世界黄金产销、转运、调剂和枢纽作用，交易量曾达到世界黄金交易总额的 80%。伦敦金市的黄金供应者主要是南非，在很多情况下各产金国的黄金首先集中到伦敦，然后再分配到世界各地。1986 年 3 月，西欧掀起抢购黄金的风潮，伦敦金市的金价无法维持稳定，被迫将一部分黄金交易转移到苏黎世黄金市场，使伦敦金市的地位受到一定影响。但现在，伦敦黄金市场仍然是世界上最大的黄金市场。世界其他各地的黄金市场所采取的交易方式、交易系统基本上由伦敦黄金市场确定。

伦敦黄金市场的主要特点是：①以黄金现货交易为主。伦敦黄金期货市场 1982 年 4 月才开业。②交易量巨大，主要是批发业务，是世界上唯一可以成吨买卖黄金的市场，金商主要充当经纪人。③实行每日两次定价制度，主要由伦敦五大金商定出价格。伦敦五大金商即指洛希尔父子公司、塞缪尔·蒙塔古公司、洲普·毕思理公司、约翰逊·马塞尔公司和莫卡赛·固史密旺公司。这是英国最大的 5 家金商，也是世界上首屈一指的大金商。五大金商控制了伦敦市场的大宗黄金交易。由五大金商定出的黄金价格会迅速影响纽约金市和香港金市的市场交易。

（二）苏黎世黄金市场

苏黎世黄金市场是在第二次世界大战后逐步发展起来的世界性黄金市场。苏黎世黄金市场的特点是：①黄金交易以现货交易为主。②主要从事金币交易，是西方最重要的金币市场。③黄金市场与银行业务联系紧密，主要由瑞士三大银行，即瑞士银行、瑞士联合银行和瑞士信贷银行从事黄金交易。瑞士是西方著名的资金庇护所，每逢发生世界政治经济局势动荡，各地大量游资纷纷涌向瑞士购买黄金保值或从事投机交易活动。同时，瑞士利率较低，持有的黄金可以列为现金项目，市场交易完全自由，没有任何限制，因此推动其业务迅速发展，已成为仅次于伦敦的世界黄金市场。

（三）纽约、芝加哥黄金市场

纽约和芝加哥黄金市场是 20 世纪 70 年代中期才发展起来的，历史虽然较短，但发展很快。美国黄金市场的特点是以期货交易为主。目前，纽约商品交易所和芝加哥商业交易所已成为世界黄金期货交易中心。每年约有 2/3 的黄金期货契约在纽约成交，但交易水分很大，大部分属于买空卖空的投机交易。由于美国黄金期货交易量巨大，期货价格对黄金现货价格产生很大影响，使伦敦金市的每日定价制的权威在一定程度上受到影响。除了黄金期货交易之外，黄金期权交易也是美国黄金市场的主要交易方式，黄金期权交易由于其较大的灵活性和选择性，而使其具有较大吸引力。

（四）香港黄金市场

1974 年香港取消《禁止黄金进出口条例》后，便迅速地发展成一个国际性黄金市场。伦敦的五大金商、瑞士的三大银行以及日本、美国、德国的金融机构都参与了香港的黄金交易。香港市场黄金大多来自欧洲，主要销往东南亚。香港的黄金市场主要由三部分组成。①香港金银贸易场，这可以看作是主体市场，以华资金商占优势，有固定的买卖场所，以港元计价。这个市场有正式会员 195 家。②本地伦敦金市，以外资金商占主体，没有固定交易场所，是一个无形市场，以伦敦经营方式交易，通过电信成交。③黄金期货市场，这是一个正规的市场，按纽约、芝加哥方式交易，以美元计价。香港黄金期货交易业务增长迅速，在世界黄金市场交易中的地位日趋重要。这三个市场关系密切，成交额最高的是香港金银贸易场，影响最大的是本地伦敦金市。香港黄金市场交易量很大，黄金的进口和转口均很活跃。

促进香港黄金市场迅速发展的原因很多：第一，香港金市采用国际上成熟的运作模式，提供了诱人的套利机会。第二，时差的优势，香港居于欧洲与美洲之间，使投资者一天 24 小时内都可以买卖黄金。香港时间凌晨 2 时 30 分至 3 时这段时间，正值世界其他黄金市场休市之际，欲继续进行黄金买卖的交易者，就必须到香港黄金市场。第三，香港黄金市场无外汇管制，属最自由的黄金市场。第四，香港市场资金充裕，通信设备完善，有各种税负优惠以及黄金外汇进出口自由等便利。

【阅读资料 8.3】

如何看待近期我国黄金储备变动

近期，中国人民银行按照国际货币基金组织数据公布特殊标准（SDDS）公布了黄金储备数据。截至 2015 年 6 月末，我国黄金储备规模为 1 658 吨，较上次（2009 年 4 月）公布规模增加了 604 吨。

根据国际收支统计原则，黄金分为货币黄金与非货币黄金，前者由央行持有，是一种金融资产，在金融账户的储备资产项下记录；后者由其他部门持有，是一种实物资产，在经常账户下的货物进出口中记录。央行增持黄金储备，根据交易对手可分为国内交易和国外交易。国内交易不需要在国际收支平衡表中进行记录。

国外交易需区分交易对手进行记录，只有与国外央行或国际组织的交易才记录货币黄金，从其他商业机构购买属于非货币黄金进口，记录在货物项下，这些非货币黄金通过黄金货币化（非交易变动）最后形成央行的货币黄金储备。

我国本次增持黄金的渠道主要包括国内杂金提纯、生产收贮、国内外市场交易等方式。其中，国内杂金提纯、生产收贮以及国内市场购买都属于国内交易，不需要在国际收支平衡表中进行记录。国外市场购买黄金的交易对手均是国外商业机构，而非央行或国际组织，因此不应记录为货币黄金增加，而应记录为货物进口。考虑到本次增持黄金是多年来逐步累积的，进行追溯调整较为困难，因此，国际收支平衡表中不再对这些交易进行记录和调整，未来发生交易时根据实际情况进行记录。存量方面，央行的黄金储备余额记录在国际投资头寸表的储备资产项下，2015 年 2 季度货币黄金余额变化与流量之间的差异形成约 220 亿美元的非交易变动，其中包括黄金货币化以及往期存量黄金的价格变化等。2015 年 6 月末，我国黄金储备余额 624 亿美元，与外汇储备之比为 1.7%。

虽然与 3 万多亿美元的外汇储备相比，我国黄金储备的规模不大，与外汇储备之比不足 2%。但是，从绝对量来看，我国的规模并不小。根据世界黄金协会（WCG）7 月公布的数据，中国已超越俄罗斯成为全球第五大黄金储备国。排在前四位的美国、德国、意大利和法国，由于其本币均是可自由兑换货币，同时外汇储备规模较低，因此黄金储备与外汇储备之比较高。而我国作为尚未实现完全可兑换的发展中国家，外汇储备规模较大，黄金储备比例自然较低，因此不能仅以这一比例高低来衡量黄金储备规模是否合适。作为外汇储备全球第二大国的日本，其黄金储备的占比也只有 2%。

黄金作为一种特殊的资产，具有金融和商品的多重属性，与其他资产一起配置，有助于调节和优化国际储备组合的整体风险收益特性。但是，相对于其他外汇资产，黄金储备也有着一定的局限性。比如，黄金的价格波动较大，市场容量小，持有成本高，流动性欠缺等。从价格方面来看，国际金价波动较大。2009 年年初以来，黄金由每盎司 800 美元左右逐步上升到 2011 年中的高点接近 1 900 美元，之后不到两年又回落到 1 200 美元左右。价格的大幅波动不利于储备资产保持安全性。从市场容量和流动性看，国际外汇市场的日成交量在 5 万亿美元以上，债券市场仅美国余额就有约50万亿美元，而国际黄金市场日成交量仅有0.3万亿美元。因此，大规模持有黄金作为储备资产难以满足随时变现的需要。从资产的保值增值性来看，持有黄金储备不仅不能生息，还要支付托管费用以及存储费用等成本。

此外，中国已成为世界第一大黄金生产国，也是黄金消费大国。2015年上半年，我国累计生产黄金229吨，消费黄金561吨，其中，首饰制造用金412吨，金条及金币用金102吨，工业及其他用金47吨。可见，"藏金于民"成效显著，而从国家储备角度来讲，也没有必要和老百姓"争"金。

资料来源：国家外汇管理局国际收支分析小组：《2015年上半年中国国际收支报告》。

关 键 词 汇

国际货币市场　国际资本市场　欧洲货币市场　外国债券　欧洲债券

思 考 题

1. 国际金融市场是怎样分类的？
2. 欧洲货币市场的特点是什么？
3. 国际货币市场和资本市场的经营活动有哪些？

练 习 题

一、单项选择题

1. 在国际信贷市场上，（　　）是制定国际贷款和发行债券的基准利率。
   A. SIBOR　　　B. HIBOR　　　C. LIBOR　　　D. FIBOR
2. 欧洲货币最初指的是（　　）。
   A. 欧洲英镑　　B. 欧洲马克　　C. 欧洲日元　　D. 欧洲美元
3. 广义的国际金融市场包括货币市场、资本市场、外汇市场和（　　）。
   A. 贴现市场　　B. 期货市场　　C. 黄金市场　　D. 证券市场

二、多项选择题

1. 国际金融市场在经济发展中具有独特的作用，具体表现在（　　）。
   A. 促进了世界经济的发展　　　　B. 加剧世界性通货膨胀
   C. 调节国际收支　　　　　　　　D. 加速经济全球化进程
   E. 为投机活动提供便利

2. 国际货币市场的子市场主要包括（　　　）。

　　A. 银行短期信贷市场　　　　　B. 国际债券市场

　　C. 短期证券市场　　　　　　　D. 贴现市场

3. 国际货币市场中的短期证券市场的交易对象主要有 1 年期以内可转让流通的短期信用工具，主要包括（　　　）。

　　A. 短期国库券　　　　　　　　B. 商业票据

　　C. 银行承兑汇票　　　　　　　D. 定期存款单

三、判断题

1. 境外货币市场进行资金借贷的币种主要是欧元。　　　　　　　（　　）

2. 国际债券包括外国债券和欧洲债券。　　　　　　　　　　　　（　　）

3. 对国际债券进行评级的机构对投资者具有法律上的责任。　　　（　　）

4. 国际债券的发行价格必须按票面额发行。　　　　　　　　　　（　　）

5. 欧洲货币市场的存贷利差一般大于各国国内市场的存贷利差。　（　　）

第九章 国际资本流动与管理

国际资本流动是推动世界经济增长，促进国际贸易、技术转移及国际分工，加速世界经济全球化的重要力量。但资本的过量的、不合理的流入和利用，也是导致债务危机乃至金融危机的根本原因。本章将在讨论资本流动问题的基础上，重点探讨国际债务危机和我国债务管理。

通过本章的学习，重点掌握国际资本流动的方式、原因及新特征，了解引发国际债务危机的原因及外债的管理。

第一节 国际资本流动概述

一、国际资本流动的含义

国际资本流动（international capital movements）是指一个国家（或地区）的政府、企业或个人与另外一个国家（或地区）的政府、企业或个人之间，以及国际金融组织之间资本的流入和流出。它是国际经济交易的基本内容之一。

国际资本流动是资本跨越民族国家的界限而在国际范围内运动的过程，是资本要素在不同主权国家和法律体系管辖范围之间的输出与输入。资本的本质决定了资本跨国流动的本质，是居民的一部分储蓄或社会剩余劳动积累在不同社会再生产体系、不同社会经济分配体系、不同政府宏观决策体系之间的运动。

国际资本流动不同于以所有权的转移为特征的商品交易，它是以使用权的转让为特征的，但一般仍以营利为目的。一国（或地区）的国际收支平衡表中的资本与金融账户，集中反映了该国（或地区）在一定时期内与他国（或地区）的资本流动的综合情况。

在把握"国际资本流动"含义时，还必须清楚地界定几个与其相关的概念及和它的关系。

（1）国际资本流动与资本输出输入的关系。资本输出输入是一般只与投资和借贷等金融活动相关联，并且以谋取利润为目的的资本流动，因而不能涵盖国际资本流动的全部内容，也就是说，国际资本流动不一定就是资本输出输入。比如一国用黄金外汇来弥补国际收支赤字就属于国际资本流动，而不属于资本输出，因为这部分黄金外流不是为了获取高额利润，而只是作为国际支付的手段以平衡国际收支。

（2）国际资本流动与资金流动的关系。资金流动是指一次性的、不可逆转的资金款项的流动和转移，相当于国际收支中经常账户的收支。资本流动即资本转移，是可逆转的流动或转移，如投资或借贷资本的流出伴随着利润、利息的回流以及投资资本和贷款本金的返还。由此，是否具有可逆转性是这组概念的主要区别所在。

（3）国际资本流动与国内资本流动的关系。国际资本流动与国内资本流动的差异性最主要体现在资本拥有者和使用者的居民属性上。首先，国际资本流动是资本拥有者和使用者出现跨越国界的分离情况下产生的；其次，国际资本流动表现为资金形式的跨国运动，而金融资本流动的结果必然导致以商品和服务为主要内容的实际资源的移动，即实际资本在国家间的流动。

二、国际资本流动的类型

国际资本流动主要包括：①资本流动方向：流入与流出；②资本流动规模：总额与净额；③资本流动的期限：长期与短期；④资本流动的性质：政府与私人；⑤资本流动的方式：投资与贷款。因此，这也就决定了国际资本流动的分类有很多种办法。本书主要考察以下两种分类。

（一）按照资本跨国界流动的方向，国际资本流动可以分为资本流入和资本流出

资本流入是指外国资本流入本国，即本国资本输入，主要表现为：①外国在本国的资产增加；②外国对本国负债减少；③本国对外国的债务增加；④本国在外国的资产减少。

资本流出，指本国支出外汇，是本国资本流到外国，即本国资本输出。主要表现为：①外国在本国的资产减少；②外国对本国债务增加；③本国对外国的债

务减少；④本国在外国的资产增加。

（二）按照资本跨国流动时间的长短期限，国际资本流动可以分为长期资本流动与短期资本流动

1. 长期资本流动

长期资本流动是指使用期限在一年以上，或者规定使用期限的资本流动。它主要包括三种类型：国际直接投资、国际证券投资和国际贷款。

（1）国际直接投资（international direct investment）：它是指一个国家的企业或个人对另一国企业部门进行的投资。直接投资可以取得某一企业的全部或部分管理和控制权，或直接投资新建企业。按照 IMF 的定义，通过国际直接投资而形成的直接投资企业是"直接投资者进行投资的公司型或非公司型企业，直接投资者是其他经济体的居民，拥有（公司型企业）的 10% 或 10% 以上的流通股或投票权，或拥有（非公司型企业）相应的股权或投票权"。其特点是指投资者能够控制企业的有关设施，并参与企业的管理决策。直接投资往往和生产要素的跨国界流动联系在一起，这些生产要素包括生产设备、技术和专利、管理人员等。因而国际直接投资是改变资源分配的真实资本的流动。

国际直接投资一般有五种方式：①在国外创办新企业，包括创办独资企业、设立跨国公司分支机构及子公司；②与东道国或其他国家共同投资，合作建立合营企业；③投资者直接收购现有的外国企业；④购买外国企业股票，达到一定比例以上的股权；⑤以投资者在国外企业投资所获利润作为资本，对该企业进行再投资。

（2）国际证券投资（international portfolio investment）。也称为间接投资，是指通过在国际债券市场上购买外国政府、银行或工商企业发行的中长期债券，或在国际股票市场上购买外国公司股票而进行的对外投资。证券投资与直接投资存在区别，主要表现在：证券投资者只能获取债券、股票回报的股息和红利，对所投资企业无实际控制和管理权。而直接投资者则持有足够的股权来承担被投资企业的盈亏，并享有部分或全部管理控制权。

（3）国际贷款（international loans）。是指一国政府、国际金融组织或国际银行对非居民（包括外国政府、银行、企业等）所进行的期限为一年以上的放款活动。主要包括政府贷款、国际金融机构贷款、国际银行贷款。

金融学科核心课程系列教材

【阅读资料 9.1】

2015 年我国国际资本流动情况分析

一、直接投资

直接投资继续呈现净流入①。2015 年，我国国际收支口径的直接投资净流入621 亿美元，较上年下降 57%。2015 年，受国内外经济环境影响，人民币汇率预期出现分化，企业普遍加速偿还美元债务，同时加大境外放债的力度，因此关联企业间债务往来由上年净流入 764 亿美元转为净流出 124 亿美元，使得直接投资净流入下降。直接投资净流动指直接投资资产净增加额（资金净流出）与直接投资负债净增加额（资金净流入）之差。当直接投资资产净增加额大于直接投资负债净增加额时，直接投资项目为净流出。反之，则直接投资项目为净流入。

直接投资资产大幅增加，反映境内企业实力增强并加速海外布局。2015 年，我国直接投资资产净增加 1 878 亿美元，较上年多增 53%。直接投资项下资产增加说明国内企业实力增强，放眼全球进行资源配置。从投资形式看，一是股权投资类资产净增加 1 452 亿美元，较上年多增 2%，占直接投资资产的近八成。直接投资中的股权投资属于长期投资，此类交易增多表明在国内经济下行压力加大的情况下，境内企业在海外寻找新的投资机会。二是对境外关联公司贷款等资产净增加 426 亿美元，上年为资产净减少 192 亿美元。

从部门看，一是非金融部门的直接投资资产净增加 1 597 亿美元，较上年多增 44%。境内企业对外直接投资目的地仍主要集中在香港，占比逾六成，其次是美国和新加坡，两者合计占比 12%。此外，随着"一带一路"战略的积极推进，我国对相关国家/地区的直接投资有所增加，2015 年此部分对外投资资本金净流出占全部资本金净流出的比重为 4%，较上年提高 3 个百分点。在国内"走出去"主要行业中，租赁和商务服务业以及制造业的直接投资资产占比近半。二是金融部门的直接投资资产净增加 281 亿美元，较上年多增 1.3 倍，主要是银行部门的境外直接投资。

直接投资负债继续扩大，说明境外投资者对华投资信心依旧存在。2015 年，直接投资负债净增加 2 499 亿美元，较上年少增 7%，少增原因主要是偿还境外关联公司贷款增多。从投资形式看，一是股权投资类负债净增加 2 196 亿美元，

---

① 直接投资净流动指直接投资资产净增加额（资金净流出）与直接投资负债净增加额（资金净流入）之差。当直接投资资产净增加额大于直接投资负债净增加额时，直接投资项目为净流出。反之，则直接投资项目为净流入。

占直接投资负债的九成，较上年多增4%。在我国经济增速趋缓、国际环境不确定因素增多的情况下，来华直接投资中股权投资保持稳定增长表明外资仍保持长期投资中国的信心。二是接受境外关联公司贷款等负债净增加302亿美元，少增47%。这主要是企业根据境内外两个市场差异进行财务运作的结果。

分部门看，一是非金融部门的直接投资负债净增加2 261亿美元，较上年少增12%，占直接投资负债的九成。2015年，租赁和商务服务业超越制造业成为非金融部门吸收直接投资最多的行业。同时，对我国大陆直接投资最多的国家/地区仍是中国香港，其次是新加坡、美国和中国台湾。二是金融部门的直接投资负债净增加238亿美元，多增90%，其中过半投向银行业和保险业。

二、证券投资

证券投资转为净流出，表明证券投资呈现净资产增加。2015年，我国证券投资项下净流出665亿美元，上年为净流入824亿美元。这是自2007年以来，我国证券投资首次呈现净资产增加，主要原因是我国境内主体加大全球资产配置。

我国对境外证券投资大幅增加。2015年我国对外证券投资净流出732亿美元，较上年增长5.8倍。其中，对外股权和债券投资净流出分别为397亿美元和335亿美元，分别增长27.3倍和2.6倍。主要原因是国内居民通过合格境内机构投资者（QDII及RQDII）、"沪港通"等渠道购买境外股票等资产的便利化程度不断提高，跨市场配置资产的需求正在有序地得到满足。此外，境内银行等金融机构投资境外债券320亿美元。

境外对我国证券投资继续保持净流入。2015年，境外对我国证券投资净流入67亿美元。其中，股本证券投资净流入150亿美元，债务证券投资净流出82亿美元。从境外对我国证券投资的主要渠道看：一是境内企业境外上市、增发以及发债比较活跃，2015年境内机构境外股票、债券筹资中由非居民购买的为357亿美元，说明境外投资者依然看好我国相关企业；二是通过"沪股通"渠道流入资金30亿美元；三是全年合格境外机构投资者（QFII）和人民币合格境外机构投资者（RQFII）对境内证券投资减少141亿美元。此外，银行承兑远期信用证（附汇票）余额下降形成的资金净流出85亿美元。

三、其他投资

其他投资净资产快速增加。其他投资项下资本流动是影响我国国际收支状况的重要因素。2015年，我国其他投资项下净资产增加4 791亿美元，较上年增长72%。2015年，其他投资主要子项目均为净资产增加，反映境内主体对境内外汇率、利率及市场风险等的预期发生变化，扩大了资金境外运用，并偿还境外债务。其中，货币和存款、贷款净资产增加分别为 2 227 亿美元和 2 141 亿美元，分别相当于其他投资净资产增加总额的 46% 和 45%。

其他投资项下对外资本输出继续增加。2015 年，我国其他投资项下对外资本输出净增加 1 276 亿美元，较上年少增 61%，反映了我国运用于境外的资金虽增长，但增速有所减缓。其中，我国在境外的货币和存款增长 1 001 亿美元，较上年少增 46%；对境外贷款增长 475 亿美元，少增 36%。另外，对外提供的贸易信贷资产增长 460 亿美元（即贸易项下应收和预付增长），少增 33%。

其他投资项下对外负债大幅下降。2015 年，我国其他投资项下负债净流出（即我国对外负债净减少）3 515 亿美元，而上年为净流入 502 亿美元。一是来自境外的贷款减少 1 667 亿美元，主要由于企业为降低汇率波动风险，加速偿还对外借款；二是我国吸收的货币和存款类资金减少 1 226 亿美元，主要是非居民人民币存款下降；三是贸易信贷负债减少 623 亿美元（即贸易项下应付和预收下降）。

资料来源：国家外汇管理局国际收支分析小组：《2015 年中国国际收支报告》。

2. 短期资本流动

短期资本流动是指期限在一年或一年以内即期支付的资本流动。它主要包括以下四类：

（1）贸易资本流动。是指由国际贸易引起的货币资金在国际的融通和结算，是最为传统的国际资本流动形式。国际贸易活动的进行必然伴随着国际结算，引起资本从一国或地区流向另一国或地区。各国出口贸易资金的结算，导致出口国或代收国的资本流入；各国进口贸易资金的结算，则导致进口国或代付国的资本流出。随着经济开放程度的提高和国际经济活动的多样化，贸易资本在国际流动资本中的比重已经大为降低。

（2）银行资金调拨。银行资本流动，是指各国外汇专业银行之间由于调拨资金而引起的资本国际转移。各国外汇专业银行在经营外汇业务过程中，由于外汇业务或谋取利润的需要，经常不断地进行套汇、套利、掉期、外汇头寸的抛补和调拨、短期外汇资金的拆进拆出、国际银行同业往来的收付和结算等，都要产生频繁的国际短期资本流动。

（3）保值性资本流动。又称为"资本外逃"（capital flight），是指短期资本的持有者为了使资本不遭受损失而在国与国之间调动资本所引起的资本国际转移。保值性资本流动产生的原因主要有国内政治动荡、经济状况恶化、加强外汇管制和颁布新的税法、国际收支发生持续性的逆差，从而导致资本外逃到币值相对稳定的国家，以期保值，免遭损失。

（4）投机性资本流动。是指投机者利用国际金融市场上的利率差别或汇率差别来谋取利润所引起的资本国际流动。具体形式主要有对暂时性汇率变动的投机、对永久性汇率变动的投机、与贸易有关的投机性资本流动、对各国利率差别做出反应的资本流动。由于金融开放与金融创新，国际投机资本的规模越来越庞大，投机活动也越来越盛行。

【阅读资料9.2】

国际投机资本

（一）国际投机资本的含义

国际投机资本，是指那些没有固定的投资领域，以追逐高额短期利润而在各市场之间流动的短期资本。这一定义至少从四个方面界定了它的内容。

第一，从期限上看，国际投机资本首先是指那些"短期资本"，也就是说，国际投机资本必然是短期资本。由于其投机和飘忽不定的特点，许多人还将国际投机资本称为"投机性国际短期资本"、"热钱"或"游资"。但是国际短期资本并不一定就是国际投机资本。正如我们在本章第一节中指出的，国际投机资本只是短期资本流动中的一部分，还有其他几类是伴随着其他目的的短期资本流动。国际投机资本只是短期资本中逐利性最强、最活跃的一部分，但二者并不完全等同。

第二，从动机上看，国际投机资本追求的是短期高额利润，而非长期利润。短期和高利是国际投机资本的两大天性，其中短期只是它运行的一种时间特征，而高利才是它的最终目的。而这种高利基本上是指那种通过一定的涨落空间和市场规模而获得的高利，或者说，国际投机资本一般都伴随着较大的行情而存在。

但值得注意的是，十年多来，不少投资基金也参与到了投机中，使得国际投机资本的构成复杂起来了，因为投资基金平时一般是从投资的角度进行操作，追求的是稳定收益，但是这些投资基金在投机条件成熟的情况下随时可能转变为投机资本。因此，很多投资基金的操作风格多变，难以掌握，但有一点可以确定：在高利的地方，投资基金一定不会放过获取高额利润的机会。

第三，从活动范围上看，国际投机资本并无固定的投资领域，它是在各金融市场之间迅速移动的，甚至可以在黄金市场、房地产市场、艺术品市场以及其他投机性较强的市场上频繁转移。

第四，国际投机资本特指在国际金融市场上流动的那部分短期资本，而不是那些国内游资。从实际情形上来看，目前的国际投机资本主要来自欧美发达国家和日本，而来自广大发展中国家的则很少。

（二）近年国际短期投机资本流动动向

（1）投机资本大量流入发展中国家，主要是亚洲和拉美国家。据国际货币基金组织资料显示，1990～1993年流入环太平洋国家和地区的资本比80年代增加了5倍。

（2）流向发展中国家的资本构成或形式与过去相比有很大变化。主要表现在证券投资比例迅速上升，在总量中已经超过直接投资。据《华尔街日报》分析，1990～1993年年底，仅美国一个国家的投资者就在亚洲10个股票市场、拉美地区9个股票市场净购入价值达1 270亿美元的股票。

（3）机构投资迅速发展。今日"游资"不再是"散兵游勇"，而是名副其实的"强力集团"，分散投资向以投资基金为代表的机构投资组合发展是世界金融市场的重要发展趋势。并且近几年西方发达国家人口老龄化趋势日益严重，大量储蓄流入养老基金、保险公司和其他投资机构，养老基金民营化意味着投资于证券市场的资金大量增加，如英国养老基金投资于证券市场的比例就已经由20世纪60年代的25%上升到目前的80%。由于基金规模庞大，基金管理人员知识和技术非常雄厚，以基金为代表的机构投资对市场的影响已经日益引起广泛的关注。

（4）以套利、套汇为主要目的。金融投机的主要动力来自于不同市场和不同的金融产品之间存在的利益级差。哪里利率高、利差大，巨额国际投机资本就会迅速通过现代化国际金融交易网络向那里转移。由于国际投机资本规模大、移动速度快，一旦在外汇市场造成汇价的剧烈波动，政府动用有限的外汇储备进行干预只能是杯水车薪。例如1995年欧洲货币市场上，西班牙、葡萄牙、瑞典和意大利等国家的货币对德国马克的汇率纷纷下跌，跌幅几乎逼近《马约》为各成员国规定的新的波动下限，欧洲各国央行被迫出面干预，但都没有能够阻止本国货币下跌的趋势。

（三）国际投机资本的经济破坏效应

作为流动的资本，国际投机资本也对活跃国际金融市场、使资本在全球范围内进行配置做出了贡献，产生了一定的积极作用，但同时应该看到，作为具有破坏性的投机活动，其负面影响更大。

（1）国际投机资本极大地增加了国际金融市场的不稳定性。由于国际投机资本在各国间的游动，使得国际信贷流量变得不规则，国际信贷市场风险加大。国际投机资本所推动的衍生金融产品的发展以及汇率、利率的大幅震荡使得金融风险加大，国际金融市场交易者极易在其交易活动中失败。巴林银行就是因为从事衍生金融产品交易损失十多亿美元而破产。

（2）有可能误导国际资本资源的配置。由于国际投机资本的盲目投机性，会干扰市场的发展，误导有限的经济资源的配置，从而相应提高了国际经济平稳运行的成本。国际投机资本在国际金融市场的投机活动会造成各种经济信号的严重失真，阻碍资金在国际合理配置，不利于世界经济的发展。

（3）国际投机资本的大规模流动不利于国际收支的调节，并有可能加剧某些国家的国际收支失衡。

国际投机资本首先体现于一国的国际收支中，其影响主要体现在短期内对一国国际收支总差额的影响。如一国的国际收支基本差额为逆差，那么国际投机资本的流入可在短期内平衡国际收支，使总额为零甚至保持顺差，避免动用国际储备。在一定条件下，利用国际投机资本来达到国际收支平衡而付出的经济代价要小于利用官方融资或国际储备。但一国的国际收支顺差如果是由大量的国际投机资本流入而维持的，那么这种收支结构就是一种不稳定的状态，隐藏着长期内国际收支逆差的可能性。一旦未来该国的经济、政治形势恶化，国际投机资本大量外逃便会造成国际收支的严重逆差，甚至使得一国丧失偿还外债的能力。

（4）不同程度地造成汇价扭曲。

国际投机资本从其形态上可分为两种，这两种形态的国际投机资本对汇率的影响的传导途径是不同的。当国际投机资本表现为欧洲货币市场上的资金流动时，它是通过一国货币供给总量的变动来间接影响该汇率的。比如国际投机资本以欧洲美元形态由欧洲货币市场流入美国，则美国的国内货币供给总量将增加，这时美国居民的手持现金实际余额可能大于目标余额，从而造成外汇市场美元供给量增加，短期美元汇率下跌。当国际投机资本以外币形态由一国流出流入时，它对汇率的影响则主要是直接通过外汇市场供求力量对比变化表现出来的。因此，一般认为，国际投机资本对一国汇率的影响主要是造成汇价扭曲，引起汇价的大起大落，严重脱离该国的经济实力。1994年、1995年日元对美元汇率大幅度地先抑后扬，其中国际投机资本起了极其重要的作用。

（5）对流入国证券市场的影响。

进入20世纪90年代以来，国际投机资本以证券投资形式的流动开始扮演越来越重要的角色。由于外国投资者普遍看重流动性，而大多数发展中国家的公司债券市场发育不全，因此国际投机资本对发展中国家的证券投资中，股票投资占绝大多数。国际投机资本对流入国证券市场的影响表现在三方面上。

首先是降低了市场的效率。在证券市场上，错误的价格信息会导致资本错误地分配到生产效率低的企业。国际投机资本流入一国证券市场可能会给定价造成一些问题，因为外国投资者的决策会受到其他市场因素的影响，不可能总反映东道国国内市场的经济因素。此外外国投资者对一些上市公司缺乏了解，或者由于他们更加注意流动性，从而导致他们将许多股票排除在资产组合之外，市场价格会由于外国投资者的出现而发生扭曲。其次是国际投机资本的出现会增大国内股票市场的波动性。在许多发展中国家，共同基金是国际流动资本进入本地股票市场的主要途径甚至是唯一途径，股票指数的些许下降可能会引起外国投资者从投资于这一股票市场的基金中抽回资金，基金管理者则可能被迫卖掉本地股票市场上的部分股票，从而引起股票价格的进一步下跌。最后是国际投机资本加大了国内证券市场与国际证券市场的关联性，使得国际证券市场的波动传入国内成为可能。国际证券市场的行情变动，一方面会导致外国投资者相应的调整其资金头寸，以满足其他市场对流动性的需求，造成本地股票市场股价的波动；另一方面国际证券市场的行情变动，也会改变外国投资者的市场预期，导致对于本地股票市场的投资行为的改变而造成股价的波动。

小思考 9.1

国际投机资本的来源有哪些？

答：一般而言，国际投机资本的来源可以归结为以下几个方面：（1）社会资本。这主要是由私人和企业将自身积累或闲置的部分货币资金直接转化为投机资本，参与到国际金融投机活动中来。（2）投资基金。投资基金的产生本是投资者出于取得稳定收益而选择的一种理财工具，但是随着国际金融市场的日益全球化以及投机市场的日益成熟，绝大部分投资基金都身不由己地投身于投机活动中。（3）银行资金。这又包括三方面来源：一是各种投资银行及其他非银行金融机构的庞大的自有资本金、历年盈余资产等；二是投机者从银行处取得的融资贷款；三是银行自身的外汇业务。（4）国际黑钱。国际黑钱有相当一部分通过国际金融市场"清洗"之后，转入合法的流通，其中有相当一部分长期作为国际投机资本停留在投机市场上。

【阅读资料 9.3】

国际短期流动资本运动的特点

从 1994 年的墨西哥危机到 1997 年的亚洲金融危机，从 1998 年俄罗斯金融危机后蔓延到巴西危机再到 2000 年的阿根廷危机以及 2008 年越南金融和经济危机，短期流动资本在其中均扮演了重要的角色，充分显示出其对一国甚至于世界经济的破坏力，因此引起了人们的普遍重视。

20 世纪 90 年代以来在全球范围内出现的金融创新浪潮及资本账户的自由化，大大刺激了国际的资本流动，尤其是与实物生产和投资相脱离的金融性资本的流动性大大增强，使得国际短期流动资本成为国际金融领域乃至国际经济中最为活跃的现象。国际短期流动资本的运作方法从其发展轨迹看，具有以下几个特点：

（1）不依赖于实质经济基础。据国际货币基金组织估计，目前在国际金融市场上频繁出入的国际短期流动资本大约有9万亿美元，相当于全球每年经济总产值的20%，每天约有1万亿美元的游资在全球外汇市场寻找获利机会。国际短期流动资本的增长已远远超过世界贸易的增长，并且体现出不受世界经济周期影响的趋势。

（2）高流动性。资本流动速度越快，表明对既定资源的运用越充分，谋取利益的可能性就越大。短期资本作为资本中活动力最强、趋利性最强的分子，只有在高速流动中，短期资本才能对收益和风险作出合乎其要求的衡量。因此，国际短期流动资本总是迅速从一个市场转移至另一个市场，频繁突破国界限制，以寻求哪怕是稍纵即逝的获利机会。国际短期流动资本的高流动性决定了其投资期限的短暂性。国际短期流动资本大都是彻底的国际短期投机资本，投资期限通常在一年以内。

（3）专业化的投机性。国际短期流动资本追求的是短期高额利润，而非长期利润，这些投机性质的短期资本频繁游动于世界各金融市场，通过套取市场差价追逐远高于平均利润的投机收益。一般来说，收益与风险是一对矛盾的统一体，短期高收益必然伴随高风险，而短期资本正是在对风险收益的偏好中体现出它的投机性。随着科学技术的进步和金融创新的发展，金融投机日益成为一门艺术，诸如投机时机的选择、投机力度的把握以及投机技巧的运用等越来越具有专业性，而短期资本则充当了专业化投机家展示投机艺术的最佳手段，因此，国际短期流动资本在很大程度上已经成为专业化的投机资本。

（4）活跃领域的非固定性。国际短期流动资本的活动范围常常是不确定的。在大多数情况下，国际短期流动资本并无固定的投资领域，它可以在各金融市场上迅速周转，甚至可以在黄金市场、房地产市场及其他投机性强的市场上频繁转移。当然，国际短期流动资本最常见的运作空间还是有价证券市场，而资本流动的证券化潮流为短期资本的活动创造了最便利的条件，特别是衍生产品市场可称得上标准的金融投机场所。应当注意的足，短期资本侧重于证券市场，并不代表它具有固定的投资领域，即使是证券组合投机者，也总是根据市场的变化不断调整其组合，而且一旦其他市场出现更具诱惑力的投机机会，他们会毫不犹豫地作出新的投资决策。此外，国际短期流动资本的流向亦具有不确定性。也许人们正看到大量短期资本在发达市场上徜徉，但转眼间又会发现它们已出现在发展中的新兴市场。

（5）低透明性。从国际金融的动荡中人们可以感觉到国际短期流动资本的巨大影响，但其规模多大、结构如何，却很难说清楚，至于投资决策形成机制以及操作程序的细节，则更让人捉摸不定。加之短期资本常常以离岸市场为掩护，逃避法律的约束和监督，使得它们在总体上缺乏透明度。即便是被称为"国际金融警察"的国际货币基金组织也不甚掌握国际短期流动资本的活动状况，更谈不上对其实行有效的控制和管理。国际短期流动资本的这种非透明性，无疑是导致突发性、灾难性金融风暴的重要原因之一。

三、国际资本流动的原因

促使国际资本流动的原因是多方面的，有内在原因和外部原因，前者表现为资本流动的内在动机，后者表现为资本流动的客观条件。长期资本流动和短期资本流动，因其流动方式的不同，其直接动机和形成的条件有相同的地方也有许多不同之处。

（一）国际资本流动的内在原因（动机）

长期资本流动的动机，第一是利润驱动。资本的本质在于增值自身，无论是对外直接投资还是间接投资都是为了获得比国内投资更高的利润。如果资本投资于国内比投资于国外能获得更多的利润，那就没有必要向国外投资了。利润驱动是各种长期资本流动的动机。第二是生产要素驱动。利用国外较丰裕或低廉的生产要素（比如低廉的土地、工资和原材料）以满足本国资源的需要，或降低生产成本，这种情况不仅发生在发达国家，发展中国家和地区的对外投资也具有这样的动机。第三是市场驱动。对外直接投资的目的在于保持和开拓东道国的市场，以输出本国过剩资本。在贸易保护主义盛行的情况下，对外投资的市场驱动目的更为明显。第四是政治性动机。这表现在许多方面，有的是一些原来的宗主国企图保持在原殖民地或附属国的利益，有的甚至是为了控制东道国的经济和政治，有的是由于本国政治形势不稳定而寻求安全的投资场所。社会主义国家的对外国际贷款部分也视为发展国际友好关系。

短期资本流动的动机也表现在许多方面：第一是利润驱动。这一点与长期资本流动没有区别，只是实现利润的形式有所差别。长期资本的利润主要通过直接投资利润和证券市场的利息和股票红利来实现，而短期资本利润则主要通过短期套利和期市、股市、汇市的投机炒作而实现。第二是贸易融资的需要。国际贸易资本的流动大部分都属于短期融资的性质。第三是为了防范风险。国际金融交易中，比如银行间资金调拨、短期资金的存放和拆借、日常货币买卖等，如果产生了某种货币的多头或空头风险头寸，一般就需要进行抵补或保值交易。这种短期资本流动的目的在于防范风险。另外，由于某国政局不稳、币值不稳或实行资本移动的管制而引起的该国资本外逃，其直接目的也主要是为了规避风险。

（二）　国际资本流动的外部原因（条件）

无论是长期流动资本还是短期流动资本，其流动必须具备一定的条件才可能实现，这些条件也是形成国际资本流动的客观原因。综合来讲，这些条件主要是：

1. 国际资本的供给和需求同时得到增长

供求规律是市场经济运行的主要规律，无论是长期资本或是短期资本，其运动都要受到供求规律的支配。国际经济发展的实践表明，国际资本的供给和需求是在不断增长的。总的来看，国际资本的供给主要来自经济比较发达的国家，而国际资本的需求主要来自经济不发达的国家。经济发达的国家，资本积累规模不断增大，国内有利的投资场所逐步减少，出现大量相对过剩的资本，必然流向国外寻找有利的投资场所，特别是流向劳动力充裕、自然资源丰富且价格低廉的经济不发达国家，从而形成国际资本供给。国内资金远不能满足其经济发展的需要，因而不得不通过引进外国资本来弥补国内资金的不足，从而形成对国际资本的巨大需求。同时，由于生产和资本的国际化，发达资本主义国家之间相互投资，资本交叉运行，也产生对国际资本流动的需求。国际资本表现出一方面的大量过剩和另一方面的巨大需求是导致国际资本流动的重要条件。

2. 国际分工的深化发展

随着科学技术的不断进步和世界生产力的不断发展，人们之间的社会分工和国际分工也随之得到不断发展。从而不断推动着国际资本尤其是长期资本的流动。在20世纪初，国际分工主要为以发展农业和工业等大类的"一般分工"和在此之外的制造业和采矿业之间的"特殊分工"。在国家和地区之间，则形成了帝国主义宗主国的工业、制造业和殖民地半殖民地及其他经济落后国家的农业、采矿业之间的分工，从而推动了帝国主义国家向殖民地半殖民地的资本输出。第二次世界大战以后，国际分工从"一般分工""特殊分工"向着"个别分工"（即工厂内部的分工）深化发展。第二次世界大战前后国际分工的发展，也就是从战前以垂直型为主的分工、产业间为主的分工，转变为水平型和产业内为主的分工，即出现了在产品的种类、生产阶段和生产工艺上的分工。由于国际之间的分工更细致，专业化和协作化大为发展，分工协作的地区和领域日益广泛，推动了生产的跨国运动和跨国公司迅速发展。世界各国之间经济的相互依存度不断增强，出现了世界经济金融一体

金融学科核心课程系列教材

化的发展趋势，产生了国际资本更加频繁和迅速的流动。

3. 各国的相对优势

就对外直接投资而言，不论是发达国家还是发展中国家，都需要具备某些竞争优势的条件。一般来说，拥有一定的相对优势，就可以开展对外直接投资。根据英国经济学家邓宁在20世纪70年代提出的"国际生产综合理论"，对外投资所具备的相对竞争优势应是所有权优势、内在化优势和区位优势等三种优势的综合。所有权优势是指一国企业所独有而别国企业所没有的利益。内在化优势是指一国企业能利用其所有权优势直接到国外投资生产的能力，这种能力是所有权优势的内在化。区位优势是指一国企业能在国外开发所有权优势的地区禀赋情况。根据邓宁的理论，发达国家与发展中国家都拥有一定的对外投资的相对竞争优势，但这些相对优势的表现和大小程度是有区别的。

4. 不断完善和扩张的国际金融市场

不断发育完善而活跃的国际金融市场为国际证券投资（包括长期证券投资和短期证券投资）和国际信贷提供了广阔的舞台。第二次世界大战之后，特别是70年代以后，国际金融创新不断，国际金融组织机构和管理不断完善，国际金融市场规模不断扩大，异常活跃，这些都成为推动国际资本流动的重要条件。

5. 各国的政策环境

各国政府所采取的经济政策对国际资本流动有着重要的影响。比如利用外资政策优惠与否、对外投资鼓励与否、利率的高低、财政货币政策的松紧、外汇管制的松紧和对外开放的程度等。这些政策都直接或间接地影响着国际资本流动的规模和方向。特别是在世界经济不景气和国际经济关系不稳定时，国际资本流动受各国经济政策的影响更大。

6. 金融市场交易价格的变动状况

这主要是指汇率、利率及其他金融资本如黄金、股票等价格的变动状况。出于对利润的追求，国际资本总是遵循贱买贵卖的原则不断流动。比如，投资者预期某种货币对另一种货币的汇率将会趋升，就会把手中的金融资本从另一种货币形式转换成该种货币形式，从而导致资本从一个国家或地区转移到另一个国家或地区。再如某个国家或地区的利率水平高于另一个国家或地区，资本就会从另一个国家或地区转移到该国或该地区。然而，国际金融资产形式的转移也受到各种金融资产价格相互关系的制约，即转换的机会成本的制约。若金融资产形式转换的机会成本大于转换后所获得的利润，则不会引起国际资本的流动。

四、国际资本流动的经济影响

国际资本流动对国际经济有正负两方面的影响，现在就国际资本流动对国际经济、资本输出国与资本输入国的影响加以阐述。

(一) 对国际经济的影响

国际经济是由各国的经济构成的。如果国际资本流动对各国的经济有利，则必然对国际经济也有利。一些西方经济学家认为，资本之所以从一个国家流至其他国家，主要是因为在这些国家可以获得较高利润率。这是因为资本在其短缺地区（一般来说，资本总是从其相对充足地区流至相对短缺地区）发挥的生产效率较高。换言之，资本流入使资本输入国增加的国内生产总值，大于资本流出使资本输出国减少的国内生产总值，从而使国际实际总产值获得增加。国际实际总产值的增加，又会促进世界各国对外贸易的发展。而对外贸易的发展，又会使世界各国进一步增加国民收入。另外，国际资本流动加强了世界各国之间的经济联系、经济依存和经济合作关系，使国际分工在世界范围内充分展开，从而使国际经济获得进一步发展。总之，国际资本流动对发展国际经济起到了促进作用。第二次世界大战以后，国际资本流动的规模越来越大，就足以说明这一点。

(二) 对资本输出国的影响

国际资本流动对资本输出国也有有利影响，主要表现在：①资本输出可以解决剩余资本的出路，生息获利；②一国资本输出，不仅表明该国经济实力雄厚，而且还能提高其国际经济地位；③资本输出也会带动商品（主要是技术设备等资本货物）输出，特别是出口信贷、联系特定项目的限制性贷款，有助于出口贸易的增长；④调节国际收支顺差，未雨绸缪。

不利的影响有以下几个方面：①资本输出承担着一定的风险。除了一般业务风险外，投资者还面临着资本输入国实施某些不利于输入资本的法令条例，如管制外国企业利润使之无法正常汇出国外或没收外国投资资产以收归国有，甚至不偿还外债等风险；②输出国政府税收减少。因为对外投资由资本输入国征收一部分税收，资本输出国的税收则相对减少；③减少本国就业机会。如果在本国投资，可以部分地解决本国就业问题。由于资本输出，增加国内就业的机会就会减少；④丧失国内部分经济效益。若在本国投资、发展生产，往往可以获得诸如改

金融学科核心课程系列教材

进产品质量、改善劳动条件、采用先进的生产方法和生产技术、实行更好的生产组织形式等较好的经济效益。而资本输出使这些经济效益自然转到了资本输入国。⑤同本国产品竞争。对外投资，特别是合资企业的产品也有可能在国际市场上同资本输出国的商品竞争，或者进入资本输出国国内市场，同资本输出国本国商品竞争。

（三）对资本输入国的影响

国际资本流动对资本输入国的有利影响，主要是促进该国国民经济的发展。主要表现在：①扩大投资能力，解决资金不足，将资金用于开发资源，加快本国经济建设的步伐；②兴建新工业，增加新产品，扩大本国生产能力，提高实际产量，使国民生产总值获得增长；③引进外国先进的生产和管理技术，提高劳动生产率；④开辟新的就业领域，增加就业机会，部分地解决失业问题；⑤外商投资企业需纳税，可增加国家政府税收；⑥从长期来看，由于国民经济的发展，增加出口创汇能力，从而有利于本国开拓国际市场，改善国际收支状况。

不利的影响主要有以下几个方面：①部分行业，甚至国家的经济命脉受到外国垄断资本的控制，更严重者，使国家主权受到侵犯；②对外资过分依赖，一旦外国资本抽回或停止输出便会带来不利的后果；③增加失业，外商投资企业由于劳动生产率高，产品竞争能力强，甚至排挤了国内同行业产品的销路，于是外资企业一方面增加了就业机会，另一方面又产生了新的失业；④利用外国资本不当，造成外债无力偿还，如果外债数额巨大，还本付息负担过重，一旦使用不当，不仅不能改善国际收支，反而会使国际收支逆差状况进一步恶化，国家外汇储备减少。

五、国际资本流动的管理

国际资本流动对世界经济和各资本输出输入国经济的影响有利有弊，因此对国际资本流动就需要加强管理，发挥其积极影响而限制其消极影响。但是，如何对国际资本流动进行管理，历来存在两种基本倾向性观点。一是允许资本的自由流动，二是对资本流动进行适当控制。然而从现实情况看，各国政府和国际经济组织都采取各种政策措施，对不同性质和类型的资本流动进行一定程度的控制。这些政策措施主要有：

1. 实行外汇管理

外汇管理既包括短期资本流动，也包括长期资本流动。一国可以根据国民经济发展的要求，限制不利于经济发展的资本流动，如非经外汇管理当局或中央银行批准，不得进行外汇买卖活动和资本出入国境等。从世界各国的具体情况来看，各国由于经济发展水平和国情不同，实行外汇管制的程度有所区别。

2. 颁布相关的法令、法规和条例，直接限制资本流动

比如美国银行法中的 Q 字条例和 M 字条例，分别规定美国商业银行的最高存款利率和对国外的负债需缴存累进存款准备金。瑞士规定，瑞士商业银行对外贷款，每笔超过 1 000 万瑞士法郎或期限在 1 年以上者，需经瑞士中央银行批准。日本规定，日本商业银行对外贷款超过 1 年以上者，需经大藏省批准。这些都是对资本输出的限制性规定。多数国家都制定有外资投资的法律和条例，一些国家还颁布投资者指南等，这些都是对资本输入的引导利用和管理控制。

3. 运用财政金融政策

根据国民经济发展的需要，制定相应的财政金融政策，间接干预国际资本流动，以引导和控制国际资本流动的规模和方向。例如 1963 年 7 月美国开征利息平衡税，规定凡美国居民购买外国证券一律缴纳利息平衡税，以限制美国资本的输出。各国通常采取提高或降低利率、干预汇率以及税收的高低等政策，达到吸引资本的流入和限制或鼓励资本输出的目的。与此同时，资本输入国还应确立利用外资的适度规模，以保证国际资本的有效流动。

4. 采用限制性贷款

这表现在许多方面，比如一些国家的银行贷款和国际金融机构的贷款都明确规定贷款的用途，实行"专款专用"，以防止挪作他用或进行投机性活动，使贷款达到预期目的，这可称为贷款用途限制。此外，国际的贷款也可利用借款国的还债能力（即偿债率）进行限制，还可根据借款国对外债务余额和出口收汇的比率、外汇储备量和进口额的比率等对贷款进行限制。

5. 加强国际经济合作，发挥国际金融机构的作用

国际资本流动是国际经济行为，涉及国与国之间的相互关系，加强国际经济合作和各国之间的经济政策协调，对促进国际资本的合理流动有重要作用。与此同时，国际金融机构，比如国际货币基金组织、世界银行、国际清算银行等可以对各成员国的货币政策施加积极影响，发挥对国际金融的协调和监督功能，这将对国际资本流动的控制起到任何国家所不能起的作用。

第二节 国际债务

一、国际债务的概念和类型

（一）国际债务的概念

国际债务即外债，是指居民对非居民用本国或外国货币所承担的具有契约性偿还义务的债务。外债总额是指一个国家一定时期居民对非居民的应偿未偿的契约性负债总额，包括本金的偿还（付息或不付息）和利息的支付（还本或不还本）。以上定义是 1984 年 3 月国际货币基金组织、世界银行、国际清算银行和伯尔尼联盟联合举行的国际审计员工作会议统一确定的一般定义，它适用于世界各类国家包括发达国家和发展中国家。但在具体实践上，各国对国际债务的具体内容的确定则不尽相同。有的国家不包括短期债务，但出口信贷与投资保险国际联盟（即伯尔尼联盟）则把短期国际融资确认为外债。有些国家不包括外商直接投资，但国际货币基金组织则视其为"准外债"。由于定义中没有涉及还款期，因而应包括短期债务和长期债务在内。

根据上述定义，作为外债应具有如下特征：①外债是发生在居民与非居民之间的债权债务关系。②外债必须具有契约性偿还义务。直接投资虽然也签订合同，但它确定的是投资与分配，与到期必须偿还有本质区别。另外，股票、捐赠款项和基金组织分配给成员国的特别提款权均不列入外债范畴。③外债包括外币和本币所表示和承担的义务，也包括用外币表示的实物形态的债务（比如补偿贸易中引进设备和返销产品）。对于用本币方式承担的债务，只有对作为国际储备货币的货币发行国才较有现实意义。④外债是指已经使用但尚未清偿的债务，不包括对已签订借款协议但尚未使用和使用完毕已还本付息的借款。但拖欠到期应还的本金和利息的视作债务增加（允许拖欠、豁免和债务资本化等除外）。

根据国际金融组织对外债所下的定义，各国政府都根据本国的实际对外债含义作了具体界定。我国于 1987 年 8 月公布的《外债统计监测暂行规定》中明确了我国的外债定义，即"中国境内的机关、团体、企业（含外商投资企业）、事业单位、金融机构或者其他机构对中国境外的国际金融组织、外国政府、金融机构、企业或者其他机构用外国货币承担的具有契约性偿还义务的全部债务"。这个定义与上述国际上确定的外债定义相比较基本上是一致的，但结合我国国情也作了一些变通处理。具体有以下几点区别：①我国外债仅指货币形式的债务而不

金融学科核心课程系列教材

包括实物形态的债务，因此补偿贸易中的返销产品就不算外债；②我国的外债仅指外币形式的债务，这是由于人民币目前尚不能完全自由兑换；③在我国境内注册的外资银行和中外合资银行向外借入的外汇资金不视为外债，这是因为在华注册的外资银行和中外合资银行虽应属中国居民，但管理上视同非居民。2001 年，按照国际货币基金组织、世界银行建议，我国对 1987 年外债统计口径进行了调整，将境内外资金融机构的对外负债纳入我国外债统计范围，同时扣除境内机构对境内外资金融机构的负债；将 3 个月以内的贸易项下对外融资纳入我国外债统计；将中资银行吸收的离岸存款纳入我国外债统计；在期限结构方面，将未来一年内到期的中长期债务纳入短期债务。随着我国进出口贸易的迅速增长和人民币国际地位的提高，人民币外债也在 2015 年按季列入我国外债统计中。自 2016 年 5 月起，我国进一步拓展外债统计范围至全国范围内的金融机构和企业。

【阅读资料 9.4】

我国按照 SDDS 要求公布全口径外债数据

国际货币基金组织在 1996 年确立了数据公布特殊标准（special data dissemination standard，"SDDS"），旨在提高成员国宏观经济统计数据透明度，从而使广大数据使用者特别是金融市场参与者，能够借助充分的信息来评估各国经济形势。采纳 SDDS 的国家需遵照标准的要求，公布实体经济、财政、金融、对外和社会人口等 5 个部门的数据，外债属于对外部门的数据类别之一。

目前，国际货币基金组织制定了数据公布通用系统（GDDS）和数据公布特殊标准（SDDS）两套数据公布标准。二者总体框架基本一致，但在具体操作上，SDDS 对数据覆盖范围、公布频率、公布时效、数据质量、公众可得性等方面要求更高。

从 2015 年起，我国外债统计从 GDDS 过渡到 SDDS，按季对外公布全口径外债数据，以便于社会各界更全面了解我国详细的外债情况。主要有三方面变化：

一是调整了债务人类型划分方法。口径调整前，我国外债债务人类型划分为国务院部委、中资金融机构、外资金融机构、中资企业、外商投资企业和其他。按照 SDDS 调整后的外债机构部门则分为广义政府、中央银行、其他接受存款公司、其他部门、直接投资的公司间贷款。

二是调整了债务类型划分方法。口径调整前，我国外债债务类型划分为外国政府贷款、国际金融组织贷款和国际商业贷款。按照 SDDS 调整后的债务工具则分为贷款、债务证券、货币与存款、贸易信贷与预付款、其他债务负债、SDR 分

金融学科核心课程系列教材

配、直接投资的公司间贷款。

三是将人民币外债纳入统计范围，这只是统计方法和口径的调整，并不会引起我国外债偿还责任的变化。经过上述调整，我国外债统计实现了与国际最新标准的接轨，有利于进一步提高外债统计的数据标准和国际可比性，也为构建宏观审慎框架下的外债和跨境资本流动管理体系奠定了坚实的基础。

从公布的全口径外债数据看，目前我国人民币外债规模也较高，体现了人民币国际化发展的自然结果，凸显了我国国际地位的提升。自 2009 年跨境人民币业务启动以来，人民币跨境结算规模持续高速增长，结算额从 2009 年的 36 亿元扩大到 2014 年的近 10 万亿元；人民币跨境收付占我国本外币跨境收付的比例逐年攀高，从 2010 年的 1.7% 上升至 2014 年的 23.6%。人民币国际使用的领域和范围的逐步扩大，为全球金融市场发展注入了新活力，也使人民币的国际地位得到了较大提高，人民币外债的出现和规模不断增加正是上述过程的自然结果。虽然人民币外债和外币外债同属于外债的范畴，但外币外债易受汇率波动的影响，在发生危机时可能加重债务人的偿债负担；而人民币外债不存在货币错配风险和汇率风险等。今后，随着我国对外开放程度的不断提高，尤其是"一带一路"战略的逐步落实，以非居民持有、贸易融资等形式表现出来的人民币外债仍可能继续增长，这既是国际上对中国经济发展信心的体现，也是对中国改革开放成效的肯定，本质上反映了人民币的国际影响力增强，在国际资本流动中扮演的角色越来越重要。

资料来源：国家外汇管理局国际收支分析小组：《2015 年上半年中国国际收支报告》。

（二）国际债务的类型

外债的类型多种多样，可按不同的标准进行分类。

1. 按债务期限划分，有短期债务和中、长期债务

短期债务是借款期限在 1 年之内，中期债务是借款期限在 1 年以上和 5 年之内，长期债务是借款期限在 5 年以上。按照期限结构对外债进行分类，有两种分类方法：一是按照签约期限划分，即合同期限在 1 年以上的外债为中长期外债，合同期限在 1 年或 1 年以下的外债为短期外债；二是按照剩余期限划分，即在签约期限划分的基础上，将未来 1 年内到期的中长期外债纳入到短期外债中。目前，国际通用标准是按照后者来划分的。

2. 根据实际债务人是否发生转移来划分，有直接债务和间接债务

直接债务是境内机构向境外机构借入外债后，债务人自己使用并归还所借款项，不进行对所借入资金的转贷款，实际债务人不发生转移。间接债务是境内机构向境外机构借入外债后，再将其所借外债转贷给国内其他部门和使用项目单位，这通常称为外汇转贷款。这种债务形式中，向国外借入款项的直接债务人成为形式债务人而非实际上的债务人，实际债务人是被转贷的单位和机构。

3. 按债务提供的方式，可分为以货币形式承担的债务和以实物形态提供的债务

如补偿贸易中的引进设备和返销产品等即是以实物形态承担的债务。

4. 按有无担保来划分，有担保债务和非担保债务

担保债务是指国内借款机构寻找一家国外贷款人认可的金融机构或企业为某笔借款提供担保。它又分为全额债务担保和限额债务担保。非担保债务是债务人所借债务不进行任何担保，债权债务双方的权利义务只能根据协议在双方之间发生效力，不涉及第三方。非担保债务一般是债务人信誉较高而且贷款人信得过的机构和单位。

5. 按照贷款类型划分

有国际金融组织贷款、外国政府贷款、外国银行贷款和其他金融机构贷款、买方信贷、外国企业贷款、发行外币债券以及国际金融租赁等，这些不同的贷款形式均有着不同的特点。

二、国际债务的规模

1. 国际债务规模适度性原则

国际经济实践表明，一国尤其是发展中国家使用外部资金，只有在规模适度和进行有效管理的情况下才能对一国经济的增长起到促进作用。如果外债规模超过国力及偿还能力，借款不仅不会促进经济发展，反而会使国民经济背上沉重的包袱，以至于在经济上甚至在政治上依附于债权国。因此，外债并非越多越好，应坚持适度规模原则。

一国借用外债的适度规模受到国际资本的供给量、该国对外资金的需求量和该国经济对借用外债的承受能力三个因素的制约。在这三个因素中，最为重要的是经济的承受能力，它包括对债务的吸收消化能力和偿还能力。吸收能力是指引进的外资是否有条件进行有效的利用，能不能迅速地转化为生产力。比如投资环境和生产条件能否跟上，包括基础设施是否完善、国内资金是否配套、原材料和能源供应能否保证、引进国外的适用技术能否有效地消化等。偿还能力取决于投资效益、出口增长、储蓄水平和国民经济发展状况等。

2. 衡量一国外债适度规模的指标

由于世界各国的情况不同，外债规模不能一概而论。同时对一国债务的适度规模，也无法以定量的分析方法用绝对数字精确地计算出来，而只能是在数量分

金融学科核心课程系列教材

析的基础上提出一些相对衡量指标。国际上为监测和衡量外债的适度规模提出的评价指标较多,主要的有以下五个:

(1)偿债率。偿债率是指一国的偿债额(年偿还外债本息额)占当年该国外汇总收入的比率。这是衡量一国外债偿还能力的一个最主要的指标,其公式如下:

$$偿债率 = \frac{本年度应偿还外债本息额}{本年度出口商品劳务收汇额} \times 100\%$$

国际上一般认为偿债率指标在20%以下是安全的,即一个国家的外债本息偿还额不宜超过外汇总收入的20%,超过这一警戒线,就有发生债务危机的可能性。但这并不是绝对的,一国的偿债能力除了取决于外汇收入和外债的数额、期限、品种等因素外,还取决于一国的进口状况、外汇储备状况、经济和贸易的增长速度等多种因素。

(2)负债率。负债率是指一国一定时期外债余额(已拨付正在使用尚未归还的实际债务)占该国当期的国民生产总值的比率,用公式可以表示为:

$$负债率 = \frac{本年年末外债余额}{本年度国民生产总值} \times 100\%$$

这个比率用于衡量一国对外资的依赖程度或总体债务风险度,一般控制在5%~20%之间。如果低于5%,外资规模太小,对经济发展作用有限。如果大于20%,说明一国债务已超出该国经济的实际承受能力,有可能发生债务危机。

(3)债务率。债务率是指一国当年外债余额占当年外汇总收入的比率。其公式为:

$$债务率 = \frac{本年年末外债余额}{本年商品和劳务出口收汇额} \times 100\%$$

国际上公认的债务率参照系数为100%,但这也不是绝对的,因为即使一国的外债余额很大,如果长、短期债务分布合理,当年的还本付息额也可保持在适当水平。

(4)偿债总额与国民生产总值比。一般认为该指标应控制在5%以下为宜。若偿债总额在国民生产总值中的比率过高,则会降低一国资源用于国内投资与消费的比例,影响经济发展,最终导致出口下降,造成偿债的困难。

(5)短期债务比率。短期债务比率是指当年外债余额中,1年以下(含1年)短期债务所占的比重。这是衡量一国外债期限结构是否安全合理的重要指标,它关系到一国当年还本付息额的大小。一般认为,短期外债占外债余额的比重不超过25%才被视为是安全的。短期外债占外债总余额的比重超过60%应引起密切关注。例如，1998 年亚洲金融危机之前，亚洲 5 国——泰国、韩国、印度尼西亚、马来西亚和菲律宾的短期外债占外债总额的比重都显著增加了，其中泰国和韩国已经明显超过了警戒线 25%，接近 60%，预示了金融危机的爆发。

除了以上主要衡量指标之外，其他还有使用较多的指标，如外债总额与本国黄金外汇储备额的比率，应控制在 3 倍以内。外汇储备与全部外债余额的比率一般应高于 20%，否则表示资信较差，当年外债还本付息额与当年财政支出的比率一般应低于 10%。

从理论上来讲，只要外债的投资收益率高于偿还债务的利息率，就可以对外借款。但是当外债总额达到很大规模时，这一法则就很难把握和实行，必须运用一些经济总量指标监测和衡量。就可维持的债务综合水平来说，它直接受制于一国的经济增长情况和出口能力。因此，以上四个主要衡量指标将外债余额与国民生产总值的出口创汇总额进行相互比较是比较适用且适当的。从动态的角度来看，原则是外债的增长速度不能高于国内生产总值和出口收汇的增长速度。至于在监测与衡量指标之内，外债规模的具体确定则需要考虑多方面因素。同时，借款规模还要根据各种要素的变化不断调整。

三、国际债务结构

一个国家的外债规模是由许多外债的总和构成，因此就有一个外债结构问题。外债结构是否安排合理，对于提高偿债能力有重要影响。外债结构主要包括以下几个方面：

1. 来源结构

即外债的种类结构。国际债务结构从来源看大体可分为两类：一是官方来源，即外国政府和国际金融组织的贷款；二是商业来源，即国际金融市场的商业贷款和发行国际债券等。资金来源结构的安排，一般来说应当在对方没有苛刻附加条件的前提下，尽量多使用外国政府贷款和国际金融机构贷款，因为这两类贷款的条件优惠，且偿还期较长，有一定的赠与成分。对国际金融市场上商业性贷款的借用要适当，并且要加强管理，因为这种贷款虽比较灵活，借用方便，但利率较高（多为浮动利率），偿还期短，易受国际金融市场波动的影响，风险较大，总的原则是高利率的商业贷款增长速度应低于优惠贷款的增长速度。另外，从外债的国别来源看，也不宜过分集中，以防止造成对某些国家和地区的过分依赖。

2. 期限结构

即长、中、短期外债结构。在外债期限结构的安排上，一般原则是应尽量多样化，长、中、短期债务合理搭配，保持一定比例，错开偿还期，保持均衡还债，目的是防止形成偿债高峰和阶段性债务压力。通常的做法应是把短期债务保持在全部债务的25%以内，应较多地安排中长期项目贷款或发行国际债券。从动态角度看，其原则是短期债务的增长速度应低于中长期债务的增长速度。

3. 币种结构

在当前国际货币多元化的情况下，外债可以用不同货币形式借入。但国际金融市场的汇率变幻莫测，为了减少因汇率变动对所借外债带来的风险，债务币种应坚持分散化和多元化原则，避免过分集中于某一币种上。同时在货币选择上应尽量保持外债币种结构和本国出口收汇的币种结构相一致。即借、用、还的一致性。

4. 利率结构

借用外债要偿付利息，利率的高低直接影响到偿债能力。利率分为固定利率和浮动利率，借入外债时，为了减少偿付困难应做到固定利率和浮动利率债务的合理搭配。一般讲浮动利率贷款所占比例不宜太大。在市场利率动荡不定的情况下，最好采用相对稳定的固定利率。另外，通过国际资本市场变动趋势的分析，预测利率趋势，选择有利的利率形式，在利率趋势下降时采用浮动利率，在利率趋势上升时采用固定利率。

5. 外债使用（流向）结构

在外债的借、用、还全过程中，用债是关键。所谓用债，就是把所借外债资金投向哪里。一般原则是，应根据国家的产业政策、债务来源和性质进行统一配置，达到合理利用资源。通常要考虑：对于国外政府和国际金融机构贷款，因其借款条件比较优惠，应重点安排能源、交通、通信、原材料、农业等基础产业部门；对于国际商业贷款，因其利率较高且期限一般较短，应重点安排投资少、回收快、出口创汇能力强的轻纺工业等部门。同时根据知识经济时代和产业结构调整的要求，把外债资金有计划地投向高新技术产业，应严格限制外债资金流向易于产生泡沫经济的房地产业。

四、国际债务危机

所谓国际债务危机，是指债务国受经济困难或其他原因的影响，不能按期如数地偿还债务本息，致使债权国与债务国之间的债权债务关系不能如期了结，并影响债权国与债务国各自正常的经济活动及世界经济的正常发展。在国际债务危机的情况下，一般债务国都会要求进行债务谈判，寻求减免债务或得到国际援助,如果谈判无效,债务国有可能宣布"国家破产"。"国家破产"不同于企业破产,各债权国并不能像债权人一样对债务国进行清算,而是宣布"国家破产"的国家可以根据实际的能力,按照自身力所能及的时间、比例进行偿还。

(一) 国际债务危机的典型事件

1. 20 世纪 70 年代发生在非产油发展中国家的债务危机

20 世纪 70 年代,许多非产油发展中国家,盲目借取大量外债,不切实际地追求高速经济增长,但由于世界经济衰退和石油价格上涨使许多非产油发展中国家,出现了严重国际收支赤字。由于国际金融市场利率低,于是很多国际收支发生赤字的发展中国家都转向国际金融市场借取大量外债,急于求成地追求经济增长,不断扩大投资,使发展中国家的外债总额开始加速积累。这些国家的外债总额每年以 19% 的速度增长,而大量的是短期债务,短期债务每年以 32% 的速度增长。而短期债务比重的增加,容易产生到期不能偿还的周期性危机,于是爆发了债务危机。

2. 20 世纪 80 年代初席卷全球的拉美国家的债务危机

20 世纪 80 年代初,拉美国家爆发了影响最广、最深刻、持续时间最长的一次国际性债务危机。拉美国际债务危机起源于 20 世纪 60 年代,广大发展中国家大力发展民族经济,为了加快增长速度,迅速改变落后面貌,这些国家纷纷举借了大量外债。但由于各方面的原因,借入的外债未能迅速促进国内经济的发展,高投入,低效益,造成了还本付息的困难。1980 ~ 1982 年,西方经济出现了严重倒退,随后在 1982 ~ 1983 年爆发了起源拉美却席卷全球的债务危机。在短时期内,全球有近 40 个发展中国家出现了债务的支付危机,发生危机的国家数目超过了 1973 ~ 1981 年的总和,以致这场危机影响持续了近 10 年。

3. 20 世纪 90 年代末震惊全球的东南亚债务危机

1997 年 7 月首先从泰国债务危机开始的东南亚金融危机,1998 年夏天迅速蔓延到日本、韩国、俄罗斯、中东、拉美、欧洲和北美等国家。由地区危机发展成国际性危机,并在一些国家引起了严重的社会经济和政治问题,其影响之深,波及范围之广出人意料,发人深省。从表面看,这次危机的主要原因是国际游资的兴风作浪,但国际社会也承认,从源头上看还是泰国、印度尼西亚等国的债务问题所引发。

4. 2001 年的阿根廷债务危机

20 世纪 90 年代,阿根廷政府外债大幅度增加,2000 年的时候达到了 1 462

亿美元，超过了外汇收入的 4 倍以上。最终，政府宣布对所有债务进行违约，随着阿根廷的货币大幅贬值，政府出台了一系列紧缩财政开支的政策措施。这些措施引起了社会动荡并引发了阿根廷的政治危机。

5. 美国次贷危机以来的国际债务危机

2008 年美国次贷危机爆发后，截至 2010 年 7 月，全球已爆发 3 起比较严重的国家债务危机。

（1）冰岛债务危机。自 2000 年银行业私有化以来，金融业快速增长，成为支柱产业之一。凭着超高的利率，冰岛的金融机构吸引了来自欧洲等地上千亿美元的存款。高利率要求金融机构的投资要有高回报，因此，高杠杆、高风险、高收益的金融衍生品成为必然选择，特别是在国际资金市场大量借入低利短债，投资次级按揭资产等高获利长期资产。由于银行过分借贷，外债总额高达 1 000 亿欧元，是国内生产总值的 12 倍，而冰岛央行的流动资产却只有 40 亿欧元。2008 年随着美国次贷危机席卷冰岛，导致冰岛的三大银行破产，无法偿还所欠英国、荷兰等国的债务，经过多轮艰苦的谈判，冰岛以公民投票的方式拒绝偿还债务，成为第一个爆发债务危机而"破产"的欧洲国家。

（2）迪拜债务危机。迪拜是阿联酋第二大酋长国和经济中心，70% 左右的非石油贸易集中在迪拜，被称为阿联酋的"贸易之都"，2008 年 GDP 规模达 824 亿美元。但时隔一年，迪拜遭遇"国家破产"，其根源在于迪拜长期倚重外资与房地产的发展模式。2009 年 11 月 25 日，迪拜宣布其主权投资实体将重组，公司所欠近 600 亿美元债务将至少延期 6 个月偿还，这让投资者对迪拜的主权信用和偿债能力产生严重忧虑，进而引发全球金融市场的恐慌和动荡。

（3）欧元区债务危机。2009 年 4 月，爱尔兰财政危机曝光，12 月希腊债务危机显现，之后西班牙、葡萄牙、意大利等国频频登上问题国家名单，这些国家 2009 年政府财政赤字比重均在 8% 以上。财政状况相对较好的欧元区前两大经济体德国和法国 2009 财年的财政赤字占 GDP 的比重也分别高达 5.5% 和 8.2%，远超 1997 年 6 月欧盟成员国制定的《稳定与增长条约》规定的 3% 的上限，预计 2010 年欧元区财政赤字占区内生产总值将达到 6.9%。欧洲债务危机正演变为欧洲系统性危机。

2015 年 2 月，全球资讯公司麦肯锡（McKinsey）针对世界各国负担的所有债务，包括政府公债，企业，银行和家庭的负债进行研究显示，自从 2007 年底的全球金融危机以来，全球总负债额增加 57 万亿美元，全球负债对 GDP 比为 286%，2007 年底前为 269%。全球主权债务危机呈蔓延之势。

小思考 9.2

什么是主权债务？国家破产的实质是什么！

答：主权债务是指一国以自己的主权为担保向外举债，不管是向国际货币基金组织还是向世界银行举债，或是向其他国家借债。

国家破产的实质是指一个国家的主权信用危机，具体是指一国政府失信、不能及时履行对外债务偿付义务。

（二）国际债务危机发生的原因及影响

1. 原因

根本上讲，国际债务危机产生的直接原因是对国际资本盲目借入、使用不当和管理不善而导致的结果。主要表现为：一是外债规模膨胀，举借的外债规模超过了本国的偿还能力，即超过了本国的出口创汇能力。二是外债结构不合理，如商业贷款比重过大、外债币种过于集中以及期限结构不合理引发债务危机。三是外债使用不当，没有根据投资额、偿债期限、项目创汇率以及宏观经济发展速度和目标等因素考虑制定外债使用方向和偿债战略，盲目从事大工程建设、进口耐用消费品和奢侈品，或将贷款投向房地产和股票市场，导致短期内很难形成生产能力，造成不合理的消费需求和泡沫经济。四是对外债缺乏宏观统一管理和控制，不能对外部债务和资产实行技术与体制方面的有效管理，造成实际债务状况过大地偏离政府政策计划目标，导致危机发生。五是外贸形势恶化，一旦一国未适应国际市场的变化及时调整出口产品结构，其出口收入就会大幅减少，经常项目逆差就会扩大，还债能力减弱，对外资依赖增加，一旦国际投资者对债务国停止贷款或拒绝延期，债务危机就会爆发。

2. 影响

一是大幅缩减国内投资规模。债务危机使债务国的国际信用降低，国际市场筹资渠道受阻，国际流入资本和国内投资减少，为还本付息，必须大幅度压缩进口以获得外贸盈余，从而造成生产企业投资的萎缩，无法维持经济发展应有的投资规模。二是加剧通货膨胀。为还本付息，国家将出口置于国内需求之上，进口商品中的一些基本消费品也大幅减少，当国内市场的货物供应量减少到不能满足基本要求时会发生供应危机；此外，政府为筹措资金，往往采取扩大国内公债发行规模和提高银行储蓄利率等办法进行，相当大一部分被政府用于从民间购买外币偿还外债，造成国内市场货币流通量增多，导致通货膨胀。三是减缓和制约经济增长。为制止资金外流，控制通货膨胀，政府会大幅提高利率，使银根进一步收紧，而为偿债需兑换大量的外汇，又使本币大幅贬值，企业进口成本急剧升高。资金缺乏及生产成本上升，使企业正常生产活动受到严重影响，甚至破产、倒闭，失业人口剧增，经济衰退。四是扰乱国际金融体系和社会秩序。首先，债权国与债务国同处于一个金融体系中，债权人若不及时向债务国提供援助，就会引起国际金融体系混乱；其次，对于那些将巨额贷款集中在少数债务国身上的债权银行来说，一旦债务国赖账，必然使其遭受严重损失；最后，债务危机使债务国国内经济政治局势急剧动荡，人民生活水平恶化，导致社会秩序不稳。

（三）应对路径

1. 债务的重新安排

由债权债务双方协商修订原有的贷款协定，延长还款的期限。基本形式有三：由债权债务双方协商延长偿还本息的期限；减免债务国的利息或本金负担；把已有的债务重新转换债权人，即把对私人商业银行的债务转换为某个债权国官方或某个国际金融机构的债务。

2. 债务资本化

债务资本化是指由债权银行将债务国所欠债务以一定的折扣出售给有意在债务国投资的外国公司或本国公司，然后由这些公司将其购买的债权凭证（债券）在债务国银行将外币兑换成债务国货币并在债务国进行投资，债务资本化的目的在于使外币债务转化成本币债务，最终转化为国内投资。

3. 债务证券化

债务证券化是指国家将外债转换为在国际金融市场上可以流通转让的有价证券，也可以转换为国外有价证券。这种方式涉及以现存债务工具转换成以本币或外币计值的新债务工具。新旧债权的条件完全不同，例如，新债权的面值可比旧债权的面值打一个折扣；或者面值不变，但新债权规定的利率比旧债权低。这种交换要求新债权是较为可靠或附有担保品的资产，并具有流动性，可以转让交易，而且债务人全部偿还这笔债务的可能性更大。

【阅读资料 9.5】

各国发生债务危机后采取的措施

（1）冰岛。冰岛政府表示考虑加入欧盟，并先后接管了该国最大的三家银行，对它们实行破产管理。同时积极寻求外国援助，目前从国际货币基金组织和挪威、丹麦等方面借资已超过 100 亿美元。2009 年 12 月，冰岛国会通过一项长期偿债计划，在未来 15 年内偿还英荷欠款。

（2）阿联酋。迪拜出现债务危机后，政府批准 41 亿美元资金用于偿还伊斯兰债券。阿联酋央行为境内银行提供流动性支持，提供一项与活期存款账户相关联的"特殊额外融资工具"，利率高于三个月银行同业拆借利率50个基点，以防止各银行在市场重开后出现资本出逃和流动性减少的局面。同时，阿联酋最大酋长国阿布扎比通过阿拉伯联合酋长国中央银行和两家私人银行向迪拜注资150亿美元。

（3）希腊。实施严厉的紧缩政策。在削减公务员薪金和提高燃油税等措施的基础上，对年收入在10万欧元以下的希腊人征收1%特别税，对年收入在10万欧元以上的希腊人征收45%特别税等一系列税收政策，这一经济紧缩政策预计将增收节支48亿欧元。近日，又采取向银行征收90%的花红税、向5家银行定向发售了20亿欧元国债等措施。政府新发行的50亿欧元国债获得超额认购。

（4）欧盟。欧洲舆论认为，欧元区国家将以协调的方式在双边基础上为希腊提供总额为250亿欧元的贷款或贷款担保，为其提供紧急救助。欧盟委员会正同欧元区国家就建立欧洲货币基金组织或类似机制进行初步讨论，以促进欧洲地区的合作与监管，为解决未来危机提供方法。

五、我国的对外债务

利用国际资本市场，借助外债来加快我国经济的发展，是我国发展战略中的一个重要组成部分。国际负债发展是目前世界上发展中国家普遍采用的一种发展战略，基本上是一种国际追赶战略。我国外债具有以下特点。

（一）外债总规模保持较快增速并维持在较高水平

改革开放以来，我国借用外债大致经历了三个发展阶段。第一，1990年以前，我国外债总体规模较小，不足500亿美元。图9.1显示，从1979年至1984年之间，我国借用外债刚刚起步，1984年底全部外债余额仅为120亿美元。而1986年至1988年是我国外债快速增长阶段，外债余额年平均增加92.6亿美元，平均增幅达到36.5%，这一时期外债增长过猛，带来了一些问题，说明我国借用外债还处于不成熟阶段。第二，从1990年开始，我国利用外债年平均增长93.2亿美元，平均增幅为10.7%。第三，2000年至今，我国借用外债的规模出现大幅度增长，平均每年增加314.4亿美元，年平均增长速度为12.7%，略高于同期GDP的平均增速，说明我国对外举债已步入相对稳定的发展阶段。从外债余额绝对数目来看，截至2015年，我国外债余额达到14 162亿美元，是1984年的118倍。

金融学科核心课程系列教材

从外债流量变化看，近年来每年外债新提款额和还本付息额均维持在较高水平，外债借用和偿还基本呈现大进大出的特点，其增长速度呈周期性波动（见图9.2），但外债净流量（新借款额减去还本付息额）规模较小。改革开放至1998年，我国外债呈净流入状态，每年净流入不超过100亿美元。从1999年至2001年，我国处于通货紧缩时期，国有大中型企业艰难转型，借用外债的动力减弱，再加上亚洲金融危机的冲击，外债呈现净流出，年平均净流出78亿美元。前两个时期，不管是外债净流入还是外债净流出，外债流入流出额远小于外债余额，不足外债余额的三分之一。从2003年开始，我国经济复苏，呈现高速增长，外债不断净流入，尽管受到2008年美国爆发金融危机的影响，但在2009年我国政府适度宽松货币政策的刺激下，能源、汽车、钢铁、装备制造、原材料、石化和船舶制造等行业投资热情高涨，外债净流入高达777亿美元，远高于前五年平均150亿美元的净流入。这一时期，外债流入流出额出现了一个显著的特点，就是外债大进大出，超过外债余额，到2013年到达高峰，外债流入额为10 109.2亿美元，外债流出为9 080.7亿美元，比同期外债余额高出20%左右。但随着2014年人民币贬值预期增强，及国内政府债务压力加大，库存过剩，外债流入流出出现了较大波动，2014年外债流入是2013年的1.32倍，2015年却大幅度降低了近一半。

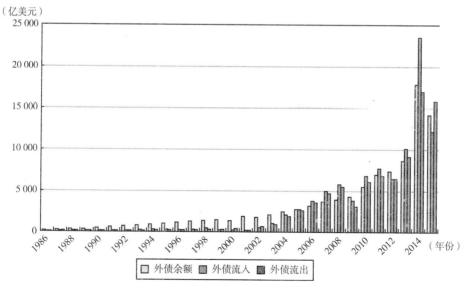

图9.1 1986～2015年我国外债余额及外债的流入流出情况

资料来源：国家外汇管理局网站。

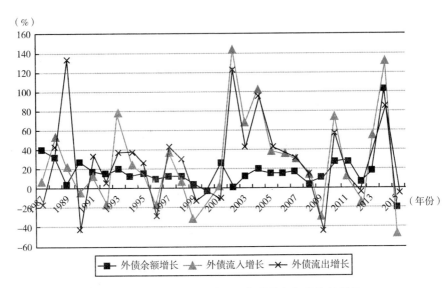

图 9.2　1987~2015 年我国长期外债与短期外债结构

资料来源：国家外汇管理局网站。

（二）短期外债余额持续增长，规模和占比不断攀升

从不同期限的外债余额来看，我国中长期外债和短期外债余额增长迅猛。表9.1 显示，前者从 1986 年的 167.1 亿美元、1996 年 1 021.7 亿美元增加到 2015 年 14 162 亿美元，增长了近 100 倍，而短期外债的上升更为迅速，从 1986 年的 47.7 亿美元、1996 年 141.1 亿美元增加到 2015 年 9 206 亿美元，增长了 196 倍。这主要是因为 2001 年至 2009 年，中长期外债余额增长速度不断下降，平均年增长 4.5%，而短期外债余额增速提升，平均增速达 18.8%。同期短期外债余额的增长主要来源于贸易信贷余额的快速增长。2009 年末，我国贸易信贷余额高达 1 617 亿美元，占短期外债余额的 37.63%，占外债余额的 22.76%，在 2009 年我国经济金融刺激政策的作用下，仍然保持了较快的增长，比上年末增长 24.8%，对短期外债的贡献率达到 77%。从 2001 年至 2013 年，我国中长期外债余额持续下降到 21%，短期外债余额持续上升到 78%，从 2014 年开始，前者略有回升。

金融学科核心课程系列教材

表 9.1 我国外债的期限结构一览 单位：亿美元，%

年份	外债余额	中长期外债余额	中长期债务比重	短期外债余额	短期债务比重
1990	525.5	457.8	87.1	67.7	12.9
1991	605.6	502.6	83.0	103.0	17.0
1992	693.2	584.7	84.4	108.5	15.6
1993	835.7	700.2	83.8	135.5	16.2
1994	928.1	823.9	88.8	104.2	11.2
1995	1 065.9	946.8	88.8	119.1	11.2
1996	1 162.8	1 021.7	87.9	141.1	12.1
1997	1 309.6	1 128.2	86.1	181.4	13.9
1998	1 460.4	1 287.0	88.1	173.4	11.9
1999	1 518.3	1 366.5	90.0	151.8	10.0
2000	1 457.3	1 326.5	91.0	130.8	9.0
2001	1 848.0	1 195.3	64.7	652.7	35.3
2002	1 863.3	1 155.5	62.0	707.8	38.0
2003	2 087.6	1 165.9	55.9	921.7	44.2
2004	2 474.9	1 242.9	50.2	1 232.1	49.8
2005	2 810.5	1 249.0	44.4	1 561.4	55.6
2006	3 230.0	1 393.6	41.2	1 992.3	58.8
2007	3 736.0	1 535.3	39.4	2 356.9	60.6
2008	3 902.0	1 638.8	42.0	2 262.8	58.0
2009	4 286.5	1 693.9	39.5	2 592.6	60.5
2010	5 489.4	1 732.4	31.6	3 757.0	68.4
2011	6 950.0	1 941.0	27.9	5 009.0	72.1
2012	7 369.9	1 960.6	26.6	5 409.3	73.4
2013	8 631.7	1 865.4	21.6	6 766.3	78.4
2014	17 799.0	4 817.0	27.1	12 982.0	72.9
2015	14 162.0	4 956.0	35.0	9 206.0	65.0

资料来源：国家外汇管理局网站。

从相对结构来看，我国中长期外债和短期外债占比出现了逆转性调整。20世纪 80 年代中期，我国的短期外债一度曾占我国外债余额的 40% 以上，在外汇储备较低的情况下，如果发生经济危机，后果不堪设想。鉴于此，我国有关部门

金融学科核心课程系列教材

很快对债务结构进行了调整，有效地抑制了短期债务过快增长的势头。1990～2000年，中国中长期外债增长速度明显快于短期外债的增长速度，短期外债所占比重越来越低。这一时期，中长期债务所占比重多数年份超过80%，而短期外债则不足20%。2000年末我国中长期债务占比甚至达到了91%，短期外债占比仅为9%，远远低于25%的安全线。为了准确揭示短期外债偿债风险，2001年，我国国家外汇管理局按照国际标准，对短期外债的统计口径进行了调整，将未来一年内到期的中长期外债纳入到短期外债中，当年的短期外债占比迅即大幅度提升至35.3%。2001～2009年，我国短期外债占比基本呈上升状态。截至2015年末，我国短期外债占比高达65%，远高于短期外债占比的国际警戒线25%，短期偿债风险加大。

另外，短期外债的增长呈现明显的周期性波动，且波幅大于中长期外债的增长，与国内宏观经济状况和国际经济金融环境密切相关。从图9.3不难看出，2000年之前，我国短期外债余额的上升和下跌互有出现，其增长的波动幅度较大。其中，1998年短期外债余额达到181.4亿美元后，出现了连续三年的下降达到130亿美元。此后，短期外债快速增长，仅2008年增速出现小幅下降。2014年比上一年增长2倍，达到12 982亿美元。

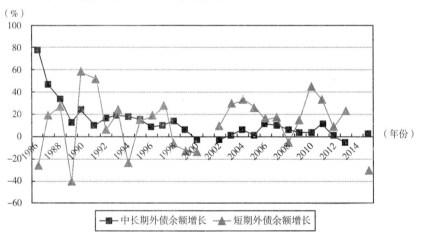

图9.3　1986～2015年我国中长期外债与短期外债余额的增长情况

注：自2001年6月起，中国根据国际标准对原外债口径进行了调整，新口径外债数据与原口径外债数据不可比，故2001年未计算"外债余额增长"项。2015年，我国按照国际货币基金组织的数据公布特殊标准（SDDS）调整了外债统计口径并对外公布全口径外债数据，将人民币外债纳入统计，并按签约期限划分中长期和短期外债，故未计算2014年"外债余额增长"项。

资料来源：国家外汇管理局和商务部网站。

金融学科核心课程系列教材

（三）官方优惠贷款比重持续下降，国际商业贷款比重上升

改革开放初期至 2000 年，我国经济发展水平低下，市场化程度不高，所借外债主要以外国政府和国际金融组织的优惠贷款为主，具有规模大、期限长、利率低等特点，不仅弥补了我国基础设施建设资金的不足，改善了投资环境，加速了我国经济和社会事业的全面发展。2001 年我国加入 WTO 后，市场经济改革进一步深化，投融资约束条件逐渐放松，进出口贸易和外汇储备大幅度增加，国内生产总值得到大幅度提高，所获得外国政府援助或者国际金融组织优惠贷款越来越少。国际商业贷款的比重一直维持在较高的水平，平均达 75% 左右，成为目前我国借用外债的主要类型。截至 2013 年底，我国国际商业贷款余额为 4 668.72 亿美元，占登记外债余额（剔除了贸易信贷影响的外债余额）的 25.36%；外国政府和国际金融组织贷款余额为 597.95 亿美元，占登记外债余额的 11.35%。截至 2015 年底，我国全口径外债数据显示，广义政府债务余额为 1 114 亿美元，占 8%；中央银行债务余额为 430 亿美元，占 3%；银行债务余额为 6 120 亿美元，占 43%；其他部门债务余额为 4 272 亿美元，占 30%；直接投资：公司间贷款债务余额为 2 226 亿美元，占 16%。

从债务主体来看，以中资金融机构和外资企业为主。表 9.2 显示，国务院部委借入的主权债务占比下降速度较快，从 2001 年的 27.0% 下降到 2013 年末的 4.0%；中资金融机构近几年的外债余额略有上升，占 30% 左右；外商投资企业债务占比较稳定，平均维持在 20%；中资企业债务占比始终较小，从 2006 年开始连续多年维持在 1% 左右。同时，中资债务人（包括国务院部委、中资金融机构和中资企业合计）和贸易信贷占外债余额比例持续上升，外资债务人（外资金融机构和外资企业）占外债余额比例持续下降，自 2009 年后前两者完全超越外资债务人所占比例。这说明从 2003 年开始，我国政府鼓励中资企业"走出去"的战略进程缓慢，中资企业的直接外债较少，通过中资金融机构的间接外债借贷较多。

表 9.2　　　　2004～2013 年我国不同债务主体所借外债占外债余额比　　单位:%

债务人/债务类型	2005 年	2006 年	2007 年	2008 年	2009 年	2010 年	2011 年	2012 年	2013 年
国务院部委	11.7	10.6	9.3	8.5	8.6	7.1	5.4	5.0	4.0
中资金融机构	21.7	21.8	21.5	21.2	21.9	24.7	30.5	27.8	30.5
外资金融机构	14.5	15.4	12.4	11.2	8.9	8.8	7.8	7.0	7.4
外商投资企业	18.0	18.8	19.9	24.6	21.7	20.0	19.6	19.8	18.4

续表

债务人/债务类型	2005 年	2006 年	2007 年	2008 年	2009 年	2010 年	2011 年	2012 年	2013 年
中资企业	1.6	1.1	1.3	1.1	1.0	1.1	0.9	0.8	0.7
其他	0.1	0.1	0.1	0.1	0.1	0.0	0.0	0.0	0.0
贸易信贷	32.3	32.2	35.6	33.2	37.7	38.5	35.9	39.6	39.0

资料来源：国家外汇管理局网站。

企业外债安全是国家整体外债安全的基础。长期以来，我国政府为确保对外偿还，对外筹借中长期外债一直实行窗口制，主要由财政部和金融机构对外筹措，然后转贷给企业。尽管对外债务人是财政部或金融机构，但事实上，真正的承贷和还贷主体是企业。在我国的中长期外债中，政府部门、中资金融机构、中资企业承担了 80% 以上。而政府部门、中资金融机构承担的债务中，除财政部对外发债和银行调整债务结构的少量外债以外，绝大部分转贷给了国有大中型企业，用于基本建设和技术改造。一旦企业出现偿债困难，将不可避免地转嫁给银行和财政，影响国家总体外债安全，因此，国有大中型企业外债风险管理是当前中国外债风险管理的重点。

（四）美元债务比重上升，多元化的币种债务有所调整

外债币种结构是指一国对外负债总额中货币币种的构成比例。为了规避汇率风险，对外借款的币种结构要和本国出口创汇的币种结构保持相对一致，这是一条重要原则。目前，我国外债主要由美元、欧元、日元、港元、瑞士法郎、英镑等 10 余种货币构成。截至 2015 年底，我国全口径外债数据显示，在外币登记外债余额中，美元债务约占 80%，欧元债务约占 7%、日元债务约占 4%，其他债务包括特别提款权、港币等，合计占比 9%。这说明随着欧洲债务危机深陷泥潭，我国调整了外债币种的多元化战略，仍然以美元为主。

（五）我国外债的清偿能力总体增强，但短期外债风险加大

外债偿还能力的大小既是一国信誉的直接反映，也是一国经济实力和应变能力的综合反映。20 世纪 90 年代，中国偿债率处于有升有降的波动状态，最高年份的 1999 年达到 11.2%（见表 9.3），多数年份控制在 10% 以内。进入 21 世纪，受国际经济衰退，国内经济一枝独秀以及加入 WTO 正效应的影响，外资大量流入，经常和资本项目保持双顺差，外汇储备加速增长，人民币汇率基本稳定并持续升值，这在一定程度上增强了中国的偿还外债的能力，反映在偿债率上有下降

的趋势。2004~2013年保持在2%~3%之间，远远低于国际警戒线，外债偿还能力较强。自2014年以来在我国境内经济下行承压，人民币汇率贬值预期较强的情况下，偿债率有所抬头。

从债务率来看，总体上呈下降趋势。1986~1995年，我国消费需求大增，固定资产投资增长速度较快，以政府信用为基础，借入大量外债，外债平均增速高于外汇收入的增长，我国的外债债务率一直保持在高位运行，均高于75%，1993年曾高达96.5%。1994年以来，特别是进入2001年后，中国债务率呈持续下降趋势，主要原因在于这几年中国利用外债的效果比较好，外债用于出口行业的投资高或效益好，外汇收入的增长速度快于外债余额的增长速度，从而增强了中国的外债偿还能力。受2008年美国金融危机和2009年欧洲债务危机的影响，2009年我国外汇收入下降幅度较大，而同期的受我国宏观经济政策刺激下的外债需求仍然上升，导致2009年我国外债债务率从上年末的24.7%反弹到32.2%，但仍然处在安全范围内。从2014年开始，我国债务率突破35%，大幅度提升至68%，截至2015年底，虽有所下降，但仍然高位运行，高达58%，偿债压力加大。

从负债率来看，我国外债负债率总体上保持在8%~17%，平均为12.4%，处于国际安全范围内，外债整体利用效率虽然不高，但在不断改善。我国外债余额从1986年的214.8亿美元增长到2015年的14 162亿美元，增长66倍，同期的GDP从10 202亿元人民币增长到2015年的676 707.8亿元人民币，大幅度增长逾66倍。外债资金的使用不仅促进了经济的巨大增长，而且增强了偿债能力。从外债和GDP的平均增速来看，在1986~2009年的23年间，前者为15.4%，后者为9.7%。剔除2001年外债统计口径调整因素的影响，外债增长速度快于GDP增长速度的年份有16年，尤其是1986~1990年这一段时期，外债增速远远高于GDP增长速度二十多个百分点，而低于GDP增长速度的年份有6年。2001~2009年，外债增速略高于GDP增速，且偏离程度逐步降低，这说明我国经济增长方式从粗放型向集约型转变取得了一定的成效，外债资金的总体利用效率在不断提高，潜在的偿债能力增强。2010~2015年，由于美国金融危机的持续影响，我国经济下行与人民币汇率贬值的压力，外债的增长速度远大于GDP的增长速度，尤其是2014年前者是后者的15倍左右。

近年来，我国国际收支连续保持经常项目、资本项目双顺差，外汇储备持续较快增长，国际收支不平衡问题较为突出，外债尤其是短期外债增长过快，远超过短期外债比的国际警戒线25%。表9.3显示，进入21世纪，我国短期债务比率上升较快，2001年为35.3%，2015年高达65%，处在较高的水平。外汇储备的高低对清偿短期债务至关重要，国际社会更加看重短期外债与外汇储备之比，其比值不应大于100%。从我国的情况来看，短期债务占外汇储备的比重从2001年的30.8%持续下降到2009年的10.8%，随后又快速上升到2015年的27.6%。在国际金融市场日益复杂多变的情况下，大进大出的短期外债容易对一国经济造成冲击，存在一定的偿债风险，这应引起足够的重视。

另外，从短期外债的构成来看，贸易信贷的增长是近几年短期外债占比增长的主要原因，对短期外债增长的贡献度达到70%左右。进出口迅速增长使得与贸易有关的融资需求上升，贸易信贷的增长与进出口贸易的增长之间具有一定的同步性，同时贸易信贷的增长在一定程度上也反映了进出口企业利用延期付款和提前收汇等方式来防范汇率风险的意愿较强。

此外，近年来外资银行在我国境内业务经营渐趋活跃，境外融资相应增加，且以短期信贷为主。外商来华投资的快速增长客观上也增加了外商投资企业的借债需求，对人民币汇率升值的预期使得外商投资企业贷款更趋向于借用外债，同时由于外商投资企业在借债及结汇方面享有比中资企业更多的政策优惠，外商投资企业以股东贷款方式为主的对外短期借款增长迅速。受到本外币正利差和人民币升值预期的影响，境内机构纷纷增加外币负债，减少人民币贷款。

总体上看，我国的短期外债风险是基本可控的。我国外债风险的各项指标除了短期债务比率超出国际警戒线外，均控制在合理的范围之内，也均低于国际上公认的安全警戒线。中国外债风险和外债规模均在国家的承受能力之内，外债结构较为合理。

表9.3 　　　　　　　　1990～2015年我国外债偿债能力一览 　　　　　　单位：%

年度	短期债务比率	短期债务占外汇储备比	偿债率	负债率	债务率
1991	17.0	47.4	8.5	14.9	91.9
1992	15.6	55.8	7.1	14.4	87.9
1993	16.2	63.9	10.2	13.6	96.5
1994	11.2	20.2	9.1	16.6	78.0
1995	11.2	16.2	7.6	14.6	72.4
1996	12.1	13.4	6.0	13.6	67.7
1997	13.9	13.0	7.3	13.8	63.2
1998	11.9	12.0	10.9	14.3	70.4
1999	10.0	9.8	11.2	14.0	68.7

金融学科核心课程系列教材

续表

年度	短期债务比率	短期债务占外汇储备比	偿债率	负债率	债务率
2000	9.0	7.9	9.2	12.2	52.1
2001	35.3	30.8	7.5	15.4	61.7
2002	38.0	24.7	7.9	13.9	51.0
2003	44.2	22.9	6.9	13.4	43.0
2004	49.8	20.2	3.2	13.6	37.8
2005	55.6	19.1	3.1	13.1	33.6
2006	58.8	18.7	2.1	12.5	30.4
2007	60.6	15.4	2.0	11.1	27.8
2008	58.0	11.6	1.8	8.6	24.7
2009	60.5	10.8	2.9	8.6	32.2
2010	68.4	13.2	1.6	9.3	29.3
2011	72.1	15.7	1.7	9.5	33.3
2012	73.4	16.3	1.6	8.7	32.8
2013	78.4	17.7	1.6	9.1	35.6
2014	72.9	33.8	2.6	17.2	69.9
2015	65.0	27.6	5.0	13.0	58.3

资料来源：国家外汇管理局网站。

小思考9.3

我国当前的外债形势如何？

答：截至 2015 年末，中国外债余额为 14 162 亿美元（不包括香港特区、澳门特区和台湾地区，下同），同比下降 20.43%。其中，中长期外债余额为 4 956 亿美元，占外债余额的 35%；短期外债余额为 9 206 亿美元，占外债余额的 65%。

从当前外债形势来看，外债对我国经济安全影响不大。一是和我国外汇储备规模相比，短期外债规模较小，短期外债与外汇储备的比为 33.8%；二是从外债结构来看，短期外债主要是来自贸易项下的融资，与实体经济联系紧密，具有贸易背景，在短期外债余额中，贸易信贷余额为 4 418 亿美元，占短期外债余额的 48%；三是债务率、负债率、偿债率等一些常用的外债风险指标均在国际标准安全线内，2015 年我国外债偿债率为 2.6%，债务率为 58.3%，负债率为 13%，均在国际标准的安全范围内。

关键词汇

国际资本流动　国际债务危机　国际债务

思 考 题

1. 什么是国际资本流动？请比较国际资本流动与资本输出输入之间的关系。

2. 按跨国流动时间长短期限划分，国际资本流动可分为什么？请分别作解释。

3. 衡量一国外债适度规模的指标有哪些？

4. 发生国际债务危机的原因有哪些？

练 习 题

一、单项选择题

1. 国际再投资是指（　　）。
    A. 一国投资者在另一国（东道国）开办新企业
    B. 一国投资者收购东道国企业的股份达到一定比例以上
    C. 一国投资者不将其在国外投资所获利润汇回国内，而是作为保留利润对所投资企业，或在东道国其他企业再进行投资
    D. 一国投资者通过对外国发行的债券或股票方式所进行的投资，只能获得股息或红利，而不能获得外国公司或企业的实际管理控制权

2. 下列实际发生国际资本移动的是（　　）。
    A. 一国投资者在另一国（东道国）开办新企业
    B. 再投资
    C. 以无形要素入股所进行的投资
    D. 投资者在东道国筹集资金所进行的投资

3. 证券投资与直接投资的区别在于（　　）。
    A. 是否从买卖价差中获利
    B. 是否获得股息
    C. 是否获得红利
    D. 是否拥有企业的实际管理控制权

4. 资本流动的根本动力是（　　）。
    A. 援助他国建设
    B. 贸易结算需要
    C. 规避风险
    D. 获取较高的利润

5. 资本流动促进全球经济效益提高，主要是指（　　）。

  A. 贸易性资本流动   B. 投机性资本流动

  C. 长期资本流动   D. 以上均不对

6. 下列属于外债的是（　　）。

  A. 一国母公司对国外子公司承担的具有契约性偿还义务的债务

  B. 直接投资和股票投资

  C. 已签订借款协议而尚未提款的债务

  D. 由口头协议或意向性协议所形成的债务

7. 第二次世界大战以来最严重的债务危机是由（　　）触发的。

  A. 墨西哥   B. 美国   C. 巴西   D. 阿根廷

8. 债务危机的根本解决，不取决于（　　）。

  A. 有利的国际环境

  B. 债务国的经济调整与国际债务的良性循环

  C. 外部资金注入债务国

  D. 汇率的波动

二、多项选择题

1. 国际资本流动反映在国际收支平衡表中的（　　）。

  A. 直接投资账户   B. 贸易账户

  C. 证券投资账户   D. 服务账户

  E. 其他投资账户

2. 国际长期资本流动包括（　　）。

  A. 直接投资   B. 证券投资

  C. 政府贷款   D. 国际金融机构或国际银行贷款

  E. 出口信贷

3. 国际直接投资的形式有（　　）。

  A. 一国投资者通过购买外国发行的债券或股票方式所进行的投资

  B. 一国投资者在另一国（东道国）开办新企业

  C. 贸易性资本流动

  D. 一国投资者收购东道国企业的股份达到一定比例以上

  E. 再投资

4. 国际中长期贷款包括（　　）。

  A. 投机性资本流动   B. 政府贷款

  C. 国际金融机构贷款   D. 出口信贷

  E. 国际银行贷款

 5. 短期资本流动的方式包括（　　　　）。

  A. 一般性的短期证券投资 B. 贷款

  C. 银行资金的调拨   D. 贸易性资本流动

  E. 投机性资本流动

第十章 国际金融机构

当今世界的主要国际金融机构大都是在第二次世界大战后陆续建立起来并逐渐发展壮大的。这些国际金融机构通过开展各具特色的业务，在促进国际经贸和世界经济一体化进程中发挥着非常重要的作用。本章将主要讲述各国际金融机构的宗旨、资金来源、主要业务与特点，以及我国与这些国际金融机构的关系。

通过本章学习，要掌握国际金融机构的概念、类型和作用，熟悉主要金融机构的宗旨、资金来源、主要业务和特点。

第一节 国际金融机构概述

一、国际金融机构的产生与发展

国际金融机构是指从事国际金融业务，协调国际金融关系，维持国际货币及信用体系正常运作的超国家机构。

国际金融机构的产生与发展与国际经济政治状况及变化密切相关。在第一次世界大战之前，世界主要国家的国际货币信用关系及结算制度尚没有真正建立起来，并且它们的货币汇率比较稳定，国际收支多为顺差，因而大国之间在国际金融领域的矛盾并不突出。此外，大国对小国的金融控制，主要依靠的是大国的经济、金融实力和军事实力。因此，第一次世界大战前尚未产生建立国际金融机构的客观要求。

第一次世界大战爆发后，国际货币金融格局发生了重大变化，由于各主要国家经济政治发展不平衡，使它们彼此间矛盾尖锐化，于是客观上要求利用国际经济组织控制或影响别国。与此同时，战争、通货膨胀及国际收支的恶化，又使许多工业化国家面临国际金融困境，它们也希望借助国际经济力量。因此，建立国际性金融机构成为多数工业化国家的共同愿望，客观上已具备了产生国际金融机构的条件。

1930 年 5 月，第一次世界大战的战胜国集团为处理战后德国赔款的支付及协约国之间债务清算问题，由英、法、意、德、比、日六国的中央银行和代表美国银行界的美国摩根银行，在瑞士巴塞尔成立了国际清算银行（Bank for International Settlements，BIS），这是建立国际金融机构的重要开端。但是，这一机构当时并不具有普遍性，对国际经济金融活动的实际影响不是很大。

第二次世界大战后，各国生产国际化及资本国际化，使国际经济关系得到迅速发展。国际货币信用关系不断加强，国际金融机构迅速增加。1944 年 7 月，在美、英等国策划下，有美、英、中、苏、法等 44 个国家在美国的新罕布什尔州的布雷顿森林召开了联合国货币金融会议，通过了由美国提出的关于设立国际货币基金组织和国际复兴开发银行的方案，并签订了关于确立西方国家金融关系的基础协议。1945 年 12 月，正式成立的两个国际性金融机构，即国际货币基金组织（International Monetary Fund，IMF）和国际复兴开发银行（International Bank for Reconstruction and Development，IBRD，又称世界银行），旨在重建一个开放的国际经济及稳定的汇率制度，并对国际经济及社会发展提供资金。1956 年国际金融公司（International Finance Corporation，IFC）的成立，以及 1959 年国际开发协会（International Development Association，IDA）的成立，使世界银行又多了两个附属机构，这标志着世界银行集团（World Bank Group）正式诞生。国际货币基金组织和世界银行集团，是当今成员国最多、机构最大、影响最广的国际金融机构。

自 1957 年开始，欧洲、亚洲、非洲、拉丁美洲及中东等地区的国家，为了加强互助合作，抵制美国对国际金融的操纵，纷纷建立起区域性的国际金融机构，以促进本地区的经济发展。最早出现的区域性国际金融机构是 1957 年由欧共体设立的欧洲投资银行（European Investment Bank，EIB）。60 年代之后，陆续设立了泛美开发银行（Inter-American Development Bank，IDB）、亚洲开发银行（Asian Development Bank，ADB）、非洲开发银行（African Development Bank，AFDB）及阿拉伯货币基金组织（Arab Monetary Fund，AMF）等。

第二次世界大战后国际金融机构迅速发展的原因主要有：①美国控制国际金融、扩大商品和资本输出的需要。美国在第二次世界大战中积聚了雄厚的实力，它企图通过建立国际机构来控制国际金融活动，从而有利于它的对外贸易及资本扩张。②生产和资本国际化的发展，要求各国政府共同干预经济活动。国际范围内干预经济活动的加强，为建立国际性金融机构提供了客观有利条件。③工业化国家的经济恢复以及新兴国家民族经济的发展，形成了对资金的迫切需求，希望建立国际金融机构，以获得所需资金。④由生产和资本国际化而产生的经济和货币金融一体化的客观要求，为建立国际金融机构打下了基础。

二、国际金融机构的类型与作用

国际金融机构的类型有两种：①全球性的金融机构。最重要的是国际货币基金组织和世界银行集团，它们对加强国际合作与稳定国际金融起着极为重要的作用；②地区性金融机构。具体有两类：一类是联合国附属的区域性金融机构（有区域外国家参加），例如，亚洲开发银行、泛美开发银行、非洲开发银行；另一类是某一地区一些国家组成的真正区域性的国际金融机构，如欧洲投资银行、阿拉伯货币基金组织、伊斯兰发展银行、西非发展银行、非洲发展经济阿拉伯银行、阿拉伯发展基金、石油输出国国际发展基金、科威特阿拉伯经济发展基金等。地区性国际金融机构是今后发展的主要方向。

20世纪60年代之前，全球性国际金融机构一直被美国控制，原因是这些机构通过决议的原则不是一国一票，而是谁入股出资多，谁的投票权就多。美国在这些全球性国际金融机构中拥有20%的资本份额，因此这一时期，国际金融机构为巩固美元霸权地位以及维持以美元为中心的国际货币体系起了很大作用。60年代之后成立的"十国集团"，形成西方主要工业国共同操纵国际金融的格局，打破了美国一统天下的局面。"二十国委员会"和"二十四国集团"的成立，表明了发展中国家力量的兴起以及在国际金融领域中不可忽视的作用。美国在一些全球性国际金融机构的份额有所下降，其他西方工业国的份额有一定上升，发展中国家尤其是产油国的份额增长较快，并且，份额大小已不是唯一决定决议通过与否的因素。由于这些变化，使这些国际金融机构的性质正朝着真正代表世界各国利益的方向转化。

然而尽管有上述变化，但就目前来看，几个全球性国际金融机构仍在几个资本大国控制之下，贷款条件比较严格，不符合发展中国家利益，因此，发展中国家要求改革贷款政策、放松贷款限制。另外，由于国际金融机构过多干预一些发展中国家的经济政策和发展规划，因而在某种程度上妨碍了这些国家民族经济的自由顺利发展。此外，贷款利率有提高的趋势，使发展中国家的债务负担加重。这些情况需要各国共同努力加以改变。

无论如何，国际金融机构在加强国际合作及发展国际经济方面起到了一定积极作用，主要表现在：①提供短期资金，调节国际收支逆差，在一定程度上缓和了国际支付危机；②提供长期建设资金，促进了发展中国家经济发展；③稳定了汇率，有利于国际贸易的增长；④通过创造新的结算手段，适应了国际经济发展的需要。

第二节 国际货币基金组织

一、国际货币基金组织的建立

国际货币基金组织是根据 1944 年 7 月召开的 "联合与联盟国家货币金融会议" 通过的《国际货币基金协定》成立的全球性国际金融机构。1946 年 3 月国际货币基金组织正式成立，1947 年 3 月 1 日开始活动，1947 年 11 月 15 日成为联合国所属专营国际金融业务的机构，总部设在华盛顿。中国是国际货币基金组织的创始国之一。我国的合法席位是 1980 年 4 月 18 日恢复的。瑞士是唯一未参加该组织的西方主要国家。

二、国际货币基金组织的宗旨与职能

国际货币基金组织、世界银行集团以及关税与贸易总协定共同构成第二次世界大战后国际经济秩序的三大支柱。国际货币基金组织负责国际货币金融事务。其宗旨具体表现在以下各点。

（1）为成员国提供一个常设的国际货币机构，促进成员国在国际货币问题上的磋商与协作。

（2）促进国际贸易均衡发展，以维持和提高就业水平和实际收入，发展各国的生产能力。

（3）促进汇率的稳定和维持各国有秩序的外汇安排，以避免竞争性的货币贬值。

（4）协助建立各国间经常性交易的多边支付制度，并努力消除不利于国际贸易发展的外汇管制。

（5）在临时性基础上和具有充分保障的条件下，为成员国融通资金，使它们在无须采取有损于本国及国际经济繁荣的措施的情况下纠正国际收支的不平衡。

（6）努力缩短和减轻国际收支不平衡的持续时间及程度。

根据上述宗旨，布雷顿森林会议的参加者赋予国际货币基金组织的主要职能有三项：第一项职能是就成员国的汇率政策，与经常账户有关的支付，以及货币的兑换性问题确立一项行为准则，并实施监督；第二项职能是向国际收支发生困难的成员国提供必要的资金融通，以使它们遵守上述行为准则；第三项职能是向成员国提供国际货币合作与协商的场所。

小思考 10.1

基金组织是否会向成员国的企业提供资金支持？

答：不会。基金组织只向各成员国政府提供资金支持。因为该组织成立的主要目的在于通过对各会员国政府提供短期资金借贷的方式，缓解各成员国国际收支不平衡的程度，来减少或避免各国货币竞相贬值状况的出现，维护国际汇率的稳定。所以，基金组织不面向各国企业发放贷款。

三、国际货币基金组织的组织结构

基金组织的最高决策机构是理事会（board of governors），其成员国由各国中央银行行长或财政部部长组成，每年秋季举行定期会议，所有成员国参加，决定基金组织和国际货币体系的重大问题，如批准接纳新成员国；修改基金份额；普遍调整成员国货币平价；决定成员国退出基金组织等。日常行政工作由执行董事会（executive board）负责，执行董事会由 24 名成员组成，其产生办法是：出资最多的美国、英国、法国、日本、德国、沙特阿拉伯各指派 1 名；中国和俄罗斯为单独选区，所以各自可以单独选派 1 名执行董事；其余 16 名包括若干国家和地区的 16 个选区各选派 1 名，分别代表各自选区进入执行董事会工作，每两年改选一次。执行董事会另设主席 1 名，主席即为基金组织总裁，主管该组织的具体业务工作。总裁由执行董事会推选，任期 5 年，有权出席理事会，但没有投票权。总裁通常由西欧人士担任。副总裁只设 1 名，一直由美国人担任，辅助总裁工作。

执行董事会是一个常设机构，在它与理事会之间还有两个机构：一个是"国际货币基金组织理事会关于国际货币制度的临时委员会"，简称"临时委员会"（Interim Committee）；另一个是"世界银行和国际货币基金组织理事会关于实际资源向发展中国家转移的联合部长级委员会"简称"发展委员会"（Development Committee）。这两个委员会都是部长级委员会，每年举行三四次会议，讨论国际货币体系和开发援助的重大问题。由于委员会成员的政治级别高，又大都来自西方主要国家，因此，大多数情况下，它作出的决定就等于理事会的决定。

基金组织除理事会、执行董事会、临时委员会及发展委员会外，其内部还有两大利益集团——"十国集团"（代表发达国家利益）和"二十四国集团"（代表发展中国家利益），以及许多常设职能部，即货币与汇兑事务部、各地区行政部、特别提款权部、研究部、法律部、财务部、基金司库等。

四、国际货币基金组织的资金来源

基金组织的资金来源有以下三个方面。

（一）成员国缴纳的基金份额

基金组织的资金主要来自于成员国缴纳的份额，这些份额起着国际储备的作用，可解决成员国国际收支不平衡时的短期资金需要。成员国应缴份额的大小，是根据一国的黄金外汇储备、国民收入以及对外贸易量大小，由基金组织与成员国磋商后确定。份额的计算单位最初是美元，1969 年后改为特别提款权。1976 年牙买加会议之前，成员国份额的 25% 须以黄金缴纳，牙买加会议后，黄金地位发生变化，份额的 25% 改以特别提款权或外汇缴纳，份额的 75% 以成员国本国货币缴纳，存放于本国中央银行，在基金组织需要时可以随时动用。

基金组织刚成立时，成员国缴纳的份额总计为 76 亿美元，其中美国的份额为 27.5 亿美元，占总额的 36.1%，是缴纳份额最多的国家。基金组织规定，每 5 年对基金份额进行一次普遍检查，如有必要，可对成员国的份额进行调整。

由于基金组织是类似于股份制企业的机构，所以几乎它们的一切活动都与成员国的份额相联系。份额决定成员国的普通提款权和特别提款权分配额，同时也决定投票权。每一成员国都有 250 票基本投票权，另外，每缴纳 10 万美元增加一票投票权。如果一国的份额是 1 亿美元，那么，其投票权就有 1 250 票（250 + 1 000）。按基金组织协议的规定，重大问题须经全体成员国总投票权的 85% 通过才能生效。在基金组织成立之初，美国拥有的投票权约达 23%，目前，仍达 18%，因此，任何重大问题不经美国同意都无法予以实施。针对美国的这种否决权，西欧工业国家曾通过建立"十国集团"予以抗衡，而发展中国家则以建立"二十四国集团"来抗衡。目前，"十国集团"（除美国之外）及"二十四国集团"的投票权均已超过 15%，因此，它们的集体行动也构成对重大提案的否决权。

综上所述，份额十分重要，它决定了基金组织的融资能力，决定了各成员国在基金组织的义务、权利和地位。这也就是为什么发展中国家在国际货币改革过程中一再要求基金组织改变份额的确定办法，增加发展中国家的份额比例及基金

金融学科核心课程系列教材

总份额的原因所在。

（二）向成员国借款

基金组织通过与成员国协商，向成员国借入资金。例如，1962 年 10 月，基金组织根据"借款总安排"（general agreement to borrow），从"十国集团"借入 60 亿美元，以应付英美两国的需要，1968 年后其他国家资金也可利用。1974～1976 年间向石油输出国和发达国家借入 69 亿特别提款权，以解决石油消费国的国际收支困难。此外，基金组织于 1977 年 4 月和 1981 年 5 月分别设立的"补充贷款"和"扩大资金贷款"，其资金来源也是向成员国借款。

（三）出售黄金

基金组织于 1976 年 1 月决定将其所持有黄金的 1/6，即 2 500 万盎司分 4 年按市价出售，以所获得的利润（市价超过 42.22 美元 1 盎司黄金官价部分）中的一部分作为建立"信托基金"的资金来源。

【阅读资料 10.1】

IMF 债券

IMF 债券是指国际货币基金组织（IMF）向成员国政府及其央行发行的债券。2009 年 7 月 1 日，IMF 执行董事会批准向官方部门发行债券的框架。债券以特别提款权标价和计息，最长期限为 5 年，这是 IMF 成立以来首次发行债券。这批债券将以特别提款权为计价单位发行，即由美元、欧元、日元和英镑构成的一篮子货币。每季度按照官方特别提款权利率（上述货币 3 个月期利率的加权平均值）支付利息。这批债券可以在官方部门买卖，但不可向私人部门转让。

（一）IMF 发行债券的背景与框架

IMF 发行债券的建议其实由来已久。早在 20 世纪 80 年代初拉美债务危机时，IMF 章程就批准了其发行债券的框架，但由于种种原因迟迟没有实施。

到目前为止，IMF 融资主要通过了新旧两个借款安排（General Arrangement to Borrow 和 New Arrangement to Borrow，以下称 GAB 和 NAB）。两个协议分别成立于 1964 年和 1998 年，总金额为 185 亿和 340 亿特别提款权（SDR），由相对富裕的国家做出借款承诺，如同提供集体"信用卡"，经过 IMF 之手向危机中的国家提供紧急支援。

此外，作为对 GAB 和 NAB 的补充，2009 年年初 IMF 与日本又单独达成了一项双边借款安排，总金额为 1 000 亿美元（680 亿 SDR）。大约一年前，IMF 开始重提发债的动议，但是当时的主要目的不是为了提供危机救援，而是为了满足其日常开支、解决自身流动资金不足的问题。

2009 年 4 月伦敦 G20 峰会上，与会各国领袖一致通过将 IMF 的融资承诺增加 5 000 亿美元，从而使 IMF 支配的资金总额达到 7 500 亿美元。这 5 000 亿美元主要通过扩充新借款安排（NAB）来实现，也包括了日本提供的 1 000 亿美元双边借款安排。到 5 月初为止，已经落实的金额大概为 3 250 亿美元，其中包括美国承诺的 1 000 亿美元。

然而，以"金砖四国"为首的主要发展中国家，对通过 NAB 向 IMF 提供融资兴味索然。这些国家认为，IMF 的现有决策机制和份额分配没有充分体现发展中国家的实际经济地位，从而要求增资必须与 IMF 改革挂钩。但是，发展中国家份额的增加势必意味着美欧发达国家份额的减少，以往的历史表明，国际政治经济体制的改革有极大的制度"黏性"，IMF 治理结构的改革不会一帆风顺，每进一步都可能以反复的谈判努力和时间作为代价。在这一背景下，如何既不改变 IMF 现有格局又为发展中国家提供增资的渠道，IMF 债券便成为这样一种兼有灵活性和临时性的融资安排。

（二）IMF 债券的特点

发行的主要目的是解决 IMF 增资中的缺口（1 750 亿美元），所以发行量不会太大，具体金额取决于 IMF 与对象国（主要是外汇储备充裕的发展中国家）谈判的结果。目前，中、巴、俄三国已声明认购，印度、韩国和沙特阿拉伯也可能跟进，最终发行金额应该不超过 1 500 亿美元。

现在的讨论中提到两种发行方法：一是 IMF 先把债券发出来，以增加其可支配资金，但实际中不一定有相应的贷款用途；二是相关国家只是先做出认购承诺，但具体发行视 IMF 的实际需要而定。目前存在的多项多边和双边借款安排都属于后一类情形。

作为一种临时性的融资安排，IMF 债券的发行期限不会太长，估计为 12 ~ 18 个月。到期后，IMF 可以视情况续发新债（roll over），而认购方也可视情况增减其金额。

IMF 债券虽然名为"债券"（bond），但实际上更接近于借款（borrowing），因为它仅由 IMF 向各国央行定向发行，私人投资者无法参与，而且不存在二级市场交易。这也意味着，认购方要担负一定的流动性风险，在持有到期前无法将债券变现。这与业已存在的世界银行债券截然不同。

五、国际货币基金组织的业务活动

(一) 资金融通

向成员国提供资金融通，是基金组织的主要职能之一。自基金组织成立之日起，开设了各种各样类型的贷款。总的来看，基金组织贷款的期限有延长的趋势，而成员国向基金组织借款的限额也有增加的趋势。基金组织根据不同的政策向成员国提供资金。对成员国来说，一般不称借款，而称提款（drawing），即有权按所缴纳的份额，向基金组织提用一定的资金，或称购买（purchase），即用本国货币向基金组织申请购买外汇，还款时则以外汇购回本国货币。基金组织贷款条件的中心原则是贷款必须与国际收支前景相结合。它要求受贷国必须制订经济稳定计划和国际收支调节计划，并且制定出分阶段实施的目标。基金组织的贷款不论使用什么货币都按特别提款权计值，不同的贷款期限使用不同的利率，利率随期限的延长而递增，利息用特别提款权交付，同时每笔贷款征收一定手续费。下面，对基金组织的各种贷款作一简单介绍。

1. 储备部分贷款（reserve tranche drawings）

储备部分与信用部分贷款，构成基金组织的普通贷款，是基金组织最基本的贷款。储备部分与信用部分最重要的区别在于，在储备部分贷款下向基金组织借用款项，实际上并未构成对基金组织的债务，因为储备部分贷款的限额为成员国份额的25%，正好等于成员国用特别提款权或可兑换货币向基金组织缴纳的份额。正因为如此，储备部分贷款是无条件的，成员国只需事先通知基金组织便可借用。因此，储备部分借款中未使用的部分，又被视为一国政府的自有储备，列入该国政府的国际储备之中。

2. 信用部分贷款（credit tranche）

信用部分是储备部分贷款之上的普通贷款，其最高限额为份额的100%，共分四档，每档25%，贷款条件逐档严格，利率逐档升高，年限3~5年，多采用备用信贷的形式提供。

除了普通贷款外，基金组织还设立了许多长期性的或临时性的专门贷款，用于成员国特殊情况下的国际收支需要。

3. 进出口波动补偿贷款（compensatory financing facility）

该项贷款设立于1963年。当初级产品出口国由于市场价格下跌、出口收入减少，或谷物进口国因谷物价格上升、进口支付增加而发生国际收支困难时，可向基金组织在普通贷款外申请这项贷款。贷款的最高限额分别为份额的83%

（出口收入减少时或进口支付增加时），两项合计不超过份额的 105%。该项贷款于 1988 年 8 月改名为"进出口波动补偿与偶然性收支困难贷款"（compensatory and contingency financing），它反映了基金制强调该项贷款资助的国际收支困难必须具有临时性、偶然性和不可控制性。

4. 缓冲库存贷款（buffer stock financing facility）

该项贷款设立于 1969 年 6 月。其目的在于帮助初级产品出口国稳定出口商品的国际市场价格。国际缓冲库存是一些初级产品（锡、可可、糖等）生产国根据国际商品协定建立一定数量的存货。当国际市场价格波动时，向市场抛售或买进该项产品以稳定价格，从而稳定出口收入。此项贷款最高可借到成员国份额的 45%，期限 3～5 年。由于此项贷款与上述进出口波动补偿贷款在目的上有密切关系，因此规定两项贷款总额不得超过借款国份额的 105%。

5. 石油贷款（oil facility）

该项贷款是在 1974 年 6 月至 1975 年 4 月为解决因石油涨价引起的石油消费国国际收支困难而设立的一种临时性贷款。资金来源于石油输出国组织和西方工业国家，期限为 3～7 年。至 1976 年 5 月，该项贷款资金已全部贷出，业务告一段落。

6. 中期贷款（extended financing facility）

该贷款又称扩展贷款。是基金组织于 1974 年设立的用于解决成员国较长期的国际收支逆差的专项贷款。如果某成员国的储备部分贷款和 4 个信用部分贷款都提完了仍不能满足需要，接下来只有求助于该项贷款。该项贷款的最高借款额可达成员国份额的 140%，备用安排期限可达 3 年，借贷期限 4～10 年，利率由第一年的 4.375% 递增到第六年的 6.875%。4 年半后开始"购回"，10 年内分 16 次还清。基金组织对该项贷款控制更严，不仅规定了行为准则，而且规定借款国必须实施的具体政策措施。如果借款国不能达到要求，基金组织有权停止贷款。所以，借款国的经济政策受基金组织影响较大。目前只有埃及、海地、牙买加和斯里兰卡使用该项贷款。

7. 信托基金贷款（trust fund facility）

这项贷款设于 1976 年，用于援助发展中国家。基金组织将其持有黄金的 1/6（2 500 万盎司）在 1976 年 7 月至 1980 年 6 月的 4 年内按市价拍卖，以所获利润（市价超过官价的部分）建立一笔"信托基金"，按优惠条件向较穷的发展中国家提供贷款。拍卖分两个阶段进行，第一阶段共售出黄金 1 250 万盎司，利润总额为 13 亿美元。此项贷款从支付后第六年起到第十年的 5 年内分 10 次偿还。贷款的条件是 1973 年按人口平均国民收入低于 300 美元的国家和

1975 年人均国民收入低于 520 美元的国家。我国 1981 年获得这项贷款 3.1 亿特别提款权。

8. 补充贷款（supplementary financing facility）

这项贷款又称"韦特文基金"，设立于 1979 年 2 月，是对中期贷款的一种补充。主要用于帮助成员国解决持续的巨额国际收支逆差问题。资金来源于石油输出国和西方工业国家。共计 100 亿美元，其中石油输出国提供 48 亿美元，有顺差的 7 个工业国家提供 52 亿美元。在成员国遭到严重国际收支不平衡，需要更大数额的资金时，可以申请"补充贷款"，贷款期限为 3 年半到 7 年，每年偿还一次，分期还清，贷款采用备用信贷安排的方式，备用期为 1~3 年，最高借款额可达成员国份额的 140%。该贷款于 1980 年承诺完毕后，基金组织于 1981 年 5 月又设立"扩大借款政策"（enlarged access policy），作为对"补充贷款"的一种继续，其目的和内容与补充贷款相似。1985 年规定 1 年的贷款额度为份额的 95%~115%。3 年的限额为份额的 280%~345%。目前，限额已改为由基金组织视情况逐个确定。

9. 结构调整贷款（structural adjustment facility）和加强的结构调整贷款（enhanced structural adjustment facility）

这两项贷款分别设立于 1986 年 3 月和 1987 年 12 月，旨在帮助国际收支发生持续性逆差的低收入国家调节国际收支。结构调整贷款的最高限额为份额的 70%；加强的结构调整贷款最高限额在一般情况下为份额的 250%，在特殊情况下可超过此限额。一国借款数额的多少除了取决于其国际收支和收入水平外，还取决于该国本身与基金组织的合作程度以及作出的调节努力。借款期限为 10 年，还款必须以分阶段归还的形式进行，从第五年半开始，每半年归还一次，10 年还清。这两项结构调整贷款的资金来源不是成员国认缴的份额，而是信托基金贷款的还款、基金组织的利息收入以及基金组织借款。这两项结构贷款也是基金组织重要的专门贷款。

10. 制度转型贷款（systemic transformation facility）

该项贷款设立于 1993 年 4 月，旨在帮助苏联和东欧国家克服从计划经济向市场经济转变过程中出现的国际收支困难，以及其他同这些国家有着传统的以计划价格为基础的贸易和支付关系的国家克服因贸易价格基础变化而引起的国际收支困难。具体来说，该项贷款主要帮助解决以下三方面性质的国际收支困难：一是由计划价格向市场价格转变引起的收支困难；二是由双边贸易向多边贸易转化引起的收支困难；三是由游离于国际货币体系之外到融入国际货币体系之内的过程中引起的收支困难。贷款的最高限额为份额的 50%，期限为 4~10 年。贷款分两次拨给，第一次为贷款批准后某个商定时间，第二次为第一次提款后 4 ~ 12 个月之内。基金组织认为，20 世纪 90 年代中期是原经互会国家在国际收支方面的最困难时期，因此，希望申请该项贷款的国家须尽早申请使用贷款。在申请时，申请国必须制订一项经济稳定与制度改革方案。内容包括财政货币制度改革及货币稳定计划、阻止资本外逃计划、经济结构改革计划、市场的培育与完善等。第一批贷款拨出后，如果借款国在上述各方面作出了切实有效的努力并与基金组织充分合作，基金组织才提供第二批贷款。

总之，基金组织在提供上述贷款时，要收取手续费或利息。除了储备部分贷款、信托基金、两项结构调整贷款，以及补充贷款和扩大借款政策，是以优惠利率（或仅收取手续费）提供之外，其余几种贷款利率一般在 4% ~ 7%。取决于借款时国际市场的利率水平和成员国借款数额的多少。总的来说，基金组织贷款的利率比商业银行的利率要优惠得多。

（二）汇率监督

汇率监督是基金组织的又一重要职能。根据该组织协议的《第二次修正案》，基金组织实行汇率监督的根本目的是保证有秩序的汇兑安排和汇率体系的稳定，消除不利于发展的外汇管制，避免成员国操纵汇率或采取歧视性的汇率政策以谋取不公平的竞争利益。基金组织在实施汇率监督时所奉行的主要原则有三个方面：

（1）宏观经济政策与汇率的关系问题。基金组织在实施汇率监督的同时，要对一国的财政货币政策实施监督，因为财政货币政策对汇率波动有直接影响，并且财政补贴和税收减免又直接使实际汇率与名义汇率出现差异。基金组织反对成员国利用宏观经济政策、补贴或任何其他手段来操纵汇率以谋取不公平的竞争利益。

（2）复汇率问题。基金组织原则上反对复汇率（包括双重汇率）或任何其他形式的差别汇率政策，但可以有两种情况是例外：一是在加入基金组织时已采用并正在采用复汇率制的国家，可以有一个过渡期。在过渡期内，基金组织将与该成员国密切磋商以尽快恢复单一汇率制。二是在特殊情况下并事先征得基金组织的同意，也可采用复汇率作为一种过渡办法。然而在基金组织的协议中，根本未对"特殊情况"的定义作出说明。从当今基金组织的实践来看，从外汇计划管制向市场调控转变的过程中，复汇率还是被允许的。因为基金组织本身就是建立在市场经济的价值原则上，它鼓励计划经济向市场经济的转变。

（3）货币兑换与稀缺货币问题。基金组织在《国际货币基金协议》第八条中对货币自由兑换有以下定义：任何成员国对其他成员国所持有的本国货币，当其他成员国提出申请时并在满足下列条件的情况下予以购回：①该项货币结存是最近从经常项目往来中获得；②该项兑换是为支付经常项目往来所必需。凡符合这两个条件的成员国，其货币就被基金组织定义为可兑换货币。显而易见，有关自由兑换的定义局限于经常项目范围内。同样，基金组织有关外汇管制的监督范围也局限于经常项目往来之内。

当某种可兑换货币因该国国际收支大量顺差而使基金组织感到该货币的需求日益难以满足时，便宣布该种货币为稀缺货币。此时，基金组织将根据该稀缺货币的来源及有关成员国的需要来进行分配。同时授权各成员国对该稀缺货币的兑换实行临时性限制。即已实行货币自由兑换的国家，并不因对其货币与稀缺货币的兑换实行限制而使其货币自由兑换性的地位受到影响。

基金组织通常采用三种方法实施汇率监督。①要求成员国提供有关经济运行和经济政策方面的资料。包括政府和政府以外机构持有的黄金及外汇资产、黄金产量和黄金买卖、进出口值及国别分布、经常项目和资本与金融项目收支的详细分类收支情况、国民收入、物价指数、汇率、外汇管制情况等。②在研究这些资料的基础上与成员国在华盛顿或成员国国内举行定期和不定期磋商。定期磋商每年举行一到两次，不定期磋商视情况需要而定。磋商的目的有两个：第一，使基金组织能够履行监督成员国汇率政策的责任；第二，有助于基金组织了解成员国的经济发展和政策措施，从而使基金组织能够迅速处理成员国申请贷款的要求。③对各国及全球汇率和外汇管制情况进行评价，评价的内容涉及汇率安排、汇率的确定、外汇管制状况、财政货币政策的运行状况、影响汇率变动的因素及汇率变动的影响等，并每年就评价内容汇集出版《外汇限制及外汇管制年报》。

（三）提供培训咨询等服务

除了贷款业务外，基金组织还对成员国提供包括培训、咨询等在内的服务。基金组织帮助成员国组织人员培训，编辑并出版反映国际经济及国际金融专题的刊物和书籍，以提高成员国有关专业人员的素质。与此同时，基金组织派往各地的人员积极搜集并反馈世界各国的经济金融信息，还以派出代表团的形式，对成员国提供有关国际收支、财政、货币、银行、外汇、外贸和统计等各方面的咨询和技术援助。

六、中国与基金组织的关系

1945 年基金组织成立时，我国是创始会员国之一，1980 年以前，我国在基金组织的席位一直被台湾当局占据。1971 年我国恢复在联合国的合法席位，在联合国各专门机构的合法席位也相继恢复。经过积极交涉，我国政府与基金组织于 1980 年 4 月初在北京达成协议，基金组织执行董事会于同年 4 月 17 日正式通过决议，决定恢复中国的合法席位。中国人民银行是国务院授权主管基金组织事务的机构。中央银行行长和主管国际业务的副行长任基金组织正、副理事、临时委员会成员，由此中国人民银行与基金组织建立了良好的合作关系。我国加入基金组织时缴纳的份额合 5.5 亿特殊提款权，但由于台湾当局占据中国席位时，在多次份额总检查中一直没有增加在基金组织中的份额，致使我国份额从原来的第三位下降到第十六位。1980 年 4 月我国恢复在基金组织的合法席位时，与基金组织商定把我国的份额从 5.5 亿特别提款权提高到 18 亿特别提款权。在 1983 年第八次份额总检查中，我国份额从 18 亿特别提款权增加到 23.9 亿特别提款权。1992 年第九次份额总检查中，我国的份额增加到 33.852 亿特别提款权，占基金总份额的 2.35%，在所有成员国中排名第十一位，我国在基金组织理事会中的投票权占 2.29%。2001 年 2 月 5 日，中国份额增至 63.692 亿特别提款权，占总份额的 2.98%，升至第八位，投票权也增加至 2.95%，中国也由此获得了在 IMF 单独选区的地位，从而有权选举自己的执行董事。2008 年基金组织改革之后，中国份额增至 80.901 亿特别提款权，所占份额仅次于美、日、德、英、法五大股东国，投票权上升到 3.65%。2016 年 1 月 27 日，基金组织宣布其 2010 年份额和治理改革方案已正式生效，这意味着中国正式成为基金组织第三大股东。基金组织的《董事会改革修正案》从 1 月 26 日开始生效，该修正案是基金组织推进份额和治理改革的一部分。根据方案，约 6% 的份额向有活力的新兴市场和发展中国家转移，中国份额占比从 3.996% 升至 6.394%，排名从第六位跃居第三，仅次于美国和日本。中国、巴西、印度和俄罗斯 4 个新兴经济体均跻身基金组织股东行列前十名。

这些年来，我国不断增强与基金组织的业务往来，包括获取贷款、接受培训、参加会议、接受基金组织出版物等，但与其他发展中国家相比，我国利用基金组织的资金并不多。

第三节　世界银行集团

世界银行，也称国际复兴开发银行，它与国际货币基金组织一样是布雷顿森林会议的成果。世界银行下属两个机构，即国际开发协会和国际金融公司，三者统称世界银行集团。

一、世界银行

（一）世界银行的成立及其组织机构

世界银行是1944年7月布雷顿森林会议后与国际货币基金组织同时产生的另一个国际金融机构，它于1945年12月正式建立，于1946年6月开始营业。世界银行总部在华盛顿，它也是联合国的一个专门机构。根据有关规定，世界银行的宗旨是：第一，对用于生产目的的投资提供便利，以协助会员国的复兴与开发，并鼓励不发达国家生产与资源的开发；第二，以担保或参与私人贷款和私人投资的方式，促进私人对外投资；第三，用于鼓励国际投资以开发会员国生产资源的方法，促进国际贸易的长期平衡发展，维持国际收支平衡；第四，在提供贷款担保时，应与其他方面的国际贷款相配合。可以看出，世界银行的主要目标是向发展中国家提供长期贷款，以促进该国的资源开发和经济发展。根据协定，凡参加世界银行的国家必须是国际货币基金组织的会员国；但基金组织的会员国不一定都要参加世界银行。

世界银行是按股份公司的原则建立起来的金融机构，凡会员国均须认购该行的股份，世界银行的组织机构与国际货币基金组织相似，其最高权力机构是理事会，理事会由各会员国选派一名理事和一名副理事组成，任期五年，连选可以连任。副理事只有在理事缺席时，才有投票权。各会员国一般都委派其财政部部长、中央银行行长或其他地位相当的高级官员担任世界银行理事或副理事。理事会的主要职权是：批准接纳新会员国；决定普遍地增加或者调整会员国应缴股本；决定银行净收入的分配以及其他重大问题。理事会通常在每年9月间与基金组织一起举行一次年会，必要时可召开特别会议。在平时，理事会授权执行董事会代行各项职权。

执行董事会是世界银行负责处理日常事务的机构，世界银行现有执行董事21人，任期2年，其中5人是常任执行董事，由持有股份最多的美、英、德、日、法 5 国指派。我国恢复合法席位后，单独选派 1 名，其余 15 人则由其余会员国按地区分组联合推选。执行董事会选举 1 人为行长和执行董事会主席，主持日常事务，但无投票权，只在执行董事会表决中双方票数相当时，才可以投决定性的一票。

（二）世界银行资金的来源

世界银行资金来源主要由四部分组成，包括会员国交纳的股金、对外借款、出让债权及利润收入。

1. 会员国交纳的股金

世界银行建立之初，法定资本为 100 亿美元，分为 10 万股，每股 10 万美元。各会员国认缴股金总额为 76 亿美元，实交股金为认缴股金的 20%（其中 2% 需以黄金或美元交纳，其余 18% 用本国货币交纳），其余 80% 为待催交股金。随着会员国的增加以及三次增资，1959 年起，各会员国实缴股金降为 10%（其中 1% 需以黄金或美元交纳，其余 9% 用本国货币交纳），其余 90% 为待催缴股金。1981 年起，各会员国实缴股金又降为 7.5%（其中 0.75% 用可自由兑换货币交纳，其余 6.75% 用本国货币交纳），其余 92.5% 为待催交股金。经多次增资，各会员国股金的多少，由世界银行根据该国经济金融状况，并参照其在基金组织中交纳份额的大小而定。会员国的投票权与认交股金成正比。美国一直是股金认交最多的国家，所以它的投票权最大。

2. 对外借款

即在国际金融市场上发行债券。由于世界银行自有资本有限，不能满足其业务活动的需要，因此，资金主要来自于向国际金融市场借款，特别是在资本市场发行中长期债券。在 20 世纪 60 年代以前，世界银行的债券主要在美国的债券市场上发行，以后随着西欧和日本经济实力的增强，逐渐推广到联邦德国、瑞士、日本和沙特阿拉伯等国家。债券的偿还期从 2 年到 25 年不等，利率依国际市场行情而定，但由于世界银行信誉较高，所以利率要低于普通公司债券和某些国家的政府债券。自 20 世纪 80 年代中期以来，世界银行每年在国际金融市场的债券总额都接近或超过 100 亿美元。实际上，目前世界银行是世界各主要资本市场上的最大非居民借款人。除了在国际资本市场上发行债券以外，世界银行也直接向会员国的政府、中央银行等机构发行中、短期债券筹集资金。

3. 出让债权

为了提高银行资金的周转能力，世界银行将其所贷出款项的债权出让给私人投资者，主要是商业银行，这样可以收回一部分资金，扩大其贷款资金的周转能力。

4. 利润收入

世界银行历年业务活动中的营业利润也是资金来源之一，由于该行信誉卓著、经营得法，每年利润相当可观，年净利润均在 10 亿美元以上。

（三）世界银行的业务活动

世界银行最主要的业务是向发展中国家提供长期贷款，此外还提供技术援助等服务项目。

1. 贷款业务

世界银行成立之初的贷款重点在欧洲，20 世纪 50 年代以后重点转向亚、非、拉等发展中国家。当前世界银行的贷款已成为发展中国家发展经济的一条较为重要的资金渠道。世界银行的贷款重点一向是各种基础设施，近年来又逐渐增加了能源开发、农业、公用事业和文教卫生等福利事业的项目贷款。另外，自 20 世纪 80 年代以来，世界银行也设立了结构调整贷款，协助发展中国家解决因国际收支失衡而引起的经济调整问题。

世界银行贷款政策非常严格。根据世界银行协定，贷款对象只能是会员国，并主要给予中等收入水平的国家，接受贷款的部门只能是会员国政府，或必须经会员国政府、中央银行担保的公私机构。贷款一般需用于银行批准的特定项目，包括交通、运输、农业、教育等，只有在特殊情况下，银行才发放非项目贷款。只有申请贷款国确实不能以合理的条件从其他方面取得贷款时，银行才考虑给予贷款。同时，贷款只贷给有偿还能力的会员国。

世界银行贷款期限较长，从 5 年到 30 年不等，宽限期 4 年左右，宽限期内只付息不还本。贷款利率参照资本市场利率，但一般低于市场利率，采取固定利率；对贷款收取的费用很少，只对签约后未支用的贷款额收取一定的承诺费；贷款一般需与特定工程项目相联系，银行一般只提供项目所需的外汇资金，项目采取国际招标；贷款以美元计值，借款国借款货币与还款货币币种相同，并需承担该货币与美元的汇价变动风险；贷款必须如期归还。

申请世界银行贷款要遵循严格的程序。一般来说，世界银行首先要对申请借款国的经济结构现状和前景进行调查，以便确定贷款项目，然后还要派出专家小组对已确定的项目进行评估，最后才举行贷款谈判，并签署借款协议、担保协议等有关法律文件。贷款执行后还要接受世界银行的监督，世界银行在贷款后进行总结性评估，作为下一轮贷款的依据。

20 世纪 80 年代以来世界银行设立了结构调整贷款，贷款的对象不是某个特定项目，而是用以支持发展中国家解决国际收支困难而进行的经济调整，并促进其宏观或部门经济政策的调整和机构改革。调整贷款分为结构调整贷款和部门调整贷款两大类，前者是指跨越各个经济部门进行结构调整的贷款，而后者是以其中某个经济部门为对象进行的贷款。

自 20 世纪 70 年代以来，为了适应发展中国家不断增长的资金需求，世界银行发展了一种新的贷款方式即联合贷款（co-finacing），向会员国融通资金。这种贷款类似银团贷款，它由世界银行与官方的双边援助机构或多边援助机构、官方支持的办理出口信贷的机构、商业银行联合对某个项目贷款，并用项目收益偿还贷款。这样做，一方面可以减轻世界银行本身资金的压力，增加贷款资金的来源；另一方面也增加商业银行贷放资金的安全感。同时，在利率、期限等条件上可进行一定范围内的调整。这种方式的贷款近年来越来越多，占贷款中的比例也大大增加。

2. 技术援助

向会员国提供技术援助也是世界银行业务活动的重要组成部分。这种技术援助往往是与贷款结合在一起的，该行派出人员、专家帮助借款国进行项目的组织和管理，提高项目资金使用效益。世界银行还设立由该行直接领导的一所经济发展学院，其任务主要是为发展中国家培训中高级管理干部。世界银行也经常帮助会员国制订社会经济发展计划，并为某些特殊问题提供咨询意见和解决方案。

（四）中国与世界银行的关系

与国际货币基金组织一样，世界银行建立时，中国也是创始会员国之一。新中国成立后，直到 1980 年 5 月 15 日，世界银行执行董事会才通过恢复我国在世界银行代表权的决定，我国也向世界银行派出了理事与副理会。

我国与世界银行的业务往来要比国际货币基金组织多，这是由世界银行业务性质所决定的。中国是迄今为止世界银行贷款项目最多的国家。世界银行贷款项目涉及国民经济的各个部门，遍及中国的大多数省、市、自治区，其中基础设施项目（交通、能源、工业、城市建设等）占贷款总额的一半以上，其余资金投向农业、社会部门（教育、卫生、社会保障等）、环保以及供水和环境卫生等项目，所有这些项目对于减少贫困都发挥着直接或间接的作用。中国也是执行世界银行贷款项目最好的国家之一。

二、国际开发协会

（一）国际开发协会的成立及组织机构

国际开发协会是世界银行的一个附属机构，是专门向低收入发展中国家发放优惠长期贷款的国际金融组织。国际开发协会成立于 1960 年 9 月，同年 11 月开始营业，会址设在美国华盛顿。国际开发协会的宗旨是：对落后国家给予条件较宽、期限较长、负担较轻，并可用部分当地货币偿还的贷款，以促进这些地区的经济发展，提高生产力和生活水平。

只有世界银行的会员国，才能成为国际开发协会的会员国。协会的会员国分两组，第一组是高收入和工业发达的国家，约占总数的 1/6，第二组为亚洲、非洲和拉丁美洲的发展中国家。会员国在理事会的投票权大小与其认缴的股本成正比。协会成立初期规定，每个会员国拥有基本票 500 票，另外每认缴股金 5 000 美元增加一票。以后在协会第四次补充资金时每个会员国有 3 850 票，另外每认股 25 美元再增加一票。和其他国际金融机构一样，美国认缴的股本最大，投票权最多。1980 年 5 月，我国同时恢复了在国际开发协会的合法席位。

（二）国际开发协会的资金来源

国际开发协会的资金来源主要有六个方面。

1. 会员国认缴的股本

协会原定的法定资本为 10 亿美元，其中第一组国家（高收入国家）为 7.6 亿美元，第二组国家为 2.4 亿美元。第一组国家的资本额需以黄金或可自由兑换的外汇上缴，第二组国家（亚洲、非洲和拉丁美洲的发展中国家）的资本额，10% 以黄金或自由兑换的外汇上缴，其余 90% 可以本国货币上缴。以后随着会员国的增加，总资本进行了多次增资，截至 1994 年，会员国认缴的资本额为 1 130 亿美元。

2. 第一组会员国提供的补充资金

由于会员国缴纳的资本不能满足会员国的信贷需要，同时协会又规定不得依靠在国际金融市场发行债券来筹集资金，所以国际开发协会需要会员国政府来不断提供补充资金，其中绝大部分是第一组会员国捐助的，此外，瑞士和阿拉伯联合酋长国也提供过补充资金。自协会成立以来已多次补充资金，总额超过 100 亿美元。

3. 世界银行拨款

从 1964 年至今，世界银行从其净收入中总共拨出了约 23 亿美元，作为国际开发协会的贷款资金来源。

4. 协会本身的营业收入

由于国际开发协会的信贷十分优惠，所以净收入很少。

5. 特别基金

国际开发协会于 1982 年 10 月设立了一项特别基金，该资金由开发协会的会员国捐款组成，以补充其贷放的正常资金。

6. 非洲基金

1985 年 5 月，国际开发协会设立了一项非洲基金，该资金由世界银行及其他捐款国捐款组成，用于撒哈拉以南非洲地区。

（三） 国际开发协会的业务活动

国际开发协会的主要业务活动是向较贫穷的发展中国家提供贷款。这些国家的人均收入不足 400 美元（按 1984 年美元计算）。贷款按规定可贷给政府或公私企业，但实际上只贷给会员国政府。开发协会的贷款称为信贷（credit），以区别于世界银行提供的贷款（loan），其特点是贷款条件极其优惠。贷款期限长达 50 年，平均 40 年左右。不收利息，对已支付额每年仅收取 0.75% 的手续费，对未付贷款每年收 0.5% 的承诺费。第一个 10 年不必还本，从第二个 10 年起，每年还本 1%，其余 30 年，每年还本 3%。贷款可全部或部分用本国货币偿还。贷款主要用于农村建设、农业、交通运输、通信、教育、能源等基本建设。开发协会的贷款程序，与世界银行的要求相同。

小思考 10.2

你认为业务收入会成为国际开发协会的主要资金来源吗？

答：不会。因为国际开发协会的宗旨在于向经济欠发达国家或地区的成员国提供比世界银行条件更优惠、期限更长的贷款，以促进这些成员国经济的发展，改善国民的生活，所以该协会提供信贷的条件非常优惠，所以业务收入为数很少，不会成为其主要资金来源。

三、国际金融公司

（一） 国际金融公司的成立及组织机构

国际金融公司成立于 1956 年，总部设在华盛顿，也是世界银行的一个附属机构。国际金融公司是一个专门对会员国私人企业发放贷款的金融机构，其宗旨是对发展中国家会员国私人企业的新建、改建和扩建提供贷款资金，促进发展中国家中私人经济的增长和国内资本市场的发展。按协定只有世界银行的

金融学科核心课程系列教材

会员国才能参加国际金融公司。国际金融公司的组织结构与世界银行一样，最高决策机构是理事会，并设有管理日常业务的执行董事会。公司的正副理事、正副执行董事都由世界银行的正副理事和正副执行董事兼任。公司的经理则由世界银行行长兼任，其余内部机构人员也多数由世界银行的相应机构的人员兼管和兼任。

（二）国际金融公司的资金来源

1. 会员国交纳的股金

国际金融公司成立时的总资本为 1 亿美元，分 10 万股，每股 1 000 美元。认缴股份应以黄金或可兑换外汇缴付。每一会员国有基本票数 250 票，此外每增认一股，增加一票。国际金融公司成立以后，也进行了多次增资活动，资本总额目前达 20 亿美元左右。其中美国认缴的股金最多。

2. 对外借款

向世界银行借款是国际金融公司资金的一个重要来源，向世界银行借入的资金只能用于贷款业务。从个别国家借入的资金可用于公司协定条款授权的任何业务。此外，公司还通过国际金融市场发行债券筹措资金，用途不限。

3. 业务经营的净收入

由于国际金融公司一直主要资助于小而穷的会员国，所以业务经营收入数量有限。

（三）国际金融公司的业务活动

国际金融公司最主要的业务就是对发展中国家私营企业的融资，并无须会员国政府为贷款偿还提供担保。贷款规模一般不大，且一般只对中小型私营企业贷款，在融资时往往采取贷款与资本投资结合的方式，即购买借款方的公司股票，但是国际金融公司并不参与其投资企业的经营管理活动，而且国际金融公司通常与私人投资者共同对会员国的私营生产性企业进行联合投资，从而起到促进私人资本在国际范围流动的作用。国际金融公司的贷款期限一般为 7～15 年，还贷时需用原借入的货币，贷款的利息率不统一，视投资对象的风险和预期收益而定，一般要高于世界银行贷款。对于未提取的贷款资金，国际金融公司每年收取 1% 的承诺费。此外，近年来国际金融公司的业务越来越多样化。公司积极向一些发展中国家的企业提供市场信息及管理方面的技术援助，并参与发展中国家国有企业私有化企业改组活动。同时向重债国提供关于债务转换为股本、债务资本化方面的意见，帮助这些国家缓和危机。

四、多边投资担保机构

多边投资担保机构是世界银行集团最新的成员，创建于 1988 年，该机构的任务是通过减少非商业投资障碍鼓励股本投资和其他直接投资流入发展中国家。为执行上述使命，多边投资担保机构向投资者提供非商业风险的担保；为设计和执行与外国投资有关的政策、规划以及程序提出建议；就投资问题在国际商业界与有关国家政府之间发起对话。

多边投资担保机构对以下 4 类非商业性风险提供担保：①由于投资所在国政府对货币兑换和转移的限制而造成的转移风险。②由于投资所在国政府的法律或行政行动而造成投资者丧失其投资所有权、控制权的风险。③在投资者无法进入主管法庭，或这类法庭不合理的拖延或无法实施这一项已作出的对他有利的判决时，政府撤销与投资者签订的合同而造成的风险。④武装冲突和国内动乱造成的风险。

多边投资担保机构政策与咨询服务的范围从研究和技术援助到与有关国家政府联合发起召开促进投资的会议。国际金融公司和多边投资担保机构合作开发这项服务，这种服务旨在为发展中成员国制定投资法、政策和规划提供咨询和技术援助。

五、解决投资纠纷国际中心

解决投资纠纷国际中心是世界银行下属的非财务机构。它是根据解决国家与其他国民之间的投资争端公约而于 1966 年建立的机构。我国于 1990 年 2 月在该公约上签字。解决投资纠纷国际中心的任务是调节和仲裁政府和外国投资者之间的纠纷，从而使国际投资更多地流向发展中国家。为了推动其促进投资目标的实现，它还在外国投资法领域开展了一系列的研究和出版工作。

解决投资纠纷国际中心的外国投资法出版物包括半年度法律刊物《解决投资纠纷国际中心评论——外国投资法刊物》以及世界投资法和投资条约汇编多册。

小思考 10.3

世界银行与世界银行集团是否相同？

答：不同，世界银行仅指国际复兴开发银行和国际开发协会。世界银行集团包括世界银行、国际开发协会、多边投资担保机构和解决投资争端国际中心等五个机构。这五个机构分别侧重于不同的发展领域，但都运用其各自的比较优势，协力实现共同的最终目标——减轻贫困。世界银行只是世界银行集团的一个组成部分。

金融学科核心课程系列教材

第四节　区域性国际金融机构

区域性经济一体化是 20 世纪 60 年代以来世界经济发展的重要特征。区域性国际金融机构的成立对促进本地区的贸易和投资增长以及区域内各成员国的经济发展起到了巨大作用。它们更注重本地区的实际，有着全球性国际金融机构不可替代的优势，并与全球性国际金融机构、各国金融机构互相配合，共同促进世界经济的发展。本节主要介绍国际清算银行、亚洲开发银行、非洲开发银行和亚洲基础设施投资银行。

一、国际清算银行

（一）国际清算银行的成立及组织机构

国际清算银行于 1930 年 5 月根据同年 1 月签订的海牙国际协定，由英国、法国、意大利、德国、比利时、日本的中央银行组成的银行团联合组成，行址设在瑞士的巴塞尔。国际清算银行成立的目的是用来处理第一次世界大战后德国对协约国赔款的支付和处理德国赔款的"杨格计划"有关的清算等业务问题。后来欧洲其他各国以及澳大利亚、加拿大和南非的中央银行也相继参加。目前参加国际清算银行的有 30 个国家的中央银行，美国仍由银行集团。随着战争赔偿问题的解决，国际清算银行的宗旨定为促进各国中央银行的合作，为国际金融活动提供更多的便利，在国际金融清算中充当受托人或代理人。

国际清算银行的最高权力机构是股东大会，股东大会每年举行一次，由认购该行股票的各国中央银行派代表参加。董事会是国际清算银行的实际领导机构。董事会总数不超过 21 人。董事会成员选举董事会主席，并任命国际清算银行总裁。第二次世界大战以后，这两个职位一直由一人兼任。董事会下设经理部、货币经济部、秘书处和法律处。

（二）国际清算银行的资金来源

1. 成员国交纳的股金

国际清算银行建立时，法定资本为 5 亿金法郎。金法郎是 1865 年法国、瑞士、比利时等国成立拉丁货币同盟时发行的一种金币。含金量为 0.29032258 克。金法郎为记账单位，含金量至今不变。后来随着银行规模的扩大，其股票也在市场上交易，持股者包括与该行有业务关系的其他国家中央银行或金融机构，以及在市场上购进该行股份的私人。所有股东在分享该行利润方面都享有同等权利，但是私人持股者没有代表权和投票权。近年来，私人持股的数量和比重均有所下降，85%以上的股份是掌握在有关国家中央银行手中。

2. 向成员国借款

国际清算银行可向各成员国中央银行借款，以补充其自有资金的不足。

3. 吸收存款

该行也与一些国家大商业银行往来，并吸收客户存款。

（三）　国际清算银行的业务活动

办理各国中央银行之间的国际结算是清算银行的主要业务。目前约有近90个国家的中央银行在国际清算银行开有存款账户，存有大量的外汇储备及黄金。国际清算银行一定程度上充当了中央银行的银行及结算机构。此外，国际清算银行还办理存款、贷款、贴现业务及黄金、外汇、有价证券买卖等业务。受许多国际组织委托，国际清算银行还担当了其金融代理人。各国中央银行充分利用每年一次的该行巴塞尔年会，在会上讨论世界经济与金融形势，探讨如何协调各国宏观政策和维持国际金融市场的稳定等重大问题。该行定期编写的金融统计资料也有较大的权威性。

我国自1984年起就与国际清算银行建立了银行业务方面的联系，并以观察员身份几次参加该行年会。自1985年起，国际清算银行已开始向中国提供贷款。1996年9月9日，中国人民银行正式成为国际清算银行成员，并与1996年11月认缴了3 000股的股本，实缴金额为3 879万美元。2005年6月1日，经追加购买，中国共有该行4 285股的股本。2006年7月，中国人民银行周小川行长出任国际清算银行董事。通过加入国际清算银行，开辟了中国人民银行与各国中央银行合作的新渠道。

小思考10.4

假设某两个国际清算银行成员国的中央银行发生了资金往来，两者之间的资金清算可以通过什么方式完成？

答：由于两国均为国际清算银行的成员国，都在国际清算银行开立有存款账户，那么就可以通过国际清算银行调增或调减双方存款账户上的余额完成两国央行的资金清算。

二、亚洲开发银行

（一）亚洲开发银行的成立及组织机构

亚洲开发银行（简称亚行）是面向亚洲和太平洋地区的政府间多边开发银行机构。它根据联合国亚洲及太平洋经社委员会的决议，于 1966 年 11 月建立，并于同年 12 月开始营业。总部设在菲律宾首都马尼拉。亚行的宗旨是，向会员国发放贷款、进行投资和技术帮助，并同联合国及其专门机构进行合作，协调会员国在经济、贸易和发展方面的政策，促进亚太地区的经济繁荣。

根据规定，凡属于联合国亚太经社委员会的会员国和准会员，以及参加联合国或联合国专门机构的非本地区经济发达国家，均可以加入亚行。亚行的会员国除亚洲和太平洋地区的发达和发展中国家和地区以外，还有英国、德国、荷兰等十几个欧洲发达国家。亚行成立时，台湾当局以中国名义参加。1986 年 2 月 17 日，亚行理事会通过决议，接纳我国加入该行，同年 3 月 10 日，我国成为亚行正式成员，台湾作为中国台北地区会员留在亚行。

亚行由理事会、董事会、行长和众多业务机构等构成。理事会是亚行的最高决策机构，由亚行每个成员国指派理事和副理事各一名组成，理事大多由会员国的财政部部长或中央银行行长担任。理事会每年举行一次年会，即亚行理事会年会。理事会对重要事项以投票表决方式作出决定。并需有 2/3 以上的多数票才能通过。亚行的每个会员国均有 778 票基本投票权，另外每增加认股 1 万美元增加 2 票。理事会下设董事会负责亚行的日常事务，董事会由理事会选举产生，任期两年，由 12 名董事构成，其中本地区会员国选举 8 名，非本地区会员国选举 4 名。亚行的行长由理事会选举产生，并担任董事会主席，是亚行的最高行政负责人，行长必须是本地区会员国的公民，自建行以来一直由日本人担任。

（二）亚洲开发银行的资金来源

1. 普通资金

普通资金是亚行最主要的资金来源，主要由会员国认缴的股金或来自国际金融市场及国家政府的借款组成。亚行建立时法定股本为 10 亿美元，分为 10 万股，每股 1 万美元。股本分为实缴股本和待缴股本，两者各占一半，实缴股本分 5 次缴付，每次上缴 20%，每次缴纳金额的一半以黄金或可自由兑换外汇来支付，其余以本国货币来支付。经理事会决议，亚行的股本可以增加。日本是亚行

的最大出资者，美国次之，我国居第三位。借款也是亚行的重要资金来源，亚行
在主要国际资本市场发行长期债券筹集资金，也向会员国政府、中央银行以及其
他国际金融机构借入款项，有时还向国际商业银行直接借款。此外，亚行的营业
收入，也构成普通资金来源。

2. 特别基金

一是亚洲开发基金，设立于 1974 年 6 月，由发达国家出资，用于对亚太地
区的贫困会员国发放优惠贷款。二是技术援助特别基金，设立于 1967 年，也由
各国的自愿捐赠和从股本中的拨款组成，为低收入的会员国提供长期低息贷款。
三是日本特别基金，设立于 1988 年 3 月，主要用于以赠款形式对会员国进行技
术援助，或者通过单独或联合的股本投资支持会员国私营经济的发展项目。

（三）亚洲开发银行的业务活动

1. 贷款业务

贷款对象为亚行成员国或地区。亚行的贷款有软贷款和硬贷款之分。软贷款
即优惠贷款，提供给贫困会员国，贷款期限 40 年，不收利息，仅仅收取 1% 的手
续费。硬贷款的利率是浮动的，每半年调整一次，期限一般为 10 ~ 30 年，含 2 ~
7 年的宽限期。除了通常的贷款业务外，亚行还组织联合贷款，与其他官方或私
人投资者一道为会员国的开发项目或规划提供融资。

2. 提供技术援助

技术援助有多种形式：项目准备技术援助、项目执行技术援助及咨询性技术
援助。此外，亚行对涉及区域性发展的重大问题，还提供资金，举行人员培训班
和区域经济发展规划研讨会等。亚行的技术援助主要是以贷款方式提供资金，也
有一部分以赠款或联合贷款的形式提供。

中国于 1986 年加入亚洲开发银行，双方在发展经济、消除贫困、保护环境
等方面开展了广泛的合作。到 2013 年，中国已是亚行世界范围内第二大借款国、
技术援赠款的第一大使用国以及第三大股东。

三、非洲开发银行

（一）非洲开发银行的成立及组织机构

1960 年第一届非洲人民大会提出了关于成立非洲开发银行的建议，1963 年 8
月在喀土穆举行的非洲国家财政部部长会议上通过了成立非洲开发银行的协定。
1964 年 9 月，该行宣告正式成立，行址设在科特迪瓦首都阿比让，1966 年 7 月，

非洲开发银行正式开业。非洲开发银行（简称"非行"）的宗旨是向非洲会员国提供贷款和投资，以及技术援助，充分利用本大陆的人力和自然资源，以促进各国经济的协调发展和社会进步，从而尽快改变本大陆贫穷落后的面貌。

非行由理事会、董事会、行长及业务机构组成。非行的最高权力机构为理事会，由各成员国指派一名理事，理事一般由各国财政部部长或中央银行行长担任。理事会每年召开一次会议，以投票方式对重大事项作出决定。每个理事的投票表决权根据会员国缴付股本的多少来计算。入股后会员国在理事会的基本票为625票，另外，每出资一股增加一票。理事会选出18名成员组成董事会，其中非洲国家董事12名，任期3年、董事会每月举行一次会议，决定日常重大事项。董事会选举非行的行长，即董事会主席，任期5年，在董事会指导下安排非行的日常业务工作。

为了扩大资金来源，非行先后成立了四个下属机构：一是非洲投资开发国际金融公司。该公司成立于1970年11月，总公司设在日内瓦，目的是动员国际私人资本建设和发展非洲的生产性企业。二是非洲开发基金。非洲开发基金设立于1972年7月，由非行和非行以外22个发达国家出资，1973年8月开始营业。该基金主要向非洲最贫困的会员国的发展项目提供长期无息贷款。三是尼日利亚信托基金。1976年2月非行和尼日利亚政府共同建立了该基金，同年4月开始业务活动，由尼日利亚政府出资，而非行负责经营管理，向会员国提供项目贷款。四是非洲再保险公司。该公司由非行投资建立，1978年1月开始营业。公司的目标是加速发展非洲的保险业，通过投资和提供保险等技术援助，促进非洲国家的经济自立和加强区域性合作。总公司设在尼日利亚首都拉各斯。

（二）非洲开发银行的资金来源

1. 各国认缴的股金

非行成立之初，只有除南非以外的非洲国家才能加入非行。为了广泛吸收资金和扩大非行的贷款能力，非行理事会在1980年5月通过决议接纳非行以外的国家入股。目前非行的成员除50个非洲国家外，还有25个区外国家。各会员认缴资本的50%为实缴资本，分6次缴付，另外50%待缴资本，在必要时由非行催缴。会员国首次缴纳股金需以黄金或自由兑换外汇，其余各次缴付方式由非行理事会决定。会员国缴付待缴资本时，可用黄金、自由兑换外汇和非行履行债务所需的其他货币。

2. 下属机构的营运资金

四个下属机构的资金也可用于贷款用途。

（三）非洲开发银行的业务活动

非行经营的业务为普通贷款业务和特别贷款业务。普通贷款业务是该行用普通股本资金提供的贷款和担保偿还的贷款，特别贷款业务是用非行规定专门用途的特别基金开展的优惠贷款业务。

非洲开发银行自成立以来，特别是 20 世纪 80 年代以后，业务发展非常迅速。非行的贷款主要用于农业、交通运输、公用事业、工业和金融部门，对非洲经济的发展作出了应有的贡献。

我国于 1984 年 11 月正式提出加入非行的申请。1985 年 2 月，我国作为非本地区国家，根据非行章程，先向非洲开发基金捐赠了资金，然后按承诺额向非行认缴股本，办理了有关法律手续。1985 年 5 月 10 日非行年会期间，我国被正式接纳为非洲开发基金和非行的成员，在政治上和经济上产生了深远的影响。

四、亚洲基础设施投资银行

（一）创立背景

亚洲经济占全球经济总量的 1/3，是当今世界最具经济活力和增长潜力的地区，拥有全球六成人口。但因建设资金有限，一些国家铁路、公路、桥梁、港口、机场和通信等基础建设严重不足，这在一定程度上限制了该区域的经济发展。各国要想维持现有经济增长水平，内部基础设施投资至少需要 8 万亿美元，平均每年需投资 8 000 亿美元。8 000 亿美元中，68% 用于新增基础设施的投资，32% 是维护或维修现有基础设施所需资金。现有的多边机构并不能提供如此巨额的资金，亚洲开发银行和世界银行也仅有 2 230 亿美元，两家银行每年能够提供给亚洲国家的资金大概只有区区 200 亿美元，都没有办法满足这个资金的需求。由于基础设施投资的资金需求量大、实施的周期很长、收入流不确定等的因素，私人部门大量投资于基础设施的项目是有难度的。另一方面，中国已成为世界第三大对外投资国，中国对外投资 2012 年同比增长 17.6%，创下了 878 亿美元的新高。而且，经过 30 多年的发展和积累，中国在基础设施装备制造方面已经形成完整的产业链，同时在公路、桥梁、隧道、铁路等方面的工程建造能力在世界上也已经是首屈一指。中国基础设施建设的相关产业期望更快地走向国际。但亚洲经济体之间难以利用各自所具备的高额资本存量优势，缺乏有效的多边合作机制，缺乏把资本转化为基础设施建设的投资。

2013 年 10 月 2 日，中华人民共和国主席习近平在雅加达同印度尼西亚总统苏西洛举行会谈,习近平倡议筹建亚洲基础设施投资银行(简称亚投行),促进本地区互联互通建设和经济一体化进程,向包括东盟国家在内的本地区发展中国家基础设施建设提供资金支持。新的亚投行将同域外现有多边开发银行合作,相互补充,共同促进亚洲经济持续稳定发展。苏西洛对中方倡议筹建亚投行作出了积极回应。同月,中华人民共和国国务院总理李克强出访东南亚时,紧接着再向东南亚国家提出筹建亚投行的倡议。截至 2015 年 12 月 25 日,包括缅甸、新加坡、文莱、澳大利亚、中国、蒙古国、奥地利、英国、新西兰、卢森堡、韩国、格鲁吉亚、荷兰、德国、挪威、巴基斯坦、约旦等在内的 17 个意向创始成员国(股份总和占比 50.1%)已批准《亚洲基础设施投资银行协定》(以下简称《协定》)并提交批准书,从而达到《协定》规定的生效条件,即至少有 10 个签署方批准且签署,初始认缴股本总额不少于总认缴股本的 50%,亚投行正式成立。银行法定股本为 1 000 亿美元,分为 100 万股,每股的票面价值为 10 万美元。

(二) 宗旨和职能

1. 宗旨

通过在基础设施及其他生产性领域的投资,促进亚洲经济可持续发展、创造财富并改善基础设施互联互通;与其他多边和双边开发机构紧密合作,推进区域合作和伙伴关系,应对发展挑战。

2. 职能

推动区域内发展领域的公共和私营资本投资,尤其是基础设施和其他生产性领域的发展;利用其可支配资金为本区域发展事业提供融资支持,包括能最有效支持本区域整体经济和谐发展的项目和规划,并特别关注本区域欠发达成员的需求;鼓励私营资本参与投资有利于区域经济发展,尤其是基础设施和其他生产性领域发展的项目、企业和活动,并在无法以合理条件获取私营资本融资时,对私营投资进行补充;并且,为强化这些职能开展的其他活动和提供的其他服务。

(三) 业务对象及方法

银行可以向任何成员或其机构、单位或行政部门,或在成员的领土上经营的任何实体或企业,以及参与本区域经济发展的国际或区域性机构或实体提供融资。在特殊情况下,银行可以向其他的业务对象提供援助,前提是理事会经超级多数投票通过:(1)确认该援助符合银行的宗旨与职能以及银行成员的利益;(2)明确可以向业务对象提供的融资支持类别。

银行可以下列方式开展业务:直接贷款、联合融资或参与贷款;参与机构或企业的股权资本投资；作为直接或间接债务人，全部或部分地为用于经济发展的贷款提供担保；根据特别基金的使用协定，配置特别基金的资源；提供技术援助；理事会经特别多数投票通过决定的其他融资方式。

关 键 词 汇

国际金融机构　国际货币基金组织　世界银行　国际清算银行　亚洲开发银行

思 考 题

1. 国际货币基金组织的宗旨是什么？其主要业务活动有哪些？
2. 试比较国际货币基金组织和世界银行的基本职能与业务特点？
3. 亚洲开发银行的宗旨和业务活动内容是什么？
4. 世界银行集团由哪三个机构组成？其主要职能和业务活动是什么？

练 习 题

一、单项选择题

1. 基金组织普通贷款的最高额度为成员国缴纳份额的（　　　）。
   A. 165%　　　　B. 125%　　　　C. 25%　　　　D. 140%
2. 国际货币基金组织的普通贷款是指（　　　）。
   A. 储备部分贷款　　　　　　　B. 信用部分贷款
   C. 信托基金贷款　　　　　　　D. 储备部分与信用部分贷款之和
3. 国际货币基金组织的总部设在（　　　）。
   A. 日内瓦　　　B. 海牙　　　C. 华盛顿　　　D. 纽约
4. 国际复兴开发银行最大的资金来源是（　　　）。
   A. 会员国缴纳的股金　　　　　B. 筹集的资本
   C. 贷款取得的利息　　　　　　D. 成员国的捐款
5. 亚洲开发银行的总部设在（　　　）。
   A. 东京　　　B. 首尔　　　C. 马尼拉　　　D. 香港
6. 世界银行最主要的贷款是（　　　）。
   A. 部门贷款　　　　　　　　　B. 项目贷款
   C. 结构调整贷款　　　　　　　D. 联合贷款

金融学科核心课程系列教材

二、多项选择题

1. 属于全球性的国际金融机构有（　　）。
   A. 世界银行　　　　　　　　　B. 国际清算银行
   C. 亚洲开发银行　　　　　　　D. 国际货币基金组织
   E. 国际金融公司

2. 国际货币基金组织的资金来源有（　　）。
   A. 发行债券　　　　　　　　　B. 份额
   C. 向会员国借款　　　　　　　D. 出售黄金
   E. 经营利润

3. 国际货币基金组织贷款的发放对象是（　　）。
   A. 会员国私营企业　　　　　　B. 会员国政府
   C. 会员国中央银行　　　　　　D. 非会员国政府
   E. 会员国外汇平准组织

4. 世界银行的资金来源有（　　）。
   A. 会员国的股本　B. 特别提款权　　C. 借入资金　　　D. 债权转让
   E. 净收益

5. 世界银行的主要业务活动有（　　）。
   A. 贷款　　　　　B. 技术援助　　　C. 汇率监督　　　D. 政策协调
   E. 发行债券筹资

6. 国际清算银行的职能有（　　）。
   A. 接受各国中央银行的存款
   B. 向各国中央银行发放贷款
   C. 代中央银行买卖黄金、外汇、发行债券
   D. 代办国际清算业务

三、判断题

1. 国际货币基金组织的最高权力机构是执行董事会。　　　　　　　　（　　）
2. 国际货币基金组织的投票原则与世界贸易组织的投票原则一致，都是一国一票制。　　　　　　　　　　　　　　　　　　　　　　　　　　　　　　（　　）
3. 国际货币基金组织的普通贷款是无条件的。　　　　　　　　　　　（　　）
4. 国际货币基金组织的贷款有短期贷款，也有中长期贷款。　　　　　（　　）
5. 按照《国际货币基金组织协定》的规定，它向成员国提供资金融通是为

了援助成员国的经济发展。 （　　）

6. 国际货币基金组织的宗旨之一是努力消除不利于世界贸易发展的外汇管制。 （　　）

7. 储备部分贷款，成员国可以自由提用，不需经过特殊的批准，因为这部分资金是该国外汇储备的一部分。 （　　）

8. 国际金融公司的贷款对象很广，包括各国政府也包括各国的私人企业。 （　　）

9. 目前世界银行的宗旨是促进国际金融和货币合作，并充当各国中央银行的银行。 （　　）

10. 国际开发协会按商业原则进行运作，以盈利为目标。 （　　）

11. 国际清算银行的资金主要来源于成员国缴纳的股金、各成员国中央银行的借款以及各国中央银行的黄金存款和商业银行的存款。 （　　）

12. 非洲开发银行是非洲国家在联合国帮助下成立的政府间国际金融组织，由区内 77 个国家（除南非以外）组成。 （　　）

参考文献

［1］陈彪如：《国际金融基础知识》，上海人民出版社1981年版。

［2］陈胜权主编：《国际金融学经典教材习题详解》，首都经济贸易大学出版社2005年版。

［3］陈雨露主编：《国际金融》，中国人民大学出版社2003年版。

［4］陈湛匀、范卫尧主编：《国际金融实务与案例》，华东工学院出版社1993年版。

［5］樊祎斌主编：《外汇交易实务》，中国金融出版社2009年版。

［6］韩玉珍等编著：《国际金融学》，首都经济贸易大学出版社2007年版。

［7］何璋主编：《国际金融学》，北京师范大学出版社2009年版。

［8］华庆山主编：《2003～2004国际金融报告》，经济科学出版社2005年版。

［9］姜波克：《国际金融新编》（第4版），复旦大学出版社2009年版。

［10］李富有等：《国际金融案例》，西安交通大学出版社2008年版。

［11］李天德主编：《国际金融学》，四川大学出版社2008年版。

［12］刘秀玲主编：《国际金融》，机械工业出版社2006年版。

［13］刘玉操编著：《国际金融实务》，东北财经大学出版社2001年版。

［14］穆萨著，廉晓红等译：《国际金融》（第2版），中国人民大学出版社2008年版。

［15］普格尔：《国际金融》（第14版）（英文版），中国人民大学出版社2009年版。

［16］曲永刚：《外汇投资学》，清华大学出版社2005年版。

［17］托马斯·A·普格尔：Internatioal Finance（双语教学推荐教材），中国人民大学出版社2005年版。

［18］吴丽华编著：《外汇业务操作与风险管理》，厦门大学出版社2003年版。

［19］奚君羊主编：《国际金融学》，上海人民出版社2008年版。

［20］谢群、邓俊峰主编：《国际金融》，吉林人民出版社 2004 年版。

［21］于研编著：《国际金融管理》，上海财经大学出版社 2005 年版。

［22］张米良、郭强主编：《国际金融学》，哈尔滨工业大学出版社 2010 年版。

各章练习题参考答案

第一章 国际收支

一、单项选择题

1. D   2. C   3. B   4. B   5. B   6. A

7. D   8. C

二、多项选择题

1. ADE   2. ABCD   3. ABD   4. ABCE   5. BCE   6. AD

三、判断题

1. √   2. √   3. ×   4. √   5. √   6. ×

7. ×   8. ×

第二章 外汇与汇率

一、单项选择题

1. D   2. B   3. C   4. A   5. B   6. B

二、多项选择题

1. BC   2. ACD   3. AE   4. AC   5. ABCDE   6. ABCDE

三、判断题

1. ×   2. ×   3. ×   4. ×   5. ×

第三章 汇率制度与外汇管制

一、单项选择题

1. B   2. B   3. C   4. B   5. D   6. B

7. D   8. C   9. C   10. B

二、多项选择题

1. ABCD   2. ABCD   3. BC   4. ABCDE   5. BCD

三、判断题

1. ×   2. ×   3. ×   4. √   5. √   6. ×

7. ×   8. ×

第四章　国际储备

一、单项选择题

1. B　　　2. A　　　3. B　　　4. A　　　5. B　　　6. C

二、多项选择题

1. ABD　　2. ACD　　3. BCD　　4. ABCD

三、判断题

1. ×　　　2. √　　　3. √　　　4. ×　　　5. ×　　　6. ×

7. √　　　8. ×

第五章　国际货币体系

一、单项选择题

1. A　　　2. B　　　3. A　　　4. B　　　5. D

二、多项选择题

1. AB　　2. ABC

三、判断题

1. √　　　2. √　　　3. ×　　　4. √　　　5. ×　　　6. √

第六章　外汇市场与外汇交易

一、单项选择题

1. E　　　2. A　　　3. D　　　4. A　　　5. D　　　6. B

二、多项选择题

1. ABD　　2. AC　　　3. AD　　　4. ABC　　5. BC

三、判断题

1. ×　　　2. ×　　　3. ×　　　4. ×　　　5. ×

第七章　外汇风险及其管理

一、单项选择题

1. A　　　2. B　　　3. A

二、多项选择题

1. AD　　2. ABC　　3. AC　　　4. ABCD

三、判断题

1. ×　　　2. ×　　　3. √　　　4. ×　　　5. ×　　　6. √

第八章 国际金融市场

一、单项选择题

1. C   2. D   3. C

二、多项选择题

1. ABCDE   2. ACD   3. ABCD

三、判断题

1. ×   2. √   3. ×   4. ×   5. ×

第九章 国际资本流动与管理

一、单项选择题

1. C   2. A   3. D   4. D   5. C   6. A

7. A   8. D

二、多项选择题

1. ACE   2. ABCDE   3. BDE   4. BCDE   5. ABCDE

第十章 国际金融机构

一、单项选择题

1. B   2. D   3. C   4. B   5. C   6. B

二、多项选择题

1. ADE   2. BCD   3. BCE   4. ACDE   5. AB   6. ABCD

三、判断题

1. ×   2. ×   3. ×   4. √   5. ×   6. √

7. √   8. ×   9. ×   10. ×   11. √   12. ×